KOMPENDIEN DER SOZIALEN ARBEIT

Sie arbeiten sich in ein neues Sachgebiet ein und benötigen rasch zuverlässige und umfassende Informationen? Sie möchten die wesentlichen Fakten zu Konzepten, Fällen, Arbeitsfeldern und Anwendungsgebieten der Sozialen Arbeit wissen, Good Practice-Beispiele kennenlernen und Handlungsempfehlungen für die Praxis erhalten?

In der Reihe erscheinen Werke mit direktem Praxisbezug. Die Bände richten sich an Professionals, Berufseinsteiger:innen und -umsteiger:innen sowie an Studierende, gerade auch mit Blick auf Praxissemester und Anerkennungsjahr.

Tanja Hoff | Renate Zwicker-Pelzer [Hrsg.]

Beratung und Beratungswissenschaft

2., aktualisierte und erweiterte Auflage

Onlineversion
Nomos eLibrary

Die Deutsche Nationalbibliothek verzeichnet diese Publikation in
der Deutschen Nationalbibliografie; detaillierte bibliografische
Daten sind im Internet über http://dnb.d-nb.de abrufbar.

ISBN 978-3-8487-7846-1 (Print)
ISBN 978-3-7489-2256-8 (ePDF)

2., aktualisierte und erweiterte Auflage 2022
© Nomos Verlagsgesellschaft, Baden-Baden 2022. Gesamtverantwortung für Druck und
Herstellung bei der Nomos Verlagsgesellschaft mbH & Co. KG. Alle Rechte, auch die des
Nachdrucks von Auszügen, der fotomechanischen Wiedergabe und der Übersetzung,
vorbehalten. Gedruckt auf alterungsbeständigem Papier.

Vorwort zur zweiten Auflage

Beratung als helfende Unterstützung zur Bewältigung normativer und kritischer Lebensereignisse, belastender Erfahrungen, von Lebens-, Sinn- und sozialen Krisen bleibt ein zentrales Angebot psychosozialer Dienste.

Während der Erstellung dieser zweiten Auflage in 2020/2021 kamen Ereignisse hinzu, die die Fragilität des Lebens und seiner Beständigkeit nochmals mehr in Frage gestellt haben:

Seit 2020 sind Menschen weltweit mit den lebensstilverändernden Herausforderungen der COVID-19-Pandemie konfrontiert. Steigende Anmeldezahlen und Bedarfe in Beratungsstellen und psychotherapeutischen Praxen spiegeln wider, dass die psychischen Bewältigungsfertigkeiten vieler Menschen in enormen Maße gefordert, zum Teil auch überfordert sind durch anhaltend notwendige Einschränkungen des sozialen Lebens, Home-Office- und Home-Schooling-Belastungen, der wahrgenommenen Bedrohung durch eine nicht einschätzbare Viruserkrankung usw. Sozialstrukturelle Benachteiligungen auch im Kontext dieser Gesundheitskrise führen zu noch stärkerer sozialer Spaltung, Spannung, Benachteiligung und Belastung. Die Auswirkungen der COVID-19-Pandemie auf die psychische und körperliche Gesundheit der Bevölkerung werden erst in Zukunft konkret abschätzbar sein. Beratungsrelevant sind sie seit Pandemieausbruch in jeder stattfindenden Beratungsstunde.

(Nicht nur) seit der Flutkatastrophe im Sommer 2021, die auch Teile der Lebensregionen unserer Autoren und Autorinnen, Studierenden, Kollegen und Kolleginnen usw. betroffen haben, sind wir mit den Auswirkungen des Klimawandels vor unserer Haustür konfrontiert. Es sind nicht mehr abstrakte statistische Abhandlungen oder Wetterkatastrophen in anderen Teilen der Welt, die Bedrohungen an Leib und Leben durch den menschgemachten Klimawandel verdeutlichen. Der Verlust von Leben, Heim und Sicherheit findet mittlerweile in unserer unmittelbaren Umgebung statt. Damit einher gehen erhöhte Wahrscheinlichkeiten von Depressionen, Ängsten, posttraumatischen Belastungsstörungen u.Ä. Die Begleitung von Menschen in einer Neuorientierung, in der Bewältigung von traumatischen Erlebnissen und Verlusten, im Wiederfinden eines Sicherheitsgefühls usw. wird auch Aufgabe von Beratungsprofessionellen sein.

Nicht zuletzt zeigen die politischen Entwicklungen in Afghanistan im Sommer 2021, dass Kriege, Terrorismus, Flucht, die Aufgabe von Heimat und der Verlust von Sicherheit ein leider aktuell bleibendes Thema in der Lebensbewältigung bleiben werden – auch in den Beratungsangeboten in Deutschland.

Die benannten Ereignisse verdeutlichen eines: Neben den regelhaften Angeboten für krisenhaftes Erleben persönlicher und subjektiver Belastungen kommen sogenannte *man-made desasters* und *natural desasters* als Ursachen und Anlässe von Beratungsersuchen hinzu – zukünftig ggf. mehr als in früheren Zeiten. Sich auf neue Entwicklungen stets evidenzbasiert einzustellen, wird Aufgabe einer fachlich fundierten Beratung bleiben.

Vorwort zur zweiten Auflage

Das Ziel dieser vorliegenden aktualisierten und ergänzten Auflage des Kompendiumbandes Beratung und Beratungswissenschaft ist jedoch nicht, diese neuen Anforderungen in Beratung und Psychotherapie zu vertiefen, sondern vielmehr insbesondere Studierenden und Weiterbildungsteilnehmenden in Beratungsbereichen eine solide, fachwissenschaftliche Grundlage für ihr Wissen, Können und Handeln zu geben, durch die sie sowohl auf gängige Themen der Beratung als auch auf neue Entwicklungen adäquat reagieren können.

Wir danken den beteiligten Autorinnen und Autoren sowie den Mitarbeitenden des Nomos-Verlags für die gute Zusammenarbeit auch bei dieser zweiten Auflage.

Köln, im September 2021   Tanja Hoff und Renate Zwicker-Pelzer

Vorwort zur ersten Auflage

Beratung befand sich über lange Zeit hinweg im Schatten von Psychotherapie, manchmal missverstanden als „Schmalspur"-Therapie oder als Angebotsmöglichkeiten für Berufseinsteiger und -einsteigerinnen ohne therapeutische Qualifikation. Mit dem Einbezug internationaler Entwicklungen und insbesondere des Counseling-Ansatzes gelang es um die Jahrtausendwende insbesondere Nestmann, Engel, Sickendiek (2004), der Beratung auch in Deutschland zu mehr fachlichem Format, Profil und Eigenständigkeit zu verhelfen. In dieser Linie verstehen wir unser nun vorgelegtes Kompendium der Beratung und Beratungswissenschaft. Beratung ist nicht nur eines eigenen Formates würdig, sondern sie ist auch längst aus dem Schatten einer einseitigen Disziplinzuordnung herausgetreten. Wir möchten diesen Prozess der Herausbildung einer Beratungswissenschaft unterstützen und die Anregungen der verschiedenen Disziplinen nutzen, das Eigene der Beratung herauszukristallisieren. Wir möchten die professionelle Beratung zur eigenen Profilbildung herausfordern (unabhängig davon, ob Fachkräfte formalisierte Beratung anbieten oder ob Beratung eine Teilleistung des eigenen professionellen Handelns darstellt). Wir danken besonders den an diesem Buch beteiligten Kollegen und Kolleginnen, dass sie sich mit uns auf den Weg der Profilbildung gemacht haben und diesem Kompendium zum Wachstum verhalfen. Wir danken auch Studierenden, Kollegen und Kolleginnen, Kooperationspartnern aus Praxis und Forschung, mit denen wir in den letzten Jahren zusammengearbeitet haben und in gemeinsamen, fruchtbaren Diskursen und Kontroversen beratungswissenschaftlich weiter gedacht, entwickelt und erprobt haben. Den Mitarbeiterinnen und Mitarbeitern des Nomos-Verlags danken wir für eine geduldige und engagierte Betreuung des Buchprojekts im Sinne einer zügigen Fertigstellung. Wir möchten Studierende und Lehrende gerne anregen, an diesem Prozess in Gegenwart wie in Zukunft Anteil zu nehmen und weitere Vertiefungsthemen zu bearbeiten sowie sie dem fachöffentlichen Diskurs zur Verfügung zu stellen. Das Buch möge hoffentlich dazu beitragen.

Köln im Juli 2015   Tanja Hoff & Renate Zwicker-Pelzer

Inhalt

Vorwort zur zweiten Auflage	5
Vorwort zur ersten Auflage	7
Abbildungsverzeichnis	11
Tabellenverzeichnis	12
1. Einführung	13
2 Grundlagen	**17**
2.1 Gegenwärtige Entwicklungen in der Profession und Wissenschaft von Beratung (Tanja Hoff & Renate Zwicker-Pelzer)	17
2.2 Die historische Dimension von Beratung (Franz-Christian Schubert)	30
3 Erklärungsmuster: Counseling-Bedeutung und -verständnis aus interdisziplinärer Sicht	**45**
3.1 Wenn die Gesellschaft das Problem ist – zur soziologischen Perspektive von Beratung (Andreas Reiners)	47
3.2 Beratung – eine philosophisch-ethische Grundlegung (Armin G. Wildfeuer)	59
3.3 Theologisch inspiriert beraten: Perspektiven angewandter Theologie (Rainer Krockauer)	74
3.4 Psychologische Beiträge zur Beratung (Tanja Hoff)	81
3.5 Erziehungswissenschaftliche Perspektiven auf Beratung (Renate Zwicker-Pelzer)	92
3.6 „Gehirngerechte" Beratung. Aktuelle Perspektiven der Neurowissenschaften zu einer multidisziplinär ausgerichteten Beratungswissenschaft (Jörg Baur)	100
3.7 Counseling – Bedeutung und Grundlagen aus juristischer Perspektive (Rolf Jox)	108
4 Formate und Orte von Beratung (Renate Zwicker-Pelzer)	**117**
4.1 Formelle – halbformelle – informelle Beratung	117
4.2 Akut versus präventiv – Beratung während oder vor Krisen und Belastungen	120
4.3 Freiwillig oder Pflicht: Beratung in Freiheit und als Aufforderung zur Freiheit	123
4.4 Aufsuchende – zugehende Beratung	125
4.5 Beratungsformate - Beratungstypen in Pflegekontexten	128
5 Konzepte in der Beratung (Tanja Hoff)	**133**
5.1 Abgrenzung und Anwendbarkeit psychotherapeutischer Konzepte in Beratung	134
5.2 Schulenübergreifende Rahmenkonzepte für eine integrative Praxis	136
5.3 Tiefenpsychologisch orientierte Beratung	147
5.4 Klienten- oder personenzentrierte Beratung	154

5.5	Verhaltensorientierte Beratung	158
5.6	Systemische Beratung (Franz-Christian Schubert)	171

6 Exemplarische Arbeitsfelder (Renate Zwicker-Pelzer) — 185

6.1	Beratung in der Komm-Struktur, Beratung in der Geh-Struktur	185
6.2	Institutionelle Beratung	185
6.3	Beratung mit Familien in prekären Lebenslagen	186
6.4	Frühe Hilfen: wie aus dem Paar ein Eltern-Paar wird	191
6.5	Alleinerziehende Familien und Stieffamilien in der Beratung	193
6.6	Interkulturalität in der Beratung	195
6.7	Beratung mehr oder weniger freiwillig (Isabel Stobba & Renate Zwicker-Pelzer)	197

7 Arbeitsweltliche Beratung in den Formaten von Supervision und Coaching (Renate Zwicker-Pelzer) — 209

8 Serviceteil — 219

9 Herausgeberinnen, Autorinnen und Autoren — 231

Stichwortverzeichnis — 235

Bereits erschienen in der Reihe KOMPENDIEN DER SOZIALEN ARBEIT — 239

Abbildungsverzeichnis

Abbildung 1:	Definition Counsel(l)ing	19
Abbildung 2:	Grunddimensionen von (psychosozialer) Beratung	21
Abbildung 3:	Grunddimensionen und Strukturierung von Beratung	22
Abbildung 4:	Beratungskontext	23
Abbildung 5:	Weiterentwicklung der Gegenstandsorientierung von Beratung als Wissenschaft	46
Abbildung 6:	Neun-Felder-Modell	97
Abbildung 7:	Krisenverlauf	121
Abbildung 8:	Allgemeines Psychotherapie-Modell	139
Abbildung 9:	7-Phasen-Modell des Selbstmanagement-Ansatzes	143
Abbildung 10:	Systemisches Kontextmodell für Beratung	172
Abbildung 11:	Helfernetzkarte	188
Abbildung 12:	Haus des Counseling	210

Tabellenverzeichnis

Tabelle 1:	Beratungswissenschaft: Umfang und Inhalte	26
Tabelle 2:	Kanfers 11 Gesetze der Beratung/Therapie	142
Tabelle 3:	Schritte und Bereiche einer verhaltensorientierten Paarberatung/-therapie	160
Tabelle 4:	Basisvariablen und Rollen von Beratern und Beraterinnen in kognitiv-verhaltensorientierter Beratung	161
Tabelle 5:	SORKC-Schema	163
Tabelle 6:	Analyseschema BASIC-ID	165
Tabelle 7.:	Tipps für nützliche Sichtweisen, Haltungen und Vorgehen	196
Tabelle 8:	Ablaufstruktur der Schwangerschaftskonfliktberatung	200

1. Einführung

Mit diesem Band möchten die Herausgeberinnen zur Profilentwicklung der Beratung als psychosoziales Handlungsformat beitragen. Dabei steht die Annäherung und Fokussierung auf das ureigene Kernkonzept von Beratung – neben all den anderen Handlungskonzepten aus Sozialer Arbeit, Pädagogik oder Psychologie wie z.B. Anleitung, Erziehung, Schulung, Bildung, Therapie – im Vordergrund der Beschäftigung. Wir laden ein zum fachlichen Diskurs, zum Fernblick und zur Multiperspektivität der Betrachtung des Gegenstandes von Beratung als Counseling.

Auch sind wir überzeugt, dass nicht alles Beratung ist, was umgangssprachlich als diese deklariert wird. Dies möchten wir im Handlungsfeld Beratung stärker sichtbar wissen. Ratschläge geben, auch ungefragte Ratschläge, sind manchmal eine beliebte Eigenschaft von Professionellen vor allem dann, wenn sie von ihrer Idee sehr überzeugt sind und in der Folge der Umsetzung oftmals auf Widerstand stoßen. „Beraten und Verkauft" (Leif 2006; vgl. Seel 2009) ist einer der Buchtitel aus der arbeitsweltlichen Beratung, der in den letzten Jahren einerseits zwar Aufsehen erregte, andererseits darauf aufmerksam macht, wie stark die Macht von professionell Beratenden sein kann. Beratung entwickelt sich zu einem eigenständigen Hilfesegment nicht nur im psychosozialen Feld. Auch umgangssprachlich mutiert Beratung zum „Plastikwort", wie Pörksen dies bereits 1988 (21) formulierte. Ob Raten, Rat-Geben, Rat-Nehmen, Ratschlagen, Rat-Losigkeit, Rat-Schluss oder Er-raten, Be-raten, Zu-raten, Miss-raten, An-raten, Ab-raten ...: In unserer Alltagssprache finden wir viele Bedeutungen des Ratens. Den vielen Wörtern ist die interaktive Dimension gemeinsam und damit die Bezogenheit auf ein „Jemand", meist ein (= Einzelberatung) oder zwei (= Paarberatung) Gegenüber, dazu eine (zu vermutende) schwierige Situation oder ein Anliegen, welches für einen Menschen mindestens vorübergehend eine hohe Bedeutung gewonnen hat und nach Lösungsideen drängt. Oftmals wird mit Beratung das Führen eines Gespräches gemeint oder ein anderweitig kommunikativer Austausch oder aber auch eine praktische Anleitung, die zum Ziel hat, eine Aufgabe oder ein Problem zu lösen oder sich der Lösung anzunähern.

In den beratungsfachlichen Entwicklungen der letzten Jahre bietet sich die grobe Unterscheidung zwischen arbeitsweltlicher und lebensweltlicher Beratung an. Zwar in ihren theoretischen wie auch methodischen Grundlagen ähnlich, unterscheiden sich beide Felder in ihren historischen Entwicklungen wie auch den heutigen Organisationsformen. Gleichwohl hängen sie zusammen und beeinflussen sich an Schnittstellen gegenseitig: Erwerbsarbeit und ihre positiven wie negativen Folgen haben unmittelbare, zum Teil hohe Wirkungen und Auswirkungen auf lebensweltliche Kontexte und Prozesse von Individuen und Systemen (vgl. z.B. Haubl/Voß 2011). Gleichzeitig wirken sich positive wie negative Entwicklungen und Bedingungen in Familie, Partnerschaft und individueller Lebensführung auf arbeitsweltliche Kontexte aus, wie z.B. das Wohlbefinden von Mitarbeitenden in den Betrieben.

1. Einführung

Nicht zuletzt hat die COVID-19-Pandemie und deren Eingriffe in die Lebensgestaltung vieler Menschen sehr deutlich beide Felder (Arbeit und Familie) mit ihren vielfältigen Anforderungen zusammengeführt. Homeschooling/Homeoffice waren und sind Anforderungen, die viele Menschen an die Grenzen ihrer Bewältigungskompetenz gebracht haben.

Zu beiden Feldern der lebensweltlichen und arbeitsweltlichen Beratung liegen umfangreiche Forschungs- und Praxisergebnisse vor, die im jeweilig anderen Kontext mitgedacht und einbezogen werden müssen. Lebensweltlich höchst bedeutsam – nicht nur in der Beratung in sozialarbeiterischen und -pädagogischen Kontexten – ist dabei auch die Relevanz von Nichtarbeit: Zunehmend mehr Menschen müssen sich mit zeitweiligen oder längeren Phasen des Nichtvorhandenseins von Arbeit oder auch irregulären Arbeitsbiografien arrangieren. Vielen Menschen fällt dies nicht leicht, wird doch gesellschaftliche Bedeutung und Nutzen zumeist über den arbeitsweltlichen Bezug zugeschrieben, sowohl vom sozialen Umfeld als auch im persönlichen Selbsterleben. Frühzeitiges Ausscheiden aus Betrieben und Arbeitszusammenhängen (besonders vor der normalen Berentungszeit) zwingt Menschen zur Neudefinition eigener Lebensziele; deren Behinderung oder Nichtbewältigen zeigt unterschiedliche, meist auch gesundheitliche Folgeerscheinungen.

Arbeitsweltliche Beratung (z.B. Supervision, Coaching) und lebensweltliche Beratung (z.B. Erziehungsberatung, Familienberatung, Gesundheitsberatung) gehören zwar in ihrem Miteinander wie beschrieben verbunden und werden sich gegenseitig beeinflussend gedacht. Wir fokussieren hier im Wesentlichen die lebensweltlich orientierte psychosoziale Beratung und beschreiben in dieser zweiten Auflage im Kapitel 7 zusätzlich das Format der Supervision als arbeitsweltliche Beratung.

Beratung ist ein ethisch fundiertes Handlungskonzept, welches in hohem Maße auf Partizipation und Teilhabe hin angelegt ist – und dies gilt auch und besonders in Situationen, in denen Menschen Beratung aufsuchen, weil sie sich in Krisen erleben und sich dabei der Selbstermächtigung nicht oder kaum gewahr werden. Gerade in Not ist es für Beratende wichtig und bedeutsam, den Grundsätzen von Partizipation und Teilhabe Folge zu leisten. Aber: Nicht nur Klientinnen und Klienten können unwillig erscheinen, auch Beratende haben eigene Leitvorstellungen sowie Werteüberzeugungen und können Beratungsprozesse machtvoll jenseits von Gleichwertigkeit und Partizipation steuern. Es scheint so, dass hier die einzige „Bremse" der Übermacht des Beraters oder der Beraterin deren Selbstreflexion des eigenen Seins, Tuns und Handelns als Professionelle ist.

Beratung wirkt als gleichwertiges und gleichberechtigtes Sich-Ermächtigen von Ratsuchenden nur dann, wenn der Prozess, die Beziehung und der Kontext der Beratung dies ermöglichen können. Auf diese Weise wird in diesem Buch auf eine ethische Grundlegung rekurriert, die Menschen immer dazu befähigen vermag, ihre eigenen Geschicke wieder selbst in die Hand nehmen zu können. Der Mensch als Suchender und als Findender des eigenen Selbst steht im Mittelpunkt beraterischen Handelns, wie wir es verstehen. Wachsen und Reifen an gelungenen wie nicht gelingenden Lebensereignissen, -zielen und -aufgaben sehen wir als das

Kernelement psychosozial orientierter Beratung, welches es angemessen professionell und interdisziplinär begründet zu begleiten gilt.

Für die professionelle Soziale Arbeit war Beratung seit ihren Ursprüngen ein bedeutsames Element des Handelns, aber auch in anderen Professionen (z.B. Pädagogik, Psychologie, Psychotherapie) suchen Menschen deutlicher nach dieser Begleitform der Hilfen. René Reichel (2005) konstatiert eine Wende in der Professionalität insbesondere der psychosozialen Beratung. Wie stark die Professionalisierung eines speziellen Handlungskonzeptes, auch im Sinne der Schaffung eines Berufsstandes „Beraterin/Berater", auch sein mag: Es geht darum, vorhandenes Erfahrungswissen und theoretisches wie auch empirisches Expertenwissen in ein gesundes Miteinander zu bringen – und dies aus den unterschiedlichen beteiligten Disziplinen, die sich Beratung zu eigen machen wie auch zu einer Beratungswissenschaft beitragen. Das Miteinander der verschiedenen beteiligten Disziplinen stärkt die neue Identität der Beratungswissenschaft. Identität in der Professionalität der psychosozialen Beratung speist sich aus dem Zusammenwirken von Rolle, Handeln und Setting; sie ist zudem eine sprachliche Inszenierung (Reichel 2005).

Mit diesem Kompendium insbesondere für die Zielgruppe der Studierenden psychosozialer Berufe wie auch den Teilnehmenden in Beratungsweiterbildungen wollen wir zur eigenständigen Disziplinbildung von Beratung/Counseling beitragen und zur Verstetigung der derzeitigen Prozesse im Rahmen der Akademisierung sowie zur weiteren Theoriebildung einer Wissenschaft von Beratung anregen.

Literatur zu Kapitel 1

Einführende Literatur:

Dachverband für Beratung DGfB (2020): Beratungsverständnis der Deutschen Gesellschaft für Beratung (DGfB)/ German Association for Counseling e. V. Online verfügbar unter: https://dachverband-beratung.de/pdf/Wissensdokumente/DGfB_Beratungsverstaendnis_2.0.pdf (05.10.21).

Seel, Hans-Jürgen (2009): Professionalisierung von Beratung – Fragen und Thesen. In: Journal für Psychologie, Jg. 16, 1, S. 1–23.

Weiterführende / zitierte Literatur:

Haubl, Rolf; Voß, G. Günter (2011): Riskante Arbeitswelt im Spiegel der Supervision. Eine Studie zu den psychosozialen Auswirkungen spätmoderner Erwerbsarbeit. Göttingen.

Leif, Thomas (2006): Beraten und verkauft. McKinsey & Co. Der große Bluff der Unternehmensberater. Gütersloh.

Pörksen, Uwe (1988): Plastikwörter – Die Sprache der internationalen Diktatur. Stuttgart.

Reichel, René (2005): Beratung – Psychotherapie – Supervision. Einführung in die psychosoziale Beratungslandschaft. Wien.

2 Grundlagen

2.1 Gegenwärtige Entwicklungen in der Profession und Wissenschaft von Beratung (Tanja Hoff & Renate Zwicker-Pelzer)

> **Zusammenfassung**
>
> Bei einer hohen Heterogenität von Definitionsversuchen kristallisiert sich Beratung als „eine vielgestaltige, sich ständig verändernde und durch viele interne und externe Einflussfaktoren bestimmte professionelle Hilfeform heraus. Sie unterstützt in variantenreichen Formen bei der Bewältigung von Entscheidungsanforderungen, Problemen und Krisen und bei der Gestaltung individueller und sozialer Lebensstile und Lebensgeschichten." (Nestmann/Engel/Sickendiek, 2007, 599) Unterschieden werden u.a. die Bereiche der präventiven, entwicklungs- und wachstumsfördernden sowie der kurativen/heilenden Beratung.
> Im internationalen Diskurs wird der Begriff *Counseling* vorrangig in Amerika verwendet und wird getragen von einem breiteren psychosozial angelegten Verständnis; demgegenüber ist *Counselling* stärker in England gebräuchlich und ist dort stark psychologisch und therapeutisch orientiert mit einer großen Nähe zur (Psycho-)Therapie, Medizin und Psychologie. Beide Begrifflichkeiten verdeutlichen, in welchem Spannungsbereich Beratung aktiv ist.
> Beratung leistet seine Funktion in der und für die Lebensführung. Lebensbewältigung braucht die Kompetenz der Lebensführung. Klientinnen und Klienten sollten dabei in Beratungen zur Selbstermächtigung angeregt werden, die eigene Führung in der Lebensgestaltung wieder übernehmen zu können. Wesentlich zu bedenken sind hierbei die umgebenden soziostrukturellen Rahmenbedingungen sowie die lebensweltlichen Person-Umwelt-Bezüge von Beratung, am besten abbildbar auf dem Hintergrund der Mehrebenen-Theorie bzw. dem ökosystemischen Ansatz von Urie Bronfenbrenner (1981).
> Dies ist auch vor dem Hintergrund der Prämisse einer „reflexiven Beratung" zu beachten: Beratung ist nur multidisziplinär und multiprofessionell verstehbar; Beratung generiert in Form von bearbeiteten Einzelschicksalen auch gesellschaftlich-strukturelle Rahmungen und Schwierigkeiten. In der „reflexiven Beratung" stehen die vertiefende, verstehende und zu untersuchende Dimension des Beratungsgeschehens selbst, die Rolle des Beraters/der Beraterin, des Anliegens, der Schwierigkeit des Ratsuchenden sowie des Erlebens von Beratenden und Beratenen bezüglich gesellschaftlich-politisch wirksamer Widersprüche im Zentrum des Prozesses.

Definitionen von Beratung: Die Eigenständigkeit von Beratung

Professionelle Beratung findet vielerorts, vielgestaltig und unter dem Einfluss und Einbezug vielerlei Fachdisziplinen statt. Beratung als methodisches Handeln in vielen Berufen im Sinne der halbformalisierten Beratung (vgl. Kapitel 4) stellt eine Variante des Beratungsbegriffs dar. Viel wichtiger erscheint uns jedoch die globale Betrachtung von Beratung als zunehmend eigenständige Fachdisziplin und Wissenschaft.

Aus einer Vielzahl verschiedener theoretischer wie praktischer Sichtweisen zu Beratung sei definitorisch hier auf differenzierende und abgrenzende Aspekte von

Beratung eingegangen. Dietrich formulierte bereits 1983 (2): „Beratung ist in ihrem Kern jene Form einer interventiven und präventiven helfenden Beziehung, in der ein Berater mittels sprachlicher Kommunikation und auf der Grundlage anregender und stützender Methoden innerhalb eines vergleichsweise kurzen Zeitraums versucht, bei einem desorientierten, inadäquat belasteten oder entlasteten Klienten einen auf kognitiv-emotionale Einsicht fundierten aktiven Lernprozess in Gang zu bringen, in dessen Verlauf seine Selbsthilfebereitschaft, seine Selbststeuerungsfähigkeit und seine Handlungskompetenz verbessert werden können". Rausch (2008) verweist darauf, dass derartige Definitionen jedoch ergänzungsbedürftig sind; in diesem Fall fehle, dass Beratung auch nonverbale Kommunikation umfasst und die Qualität der Beziehung zwischen Berater und Beratendem sowie der Bezugsrahmen von Beratung unzureichend abgebildet werden. Die Versuche, die Vielfalt definitorischer Bemühungen zu bündeln und eine übergreifende Definition zu finden, zeigen sich in der Definition von Nestmann/Engel/Sickendiek (2007, 599): „Beratung ist eine vielgestaltige, sich ständig verändernde und durch viele interne und externe Einflussfaktoren bestimmte professionelle Hilfeform. Sie unterstützt in variantenreichen Formen bei der Bewältigung von Entscheidungsanforderungen, Problemen und Krisen und bei der Gestaltung individueller und sozialer Lebensstile und Lebensgeschichten." Gemeinsam ist den unterschiedlichen Definitionen in der Regel, dass eine Eigenständigkeit von Beratung gegenüber anderen Handlungsmethoden und Disziplinen hervorgehoben wird.

Auch Frank Nestmann (1997a) schreibt der Beratung eine deutlich eigenständige Identität zu, die sich in Anlehnung an Gelso & Fretz (1992) aus drei Rollenverständnissen heraus speist:

- die *präventive* Rolle, in der versucht wird, Probleme und deren Ursachen zu antizipieren, sie umgehbar zu machen oder ihnen vorzubeugen. Die Hauptfunktion von Beratung ist es hier, Individuen und Gruppen dabei behilflich zu sein, Veränderungen in ihrer persönlichen und sozialen Umwelt (auch in Bildung und Beruf) vorzunehmen, die die Wahrscheinlichkeit des Auftretens von Problemen minimieren und dadurch die Notwendigkeit kurativer Maßnahmen zu vermeiden suchen.
- die *entwicklungs- und wachstumsfördernde* Rolle, in der Individuen und Gruppen darin unterstützt werden sollen, die größtmöglichen Entfaltungschancen aus der Erfahrung ihrer eigenen Kräfte und Potenziale zu erkennen und weiterzuentwickeln. In der Entwicklungsorientierung werden Krisen und Probleme in der Biographie nicht als offensichtliche Krankheiten und Pathologien wahrgenommen und interpretiert, sondern als normative menschliche Erfahrungen, die sowohl eine Herausforderung als auch Entwicklungsaufgaben der Anpassung an neue Lebensphasen darstellen. Erlebnisse wie Versagen, Trennung oder Krankheit, Gefühle wie Selbstzweifel, Trauer oder Nichtmehrweiterwissen, die im Mittelpunkt vieler Beratungsprozesse stehen, sind solche grundlegenden Entwicklungserfahrungen.
- die *kurative/heilende* Rolle, die letzlich in größter Nähe zur therapeutischen Funktion liegt und Individuen und Gruppen darin unterstützen soll, Probleme

zu bewältigen, Störungen zu beseitigen, Schädigungen und Verletzungen zu kurieren und Defizite zu kompensieren.

Diese drei markanten Rollenzuschreibungen sind auf dem Hintergrund eines – amerikanisch orientierten – Counseling-Verständnisses für die Arbeitsfelder Pädagogik, Soziale Arbeit, Pflege und Betreuung sowie Psychologie in Beratungsfeldern anschlussfähig. Die internationale Diskussion unterscheidet dabei zwischen Counseling mit „l" und Counselling mit „ll" (vgl. Abbildung 1):

- *Counseling* ist in Amerika gebräuchlich und wird getragen von einem breiteren psychosozial angelegten Verständnis. Psychologische, organisationsentwickelnde und pädagogische Arbeitsfelder werden hier inkludiert. Auch Bildung und Beratung rücken in diesem Verständnis näher aneinander.
- *Counselling* ist demgegenüber in England gebräuchlich und dort stark psychologisch und therapeutisch orientiert mit einer großen Nähe zu (Psycho-)Therapie, Medizin und Psychologie.

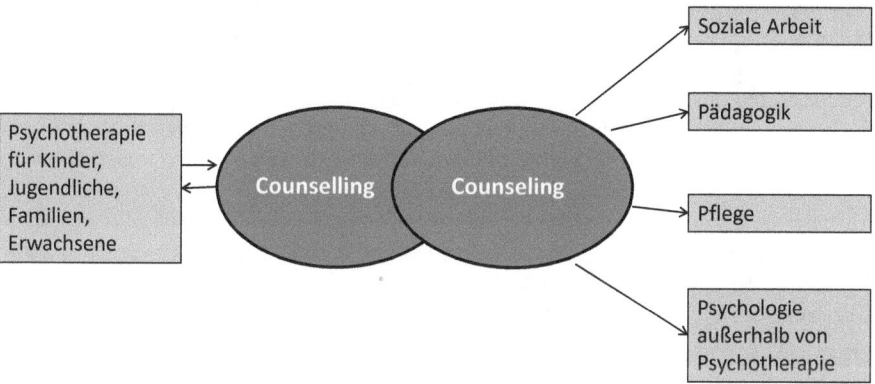

Abbildung 1: Definition Counsel(l)ing (modifiziert nach Zwicker-Pelzer 2010, 14)

Beratung als professionelle Leistungen für Selbstermächtigung, Lebensbewältigung und -führung

Beratung im psychosozialen Bereich hat mit Menschen zu tun, die mit unterschiedlichen Problemen und Fragen ihrer Daseinsbewältigung Rat und Hilfe suchen. Berater und Beraterinnen werden von Rat- und Hilfesuchenden mit konkreten Angaben über ihre persönliche Lebenssituation und die Verhaltensweisen der mit ihnen interagierenden Personen informiert und erhalten dadurch die Möglichkeit, zusammen mit dem Rat- und Hilfesuchenden an der Klärung der konkreten Situation und der Konfliktlösung mitzuwirken.

Beraten hat bereits die Gründerin der Sozialen Arbeit Alice Salomon. Mit ihren engagierten Einsätzen in der – heute würden wir sagen – „Aufsuchenden Sozialen Arbeit" verband sie immer auch die Aktion der Selbstermächtigung, das heißt Stärken so zu aktivieren, dass Familien selbst ihre Geschicke ändern und in die Hand nehmen konnten. Ihre Art und ihr Selbstverständnis, mit Betroffenen Gespräche zu führen, würde sich möglicherweise von heutigen beraterischen Handlungs- und Denkweisen nur wenig unterscheiden.

Beratung wird häufig als „fachkundige Partnerschaft auf Zeit" bezeichnet. Zu ihren Prinzipien gehören auf der einen Seite die volle Freiwilligkeit des Rat- und Hilfesuchenden, beraten bzw. behandelt zu werden und aktiv mit dem Beratenden mitzuarbeiten. Auf der anderen Seite sind Berater und Beraterinnen zu Verschwiegenheit hinsichtlich dessen, was ihnen anvertraut wird, aufgefordert und verpflichtet. Da in der Regel Ziel der Beratung nicht die Erteilung eines konkreten Rats ist, bemühen sich Berater und Beraterinnen mit Rat- und Hilfesuchenden gemeinsam um die Ursachenklärung und Bewältigung ihrer Schwierigkeiten, Probleme oder Konflikte. Nach Nestmann/Engel/Sickendiek (2013, 1330) sucht Beratung „heute vornehmlich – selbst wenn in dieser Form nicht ein elaboriertes theoretisches Modell vorliegt – eine effektzentriert-lösungsorientierte Ausrichtung. Berater wie Beraterinnen arbeiten vor Ort mit ihrer Klientel problemorientiert am raschen Ermöglichen gelingenderer Alltage". Die Fokussierung von Beratungsprozessen auf die Problembewältigung und Hilfe zur Selbsthilfe des Ratsuchenden findet sich auch in früheren Definitionen von Beratung, z.B. als „Kommunikationsvorgang zwischen Berater (Br.) und Klienten (Kl.), in dem der Br. bestrebt ist, die Probleme des Kl. zu verstehen und ihm Anregungen und Hilfen zur Selbsthilfe zu vermitteln. Die Beratung schließt Diagnose, Beschaffung von Informationen, Gesprächsführung zur Sicherung des Verständnisses, Ermutigung und Ratschlag ein. Der Br. weist Gesichtspunkte auf, die für eine Problemlösung wesentlich sind, hilft bei der Definition der Problemlage und orientiert aus seinem Wissen über die zu erwartenden Folgen verschiedener Lösungsmöglichkeiten. Im Gegensatz zur Psychotherapie hat es der Br. in der Regel mit Problemstellungen ohne Krankheitswert zu tun." (Seidenstücker 1994, 66)

Wesentliche Ziele von Beratung sind also die Schaffung von Verstehens- und Orientierungshilfen und die Vermittlung von Entscheidungshilfen. Gemeinsam werden im Beratungsprozess Möglichkeiten zur Problemlösung und -bewältigung gesucht. Dabei ist es ein Ziel von Beratung, über den aktuellen Bereich des jeweiligen Anlasses hinaus den Rat- und Hilfesuchenden mündiger, lebens- und liebesfähiger zu machen, ihm also mehr persönliche Freiheit zu ermöglichen und zu vermitteln, wobei die Erreichung dieses Zieles eine Ich-Stärkung voraussetzt. Damit leistet die Beratung gleichzeitig einen Beitrag zur Demokratisierung der Gesellschaft (Bundeszentrale für gesundheitliche Aufklärung 1975).

Die vorgenannten Aspekte spiegeln sich nach einer Analyse von Rausch (1989, vgl. auch Rausch 2008) auch in einer Vielzahl von Definitionen zu Beratung wider; demnach fanden sich in Beratungsdefinitionen wesentlich folgende Handlungs- und Reflexionselemente wider:

- „Beratung ist eingebunden in einen gesellschaftlichen Bezugsrahmen, der auf Zielsetzung, Strategien- und Mittelauswahl Einfluss nimmt.
- Oberstes Ziel der Beratung ist es, die Hilfe zur Selbsthilfe in Gang zu setzen bzw. das beraterische Geschehen so zu gestalten, dass Handlungsempfehlungen abzuleiten sind.

2.1 Gegenwärtige Entwicklungen in der Profession und Wissenschaft von Beratung

- Die Eigenverantwortlichkeit des Klienten ist im Beratungsprozess herauszubilden und zu stärken.
- Veränderungsprozesse erfolgen auf der kognitiven, emotionalen und aktionalen Ebene. Hier ist vom Berater unterstützend einzugreifen.
- Beratung ist in der Funktion als Aussprache-, Orientierungs- und Entscheidungshilfe zu sehen.
- Beratung steht im Spannungsverhältnis zwischen der zugestandenen Lenkungsfunktion des Beraters und der Berücksichtigung und Förderung der Selbstaktualisierung des Klienten.
- Im Beratungsprozess fungiert der Berater als Vermittler zwischen den subjektiven Theorien der Ratsuchenden und den in objektiven Theorien erfassten Erkenntnissen der Wissenschaft." (Rausch 2008, 22–23)

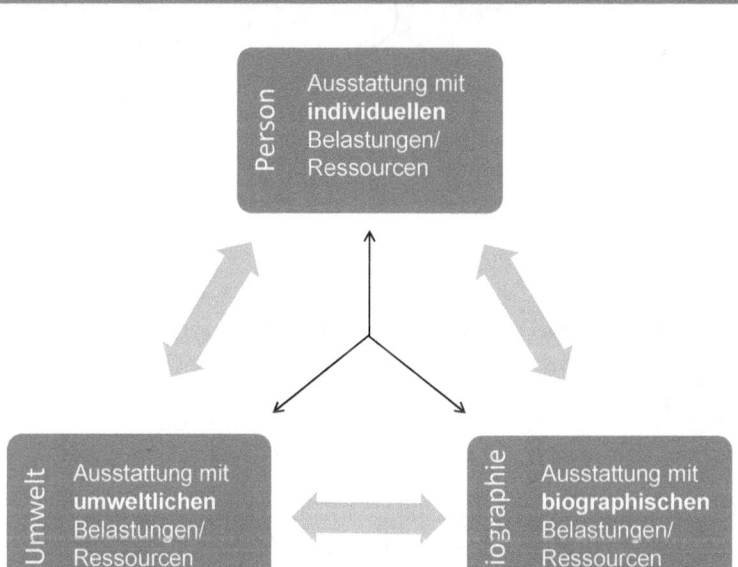

Abbildung 2: Grunddimensionen von (psychosozialer) Beratung (Schubert 2014a, b)

Beratung leistet seine Funktion in der und für die Lebensführung. Lebensbewältigung braucht die Kompetenz der Lebensführung; Klientinnen und Klienten sollten dabei in Beratungen zur Selbstermächtigung angeregt werden, die eigene Führung in der Lebensgestaltung wieder übernehmen zu können. In dem transaktionalen Konzept zur psychosozialen Beratung von Franz Schubert (2014a, b) basiert Lebensführung auf dem wechselseitigen Austausch von Ressourcen zur Bewältigung der wechselseitigen Person-Umwelt-Anforderungen und von belastenden natürlichen und strukturellen Bedingungen (vgl. Abbildungen 2 und 3). In Beratung geht es entsprechend um die Gestaltung und die Qualität dieser transaktionalen Austauschprozesse; es geht – trotz der wechselseitigen Abhängigkeit aus sozialer und kultureller Umwelt – um die Nutzung, Bereitstellung, Pflege und Anregung von Potenzialen und Ressourcen.

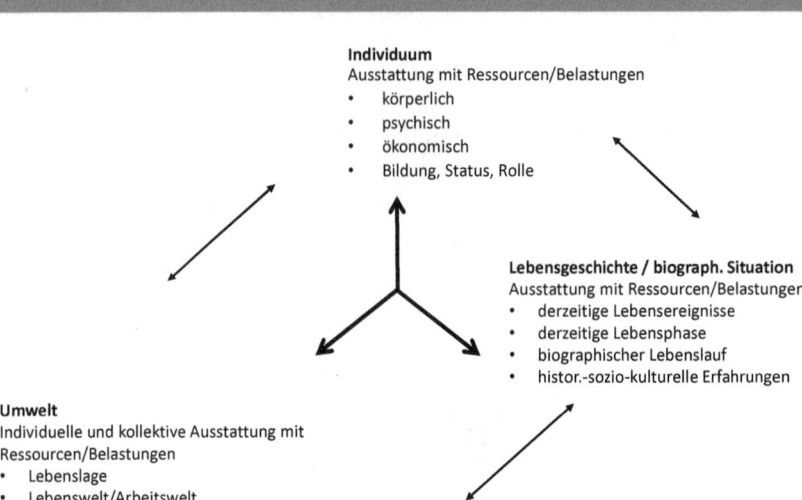

Abbildung 3: Grunddimensionen und Strukturierung von Beratung (Schubert 2014a)

Dabei sind die lebensweltlichen Person-Umwelt-Bezüge von Beratung am besten abbildbar auf dem Hintergrund der Mehrebenen-Theorie bzw. dem ökosystemischen Ansatz von Urie Bronfenbrenner (1981). Bronfenbrenner ordnete in seiner Ökologie der menschlichen Entwicklung die zentralen Ebenen in Mikro-, Meso-, Exo- und Makrosystem und dies in ihren gegenseitigen und wechselseitigen Bezügen und Übergängen. Stark therapeutisch geprägte Beratungskonzepte fokussierten zunächst jedoch – zumindest historisch gesehen – in hohem Maße auf die intrapersonalen Aspekte einer Person, so dass meist der Blick auf Kontexte und Umweltbedingungen der Person ausgeblendet erschien. Therapie und die aus ihr zum Teil abgeleiteten Beratungskonzepte fixierten sich wesentlich auf die Mikroebene des Beratungssystems. Klientin bzw. Klient und die Schilderungen sowie die Interaktion zwischen Klientin/Klient und Beraterin/Berater standen im Mittelpunkt der Betrachtung des Beratungsgeschehens. Mittlerweile wissen – hoffentlich – alle an Veränderungsprozessen beteiligten Fachkräfte um die hohe Bedeutsamkeit von Lebensumständen, von Interaktionspartnern in der Alltags- und Lebensbewältigung sowie von den Wechselwirkungen zwischen gesellschaftlichen Schieflagen und individuellen Problemlagen. Makro-Umstände spiegeln sich in Beratungsprozessen wie umgekehrt aus den Beratungen tiefgreifende Lebensprobleme gesellschaftspolitischen Ranges generiert werden können.

Die beschriebenen Ebenen nach Bronfenbrenner wirken im individuellen und sozialen Erleben ineinander und vermeintlich kleine Probleme des Alltags spiegeln sich in den großen gesellschaftlichen Themen wider. Umgekehrt wird in der Beratung immer auch deutlich, wie z.B. Arbeitslosigkeit, soziale Benachteiligung, nicht gelingende Bewältigung von Entwicklungsaufgaben usw. sich phänomenologisch zeigen, erlebt und empfunden werden und wie sie sich auf die Interaktionsqualität und -dynamik in sozialen Beziehungen auswirken. Dieser Wirkmechanismus wird in den neueren Entwicklungen der beratungswissenschaftlichen Verortung der Deutschen Gesellschaft für Beratung (DGfB) als „reflexive Beratung" diskutiert (vgl. Abbildung 4).

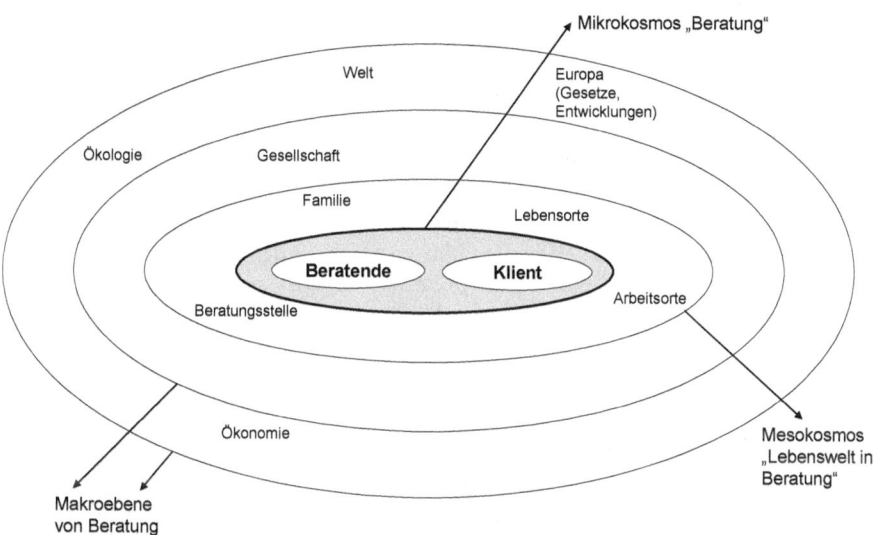

Abbildung 4: Beratungskontext (Zwicker-Pelzer 2010, 42)

Beratung als „reflexive Beratung"

Wenn Professionalität als Beitrag zur Identität des eigenen beruflichen Handelns verstanden wird, dann ist nach den fachlichen Standards zu fragen, das heißt, welche Kompetenzen, welche Performanzen braucht die Beraterin bzw. der Berater? Was sind Leitlinien der Fachlichkeit von Beratenden? Wir können und müssen hier konstatieren: Beratung ist nur multidisziplinär und multiprofessionell verstehbar; Beratung generiert in Form von bearbeiteten Einzelschicksalen auch gesellschaftlich-strukturelle Rahmungen und Schwierigkeiten. Sie ist in ihrem Kern als „reflexive Beratung" zu verstehen, das heißt, im wissenschaftlichen Diskurs geht es um die vertiefende, verstehende und zu untersuchende Dimension des Beratungsgeschehens selbst, der Rolle des Beraters/der Beraterin, des Anliegens, der Schwierigkeit des Ratsuchenden sowie des Erlebens von Beratenden und Beratenen bezüglich gesellschaftlich-politisch wirksamer Widersprüche.

2 Grundlagen

Die Deutsche Gesellschaft für Beratung (DGfB) beschreibt Beratung als reflexive Beratung folgendermaßen: „Sie kann den gesellschaftlichen Akteuren dabei helfen, ihre Lebens- und Arbeitsbedingungen, Erfahrungen, Beziehungen und Vernetzungen zu reflektieren. Jenseits rein informatorischer Beratung macht sich bei reflexiver Beratung der zu Beratende mit seinen sozialen und gesellschaftlichen Bezügen selbst zum Gegenstand prüfender Betrachtung. Beratung in diesem Sinne reicht also über die Selbstreflexion hinaus und reflektiert in professioneller Weise – auf wissenschaftlicher Grundlage – auch die gesellschaftlichen Zusammenhänge. Dabei orientiert sich die reflexive Beratung an Menschen- und Grundrechten sowie den Erfordernissen von Gerechtigkeit und Partizipation." (DGfB 2014, 2)

Die reflexive Beratung wird dabei unterschieden von einer transitiven Beratung, die im Wesentlichen aus der Weitergabe einer fachlichen Expertise (z.B. Steuerberatung, Rechtsberatung) besteht und somit nach Seel (2014) nur marginal relevant für eine eigenständige Beratungsprofession ist, auch wenn sie gelegentlich gemeinsam mit reflexiver Beratung auftritt. Reflexive Beratung beinhaltet demgegenüber „die Selbstklärung von Klientensubjekten in verschiedenen gesellschaftlichen bzw. sozialen Zusammenhängen und in ihren Beziehungen zu anderen Subjekten" oder auch das „Management eines reflexiven Projekts mit dem Klientensubjekt" (a.a.O., 32). Im Weiteren wird innerhalb der reflexiven Beratung unterschieden zwischen a) der „Thematisierung des beratenen Subjekts und seiner Beziehung zu anderen nach den in der Gesellschaft üblichen und von den Subjekten eingeforderten Kriterien der Selbstreflexion" und b) der „Thematisierung und Reflexion auch der Prozesse der Selbstoptimierung […], also um eine Reflexion vorgegebener Reflexionsprozesse oder -standards" (a.a.O., 33), auch im Sinne einer kritischen Auseinandersetzung mit Anpassungs- und „Selbstoptimierungsprozessen" an als normativ erlebte Anforderungen beruflicher wie privater Natur.

In unübersichtlichen postmodernen Gesellschaften existiert offenkundig großer Beratungsbedarf. Die wissenschaftliche Reflexion gesellschaftlicher Zusammenhänge ist für das Verstehen und Erklären individueller Probleme und Krisen dabei ebenso notwendig wie die Selbstreflexion eines auch ethisch verantwortlichen Selbstverständnisses von Beratern und Beraterinnen hinsichtlich einer kritischen Auseinandersetzung mit Selbstoptimierungstendenzen durch Beratung und damit verbunden einer permanenten Reflexion der Rolle und Aufgabe von Beratung in modernen Gesellschaften.

Professionalisierung und Akademisierung von Beratung

Beratung hat eine lange Geschichte (vgl. dazu Kapitel 2.2). Zunächst als Handlungskonzept der Sozialen Arbeit, dann zunehmend als Part des therapeutischen Handelns, ist Beratung heute auch in Deutschland auf dem Weg zu einer eigenständigen Disziplin. Daraus ergibt sich auch eine Anschlussfähigkeit an die benannten internationalen Entwicklungen des Counseling. Wenngleich die Professionalisierung von Beratung in der BRD zwar immer noch stark den therapeutischen Schulen entlehnt und mit ihnen verbunden zu sein scheint, so ist international längst eine eigenständige akademische Profilbildung eingeläutet worden. In der deutschsprachigen Theoriebildung von Beratung und deren wissenschaftlicher

Fundierung kam spätestens seit Nestmann (1997b) viel Bewegung und Entwicklung auf. Diese Bewegung muss in einem internationalen Kontext und Rahmen gesehen werden: In England und Amerika formierte sich Counseling in den vergangenen Jahrzehnten vorwiegend an den Hochschulen mit unterschiedlichsten Studiengängen des Counseling mit akademischem Abschluss.

Es brauchte eine lange Zeit des fachlichen Miteinander-Ringens, bis es schließlich 2004 gelang, dass sich 28 Fach- und Berufsverbände als „AG-Beratungswesen" unter dem Dach der bereits benannten Deutschen Gesellschaft für Beratung (DGfB) zusammenfanden und eine eigene gemeinsame Plattform für ein psychosoziales Beratungsverständnis eingerichtet werden konnte (www.dachverband-beratung.de). Im DGfB-Beratungsverständnis wird Beratung als „fachkundige Partnerschaft auf Zeit" verstanden, die:

- sich mit Daseinsbewältigungsfragen befasst
- (therapie- und) schulenübergreifend ist
- ein interdisziplinäres Wissenschaftsverständnis zugrunde legt
- einzeltherapeutische, sozialfürsorgerische oder pädagogische Aktivität sein kann.

Wenn nun laut DGfB Beratung subjekt-, aufgaben- und kontextbezogen ist, dann hat sie genauso soziale, gesellschaftliche, institutionelle, ökonomische und ethische Rahmenbedingungen. Als struktur- und personenbezogene Dienstleistung gleichermaßen ist Beratung weit über den Praxis- und Wissenschaftsrahmen der Psychologie hinausgewachsen. Als Beratungswissenschaft ist sie in ihrem Kern nur interdisziplinär verstehbar; die Entwicklung und Bildung der Beratungswissenschaft geht nur im Verbund mehrerer Disziplinen, ja sie fordert geradezu ein neues Wissenschaftsverständnis – das des Multidisziplinären – heraus. Lackner (2009, 44) bezeichnet die Beratungswissenschaft aufgrund des Einbezugs von und der Zugehörigkeit zu verschiedensten Fachdisziplinen auch als „hybrid" und: „Gerade die Nichteinordenbarkeit [sic] der Beratungswissenschaft in einen traditionellen Kanon von Disziplinen und Fakultäten macht die Beratungswissenschaft zu einem Vorreiter für eine Wissenschaft der Zukunft, die sich sowohl zur Gesellschaft als auch zu anderen Disziplinen hin geöffnet haben wird". Die Hybridität findet sich aber nicht nur in den multi- und transdisziplinären Grundlagen und Anwendungsperspektiven, sondern auch in der Schulenvielfalt, die sich in einem eigenständigen beratungswissenschaftlichen Verständnis wiederfinden sollte: „Eine akademisch verankerte Beratungswissenschaft wäre aber gerade nicht an bestimmte Schulen und eine damit verbundene Corporate Identity gebunden. Ganz im Gegenteil. Erst unter Beibehaltung der Vielfalt könnte sie eine Metatheorie der Beratung entwickeln." (a.a.O., 45)

Die Forderung nach der inter- und multidisziplinären Konzeption „gilt auch für eine Wissenschaft von Beratung bzw. eine Forschung über Beratung: Wenn eine wesentliche Legitimierung von Beratung darin besteht, dass sie den Menschen helfen soll, die Unübersichtlichkeit zu überwinden und zu einer sinnvollen Gestaltung ihres Lebens im beruflichen und im privaten Kontext zu verhelfen, muss Beratung eine übergeordnete Perspektive eröffnen, die den KlientInnen den Zugang zu ganz verschiedenen Ressourcen eröffnet, und das kann nur darauf hinauslaufen, dass eine Wissenschaft von Beratung eine Wissenschaft sein muss, die den KlientInnen die Ressourcen und wissenschaftlichen Ergebnisse der verschiedensten akademischen Fächer und Disziplinen zugänglich macht. Das kann allerdings nicht heißen, dass eine solche Wissenschaft in irgendeiner Weise den anderen übergeordnet sein soll. Eine solche Vorstellung kann letztlich nicht zielführend sein, vielmehr muss wohl an eine geeignete Form von Vernetzung gedacht werden." (Seel 2009, 11)

Die Multidisziplinarität einer Beratungswissenschaft findet sich nicht zuletzt in der Doppelverortung notwendiger handlungsfeldunspezifischer und -spezifischer Kompetenzen und Wissensfelder von Beratern und Beraterinnen: a) dem feldunspezifischen, aber beratungsspezifischen Beratungs- und Interaktionswissen (z.B. Kommunikations-, Handlungs-, Veränderungs-, Kontext-, Prozessmodelle, Beratungsmethodologie, -methoden) und b) dem handlungsfeldspezifischen Wissen (z.B. Faktenwissen zu den jeweiligen Problemlagen, Kausalmodellen, Interventionsformen und gesetzlichen Grundlagen) (Engel/Nestmann/Sickendiek 2004). So verfügen Fachkräfte z.B. aus der Sozialen Arbeit, der Pflege oder der Mediation über je unterschiedliche handlungsfeldspezifische Wissensbereiche, die wesentlich aus ihren Ausbildungsdisziplinen stammen, und wenden in Beratung zum Teil ähnliches feldunspezifisches Beratungswissen an.

Die Herausforderungen in der Entwicklung einer eigenständigen Beratungswissenschaft angesichts unterschiedlichster beteiligter Wissenschaftsdisziplinen sowie Handlungsfeld- und Praxisbezüge werden vielfach in beratungsrelevanter Literatur aufgegriffen. Nach Hausinger (2008), die eine allen Praxisfeldern dienliche Beratungswissenschaft sowie einen bereichs-, schulen-, format- und methodenübergreifenden Ansatz fordert, müsste eine genuin eigenständige Beratungswissenschaft mindestens die in Tabelle 1 dargestellten Inhalte umfassen. Dies theoretisch wie praktisch ganzheitlich zu fundieren, zu reflektieren und zu beforschen und jeweils interdisziplinär und interaktionell sowie verschiedene Theorie- und Praxisstränge integrierend macht die hohen Anforderungen an eine eigenständige Beratungswissenschaft deutlich, die derzeit in dieser umfassenden Form nur eingeschränkt geleistet werden kann und wird.

Tabelle 1: Beratungswissenschaft: Umfang und Inhalte (Hausinger 2008, 23)

Formen:	alltägliche Beratung, lebensweltliche Beratung, arbeitsweltliche Beratung, gesellschaftliche Beratung (Mikro-, Meso- und Makroebene)
Bezüge:	personenbezogene Beratung, gegenstandsbezogene Beratung, organisationsbezogene Beratung, institutionsbezogene Beratung
Inhalte:	soziale, pädagogische, psychologische, philosophische, soziologische, berufliche, wirtschaftliche, rechtliche, finanzielle sowie technische Beratung
Praxisfelder:	Sozialberatung, Bildungsberatung, Lebensberatung, Gesundheitsberatung, Unternehmensberatung, Verbraucherberatung, Rechtsberatung, Finanzberatung, Produktberatung, IT-Bera-

2.1 Gegenwärtige Entwicklungen in der Profession und Wissenschaft von Beratung

	tung, Strategieberatung, Politikberatung, Gemeindeberatung, Schulberatung, Studienberatung, Drogenberatung, Eheberatung, Scheidungsberatung, Arbeitsberatung, Managementberatung, Karriereberatung, Erziehungsberatung, Ernährungsberatung, Trauerberatung, Versicherungsberatung
Konzepte/ Formate:	Supervision, Organisationsberatung, Mediation, Coaching, Komplementärberatung
Disziplinen:	Psychologie, Pädagogik, Sozialpädagogik, Soziologie, Philosophie, Bildungswissenschaften, Rechtswissenschaften, Wirtschaftswissenschaften, Theologie
Theorien:	Handlungstheorien, Kommunikationstheorien, Interaktionstheorien, Kulturtheorien, Prozesstheorien, Persönlichkeitstheorien, Erkenntnistheorien, Organisationstheorien, Systemtheorien, Entscheidungstheorien
Elemente:	Ziele, Anliegen, Diagnose, Analyse, Expertise, Methoden, Interventionen, Instrumente, Verfahren, Mittel, Barrieren, Rollen, Routinen, Regeln, Logiken, Normen, Werte
Funktionen:	Information, Orientierung, Entscheidungshilfe, Planungshilfe, Anleitung, Klärung, Unterstützung, Prävention, Problemlösung, Legitimation, Verstehen, Aufklärung, Reflexion, Anpassung, Kompensation, Innovation

Als lebenswelt- und arbeitsweltbezogenes Angebot spiegelt sich in der Beratung aber auch die Vielfalt von Transfer-Schwierigkeiten des ganzheitlichen Gewahrseins eines persönlichen, familiären und gesellschaftlichen Daseins wider. So sind für gute Beratung Kompetenzen zu erwerben, die weit über eine methodische Gesprächsführung und das Interventionswissen zu Veränderungspotenzialen hinausgehen.

Die Komplexität der Anforderungen verdeutlichen die Herausforderungen im Erwerb von Beratungskompetenzen, die derzeit auf unterschiedliche Weise angeeignet werden können. Unterschiedlich meint hier in Anlehnung an den Europäischen Qualifikationsrahmen (EQR) bzw. Deutschen Qualifikationsrahmen (DQR) vor allem die formelle Weise des Lernens (z.B. in akademischen Studiengängen, vorrangig postgradual als Masterstudiengänge) oder halbformell in Weiterbildungen, Kursen etc. anerkannter Fachverbände und deren Weiterbildungsinstituten. Trotz oder wegen der erst spät einsetzenden Akademisierung in Beratung haben wir hierzulande eine lange Tradition der beruflich-orientierten Weiterbildung in Beratung als halbformalisiertes Geschehen. Menschen qualifizieren sich für Beratungskompetenzen oftmals über mehrere Jahre hinweg, meist auch mit hohen persönlichen materiellen Auslagen. Ob und wie dies im eigenen beruflichen Kontext dann Anerkennung findet oder auch vergütet wird, bleibt meist ungeregelt und unstandardisiert. Über die fachlich fundierten Diskurse im halbformalisierten Weiterbildungsbereich der Fachverbände hinaus braucht die internationale Ankopplung der deutschsprachigen Theorieentwicklung dringend eine begleitende wissenschaftliche Verortung und Fundierung. Diese Prozesse sind umso nötiger, als einerseits der bekannte Bologna-Prozess die Hochschulen neu auf den Plan rief und die Akademisierung ein Update der nationalen und internationalen Entwicklungen herausforderte und andererseits die Entwicklungen des Europäischen Qualifikationsrahmens (EQR) die nationalen Umsetzungsprozesse im DQR herausfordern. Letztere sind laufende, nicht abgeschlossene Prozesse. Die Entwicklungen des EQR/DQR in ihrer nationalen Umsetzung werden zeigen, ob und wie halb- und informell erworbene Kompetenzen auch in der Beratungsaus- und -weiterbildung formell Anerkennung erfahren. Modellhaft finden wir derzeit unterschiedlichste Kooperationen zwischen Hochschulen und Weiterbildungsfachverbänden, die möglicherweise wegweisend für nachhaltige neue Entwicklungen stehen mögen.

Zusätzlich wird auch in deutschen Forschungsprojekten über die Verbindung von informell wie formell erworbenen Kompetenzen von Beratung nachgedacht. Ausgehend von den europäischen Leitlinien und Rahmenvorgaben werden in diesen Forschungsprojekten nationale Umsetzungen experimentierend umgesetzt in der Bildungs- und Berufsberatung. Informelle und formelle Qualitäten von erwachsenen Lernprozessen in Beratungsweiterbildung werden hier untersucht; die Projekte sind zudem als Anregung gedacht für den nationalen Diskurs über Beratungsstandards (vgl. auch Schiersmann/Weber 2013).

In keinem anderen Land gibt es eine solche Vielfalt an Fachverbänden wie in Deutschland, die sich vorwiegend im Umfeld therapeutischer Schulen unterschiedlichster Art etabliert hatten; meist platzierten sie Beratung als „kleine" Therapie bzw. als Einsteigerprogramm in ihren Angeboten. So halten fast alle Fachverbände der Therapieausbildung auch Beratungsweiterbildungen vor. Diese zeichneten sich durch sehr unterschiedliche fachliche Standards aus und sind auch heute noch keineswegs einheitlich. Diesen stärker therapeutisch geprägten Handlungs- und Denkweisen gesellen sich mittlerweile andere Counseling-Formate hinzu wie etwa Mediation, Coaching, Organisationsberatung etc. Die Schwierigkeiten, die sich aus der Vielzahl von Dach- und Fachgesellschaften ergeben, die sich für Beratung zuständig fühlen, liegen wesentlich in den unterschiedlichen Selbstverständnissen notwendiger Beratungskompetenzen, Qualifizierungsstandards, berufsständischer Interessen, akademischer Ausrichtung usw. Dennoch: „[...] es gibt auch durchaus Gemeinsamkeiten, da ist vor allem das Interesse an der Seriosität von Beratungsangeboten zu nennen, das sich nicht nur auf die Qualität von Beratung erstreckt, sondern auch auf die Orientierung an der Selbstverantwortung, der Autonomie und der Stärkung der Unabhängigkeit der KlientInnen durch Beratung, also gegen die Instrumentalisierung von Beratung für die Unterwerfung unter zweifelhafte Ideologien." (Seel 2009, 9)

Die in der DGfB zusammengeschlossenen Verbände haben im Laufe der Jahre demgegenüber eigene Standards formuliert, um so im Verbund zur Professionalisierung von Beratung beizutragen und gesellschaftlich-politische Entwicklungen für Beratung deutlicher hervorzuheben.

Zeitgleich mit der Gründung der DGfB bildete sich ein akademisches Forum, in dem sich Hochschullehrer und Hochschullehrerinnen als „Vereinigung der

Hochschullehrer zur Förderung von Beratung und Counseling" (VHBC) zusammenschlossen. Hier treffen sich jährlich Professorinnen und Professoren deutscher Hochschulen und Universitäten zur weiteren Profilierung und Akademisierung einer Beratungswissenschaft, die u.a. an ihren Hochschulen Masterprogramme in Counseling mit verschiedenen Akzentuierungen anbieten. Dieser Kreis erweitert sich stetig um die Personen, die im Rahmen des Bologna-Prozesses (Internationalisierung der Hochschulbildung in BA/MA) neue akademische Qualitäten für die Profession von Beratung einbringen und nutzbar machen wollen (vgl. www.vhbc.de).

Vertiefungs- und Diskussionsfragen:

- Welche Aspekte des Könnens und Handelns machen die Eigenständigkeit von Beratung gegenüber anderen Disziplinen aus?
- Was ist der Unterschied zwischen präventiver, entwicklungs-/wachstumsfördernder und kurativer Beratung?
- Inwiefern sind mikro-, meso- und makrostrukturelle Dimensionen z.B. nach Bronfenbrenner in der Beratung von zentraler Bedeutung?
- Was beinhaltet die reflexive Beratung?

Literatur zu Kapitel 2.1

Einführende Literatur:

Dachverband für Beratung (2015): Positionspapier Beratung in der reflexiven Gesellschaft. Online verfügbar unter: https://www.dgsf.org/themen/stellungnahmen-1/positionspapier-beratung-in-der-reflexiven-gesellschaft (05.10.2021).

Engel, Frank; Nestmann, Frank; Sickendiek, Ursel (2004): „Beratung" – Ein Selbstverständnis in Bewegung. In: Nestmann, Frank; Engel, Frank; Sickendiek, Ursel (Hrsg.): Das Handbuch der Beratung, Band 1: Disziplinen und Zugänge. Tübingen, S. 33–44

Weiterführende / zitierte Literatur:

Bronfenbrenner, Urie (1981): Die Ökologie der menschlichen Entwicklung. Natürliche und geplante Experimente. Stuttgart.

Bundeszentrale für gesundheitliche Aufklärung (1975): Beratungsführer. Köln.

Dietrich, Georg (1983): Allgemeine Beratungspsychologie. Eine Einführung in die psychologische Theorie und Praxis der Beratung. Göttingen.

Gelso, Charles, J.; Fretz, Bruce R. (1992): Counseling Psychology. Fort Worth.

Hausinger, Brigitte (2008): Beratungswissenschaft – Skizzierung von Schwierigkeiten und Möglichkeiten. In: Supervision, 4, S. 22–25.

Lackner, Karin (2009): Beratung – (k)eine Wissenschaft? In: Möller, Heidi; Hausinger, Brigitte (Hrsg.): Quo vadis Beratungswissenschaft? Wiesbaden, S. 43–61.

Nestmann, Frank (1997a): Big Sister is Inviting You – Counseling und Counseling Psychology. In: Nestmann, Frank (Hrsg.): Beratung. Bausteine für eine interdisziplinäre Wissenschaft und Praxis. Tübingen, S. 161–177.

Nestmann, Frank (1997b): Beratung – Bausteine für eine interdisziplinäre Wissenschaft und Praxis. Tübingen.

Nestmann, Frank; Engel, Frank; Sickendiek, Ursel (2007): Statt einer „Einführung": Offene Fragen „guter Beratung". In: Nestmann, Frank; Engel, Frank; Sickendiek, Ursel (Hrsg.): Das Handbuch der Beratung, Band 2: Ansätze, Methoden und Felder. Tübingen, 2. Auflage, S. 599–608.

Nestmann, Frank; Engel, Frank; Sickendiek, Ursel (2013): Beratung: Zwischen „old school" und „new style". In: Nestmann, Frank; Engel, Frank; Sickendiek, Ursel (Hrsg.): Das Handbuch der Beratung, Band 3: Neue Beratungswelten. Tübingen, S. 1325–1348.
Rausch, Adly (1989): Gesprächsführung in der genetischen Beratung. München.
Rausch, Adly (2008): Zur Charakteristik des Beratungsbegriffs. In: Rausch, Adly Rausch; Hinz, Arnold; Wagner, Rudi F. (2008): Beratungspsychologie. Bad Heilbrunn, S. 17–29.
Schiersmann, Christiane; Weber, Peter (Hrsg.) (2013): Beratung in Bildung, Beruf und Beschäftigung. Eckpunkte und Erprobung eines integrierten Qualitätskonzeptes. Bielefeld.
Schubert, Franz-Christian (2014a): Lebensführung als Gegenstand von Beratung. Konzeptionierung – einige Fragestellungen und Ergebnisse. Vortrag auf der 1st European Conference on Systemic Research in Therapy, Education and Organisational Development (07.03.2014). Heidelberg.
Schubert, Franz-Christian (2014b): Psychosoziale Beratung und Lebensführung – ein transaktionales Verständnis von (reflexiver) Beratung. In: Journal für Psychologie, 22 (2), S. 157-177. Online verfügbar unter: http://www.journal-fuer-psychologie.de/index.php/jfp (05.10.2021).
Seel, Hans-Jürgen (2009): Professionalisierung von Beratung – Fragen und Thesen. In: Journal für Psychologie, Jg. 16, 1, S. 1–23.
Seel, Hans-Jürgen (2014): Beratung: Reflexivität als Profession. Göttingen.
Seidenstücker, Ellen (1994): Beratung. In: Schwendtke (Hrsg.): Wörterbuch der Sozialarbeit und Sozialpädagogik. Heidelberg, 4. Auflage.
Zwicker-Pelzer, Renate (2010): Beratung in der sozialen Arbeit. Stuttgart, Bad Heilbrunn.

2.2 Die historische Dimension von Beratung (Franz-Christian Schubert)

Zusammenfassung

Um Beratung zu verstehen, ist es nötig, ihre historischen Entwicklungen, Dimensionen und Handlungsansätze im Rahmen des gesellschaftlichen Wandels aufzuzeigen. Beratung hat sich unter unterschiedlichen wissenschaftlichen Konzeptionen und in vielfältigen Handlungsfeldern entwickelt; zudem bestehen seit jeher breite Überschneidungen mit psychotherapeutischen Ansätzen. Das führt zu dem Eindruck, dass die konzeptionelle und praxeologische Ausgestaltung von Beratung recht unübersichtlich ist. In diesem Kapitel liegt der Fokus auf den Entwicklungen in der Bundesrepublik Deutschland und bezieht nur einige Ausgangsentwicklungen aus den USA ein. Verfolgt werden drei historische Linien, die durch unterschiedliche Verständnisweisen von Beratung gekennzeichnet sind: (1) die psychologisch-therapeutische, (2) die empirisch orientierte, psychologisch-pädagogische und (3) die lebensweltliche und systemische (sozialökologisch und systemisch-kontextuelle) Ausrichtung. Zum Schluss befasst sich das Kapitel mit den gegenwärtigen Professionalisierungsentwicklungen von Beratung als reflexive Instanz in der gegenwärtigen Gesellschaft.

Beratung als spezialisierter gesellschaftlicher Funktionsbereich

Die Entwicklung und Institutionalisierung professioneller Beratung in Europa ist als Ergebnis eines tiefgreifenden gesellschaftlichen Wandels vom auslaufenden 18. hin zum 20. Jahrhundert zu verstehen. Unter den Einwirkungen einer zunehmenden Industrialisierung erfolgte die Umstrukturierung von einer feudalen Gesellschaftsform hin zur Entwicklung einer bürgerlichen Gesellschaft mit ausgeprägten sozialstaatlichen Strukturen und neuen, spezialisierten und institutionalisierten Funktionsbereichen. Aus der Perspektive der Beratung ist dieser Prozess vor allem in seinen Auswirkungen auf das Familien- und Alltagsleben bedeutsam. Im Zuge der Industrialisierung und fortschreitenden Modernisierung wurde der ganzheitliche Lebenskontext aus Alltagsleben, Arbeiten, Erziehen, Lernen, Erfahrungen sammeln und auswerten, die ehemals vorrangig im Lebensraum Familie stattfanden, aufgebrochen und in die Gesellschaft ausgelagert: Arbeiten, Erziehen, Lernen sowie Alltags- bzw. Freizeitleben erfolgten zunehmend in differenzierten gesellschaftlichen Funktionsbereichen außerhalb von Familie. Bereits im beginnenden 20. Jahrhundert war eine strukturelle Aufteilung der Lebensorte Erziehung, Schule, Berufsausübung und Familien- bzw. Privatleben weitgehend vollzogen. Das hatte weitreichende Konsequenzen für das individuelle Berufs- und Alltagsleben, die nunmehr weitgehend unabhängig voneinander erfolgten, wie auch für die Erziehung von Kindern und Jugendlichen. Die bisherige alltägliche, „natürliche" Lebensanleitung und „Beratung" durch Eltern, Großeltern, Verwandte, Nachbarn oder durch semiprofessionelle Beratende wie Lehrer und Pfarrer verloren an Einfluss. Die neuen Lebensorte und Lebensformen haben eigene Strukturen und Abläufe, worauf die „alten" Erfahrungen und wohlgemeinten Anleitungen und Hilfestellungen nur noch bedingt – wenn überhaupt – übertragen werden können (Schönig/Brunner 1990; Keupp 1995; Schubert 2004).

Mit den Modernisierungsprozessen ging auch eine zunehmende soziale Verelendung einher. Staatlicherseits wurde darauf Ende des 19. Jahrhunderts durch Sozialgesetzgebung, institutionalisierte Bildungseinrichtungen mit unterschiedlichen Schultypen, Änderung beruflicher Ausbildungsrichtlinien (vorher weitgehend durch Zünfte und Ständewesen geregelt) und durch Etablierung spezieller Einrichtungen für Menschen mit Behinderungen und psychischen Erkrankungen reagiert. Im Zuge dieser Maßnahmen entwickelten sich zu Beginn des 20. Jahrhunderts in verschiedenen Ländern Europas und in den USA institutionell geführte soziale Hilfemaßnahmen, die quasi als Ablösung der bisherigen familialen, nachbarschaftlichen und semiprofessionellen Anleitung bzw. Beratung zu verstehen sind. Hier liegen die ersten Entwicklungen in der Etablierung eines differenzierten Beratungswesens. Folgende Strömungen aus politischen, sozialen und wissenschaftlichen Bereichen trugen zu dieser Professionalisierung bei:

1. Erfahrungen und praktische Ansätze aus der Fürsorgearbeit und der Polizeiarbeit zur Bekämpfung der zunehmenden sozialen und gesundheitlichen Verelendung von Kindern, Jugendlichen und Erwachsenen; Erfahrungen und Erklärungsansätze aus der Soziologie und der beginnenden Sozialpsychologie unterstützten und ergänzten diese Ansätze
2. die wachsende Bedeutung der Schule nicht nur als Bildungseinrichtung, sondern auch als Zuteilungsinstitution für die berufliche und soziale (sozio-ökonomische und statusmäßige) Laufbahn
3. die zunehmend komplexer und unüberschaubar werdende Berufswelt, die einen differenzierten Bedarf an Bildung, Ausbildung und berufsbezogener Orientierung mit sich brachte

Franz-Christian Schubert

4. Beiträge der damaligen Psychologie, Pädagogik und Soziologie, die erste Antworten auf die Anforderungen der gesellschaftlichen Strukturveränderungen mit ihren Auswirkungen auf Bildung, Erziehung, Beruf, Lebensführung und Gesundheit gaben. Hierzu gehörten die Etablierung einer empirisch fundierten Psychologie mit der Entwicklung verlässlicher Messverfahren und diagnostischer Instrumente zur Erfassung individueller berufsbezogener Leistungen, Fähigkeiten und persönlicher Eigenschaften sowie wissenschaftlich fundierte Aussagen der Psychologie und Pädagogik zu Anforderungsprofilen für Schul- und Berufslaufbahnen.

Beratung folgte sozusagen den gesellschaftlichen Anforderungen und Auswirkungen, die Strukturveränderungen und gesellschaftliche Differenzierung und Spezialisierung auf Erziehung, Ehe- und Familienleben, Entwicklung von Berufen bzw. auf Lebensführung insgesamt hatten. Dies führte allerdings über Jahrzehnte auch zu einer Zersplitterung des Beratungswesens in voneinander abgegrenzte Kompetenzbereiche und Berufsfelder und über lange Zeit zu einer vereinseitigenden Psychologisierung von Beratung. Schönig und Brunner (1990, 11) führen diese „Zerstückelung" vor allem auf unterschiedliche Trägerschaften im Beratungswesen und auf „die häufig einseitige Konzentration der Einrichtungen auf bestimmte (psychologische) Beratungskonzepte" mit eng begrenzten zielgruppenspezifischen Beratungsgebieten zurück. Erst seit Neuerem gibt es konzeptionelle Ansätze, die Beratung durch Anbindung an lebensweltlich oder sozialökologisch bzw. systemisch-kontextuell fundierte Verständnisweisen von Lebensführung wieder breiter fundieren (Schubert 2014). Die Vernetzung unterschiedlicher Kompetenzbereiche und Integration von Verfahren ist dabei ein wichtiges Ziel professionell gestalteter Beratungsarbeit.

Historische Entwicklungslinien von Beratung

Zu Beginn des 20. Jahrhunderts entstand in Europa und in den USA ein differenziertes institutionelles Beratungswesen mit geschultem Personal, das dem zunehmenden Bedürfnis nach fachlichen Lebenshilfen nachkommt (Großmaß 2000). Die folgenden Ausführungen sind im Wesentlichen auf die Entwicklungen in Deutschland ausgerichtet und beziehen nur richtungsweisende Anfangsbedingungen aus den USA ein. Entwicklungen im angloamerikanischen Raum und die kennzeichnenden engen Verbindungen von Psychotherapie und Beratung werden von Nestmann (1997) und in dem Standardwerk von McLeod (2004) beschrieben.

Die Entwicklung von Beratung kann über drei historische Grundlegungen und Entwicklungslinien verfolgt werden, die in ihren konzeptionellen Weiterführungen bis heute Gültigkeit haben (1) die psychologisch-therapeutische, (2) die empirisch orientierte psychologisch-pädagogische und (3) die lebensweltliche und systemische (sozialökologisch und systemisch-kontextuelle) Ausrichtung. Alle drei beinhalten unterschiedliche Verständnisweisen von Beratung, mit ebenfalls unterschiedlichen Zugangsweisen im Problem- und Fallverständnis, in den methodischen Verfahren wie auch im professionellen Selbstverständnis der Beraterinnen und Berater.

Psychotherapeutische Grundlegungen und Entwicklungen von Beratung

Verfolgt man die Geschichte des Beratungswesens ab dem 20. Jahrhundert, so ist eine enge Verknüpfung von Beratung und Psychotherapie festzustellen. Rechtien (2004, 30) konstatiert, dass „die überwiegende Zahl aller Beratungskonzeptionen [...] auf psychotherapeutischen Ansätzen [beruht]". Erst in den 1980er Jahren erbringt Dietrich (1983) erste Ansätze zu einer eigenen, von Psychotherapieschulen unabhängigen Beratungskonzeption. Seit dem Psychotherapeutengesetz (PsychThG) von 1998 sind weitere Bestrebungen und Differenzierungen hin zu einer eigenen Beratungswissenschaft zu beobachten (z.B. Möller/Hausinger 2009).

Die Arbeiten Sigmund Freuds (1856-1939) zur Psychoanalyse, in denen er verschiedene Gedankenströmungen aus der Psychologie, Medizin und Philosophie zusammenführte, bildeten ein wesentliches Fundament zur Entwicklung einer psychotherapeutisch fundierten Beratung. Vor allem die Verbreitung seiner Gedanken in der amerikanischen Gesellschaft in den 1920er und -30er Jahren brachten den entscheidenden Durchbruch nicht nur für die Profession der Psychotherapie, sondern auch für das Beratungswesen (McLeod 2004). Weitere Impulse kamen von Psychologinnen/Psychologen und Therapeutinnen/Therapeuten, die infolge der nationalsozialistischen Machtübernahme in Deutschland (1933) und Österreich (1938) ihr Land verlassen mussten und ihre Arbeiten zumeist in den USA fortsetzten. Als konzeptionell einflussreich auf Entwicklungen in der Beratung sind z.B. die Arbeiten von Otto Rank, Wilhelm Reich, Fritz Perls und Kurt Lewin zu nennen.

Ab den 1920er Jahren entwickelte sich vor allem in der Stadt Wien ein breites Angebot an psychoanalytisch und individualpsychologisch (tiefenpsychologisch) ausgerichteten Erziehungsberatungsstellen, wie diese Einrichtungen in den Stadtbezirken bereits genannt wurden. Initiiert und umgesetzt wurde dies wesentlich durch die Aktivitäten August Aichhorns, Alfred Adlers und ihrer Kolleginnen und Kollegen. Aichhorns psychoanalytisch-pädagogisches Konzept war auf die latenten (unbewussten) Prozesse bei Kindern und Jugendlichen ausgerichtet, die durch aktuelle Erfahrungen immer wieder reaktiviert und von den Erziehungsverantwortlichen nicht erkannt und verstanden wurden (Aichhorn 1925). Beratung versuchte zu dieser Zeit, den Beteiligten das psychoanalytische Problemverständnis nahezubringen und die Bedingungen und Beziehungen, unter denen die Kinder und Jugendlichen aufwuchsen, zu verbessern und förderlich zu gestalten. Alfred Adler und seine Kolleginnen und Kollegen berieten vornehmlich Eltern und Lehrer mit dem individualpsychologischen (tiefenpsychologischen) Ansatz in Erziehungsfragen (Datler/Steinhardt/Gstach 2004). Auch Beratungsgespräche mit der Einbeziehung aller Familienmitglieder wurden angeboten.

Bedeutsame konzeptionelle Impulse auch in den psychotherapeutisch orientierten Entwicklungen von Beratung bringen ab Mitte der 1940er Jahre die Arbeiten von Carl Rogers (1902-1987), dem Begründer der klientenzentrierten Gesprächsführung. Sie betreffen die persönlichkeitstheoretische Rahmung durch das Konzept des Selbst und der Selbstaktualisierung und die Grundprinzipien der klientenzentrierten Haltung und Verfahrensweise in Beratung und Psychotherapie: Akzeptanz und Wertschätzung des Klienten, Selbstkongruenz des Beraters und Verbalisierung emotionaler Erlebnisinhalte als methodische Verfahrensweise.

Psychologisch-pädagogische Grundlegungen und Entwicklungen von Beratung

Folgende Handlungsfelder sind unter dieser Perspektive bedeutsam:

Child-Guidance und Erziehungsberatung

Die Child-Guidance-Bewegung (Guidance = Lenkung, Anleitung, Beratung) zur Betreuung und Behandlung psychisch und sozial benachteiligter Kinder und Jugendlicher bildet eine weitere einflussreiche Entwicklungslinie für das Beratungswesen. Durch die Zusammenführung psychologischer, pädagogischer und sozialer Arbeitsweisen entsteht ein multiprofessionelles und disziplinär integratives Konzept zur frühzeitigen Erfassung, Diagnostik, Beratung und Behandlung kindlicher Verhaltens- und Entwicklungsstörungen sowie zur entsprechenden Beratung der Eltern bzw. Erziehungsberechtigten. Nach dem Vorbild einer heilpädagogischen Beratungsstelle in Chicago zur Unterstützung von Jugendgerichten wurden ab 1909 an vielen Orten in den USA Child-Guidance-Kliniken eingerichtet. Im Laufe der Jahrzehnte arbeiteten an diesen Einrichtungen zahlreiche namhafte Psychologinnen/Psychologen, Pädagoginnen/Pädagogen und Psychiaterinnen/Psychiater, die auch durch richtungsweisende konzeptionelle Entwicklungen in ihrem Fachgebiet hervortraten (z.B. Carl Rogers).

Unterstützung erhielten die Arbeiten der Child-Guidance durch diverse Ergebnisse psychologischer Forschungen. Beispielsweise entwickelten Alfred Binet und Theodore Simon 1905 den ersten standardisierten Intelligenztest. Damit wurde es möglich, bei Kindern Intelligenzausprägung und Schwächen schnell und zuverlässig zu erfassen, Eltern zu beraten und Zuweisungen an Sonderschulen mit entsprechenden Beschulungsmöglichkeiten vorzuschlagen.

In Deutschland entstand in den Jahren nach dem Ersten Weltkrieg in den Bereichen Erziehung, Pädagogik und Sexualkunde eine vielfältige sozial-reformorientierte Beratungslandschaft. Die „Beratung in Fragen der Erziehung" erhielt bereits 1922 durch das Reichsjugendwohlfahrtgesetz eine gesetzliche Grundlage. Darüber hinaus wurden in der Zeit von 1922 bis 1932 über 400 Sexualberatungsstellen durch öffentliche und freie Träger gegründet. In der Fürsorgearbeit war der Begriff „Beratung" weniger gebräuchlich, sondern eher Begriffe wie „Unterstützung", „Behandlung" oder „pflegerische Fürsorge". Als eine der ersten Beratungsstellen zur Erziehung in Deutschland gilt eine 1903 in Hamburg gegründete Heilpädagogische Beratungsstelle.

Berufsberatung

Einen entscheidenden Beitrag zu einem wissenschaftlich fundierten Beratungswesen liefert die Berufsberatung. In Deutschland liegen ihre Anfänge im Kaiserreich vor dem Ersten Weltkrieg. Der Begriff Berufsberatung wurde 1898 vom „Bund deutscher Frauenvereine" geprägt, der sich als Verband für die Chancengleichheit von Frauen in der Berufsausbildung und Berufstätigkeit gründete und „Auskunftstellen für Frauenberufe" einrichtete. Unterstützung erhielt die Entwicklung der Berufsberatung Anfang des 20. Jahrhunderts durch den von der „Zentralstelle für Volkswohlfahrt" gegründeten „Deutschen Ausschuss für Berufsberatung", der sich für die Eingliederung von Jugendlichen ins Berufsleben nach deren Eignung und Interesse und unter Berücksichtigung des Arbeitsmarktes einsetzte. „Hiermit war erstmals ein Grundsatz formuliert, der für die Berufsberatung bis heute bestimmend geblieben ist." (Krämer 2001, 1097)

Ähnlich wie in der Child-Guidance-Bewegung erhielt die Berufsberatung wissenschaftlich fundierten Auftrieb durch die psychologische und pädagogische Forschung. Der deutsch-amerikanische Psychologe Hugo Münsterberg (1912) untersuchte die Bedeutung kognitiver und persönlicher Eigenschaften für den beruflichen Erfolg und verwies auf die Notwendigkeit, einerseits Arbeitsplatzanforderungen zu messen und andererseits Ausbildungs- und Arbeitsplatzbewerber über spezielle Berufseignungsprüfungen auf ihre Eignung zu testen und im Hinblick auf Berufsfindung und Arbeitsplatzeignung zu beraten. Weitere wissenschaftlich fundierte Anstöße und Aussagen zu Beruf, Berufswahl und Berufsberatung (so auch der Titel seines grundlegenden Buches von 1918) stammen von dem Pädagogen Aloys Fischer. Seine Vorstellungen wurden in das Arbeitsnachweisgesetz (ANG) von 1922 aufgenommen. Im Gesetz über die Einrichtung der Arbeitslosenversicherung und Arbeitsvermittlung, AVAVG von 1927 wurde eine staatliche Berufsberatung eingeführt (Krämer 2001). Bereits damals wurden die vier Kernaufgaben der Berufsberatung herausgebildet: Berufsaufklärung, individuelle Einzelberatung, Vermittlung in berufliche Ausbildungsstellen und Förderung der beruflichen Ausbildung. Bis heute kommt der intensiven Berufsaufklärung und der anschließenden Einzelberatung eine große Bedeutung zu (Schröder 2004). Das staatliche Alleinrecht auf Berufsberatung wurde erst 1998 durch das Sozialgesetzbuch Dritter Teil (SGB III) aufgehoben (Thiel 2004).

Mit der Machtübernahme durch den Nationalsozialismus wurden in Deutschland und Österreich die aufstrebenden Entwicklungen in Psychotherapie und Beratung fast vollständig unterbrochen. Es kam zu einer strikten faschistisch betriebenen sozialpolitischen Einschränkung des Beratungswesens. Berufsberatung wurde 1935 in ein staatliches Programm zur „Lenkung der Arbeitskräfte" umgewandelt, mit quotenbezogener Zuweisung in bestimmte Berufen, und in den Erziehungsberatungsstellen der Nationalsozialistischen Volkswohlfahrt wurde die rassenhygienische Einstellung offiziell propagiert und praktiziert. Die meisten freien Träger von Beratungsstellen wurden zwangsweise der NSV angeschlossen oder zwangsweise geschlossen (ausf. vgl. de la Motte 2018).

Der Zweite Weltkrieg brachte infolge der hohen ökonomischen Belastungen in allen Ländern eine starke Einschränkung im Beratungswesen. Auch in den angloamerikanischen Ländern erfolgte weitgehend eine Reduktion auf die Berufsberatung.

In den Jahren nach dem Ende des Zweiten Weltkrieges bestand ein hoher Fürsorgebedarf und nicht zuletzt infolge der abwesenden Väter ein hoher „Erziehungsnotstand". Allerdings wurden die innovativen Entwicklungen aus dem Beratungswesen der Weimarer Republik zunächst nicht aufgenommen. In einem autoritär ausgelegten Fürsorgewesen wurde Beratung als „normierende Lenkung" verstanden (Großmaß 2004). Die von der amerikanischen Besatzungsbehörde ab 1950 nach Deutschland gebrachte und in ihrer Umsetzung anfangs finanziell unterstütze Child-Guidance-Idee führte schließlich zu einer Erweiterung erziehungsberaterischer Denk- und Handlungsweisen: In den Beratungsprozess und in die Entwicklungs- und Veränderungsprozesse wurden das Erziehungsumfeld des Kindes und die Erziehungseinstellungen und Verhaltensweisen der Eltern einbezogen. Ab 1953 wurden Jugendämter gesetzlich verpflichtet, Beratungsstellen zu fördern.

Die sozialmarktwirtschaftliche Entwicklung der Bundesrepublik mit einem wohlfahrtsstaatlichen Versorgungsmodell einerseits und die zunehmende Psychologisierung des Alltagslebens andererseits führten gegen Ende der 1960er Jahre und in den 1970er Jahren im Sozial- und Gesundheitswesen der BRD zu einem wissenschaftlichen und methodischen Modernisierungsschub. Nicht zuletzt war dieser durch die Anbindung an die psychologischen und sozialwissenschaftlichen Entwicklungen in den USA und durch die Popularisierung psychotherapeutischen Gedankengutes im Rahmen der 1968er Aufbruchsstimmung bedingt. Diese Jahre können als eine Phase der Konsolidierung von Beratung betrachtet werden. Es erfolgte eine breit angelegte Institutionalisierung und Professionalisierung des Beratungswesens, die im Wesentlichen auch heute noch Bestand haben. Zum Ausdruck kam dies in einem intensiven Ausbau von Beratungseinrichtungen in öffentlicher und freier Trägerschaft mit differenzierten Beratungsangeboten: Einrichtungen der Erziehungsberatung sowie Ehe-, Familien und Lebensberatung, Drogenberatung, Schwangerschaftskonfliktberatung wie auch Telefonberatung und seit den 1980er Jahren zunehmend auch Schuldnerberatungsstellen. Dieser Prozess wurde durch verschiedene Gesetzgebungsverfahren begleitet (Jugendwohlfahrtsgesetz JWG, 1961 und Änderungen; Bundessozialhilfegesetz BSHG, 1962 und Änderungen; Kinder- und Jugendhilfegesetz KJHG, 1991). Beratung wurde zur Pflichtaufgabe sozialer Dienste und es wurden erste verbindliche Standards zur Beratungsarbeit, Finanzierungsstruktur und Bedarfsplanung formuliert.

Nach Rechtien und Irsch (2006, 61) kann „die Institutionalisierung des Beratungswesens [...] als Materialisierung einer spezifischen gesellschaftlichen Funktion durch einen Kompromiss zwischen Staat als Garant des rechtlichen Rahmens (Finanzierung), den Trägern (Arbeitgeber), den Berufsgruppen mit spezifischer Qualifikation (Arbeitnehmer) und der Wissenschaft (Ausbildungseinrichtung) verstanden werden. Entscheidend [...] war die Koalition der Psychologie mit bestimmten Teilen der Sozialbürokratie".

In dieser Phase erfolgten auch maßgebliche Entwicklungen im Beratungsverständnis und im Beratungshandeln: Beratung wurde konzeptionell und methodisch umfassend durch Verfahren der Psychologie und der Psychotherapie ausgestaltet. Dies führte zu einer Popularisierung von Therapie und Beratung und brachte zugleich auch konzeptionelle Abgrenzungsschwierigkeiten. Beratung wurde zu einer Art „kleiner" Psychotherapie (und wird teilweise auch heute noch so verstanden), ausgelegt auf minder schwere Probleme bzw. auf Störungen ohne Krankheitswert. An den Beratungsinstitutionen wurden die Teams multiprofessionell mit Psychologen, Sozialarbeitern, Sozial- und Heilpädagogen mit unterschiedlichen Zusatzausbildungen besetzt. Diese neue Generation war aufgeschlossen für Ausbildungen in Verfahren der humanistischen Psychologie (z.B. Gestalttherapie, klientenzentrierte Gesprächstherapie, Bioenergetik, Psychodrama, Selbsterfahrung), tiefenpsychologischer Individualpsychologie, psychoanalytisch orientierter Gruppendynamik und Verhaltenstherapie und zeigte sich, quasi im Gegenzug, zunehmend ablehnend gegenüber einer vorwiegend testdiagnostisch begründeten und ausgerichteten Beratungstätigkeit. Vor allem die humanistischen Verfahren, zunehmend öfter auch Verhaltenstherapie, hielten Einzug in Erziehungs- und Familienberatungsstellen und in die neu entstanden Studentenberatungsstellen.

Diese Phase des Aufbruchs war auch durch einen stetigen Ausbau des Bildungswesens mit einem starken Anstieg von Hochschulabsolventen gekennzeichnet. Begleitet wurden diese Entwicklungen vom Ausbau einer psychologisch geprägten Bildungsberatung, deren Anfänge zwar schon zu Beginn der Erziehungs- und Berufsberatung anzutreffen waren, nun aber über die Aufgabenfelder der Schullaufbahnberatung und Studienberatung weitere Ausprägung erfuhren. Zum Einsatz kamen Diagnostik und Beratung zur Orientierungs- und Entscheidungshilfe bei der Realisierung von Bildungszielen sowie pädagogisch-psychologische Verhaltensmodifikation bei individuellen Problemlagen.

Lebensweltorientierte, sozialökologische und systemisch-kontextuelle Grundlegungen und Entwicklungen von Beratung

Parallel zu diesen Entwicklungen bahnte sich Ende der 1970er Jahren zunächst in den USA und kurz darauf auch in Deutschland eine inhaltlich-konzeptionelle Wende an. Vor allem in den 1980er Jahren kam dies auf verschiedenen diskursiven und konzeptionellen Ebenen zum Ausdruck: Zum einen durch die rasche Verbreitung von Familientherapie und systemischen Ansätzen (z.B. Watzlawick/Beauvin/Jackson 1969; Richter 1972; Reiter/Brunner/Reiter-Thiel 1988) (nicht nur) in der Erziehungs- und Familienberatung und zum anderen durch gesellschaftskritisch angelegte Beratungskonzeptionen, besonders auf der Grundlage von sozialökologisch und gemeindepsychologisch fundierten Denk- und Handlungsansätzen (Sommer/Ernst 1977; Wendt 1990; Germain/Gitterman 1999) und durch sozialpädagogische, lebensweltorientierte Beratungsansätze (Frommann/Schramm/Thiersch 1976; Thiersch 1986/2004). Vor dem Hintergrund kritischer Sozialtheorien wie auch sozialökologischer und systemischer Forschungen erfolgten zunehmend Debatten um das Verständnis von psychischer Erkrankung (Szazs 1961/1972; Keupp 1972/1974), über das Krankheitsmodell der Psychiatrie (Dörner/Plog 1984) und um die Strukturen psychosozialer Versorgung (Keupp/Zaumseil 1978). Vor allem in den USA, Großbritannien, Deutschland und Italien zeigten sich die Entwicklungen in neuen Konzeptionen und Handlungsansätzen. Richtungsweisend wurden hierbei Gemeindepsychologie (community psychology) und Sozialpsychiatrie mit den Handlungsformen Gemeinwesenarbeit, Empowerment und Netzwerkarbeit. Weiteren Anschub erhielten die Debatten durch die feministische Psychotherapiekritik (Psychologinnengruppe München 1978; vgl. dazu Großmaß 2000/2004).

2 Grundlagen

Zentrale Kritikpunkte im Rahmen dieser Diskurse haben auch heute noch ihre Gültigkeit: Das in der Psychotherapie vorherrschende psychogenetische Störungsverständnis führe zu einer Individualisierung gesellschaftlich-strukturell verursachter Problemlagen, die letztlich den Betroffenen als „eigenes" bzw. „persönliches" Problem zugeschrieben würden, und wirke im Sinne einer Stabilisierung gesellschaftlicher Ungleichheiten. Auf der anderen Seite wurde dazu kritisch angeführt, dass unter der Dominanz der gesellschaftlich ausgerichteten Perspektive das subjektive Leiden der Betroffenen an diesen Verhältnissen in den Hintergrund gedrängt werde. Durch diesen „Paradigmenwechsel" wurde vor allem in der Sozialen Arbeit (inkl. Sozialpädagogik) und in der Psychiatrie das psychogenetische Modell durch ein gesellschaftskritisches soziogenetisches Modell ergänzt und zeitweise auch „ersetzt". Psychosoziale Beratung bekam damit in der Sozialen Arbeit und Sozialpädagogik einen neuen und eigenständigen Stellenwert: Über Aufklärung und Emanzipation sollen Betroffene Stärkung in ihrer alltäglichen Lebensführung erfahren gegenüber einer gesellschaftlich-strukturell bedingten Problemerzeugung, Ungleichheit und Benachteiligung. Sozialökologische und gemeindepsychologische Forschungen zeigten die Wechselwirkungen auf, wie einerseits soziale und gesellschaftliche Strukturen und Bedingungen (z.B. in Familie, Schule, Arbeitswelt, Gesundheitswesen, sozialen Netzwerken und in sozialen Räumen u.a.) die individuellen Möglichkeiten zur Gestaltung der Lebensführung beeinflussen und wie andererseits Personen durch ihr Handeln auf diese Umwelt- und Lebensbedingungen wiederum förderlich oder behindernd im Hinblick auf ihre Lebensgestaltung und Lebensqualität einwirken.

Lebensweltorientierte Beratung erfasst Erleben und Verhalten der Betroffenen im Rahmen ihrer konkreten sozialen und materiellen Lebensverhältnisse, mit ihren Belastungen, Konflikten und Widersprüchlichkeiten wie auch mit den vielfältigen individuellen und sozialen Bewältigungspotenzialen und Ressourcen und bezieht diese Auswirkungen und Möglichkeiten in den Beratungsprozess zur Verbesserung der alltäglichen Lebensgestaltung ein (Thiersch 2004).

Der *sozialökologische* Beratungsansatz hat sich aus drei Entwicklungssträngen herausgebildet: aus (a) dem (systemischen) Lebensverständnis der biologischen Ökologie, (b) den darauf bezogenen soziologischen Forschungen der „Chicagoer Schule" der 1920/30er Jahre über die sozialökologischen Wechselwirkungen zwischen individuellen und sozialen Faktoren bei der Entstehung und Bewältigung menschlicher Problemlagen und (c) den begleitenden sozialarbeiterischen Handlungsformen (anzuführen sind hier Jane Addams, Mary Richmond wie auch Alice Salomon). Gordon Hamilton (1951) und besonders Florence Hollis (1964) entwickelten daraus tragfähige psychosoziale Beratungskonzepte mit der dreifachen Konfiguration *Person* in ihrer *Lebenssituation* mit den ablaufenden *Interaktionen* („person-in-situation"- oder „person-*in*-environment"-Ansatz). Karls und Wandrei (1994) erweiterten den PIE-Ansatz durch ein komplexes Instrument zur diagnostischen Einschätzung der biopsychosozialen Situation von Klientinnen und Klienten. Germain und Gitterman integrierten weitere psychologische Forschungen und formulierten in ihrer Neubearbeitung (1999) ein differenziertes sozialökologisches Beratungsmodell („life model") für Soziale Arbeit und psychosoziale

Beratung. Sozialökologische Beratung ist auf alle drei Parameter ausgerichtet – auf die Person, ihre Umwelt und auf den transaktionalen Austausch zwischen beiden – also auf die Bemühungen, die gegenseitigen Erwartungen, Handlungen und Potenziale (Ressourcen) interaktiv und entwicklungsfördernd aufeinander zu beziehen („Person-Umwelt-Passung", Schubert 2013). Lebenswelt- und sozialökologisch orientierte Beratungsformen fanden in dieser Zeit (und auch gegenwärtig) Anwendung im Rahmen von Sozialarbeit, Sozialpädagogik und Drogenberatung, in Feldern der Gemeindepsychologie und Sozialpsychiatrie und in der (damaligen) Sozialtherapie.

Die Familientherapie und *systemische* Beratung hat sich in Deutschland seit ihrer ersten Einführung Ende der 1970er/Anfang der 1980er Jahre sehr rasch zu einer einflussreichen Strömung entwickelt (vgl. dazu ausführlich von Schlippe/Schweitzer 2012). Im Fokus der systemischen Beratung stehen nicht ein individueller „Problemträger", sondern die kontextbezogenen Kommunikations- bzw. Beziehungsmuster der Systemmitglieder und ihre wechselseitigen („Wirklichkeits"-)Konstruktionen und Lösungsversuche. Die gesellschaftskritischen Diskurse blieben hierbei allerdings bis heute (weitgehend) unbearbeitet.

Gegenwärtige Beratungsentwicklungen im Kontext von Finanzkrisen, Psychotherapeutengesetz und dem Ausbau von Ehrenamt und Selbsthilfe

Die Jahre des Aufbruchs und der Konsolidierungsphase von Beratung waren zudem durch einen starken Anstieg von Hochschulabsolventinnen und -absolventen mit sozialen und pädagogischen Abschlüssen gekennzeichnet, die (zunächst noch) Aufnahme in die expandierenden psychosozialen und erzieherischen Berufsfelder fanden. Diese Entwicklung kam gegen Ende der 1970er Jahre und vor allem in den 1980er Jahren ins Stocken. Hohe wohlfahrtsstaatliche Ausgaben führten zu massiven Kürzungen in den sozialen und pädagogischen Leistungen und im Personalstellenschlüssel dieser Dienste. Professionelle psychosoziale Versorgungsleistungen wurden reduziert und der Ausbau von Ehrenamt und Selbsthilfe vorangetrieben.

Parallel zu den konzeptionellen Diskursen entwickelte sich in der BRD der 1980er und 1990er Jahre eine zunehmende Durchdringung psychotherapeutischen Handelns mit psychosozialen Ansätzen: „In vielen Bereichen psychosozialer Praxis wurde seit Beginn der 80er Jahre die Unterscheidung zwischen intensiven psychosozialen Beratungsprozessen und psychotherapeutischen Interventionen fast ganz aufgegeben. Psychotherapeutische Zusatzausbildungen gehörten längst auch zur professionellen Qualifikation von Beratern und Beraterinnen." (Großmaß 2004, 93) Auf Basis dieser Ausbildung führten viele Berater und Beraterinnen im Rahmen eigenverantwortlicher Tätigkeit Psychotherapie durch, die damals über das Kostenerstattungsverfahren der gesetzlichen Krankenversicherungen finanziert wurden. Eine Änderung erfolgte mit Inkrafttreten des Psychotherapeutengesetzes (PsychThG) von 1998 und brachte in Deutschland eine (endgültige) Abgrenzung von Psychotherapie und psychosozialer Beratung mit sich. In den USA und in Großbritannien ist diese Abgrenzung so nicht vorzufinden: In England ist Beratung (Counselling) überwiegend psychologisch und psychotherapeu-

Franz-Christian Schubert

tisch orientiert, in den USA hat Counseling ein breites psychosozial angelegtes Selbstverständnis, in das pädagogische und sozialarbeiterische Handlungsformate einbezogen sind.

Unter diesen Bedingungen befindet sich Beratung in Deutschland in der Situation, eine eigene Professionalisierung (wieder) stärker in den Fokus zu nehmen. Einen wichtigen Schritt in diese Richtung markiert im Jahr 2004 die Gründung der Deutschen Gesellschaft für Beratung (DGfB). Unter diesem Dachverband sind gegenwärtig 21 Beratungsverbände und drei assoziierte Verbände mit rund 30.000 aktiven Beraterinnen und Beratern mit dem Ziel zusammengeschlossen, über ein gemeinsames Beratungsverständnis und gemeinsame Ausbildungsstandards eine fachlich und wissenschaftlich fundierte Profilbildung und Qualitätssicherung von Beratung herzustellen, wissenschaftliches Engagement, Forschung und Entwicklung anzuregen, zu Austausch und Vernetzung beizutragen, gesellschaftliche Entwicklungen in ihren Auswirkungen auf Beratung zu verfolgen, als auch den Verbraucherschutz von Beratung zu fördern. Dem Beratungsverständnis der DGfB liegt ein sozialwissenschaftlich und interdisziplinär fundiertes Handlungskonzept mit lebensweltlichen und arbeitsweltlichen Bezügen zugrunde, das tätigkeitsfeld- und aufgabenspezifisch ausdifferenziert wird und auch die gesellschaftlichen Zusammenhänge reflektiert, in die Beratung eingebunden ist. Es umfasst unterschiedlichste Professionen, Tätigkeitsfelder, Aufgaben, Konzepte und Interventionsformen. In der aktuellen Weiterentwicklung versteht die DGfB Beratung als reflexiven Prozess in einer reflexiven Gesellschaft. Ausgehend von dem Begriff der reflexiven Modernisierung nach Beck/Giddens/Lash (1996) wird Beratung hierbei als reflexive Instanz in der Gesellschaft eingeordnet, die auf eine reflexiv-beraterische Unterstützung in der Be- und Verarbeitung von Modernisierungsprozessen abzielt und sich zugleich selbst in ihrer beraterischen Rolle und Funktion kritisch reflektiert (vgl. dazu Seel 2014).

Beratung ist gegenwärtig eine breite Profession mit vorwiegend psychosozial-lebensweltlicher oder arbeitsweltlicher (Grund-)Ausrichtung und mit Beratungsformaten, die konzeptionell sowohl personen- wie auch kontextorientiert angelegt sind. Beratung heute ist transdisziplinär, sie bindet verschiedene Wissenschaften mit ihren jeweiligen disziplinären Ausrichtungen und Schwerpunktsetzungen ein (vgl. Schubert, Rohr & Zwicker-Pelzer 2019). Die Vielfalt wissenschaftlicher Zugänge, Konzeptionen, Ansätze und Beratungsfelder kommt in dem dreibändigen Handbuch der Beratung von Nestmann, Engel und Sickendiek (Band 1 und 2: 1. Auflage 2004, 2. Auflage 2007; Band 3: 2013) sehr informativ zum Ausdruck. Beratung ist heute als Teil und als Ausdruck der gesellschaftlichen Modernisierungsprozesse zu verstehen, als professionelles Angebot zu ko-konstruktiven, reflexiven Hilfestellungen in der Bewältigung krisenhafter moderner Lebens- und Arbeitsbedingungen mit ihren vielfältigen Orientierungs- und Entscheidungsanforderungen.

> Fragen zur Vertiefung und Diskussion:
>
> - Was sind die drei historisch relevanten Entwicklungslinien von Beratung?
> - Was kennzeichnet jede der drei historischen Entwicklungslinien inhaltlich-konzeptionell und methodisch?

- Welchen Einfluss haben die folgenden historischen Entwicklungslinien auf das gegenwärtige Verständnis von Beratung?
  - die psychotherapeutischen Grundlegungen
  - die psychologisch-pädagogischen Grundlegungen
  - die systemischen Grundlegungen
  - die lebensweltorientierten Grundlegungen
  - die sozialökologischen Grundlegungen
- Welche gesellschaftlichen Gruppen haben Beratung zu Beginn der Industrialisierung vornehmlich ausgeübt?
- Beschreiben Sie unter der Perspektive historischer Entwicklungen die gesellschaftlichen Funktionen von Beratung zum Ende des 19. / Beginn des 20. Jahrhunderts.
- Welche Entwicklungen sind gemäß den Ausführungen in diesem Kapitel in der Beratungslandschaft nach der Etablierung des Psychotherapeutengesetzes (1998) in Deutschland zu beobachten?

Literatur zu Kapitel 2.2

Einführende Literatur:

De la Motte, A. (2018): Die Geschichte der Beratung. In: Wälte, D. & Borg-Laufs, M. (Hrsg.): Psychosoziale Beratung. Grundlagen – Diagnostik – Intervention. S. 14–24. Stuttgart: Kohlhammer.

Großmaß, Ruth (2004): Psychotherapie und Beratung. In: Nestmann, Frank; Engel, Frank; Sickendiek, Ursel (Hrsg.): Das Handbuch der Beratung, Band 1: Disziplinen und Zugänge. Tübingen, S. 89–102.

Krämer, Reinhard (2001): Die Berufsberatung in Deutschland von den Anfängen bis heute – eine historische Skizze. In: Informationen zur Beratung und Vermittlung in der Bundesanstalt für Arbeit, 16, S. 1097–1105.

Nestmann, F. (1997): Big Sister is inviting you – Counseling und Counseling Psychology. In: Nestmann, F. (Hrsg.): Beratung. Bausteine für eine interdisziplinäre Wissenschaft und Praxis. Tübingen: DGVT. S. 161–177.

Thiel, Rainer (2004): Berufs- und Karriereberatung in Deutschland. In: Nestmann, Frank; Engel, Frank; Sickendiek, Ursel (Hrsg.): Das Handbuch der Beratung, Band 2: Ansätze, Methoden, Felder. Tübingen, S. 907–917.

Weiterführende / zitierte Literatur:

Aichhorn, August (1925/1972): Verwahrloste Jugend. Bern.

Deutsche Gesellschaft für Beratung: Beratungsverständnis der DGfB. Online verfügbar unter: https://dachverband-beratung.de/documents/ (05.10.2021).

Beck, Ulrich; Giddens, Anthony; Lasch, Scott (1996): Reflexive Modernisierung. Eine Kontroverse. Frankfurt am Main.

Datler, Wilfried; Steinhardt, Kornelia; Gstach, Johannes (2004): Psychoanalytisch orientierte Beratung. In: Nestmann, Frank; Engel, Frank; Sickendiek, Ursel (Hrsg.): Das Handbuch der Beratung, Band 2: Ansätze, Methoden, Felder. Tübingen, S. 613–627.

Dietrich, Georg (1983): Allgemeine Beratungspsychologie. Eine Einführung in die psychologische Theorie und Praxis der Beratung. Göttingen.

Dörner, Klaus; Plog, Ursula (1984): Irren ist menschlich. Lehrbuch der Psychiatrie und Psychopathologie. Bonn, 1. Auflage.

Frommann, Anne; Schramm, Dieter; Thiersch, Hans (1976): Sozialpädagogische Beratung. In: Zeitschrift für Pädagogik, (5), S. 715–741.

Germain, Carel B.; Gitterman, Alex (1999): Praktische Sozialarbeit. Das »Life Model« der Sozialen Arbeit. Fortschritte in Theorie und Praxis. Stuttgart, 3. völlig neu bearbeitete Auflage.
Großmaß, Ruth (2000): Psychische Krisen und sozialer Raum. Tübingen.
Hamilton, Gordon (1951): Theory and practice of social case work. New York, 2nd edition.
Hollis, Florence (1964): Casework: A psychosocial therapy. New York.
Karls, James M.; Wandrei, Karin E. (1994) (Eds.): Person-in-Environment System. The PIE Classification System for Social Functioning Problems. Washington, DC.
Keupp, Heiner (1972): Psychische Störungen als abweichendes Verhalten. Zur Soziogenese psychischer Störungen. München.
Keupp, Heiner (Hrsg.) (1974): Verhaltensstörungen und Sozialstruktur. Epidemiologie, Empirie, Theorie, Praxis. München.
Keupp, Heiner (1995): Erziehungsberatung in einer Welt riskanter werdender Chancen. In: Dröschel, Alexander (Hrsg.): Kinder, Umwelt, Zukunft. Münster, S. 238–257.
Keupp, Heiner; Zaumseil, Manfred (Hrsg.) (1978): Die gesellschaftliche Organisierung psychischen Leidens. Zum Arbeitsfeld Klinischer Psychologen. Frankfurt am Main.
McLeod, John (2004): Counselling – Eine Einführung in Beratung. Tübingen.
Möller, Heidrun; Hausinger, Brigitte (Hrsg.) (2009): Quo vadis Beratungswissenschaft? Wiesbaden.
Münsterberg, Hugo (1912): Psychologie und das Wirtschaftsleben. Ein Beitrag zur angewandten Experimental-Psychologie. Leipzig.
Nestmann, Frank; Engel Frank; Sickendiek, Ursel (Hrsg.) (2004, 2013): Das Handbuch der Beratung in 3 Bänden. Tübingen, Band 1 und 2: 2004, Band 3: 2013.
Psychologinnengruppe München (1978): Spezifische Probleme von Frauen und ein Selbsthilfeansatz. In: Keupp, Heiner; Zaumseil, Michael (Hrsg.) (1978): Die gesellschaftliche Organisierung psychischen Leidens. Zum Arbeitsfeld Klinischer Psychologen. Frankfurt am Main, S. 221–264.
Rechtien, Wolfgang (2004): Beratung – Theorien, Modelle, Methoden. München/Wien.
Rechtien, Wolfgang; Irsch, Jessica (2006): Lexikon Beratung. München/Wien.
Reiter, Ludwig; Brunner, Ewald Johannes; Reiter-Theil, Stella (Hrsg.) (1988): Von der Familientherapie zur systemischen Perspektive. Heidelberg, Berlin.
Richter, Horst-Eberhard (1972): Patient Familie. Reinbek.
Schlippe, Arist von; Schweitzer, Jochen (2012): Lehrbuch der systemischen Therapie und Beratung. Göttingen, neu bearbeitete Auflage.
Schönig, Wolfgang; Brunner, Ewald Johannes (1990): Beratung in pädagogischen, sozialpädagogischen und psychologischen Arbeitsfeldern – Rahmenbedingungen und Probleme. In: Brunner, Ewald Johannes; Schönig, Wolfgang (Hrsg.): Theorie und Praxis von Beratung. Pädagogische und psychologische Konzepte. Freiburg, S. 7–27.
Schröder, Annette (2004): Psychologie und Beratung. In: Nestmann, Frank; Engel, Frank; Sickendiek, Ursel (Hrsg.): Das Handbuch der Beratung, Band 1: Disziplinen und Zugänge. Tübingen, S. 49–60.
Schubert, Franz-Christian (2004): Lebensführung in der Postmoderne: Belastungen, Risiken, Bewältigungsformen. In: Schubert, Franz-Christian; Busch, Herbert (Hrsg.): Lebensorientierung und Beratung. Sinnfindung und weltanschauliche Orientierungskonflikte in der (Post-)Moderne. Schriftenreihe des Fachbereiches Sozialwesen, Band 39. Mönchengladbach, S. 19–49.
Schubert, Franz-Christian (2013): Systemisch-sozialökologische Beratung. In: Nestmann, Frank; Engel, Frank; Sickendiek, Ursel (Hrsg.) (2013): Das Handbuch der Beratung, Band. 3: Neue Beratungswelten: Fortschritte und Kontroversen. Tübingen, S. 1483–1505.
Schubert, Franz-Christian (2014): Psychosoziale Beratung und Lebensführung – ein transaktionales Verständnis von (reflexiver) Beratung. In: Journal für Psychologie, 22 (2).

Online verfügbar unter: http://www.journal-fuer-psychologie.de/index.php/jfp (05.10.20 21).

Schubert, F.-C., Rohr, D. & Zwicker-Pelzer, R. (2019): Beratung. Grundlagen – Konzepte – Anwendungsfelder. Heidelberg.

Seel, Hans-Jürgen (2014): Beratung: Reflexivität als Profession. Göttingen.

Sommer, Gerd; Ernst, Heiko (Hrsg.) (1977): Gemeindepsychologie. München.

Szasz, Thomas (1972): Geisteskrankheit – ein moderner Mythos? Grundzüge einer Theorie des persönlichen Verhaltens. Olten/Freiburg im Breisgau (Original: The Myth of Mental Illness. New York 1961).

Thiersch, Hans (1986): Die Erfahrung der Wirklichkeit. Perspektiven einer alltagsorientierten Sozialpädagogik. Weinheim.

Thiersch, Hans (2004): Lebensweltorientierte Soziale Beratung. In: Nestmann, Frank; Engel, Frank; Sickendiek, Ursel (Hrsg.): Das Handbuch der Beratung, Band 2: Ansätze, Methoden, Felder. Tübingen, S. 699–709.

Watzlawick, Paul; Beavin, Janet D.; Jackson, Don D. (1969): Menschliche Kommunikation. Stuttgart.

Wendt, Wolf Rainer (1990): Ökosozial denken und handeln. Grundlagen und Anwendung in der Sozialarbeit. Freiburg.

3 Erklärungsmuster: Counseling-Bedeutung und -verständnis aus interdisziplinärer Sicht

Wie Schubert in Kapitel 2.2 verdeutlicht, finden wir ab den 1970er Jahren Hinweise auf und Spuren einer eigenständigen Disziplinbildung der Beratung und Beratungswissenschaft. So beschrieb der Beratungsführer der Bundeszentrale für gesundheitliche Aufklärung (BzgA) 1975 das Feld der Beratung in der BRD folgendermaßen: „Beratung im psychosozialen Bereich hat sich in der BRD und in Westberlin in den letzten zwei Jahrzehnten entwickelt. Entsprechend dem vor allem im angelsächsischen und skandinavischen Raum entstandenen Counseling kommt dieser Art von Problemerklärung und Konfliktlösung mittlerweile wissenschaftlicher Rang zu".

Beratung ist auf dem Feld zwischen einzeltherapeutischen Maßnahmen, sozialfürsorgerischen Tätigkeiten und pädagogischen Aktivitäten angesiedelt. Sie macht sich Erkenntnisse aus der Psychologie, Pädagogik, Psychotherapie, Medizin, Sozialarbeit und Soziologie sowie in besonderen Fällen der Theologie und Rechtswissenschaft zunutze. Nicht nur verschiedene Disziplinen finden in Beratung ihren theoretischen wie praktischen Niederschlag, sondern auch unterschiedliche Strömungen oder „Schulen". So entwickelt eine fundierte, auch empirisch begründete Beratungswissenschaft z.B. aus der Psychologie durch Synthese und Integration psychoanalytischer, individualpsychologischer, gesprächspsychotherapeutischer und verhaltenstherapeutischer Ansätze Arbeitsmöglichkeiten für ihr spezifisches, ureigenes Aufgabengebiet.

Beratung als Wissenschaft braucht entsprechend ein interdisziplinäres Grundverständnis. Der Wirtschaftswissenschaftler Moldaschl (2008) verwendet die Metapher des Lattenzauns für die wissenschaftliche Verortung von Beratung: Die Querlatte „Beratungswissenschaft" hält und verbindet symbolisch die einzelnen Disziplinen miteinander; der Zaun hat aber nur einen Sinn oder Nutzen, wenn es etwas „etwas" zu schützen und zu halten gibt, das heißt, wenn eine Praxisrelevanz für Beratungshandeln und -denken hinter den hier verorteten Disziplinen liegt (vgl. Abbildung 5).

3 Erklärungsmuster: Counseling-Bedeutung und -verständnis aus interdisziplinärer Sicht

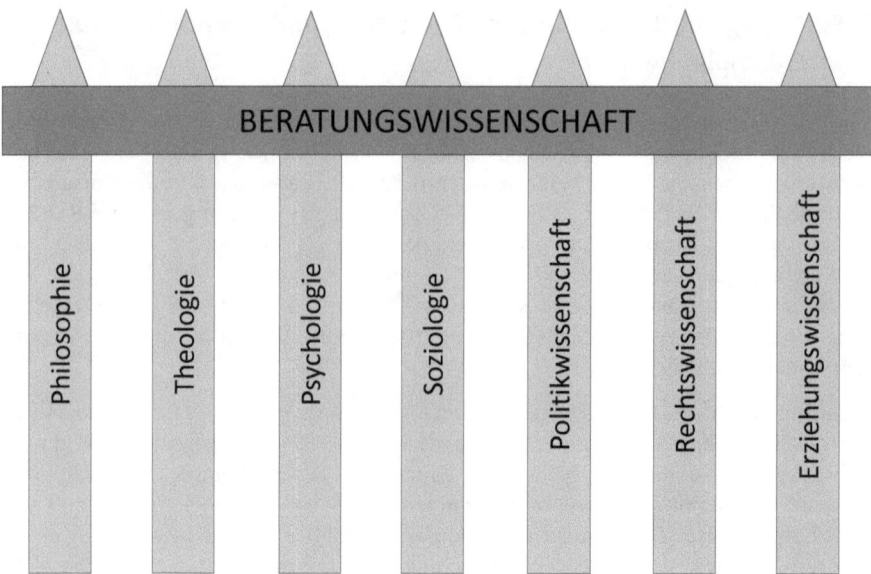

Abbildung 5: Weiterentwicklung der Gegenstandsorientierung von Beratung als Wissenschaft

(Zwicker-Pelzer 2010; modifizierte Abbildung zu einem Vortrag von Modaschl, 2008, 5: „Profession, Wissenschaft, Kunst?" auf dem Beratungswissenschaftliches Symposion 2008 in Kassel)

Wenngleich das Bild des Lattenzaunes für die Theoriebegründung noch nicht ausreichen mag und der Zaun als noch als windig interpretiert werden kann, so begründen sich dennoch viele neuere Wissenschaften, wie z.B. Gerontologie, Sozialarbeitswissenschaft oder Pflegewissenschaft auf genau dieser Querlage und Einbindung traditioneller Fachdisziplinen.

Es wird in Zukunft deutlicher denn je darum gehen, die Besonderheit des Beratens aus den verschiedenen wissenschaftlichen Fokussen und Fachdisziplinen heraus zu beschreiben und im inter- und transdisziplinären Diskurs jeweils neu zu verorten. Auch die verschiedenen mikro-, meso-, exo- und makrosystemischen Ebenen von Beratung sind entlang der jeweiligen wissenschaftlichen Fragestellung neu zu justieren. Konzentrierten sich Forschungen lange Zeit auf den Mikrokosmos Beratung, so scheint doch die neue Herausforderung darin zu liegen, den Kontext, den Rahmen von Beratung und die Lebenswelt von Klientinnen und Klienten in Forschungsprozessen und der wissenschaftlichen Theoriebildung eine weitaus bedeutsamere Rolle zu geben.

Beratung ist ein interdisziplinäres Handlungskonzept, eine bezogene Wissenschaft und eine Praxis in vielen menschlich relevanten Lebenssituationen und damit eine personen- und kontextbezogene Dienstleistung kleinerer bis größerer Reichweite. Auf dem Hintergrund der Loslösung aus einer einzigen Disziplin – insbesondere der Psychologie – und der Öffnung für andere Disziplinen stellen sich nicht nur forschungsbezogene Fragen nach der Inhaltlichkeit, Bedeutung und Wirksamkeit von Beratung im Lebensführungsvollzug.

3.1 Wenn die Gesellschaft das Problem ist – zur soziologischen Perspektive von Beratung (Andreas Reiners)

Zusammenfassung

Dieses Kapitel fragt nach der gesellschaftlichen Perspektive in Profession und Wissenschaft von Beratung. Die Häufung bestimmter Krisen verweist über das betroffene Subjekt hinaus und macht es erforderlich, den gesellschaftlichen Hintergrund zu untersuchen und zu benennen, der diese Krisen fördert, so die These dieses Beitrags. Für das Verstehen vieler individueller Probleme und Krisen ist das systematische Nachdenken über gesellschaftliche Zusammenhänge unerlässlich. In diesem Kapitel werden wichtige Beiträge, die Brücken zwischen subjektiven Krisen und sozialwissenschaftlichen Gegenwartsdeutungen darstellen, erläutert und einschlägige Gesellschaftsanalysen vorgestellt. Soziologische Gegenwartsanalysen verstehen sich derzeit überwiegend als Diagnosen spätmoderner Gesellschaften. Zur besseren Einordnung wird kurz der gesellschaftliche Modernisierungsprozess erörtert. Näher eingegangen wird dann auf das Subjekt und die Lenkung des Subjekts in der Spätmoderne. Eine kurze Diskussion zum Selbstverständnis professioneller Beratung und zur Selbstdefinition ihrer gesellschaftlichen Aufgabe schließt das Kapitel ab

Einführung

Mädchen und Jungen in Deutschland leiden am meisten darunter, wenn ihre Eltern zu sehr unter Stress stehen und zu wenig Zeit für sie haben. Dem Ergebnis der AOK-Familienstudie 2014 zufolge steht für das Wohlbefinden der Kinder der Faktor Zeit im Mittelpunkt: „Viele Eltern leiden unter Zeitstress, der die gesamte Familie belastet." (AOK Bundesvorstand 2014b, 4) Insgesamt zeigt demnach jedes fünfte Kind in Deutschland regelmäßig Beschwerden wie Gereiztheit, Einschlafstörungen, Bauch- oder Kopfschmerzen. Erheblich seltener sind Kinder von Eltern mit weniger Zeitstress betroffen. Der Rat der Experten: Eltern sollten auf sich achten, Zeit in der Familie verbringen und breite soziale Netzwerke aufbauen. Besonders wichtig: Feste Regeln und Routinen wie gemeinsame Mahlzeiten, Ausflüge, Aktivitäten. Doch der Anteil der Eltern ohne solche Gewohnheiten ist binnen vier Jahren von sieben auf zwölf Prozent gestiegen (AOK Bundesvorstand 2014a).

Das Lesen dieser Studie hinterlässt ein zwiespältiges Gefühl. Zum einen ist es äußerst positiv, wenn einflussreiche Krankenkassen auf die gesellschaftlichen Bedingungen Bezug nehmen, die sie für die Zunahme von Erkrankungen verantwortlich machen, zum anderen erscheint das abschließende Maßnahmenbündel doch eher dürftig und vor allem stark individuumszentriert in seinen Lösungsperspektiven.

Die Häufung spezifischer Krisen, betont Heiner Keupp (2010), verweise über das einzelne Subjekt hinaus und mache es erforderlich, den gesellschaftlichen Hintergrund zu untersuchen und zu benennen, der diese Krisen fördert. Beratung, zumal psychosoziale Beratung, könnte hier eine wichtige „seismographische Funktion" haben, wie Heiner Keupp dies auch für die Psychotherapie anmerkt: Die seit Langem registrierte Zunahme etwa von Depressionen, Ängsten, Essstörungen wie auch die Instabilisierung und Gefährdung sozialer Beziehungen sind Beispiele für die Notwendigkeit, „neben einer psychodiagnostischen auch eine gesellschaftsdiagnostische Einordnung vorzunehmen" (a.a.O., 58). Dies legt die Frage nahe, wie der Zusammenhang von aktuell bedeutsam werdenden subjektiven Krisen auf der einen Seite und gesellschaftlichen Entwicklungen auf der anderen Seite zu erklären ist.

Gesellschaftliche Ursachen subjektiver Krisen

Einen wichtigen Beitrag, der eine Brücke zwischen sozialwissenschaftlicher Gegenwartsdeutung und der Zunahme diagnostizierter Depressionen schlägt, hat der Franzose Alain Ehrenberg bereits 2004 unter dem Titel „Das erschöpfte Selbst" vorgelegt. Ehrenberg geht davon aus, dass durch die Ablösung aus traditionellen Bezügen und Lebensentwürfen und durch die Übernahme größerer Selbstverantwortung die Möglichkeiten zur eigenständigen Lebensgestaltung gewachsen sind: Wo vorher Gehorsam und Disziplin verlangt waren, sind jetzt Initiative und Entscheidungsfähigkeit gefragt. Nicht länger werde der Einzelne an seiner Gefügigkeit gemessen, sondern vielmehr an persönlicher Tatkraft und Handlungskompetenz. Genau unter diesem permanent an sich selbst gestellten Anspruch und der Angst, daran zu scheitern, leide der depressive Mensch. Er „ist erschöpft von der Anstrengung, er selbst werden zu müssen" (Ehrenberg 2004, 15). Die gleichzeitige Ablösung von stabilen Bezugspunkten und nicht ausreichende psychische, soziale und materielle Ressourcen erhöhen das Risiko, krank zu werden oder in Krisen zu geraten (vgl. auch Keupp 2010).

Auch Christine Wimbauer liefertmit ihrem Beitrag „Wenn Arbeit Liebe ersetzt" (2012) eine solche Brücke zwischen soziologischen Gegenwartsanalysen und der Erklärung subjektiver Krisen. Wimbauer untersucht – in Anlehnung an die Anerkennungstheorie von Axel Honneth (1994) – die aktuellen Veränderungen von Paarbeziehungen, Erwerbsarbeit und sozialstaatlichen Konstruktionen. Sie arbeitet heraus, wie – im Zuge der Subjektivierung von Arbeit – in die Erwerbssphäre seitens des Arbeitsmarktes und der Arbeitsorganisationen (Unternehmen) „Elemente der Liebesanerkennung" einfließen, weshalb sich für bestimmte, meist höher qualifizierte Mitarbeitende, Frauen wie Männer gleichermaßen, „die Chance ihrer Nichtersetzbarkeit und ihrer Möglichkeit, als einzigartige, nicht vertretbare Personen Anerkennung zu finden, erhöht" (Wimbauer 2012, 23). In letzter Konsequenz könne zunehmende Vermarktlichung der ganzen Person in der gegenwärtigen Arbeitswelt die Liebe zwischen den Partnern (z)ersetzen.

Günter Voß und Cornelia Weiß (2013) machen auf entsprechende Entwicklungen in nahezu allen Lebensbereichen aufmerksam: Ganz gleich, ob Arbeits- und Beschäftigungsstrukturen flexibilisiert werden, mehr „Selbstorganisation" von Beschäftigten verlangt wird (Voß/Weiß 2013), der Sozialstaat auf die „Aktivierung" der Bürgerinnen und Bürger abziele (Lessenich 2013) oder die Konsumenten zu „arbeitenden Kunden" gemacht würden (Voß/Rieder 2005), es gehe immer darum, dass Menschen ihre Lebensbedingungen aktiv in die Hand nehmen müssen. Um dies realisieren zu können, seien sie mehr und mehr dazu gezwungen, wesentlich umfassender ihr menschliches Potenzial einzusetzen als bisher. „Kreativität", „Innovativität", „Kommunikations-", „Selbst-" und „Sozialkompetenz" würden allseits verlangt, Commitments eingefordert, vor allem und in allen Bereichen sei „Emotionalität" immer wichtiger (Voß/Weiß 2013, 45). Dieser Prozess wird als „Subjektivierung" bezeichnet. Denn es gehe nicht länger nur um die Nutzung begrenzter menschlicher Fähigkeiten für begrenzte Zwecke unter begrenzten Bedingungen, sondern vielmehr um eine weit umfassendere gesellschaftliche Funktionalisierung von Menschen, ihrer Eigenschaften und Möglichkeiten (Voß/Weiß 2013).

Solche Brücken zwischen subjektiven Krisen und sozialwissenschaftlichen Gegenwartsdeutungen weisen darauf hin, dass vielfach nicht der Einzelne, sondern vielmehr weitreichende Veränderungen der Gesellschaft „das Problem" sind. Die großen Gesellschaftsdiagnosen der Gegenwart lassen jedenfalls keinen Zweifel daran: Die derzeitigen gesellschaftlichen Umbrüche gehen an die Wurzeln der Wirtschaft, der Gesellschaft, der Kultur, der Politik ebenso wie an die Wurzeln der privaten Lebenswelten und alltäglichen Gewohnheiten, der sozialen Beziehungen und der Identitäten der Subjekte (Keupp 2010; vgl. auch ausführlich Burkart 2018). Daraus resultieren offenkundig Anforderungen, mit denen viele Menschen nicht mehr zurechtkommen.

Zur Reflexion gesellschaftlicher Zusammenhänge

Für das Verstehen vieler individueller Probleme und Krisen, die sich in der lebensweltlichen Beratung wiederfinden, ist das systematische Nachdenken über gesellschaftliche Zusammenhänge unerlässlich. Dies gilt auch für das Selbstverständnis professioneller Beratung und die Selbstdefinition ihrer gesellschaftlichen Rolle und Aufgaben.

Im Folgenden werden einige einschlägige gesellschaftliche Gegenwartsanalysen skizziert. Solche Gesellschaftsanalysen verstehen sich derzeit überwiegend als Diagnosen „spätmoderner Gesellschaften". Zur besseren Einordnung der „Spätmoderne" wird vorher kurz auf den gesellschaftlichen Modernisierungsprozess eingegangen. Die theoretische Reflexion gesellschaftlicher Zusammenhänge ist Aufgabe der Soziologie. Die folgenden kompakten Darstellungen lehnen sich weitgehend an die leicht verständliche und gut lesbare Übersicht „Soziologische Theorien" (2013) von Hartmut Rosa, David Strecker und Andrea Kottmann an.

Die Soziologie entstand erst relativ spät gegen Ende des 19. Jahrhunderts als eine Reaktion auf die sich damals schockartig verbreitenden Modernisierungserfahrungen: „Weil sich die Gesellschaft selbst in ihren materiellen, sozialen, kulturellen und institutionellen Beständen in jener Zeit massiv veränderte, wird sie auf neuartige Weise zum Problem." (Rosa/Strecker/Kottmann 2013, 15) Nahezu alles, was über Jahrhunderte als stabile Ordnung des gesellschaftlichen Lebens und als verlässliche Norm gedient hatte, geriet plötzlich ins Wanken. Schon damals gab es durchaus Ansätze einer wissenschaftlichen Analyse gesellschaftlicher Phänomene. Aber diese führten gesellschaftliche Entwicklungen auf außergesellschaftliche

Faktoren zurück, z.B. biologische oder klimatische Ursachen, oder versuchten, gesellschaftliche Tatsachen mithilfe der methodisch schon weiter fortgeschrittenen Psychologie zu erklären (a.a.O., 75). Dagegen wendeten sich die Begründer der Soziologie, nicht zuletzt Emile Durkheim. Seine Kritik, vor allem an einer psychologischen Reduktion sozialer Tatbestände, veranlasste ihn, mit einer eigenständigen Methodologie die Soziologie als Fachdisziplin zu begründen. Die generelle Regel zur Erklärung sozialer Tatsachen sollte lauten: Soziales nur durch Soziales zu erklären (Durkheim 1895). Für sein „Selbstmordbuch" hatte er das Thema seiner Untersuchung folglich wohlüberlegt gewählt (Durkheim 1897). Allgemein wird der Suizid als individuelles Phänomen verstanden – was könnte privater sein? Die bemerkenswerte Konstanz unterschiedlicher Selbstmordraten in verschiedenen sozialen Gruppen sollte zeigen, dass selbst der Suizid das Wirken sozialer Kräfte deutlich machen kann (Rosa/Strecker/Kottmann 2013). Folglich sei es erforderlich, über das Subjekt hinaus die gesellschaftlichen Ursachen zu erforschen.

Gesellschaftliche Modernisierungsprozesse

Soziologische Theorie als eigenständige Disziplin entstand als Reaktion und Reflexion auf gesellschaftliche Modernisierungsprozesse. Der Begriff Modernisierung beschreibt und erklärt den sozialen Wandel als tiefgreifenden Übergang von einer traditionalen Gesellschaftsform hin zur Industriegesellschaft, Marktwirtschaft, Demokratisierung, Urbanisierung, Globalisierung u.a. Häufig werden vier Teilprozesse oder Dimensionen von Modernisierung unterschieden: Domestizierung (Beherrschung/Unterdrückung der Natur), Rationalisierung (Primat der Wissenschaft bzw. Vernunft), Differenzierung (Aufteilung und Spezialisierung) und Individualisierung (Freiräume des Einzelnen). Dabei schwingen die möglichen negativen Seiten der einzelnen Teilprozesse stets mit, von der Vereinsamung bis zur Ökokatastrophe (Van der Loo/van Reijen 1992).

Als *frühe Moderne* gilt die zweite Hälfte des 19. Jahrhunderts. In dieser Phase der Industrialisierung gerieten als unverrückbar geltende Traditionen und Institutionen ins Wanken, die jahrhundertelang das Fundament der Gesellschaft ausmachten. Die alte ständische Ordnung wurde aufgelöst, überlieferte Familienstrukturen, Regeln und Gewohnheiten des Alltags, der Arbeit, des Wohnens und der Märkte zerstört, die Gewissheiten und Ordnungen des Denkens und Handels zerfielen. Modernisierung wurde hier als Auflösung von Traditionen, Konventionen, Sicherheiten und sozialen Institutionen erfahren (Rosa/Strecker/Kottmann 2013, 25ff) und somit die Gesellschaft für den Einzelnen zum Problem.

Die *entwickelte Moderne* um 1960 stellte sich ganz anders da. Die Demokratie hatte sich etabliert, die Wirtschaft boomte, Institutionen des Rechtsstaates und des Sozialstaates, z.B. gesetzliche Sozialversicherungen und Tarifverträge, sorgten für Sicherheit und im Zweifelsfalle politische Steuerungs- und Konjunkturprogramme für wirtschaftliche Stabilität. Der Ausbau des Erziehungs- und Bildungssystems ermöglichte die Planbarkeit der Berufs- und Familienentwicklung entlang klarer biographischer Bahnen. Als Reaktion auf die Verwerfungen der frühen Industrialisierungsphase waren, zumindest in vielen europäischen Ländern, in großer Zahl neue und verlässliche Institutionen in nahezu allen Gesellschafts-

und Lebensbereichen geschaffen worden, die Stabilität, Sicherheit und Planbarkeit versprachen. Diese Dichte an Institutionen erschien vielen bald als zu starr, weil sie nur wenige Spielräume für Individualität und Kreativität zuzulassen schien (a.a.O., 27f). Soziologische Beobachter beklagten „die Ohnmacht des Individuums angesichts einer ‚total verwalteten' und durchorganisierten Welt, in der einerseits industrielle, militärische, wissenschaftliche und technische Großkomplexe (…) und andererseits die politische Planung und bürokratische Verwaltung die Kontrolle über die sozialen Prozesse der ‚Lebenswelt' übernommen hätten" (a.a.O., 28). Gesellschaft wurde hier zum Problem, weil das Leben in vielen Teilen entlang kaum beeinflussbarer standardisierter Pfade verlief.

Ein wiederum davon strikt abweichendes Bild bietet die *späte Moderne*. Im Zuge der Globalisierung sind die vermeintlich so stabilen nationalstaatlichen Institutionen, Demokratie, Rechts- und Wohlfahrtsstaatlichkeit und die industrielle Produktion ins Wanken geraten. Spätestens seit dem Ende des „Kalten Krieges" und dem „Sieg des Kapitalismus" 1989 verlieren die Nationalstaaten an Einfluss gegenüber internationalen Konzernen und Märkten, sind hoffnungslos überfordert, die Ströme aus Finanzen, Waren und Informationen zu kontrollieren (Rosa 2005); die großen politisch-militärischen Blöcke haben sich aufgelöst; Sozialstaaten geraten massiv unter Druck, die soziale Absicherung bei Arbeitslosigkeit und im Alter ist nicht länger gewiss, die Kluft zwischen Reichtum und Armut wächst. Beschäftigungs- und Familienverhältnisse scheinen instabil und gefährdet wie nie; digitale Kommunikationsmöglichkeiten verändern Raum und Zeit; selbst alltägliche Routinen wie Telefonieren, Lesen oder Einkaufen verändern sich schnell. Oft zu schnell, um neue Routinen auszubilden, bevor die nächste Innovation ins Haus steht, wie Rosa, Strecker und Kottmann (2013) anschaulich machen: „Kaum hat man sich an einen neuen Ausbildungsgang, ein neues Computermodell, ein Softwareprogramm, eine Telekommunikationstechnik, eine Berufsbezeichnung, ein Tonträgerformat, eine neue Partei, ja an einen neuen Staat gewöhnt, werden sie schon wieder reformiert oder reorganisiert", und sie folgern: „Die in der Industrialisierung als schockhaft, aber einmalige Auflösung überkommener Institutionen erfahrene Modernisierung scheint hier gleichsam auf Dauer gestellt zu sein." (a.a.O., 29) Eine langfristig verlässliche Planung des eigenen Lebens und institutioneller Entwicklungen scheint nicht mehr möglich, mit erheblichen Folgen für die Lebensführung. „Gesellschaft wird hier zum Dauerproblem" (a.a.O.), so das Fazit zur späten Moderne.

Das Subjekt in der entwickelten Moderne

Für die großen Gesellschaftsdiagnostiker der Spätmoderne hat sich der Charakter der Moderne grundlegend verändert und geht an die Substanz der Identitäten der Subjekte, der alltäglichen Gewohnheiten und der sozialen Beziehungen.

Mit dem populär gewordenen Begriff von der „neuen Unübersichtlichkeit" hat Jürgen Habermas (1985) bereits viel von dem zum Ausdruck gebracht, was jedem Einzelnen heute als Phänomen der Spätmoderne begegnet. Zudem analysiert er, etwa in seinem Beitrag „Die postnationale Konstellation" (1998), schärfer als viele andere die Hintergründe und Zusammenhänge spätmoderner Umbrüche:

Wie eine ungehemmte wirtschaftliche Expansion nach dem Ende des „Ost-West-Konflikts" die gesellschaftliche Wirklichkeit massiv verändert und technologische Möglichkeiten, z.B. Datenverarbeitung, Informationstechnologie oder Biotechnologie, die gesellschaftlichen Strukturen gefährden. Vor allem aber, wie eine bewusst arrangierte umfassende Liberalisierung der Wirtschaft, mit zunehmendem Einfluss von Finanzmärkten und internationalen Unternehmen, die staatliche Autonomie aushöhlen und politische Entscheidungen gewaltig unter den Druck ökonomischer Interessen geraten lassen. Wo die Politik bisher regelnd in die Wirtschaft eingriff, zeige sich inzwischen eine Umkehr der Kräfteverhältnisse. Diese ungehemmte wirtschaftliche Expansion bedrohe sowohl die Demokratie wie die alltägliche Lebenswelt des Einzelnen, so Habermas.

Ulrich Beck diagnostiziert eine Selbstanwendung der Modernisierungsprinzipien auf die moderne Gesellschaft. Die in der klassischen Moderne stabilen modernen Institutionen, Wissensbestände und Lebensformen geraten so in der Spätmoderne selbst unter Veränderungsdruck. Beck bezeichnet diese Entwicklung als „Modernisierung der Moderne" (Beck/Bonß 2001) oder als „reflexive Moderne" (Beck/Giddens/Lash 1996). Sie ist für Beck das „Zeitalter der Nebenfolgen und der Politisierung der Moderne" (Beck 1996). Weil der bisherige Modernisierungsprozess zu neuen Risiken führt, wie Massenarbeitslosigkeit, Umweltzerstörung, religiösem Fundamentalismus und zunehmender sozialer Ungleichheit, müsse er sich immer wieder neu selber infrage stellen und erfordere permanent neue Lösungen. Dies bedeutet für ihn nicht das Ende des Modernisierungsprozesses im Sinne einer Post-Moderne, sondern vielmehr eine veränderte Moderne, die er folglich auch als „Zweite Moderne" bezeichnet. Primär ist diese Radikalisierung der Moderne bei Beck aber durch einen zweiten Individualisierungsschub charakterisiert (Rosa/Strecker/Kottmann 2013, 216 ff): Die Entwicklung der Nachkriegszeit ermöglichte, wie skizziert, über Wohlstandssteigerung, Bildungsexpansion und Wohlfahrtsstaat neue Lebensperspektiven sowie schließlich eine Ablösung von standardisierten industriellen Lebensformen mit lebenslangen Arbeitsverhältnissen, Normalfamilie, sozialen Schichten usw. An ihre Stelle treten bei Beck selbst hergestellte Lebensläufe. Die „Normalbiographie" wird zur „Wahlbiographie" (Beck 1986, 217). Während Beck in dieser Entwicklung anfangs durchaus wachsende Freiheitschancen sah, betonte er später jedoch zunehmend die Risiken einer solchen Entwicklung für den Einzelnen: „Selbst-Kultur heißt: Enttraditionalisierung, Freisetzung aus vorgegebenen Sicherheiten (...) die Normalbiographie wird zur (scheinbaren) Wahlbiographie, zur Risikobiographie, in dem Sinne, dass (fast) alles entscheidungsabhängig wird. Gleichzeitig ist das auf sich gestellte Individuum kaum noch in der Lage, angesichts der Undurchschaubarkeit und Widersprüchlichkeit der modernen Gesellschaft die unvermeidbaren Entscheidungen fundiert und verantwortlich, das heißt auch im Hinblick auf mögliche Folgen, zu treffen." (Beck 1997, 190)

Den vermeintlich größeren Handlungsspielräumen moderner Gesellschaften gegenüber zeigt sich auch der amerikanische Soziologe Richard Sennett (1998) äußerst skeptisch. In seinem Buch „Der flexible Mensch" untersucht er die Auswirkungen des neuen „flexiblen Kapitalismus" auf die Gesellschaft und vor allem auf das Individuum. Für Sennett ist dabei die veränderte Arbeitswelt von zentralem Interesse: Der „Neue Kapitalismus", so Sennett, beseitige institutionelle Strukturen, die auf Dauer und Langfristigkeit angelegt waren und für die Beschäftigten Arbeitsplatzsicherheit und Berechenbarkeit ergaben. An ihre Stelle treten netzwerkartige, weniger schwerfällige Strukturen. Hierüber gewinnt die „Stärke der schwachen Bindung" (Sennett 1998, 28) an Bedeutung, womit gemeint ist, „dass flüchtige Formen von Gemeinsamkeiten den Menschen nützlicher seien als langfristige Verbindungen (...)" (Sennett a.a.O.). Sennett hat erhebliche Zweifel, ob der flexible Mensch menschenmöglich ist (vgl. dazu auch Keupp 2010).

Als „flüchtige Moderne" hat der viel beachtete britische Soziologe Zygmunt Bauman 2007 die stetig wachsende Unsicherheit in den durch Globalisierung, Liberalisierung und Deregulierung geprägten Gesellschaften charakterisiert. Die „Verflüssigung" der Strukturen, die im 20. Jahrhundert noch Orientierung, Halt und Sicherheit gaben, wie Beruf, Familie, soziales Umfeld, Wohlfahrtsstaat, überfordere die Menschen zunehmend und behindere zudem politisches Engagement oder mache es unmöglich. Für Bauman hat das Verunsichern von Menschen durchaus Methode. In der „flüchtigen Moderne" sei die „hergestellte Ungewissheit" das wichtigste Herrschaftsinstrument, die Politik der Prekarisierung gar das eigentliche Zentrum der Herrschaftsstrategie. „Die Interessen des Marktes und die der ‚Lebensführung' widersprechen einander, und sobald sich Staat und Politik der Führung einer mit dem freien Spiel des Marktes identifizierten ‚Ökonomie' unterordnen, muss sich das Gleichgewicht zugunsten des Marktes verschieben." (Bauman 2007, 201) Für Bauman verheißt dies nichts Gutes für die Demokratie und die „Befähigung" bzw. „Ermächtigung" der Bürgerinnen und Bürger, ihre individuellen, politischen, ökonomischen und sozialen Einflüsse zu steuern oder zumindest zu beeinflussen, denen sie sonst wehrlos ausgeliefert seien. Wer im demokratischen Sinne „ermächtigt" ist, sei in der Lage, zwischen Alternativen zu wählen, das Spektrum der Alternativen zu beeinflussen und die getroffenen Entscheidungen effektiv umzusetzen. „Ermächtigung" wäre jedoch falsch verstanden, wenn es lediglich darum geht, „dass Menschen die Fähigkeiten erwerben, die nötig sind, um an einem Spiel teilzunehmen, dessen Regeln die anderen bestimmen" (Bauman 2007, 202).

Foucault – Lenkung des Subjekts in der Spätmoderne

Aber wer ist in spätmodernen Gesellschaften eigentlich ‚das Wesen', das bestimmt und entscheidet? Modernisierungsprozesse wurden üblicherweise mit der Vorstellung wachsender Autonomie für den Einzelnen verbunden. Der französische Soziologe und Philosoph Michel Foucault (1929-1984) zieht die Vorstellung erheblich in Zweifel. Schon frühere Beobachter gesellschaftlicher Modernisierungsprozesse, wie Georg Simmel oder Norbert Elias, hatten darauf hingewiesen, dass die Integration in moderne arbeitsteilige Gesellschaften hohe Anforderungen an Disziplin und Kontrolle mit sich bringen. Anforderungen, die nicht länger von außen, z.B. von staatlichen Institutionen, sondern zunehmend vom Einzelnen selbst erfüllt werden. Nicht infrage gestellt wurde aber, dass sich dabei die Freiräume für das Individuum, das sich von fremden Zwängen emanzipiert, insgesamt dennoch vergrößerten (Rosa/Strecker/Kottmann 2013, 285 f.). Hier setzt die Kritik Foucaults an, der die Machtmechanismen und die Rolle der Subjekte in moderner Gesellschaften untersucht: Zum einen widerspricht er der Ansicht, dass die Umstellung vom Fremd- auf Selbstzwang weniger Versagung und Einschränkung bedeutet, zum anderen wendet er sich gegen die Vorstellung, wonach der Einzelne in der Moderne vorwiegend der Kontrolle durch sich selbst unterliegen würde. Vielmehr sieht Foucault das Subjekt als Produkt sich verändernder Machtformen. Er arbeitet heraus, wie diese Machtformen erst im Verlauf der Modernisierung dominant geworden sind und das Individuum durch kulturelle Formen, institutionelle Strukturen, selektive Erkenntnisweisen oder sprachliche Muster („Diskurspraktiken") durch und durch prägen. Die hierüber produzierten Selbstbilder bestimmen bei Foucault das Selbstverständnis der Subjekte, ihre Wünsche, Begehren, Beschränkungen und Zwänge (a.a.O., 287 f.).

Modernisierung ist für Foucault nicht die Abnahme von Macht und die Zunahme an Freiheit, sondern der Wandel von Machtformen. Dabei bezeichnet Macht nicht einen Besitz oder die Stellung eines Machthabers, sondern das Kräfteverhältnis zwischen unterschiedlichen Akteuren, ein „Spiel", das sich unaufhörlich verändere. „Unter Macht, scheint mir, ist zunächst zu verstehen: die Vielfältigkeit von Kräfteverhältnissen, die ein Gebiet bevölkern und organisieren; das Spiel, das in unaufhörlichen Kämpfen und Auseinandersetzungen dieses Kräfteverhältnis verwandelt, verstärkt, verkehrt; die Stützen, die diese Kräfteverhältnisse aneinander finden, indem sie sich zu Systemen verketten (...). Die Macht ist der Name, den man einer komplexen strategischen Situation in einer Gesellschaft gibt." (Foucault 1976, 113 f.) Auf der Grundlage eines solchen Machtverständnisses geht es Foucault darum, die Machtpraktiken aufzudecken, auf denen das beruht, „was in einer Gesellschaft für wahr gehalten, als richtig erachtet und als erstrebenswert angesehen wird" (Rosa/Strecker/Kottmann 2013, 295).

Dazu unterscheidet Foucault zwischen repressiver und produktiver Macht. Im Unterschied zur „repressiven Macht" vormoderner, paternalistischer Gesellschaften verbergen neue Machtformen die Zwänge und Beschränkungen, denen Menschen heute unterliegen (vgl. a.a.O.). Die Machtformen äußeren Zwangs seien zunehmend durch produktive Machtformen ersetzt worden. „Produktive Macht" wirkt nicht als Verbot, sie unterdrückt nicht, sondern sie gestaltet (Foucault 1976, 163), „weil sie Subjekte formt, indem sie ihre Bedürfnisse so definiert, dass die Individuen sie befriedigen dürfen, und ihrem Wollen eine Richtung gibt" (Rosa/Strecker/Kottmann 2013, 298). Die Repression produktiver Macht besteht in einer inneren Begrenzung der Subjekte. „Die Produktion von Subjektivität legt die Individuen auf bestimmte Seinsweisen fest, ohne dass ihnen bewusst wäre, welchen Grenzen sie unterliegen." (a.a.O., 301)

Die Dezentralität des Machtverständnisses bedeutet bei Foucault nicht, dass sich keine Richtungen oder Absichten erkennen lassen (Foucault, a.a.O.). Die Machtintentionen seien zum einen auf die ‚Disziplinierung' der Subjekte, zum anderen auf die ‚Regulierung' bzw. ‚Normalisierung' der Gesellschaft gerichtet. Folgt man Foucault, so bleibt vom emanzipatorischen Charakter gesellschaftlicher Modernisierung nicht viel; stattdessen erscheint die Gesellschaft im historischen Verlauf geradezu vollkommener vermachtet, wie Rosa/Strecker/Kottmann (2013, 299) bemerken: „Repressive Macht ist sichtbar, spürbar, identifizierbar; sie ist von begrenzter Reichweite (...). Produktive Macht dagegen operiert im Verborgenen und ist total", von größter Komplexität und Reichweite.

Seine ursprüngliche These einer vollständigen Dezentralisierung der Machtverständnisse in modernen Gesellschaften, wonach die Macht nicht im Staat, sondern hauptsächlich in den gesellschaftlichen Kräfteverhältnissen zu finden sei, hat Foucault später ergänzt und weiter differenziert, indem er zwischen den „Machtbeziehungen als strategisches Spiel zwischen Freien" (also seiner anfänglichen Vorstellung) und staatlich institutionalisierten „Herrschaftszuständen" unterschied (Foucault 1984, 26). Durch das Zusammenwirken beider Stränge, das Foucault unter dem Begriff „Gouvernementalität" untersucht, sieht er die „Regierungstechniken" moderner Gesellschaften gekennzeichnet (Foucault 2005, 171 f.), das ‚Wesen' moderner Regierung. Foucault vergleicht diese Formen der Lenkung mit der christlichen Idee der Seelenführung, die sich aus der – auf das Hirtenamt konzentrierten – „Pastoralmacht" entwickelt habe und für die äußerer Zwang weniger wichtig sei als „die scheinbar zwanglose Verwaltung individueller Freiheiten" (Rosa/Strecker/Kottmann 2013, 300). In der Foucaultschen Perspektive auf moderne Regierungstechniken ist das Subjekt gleichsam der Hirte seiner selbst, sich selber gegenüber rechenschaftspflichtig für das Erlangen seiner (scheinbar) individuell gesetzten Ansprüche.

Analysiert hat Foucault die Regierungsweise verschiedener Epochen, von der Antike bis zum Neoliberalismus unserer Tage. Dabei hat er bereits, ganz im Sinne seiner These von der Totalisierung produktiver Macht, „die Bedeutung der Gestaltung von Gesellschaft und Subjekten für die neoliberale Gouvernementalität" (a.a.O., 301) herausgearbeitet und damit die sozialwissenschaftliche Aufmerksamkeit gegenüber der „Subjektformung" neoliberaler Gouvernementalität geweckt (Gertenbach 2007). Stephan Lessenich (2013) etwa zeigt in den nachhaltigen Umbrüchen des Sozialstaates ein wachsendes Interesse an der Disziplinierung der Empfänger sozialer Hilfen. Die Ergebnisse dieser Studien machen darauf aufmerksam, dass die ‚Regulierung' der Gesellschaft und die ‚Disziplinierung' der Individuen in der Spätmoderne vor allem zwei Tendenzen folgen (vgl. Rosa/Strecker/Kottmann 2013, 302):

- *Individualisierung:* Es zeigt sich eine Verlagerung bislang staatlicher Aktivitäten auf den Einzelnen, so dass Risiken zunehmend individuell verantwortet werden; exemplarisch dafür steht die Zuzahlung bei Krankenhausaufenthalten und Heilmitteln, die Maxime der Armutsprävention im Alter durch private Versicherung oder die Hartz-Gesetzgebung mit Absenkung von Ansprüchen der Arbeitslosensicherung als „Anreiz" beschleunigter Wiederaufnahme von Erwerbsarbeit. Dabei ist die Auffassung, dass Arbeitslosigkeit ein individuelles Verschulden darstellt, nicht nur in der öffentlichen Meinung, sondern ebenso in der subjektiven Selbstwahrnehmung vieler Betroffener verankert.
- *Ökonomisierung:* Es lässt sich ein zunehmendes Eindringen ökonomischer Kriterien in nahezu alle gesellschaftlichen und privaten Bereiche feststellen; eine beschleunigte Nutzenmaximierung, die nicht auf den Bereich der Wirtschaft

beschränkt ist, sondern auch die öffentliche Verwaltung, den Wohlfahrtssektor, soziale Beziehungen und den Bildungsbereich prägt. Studieren wird beispielsweise zur Investition in die Zukunft. Eine Zukunft, die ohnehin nur meistert, wer sich permanent selber optimiert, lebenslang lernt, sein Zeitmanagement perfektioniert, nützliche Kontakt pflegt, sich körperlich in Form hält und vieles mehr (vgl. a.a.O.).

Foucault spricht von einer „Technologie des Selbst" (Foucault 1993).

Professionelle Beratung im gesellschaftlichen Kontext

Beratung ist in aller Munde: Sie kann in gesellschaftlichen Umbruchprozessen ein hilfreiches Angebot zur Unterstützung bei einer Neuorientierung, Reflexion und Selbstorganisation sein. Sie kann aber auch zur permanenten Selbstoptimierung, zur „Technologie des Selbst", ganz im Sinne der gesellschaftlichen Trends zur Individualisierung und Ökonomisierung, beitragen.

Eine Profession braucht ein Selbstverständnis, das die eigene Rolle in der Gesellschaft definiert und sich zu bestimmten gesellschaftlichen Aufgaben bekennt. Dazu ist die Beschreibung und Charakterisierung der Gesellschaft unerlässlich, so Hans-Jürgen Seel (2013) in seinem Beitrag zur Professionalisierung von Beratung. Seel schlägt vor, professionelle Beratung in die Analyse einer „reflexiven Moderne" einzuordnen. Damit sind sowohl die dargestellte Selbstreflexion der Subjekte bzw. Institutionen wie auch die permanente Selbstreflexion der Profession angesprochen. Ohne den Anspruch der theoretischen Reflexion gesellschaftlicher Hintergründe wird wohl kaum bewusst, dass die „Beratungsbranche (selber) in Teilen unreflektiert an neoliberalen Fitnessdiskursen" beteilig ist (Keupp 2013, 1737), während gleichzeitig die Zunahme subjektiver Krisen und individuellen Leidens vielfach auf die Grenzen der Selbstoptimierung verweisen. „Grenzerfahrungen werden gegenwärtig überwiegend pathologisiert und medikalisiert und damit ihrer gesellschaftskritischen Lesbarkeit beraubt werden." (Keupp 2013, 1737) Vor dem Hintergrund einer dargelegten umfassenden „inneren Landnahme" (Dörre et al. 2009) in Form von Subjektivierungsprozessen wird eine Alternative in der Stärkung der „reflexiven Potenz" der Subjekte gesehen. Ganz in diesem Sinne argumentiert auch die Frankfurter Erklärung zur Beratung: „Diese aktuellen gesellschaftlichen Veränderungsdynamiken (...) erfordern eine hohe und dauerhafte Reflexivität, und sie erfordern Orte, an denen diese Reflexivität entwickelt werden kann. Hier ist der Ort für Beratung." (Frankfurter Erklärung zur Beratung 2001)

Dabei aber ausschließlich auf die „reflexive Potenz" des Einzelnen zu setzen, würde Individualisierung und Subjektivierung wohl kaum aufbrechen, im Gegenteil. Es geht vielmehr um die Gestaltung von Gesellschafts- und Lebensentwürfen gemeinsam mit anderen, und es geht um einen Ausgleich der sehr ungleich verteilten Chancen dazu (Keupp 2013 sowie Seel 2013). Hier kann an die Überlegungen zur „Befähigung" bzw. „Ermächtigung" bei Zygmunt Bauman angeknüpft werden. Wer „ermächtigt" ist, heißt es da, ist in der Lage, zwischen Alternativen zu wählen, das Spektrum der Alternativen zu beeinflussen und die getroffenen Entscheidungen umzusetzen (vgl. Bauman 207, 202). Keupp (2013) ist zuzustimmen, dass eine so verstandene Befähigung zur „Selbstsorge" (Foucault) nur im Rahmen kollektiver Interessensvertretung wie Selbsthilfegruppen, bürgerschaftliche Netzwerke, Gewerkschaften, Attac u.a. möglich ist und die Bedingungen für selbstbestimmte Lebensweisen erstritten werden müssen. Der aktuell viel strapazierte Begriff der Prävention sozialer Krisen bekommt so eine neue Bedeutung.

Bleibt die Frage, wie eine kritische gesellschaftliche Reflexion als Bestandteil von Beratung in die Beratung umgesetzt werden kann. Hierzu ist eine Beratungswissenschaft erforderlich, die sich, wie Seel (2013) bemerkt, nicht darauf beschränkt, Beratung zu optimieren, sondern darüber hinaus aus Beratungserfahrungen gesellschaftliche Problemlagen herausarbeitet und benennt Beraterinnen und Berater haben demnach berufsspezifisch einen privilegierten Zugang hinter die Kulissen der Subjekte, Familien, Betriebe oder Organisationen. Ihre wichtigen Erkenntnisse bleiben bisher als Anregungen für strukturelle Verbesserungen systematisch unberücksichtigt, sie bleiben weitgehend auf der Ebene individueller Erfahrungen, nicht nur der Klientinnen und Klienten, auch der Berater und Beraterinnen. Eine wichtige Ausnahme stellt hier exemplarisch die sozialwissenschaftliche Erhebung bei Supervisorinnen und Supervisoren über deren Erfahrungen mit psychosozialen Folgen spätmoderner Erwerbsarbeit von Ralf Haubl und Günter Voß (2008 und 2011) dar. Sie zeigt nicht nur, welch wertvolles gesellschaftliche Wissen in Beratungen entsteht, sondern auch, dass sich relevante Institutionen, auch Medien, Gewerkschaften und die eingangs erwähnten Krankenkassen, für dieses Wissen interessieren, öffentliche Diskurse gefördert und damit gesellschaftliche Prozesse für dauerhafte strukturelle Verbesserungen initiiert und verstärkt werden können.

Fragen zur Vertiefung und Diskussion

- Wodurch zeichnet sich die „Spätmoderne" aus?
- Mit welchen Argumenten widerspricht Foucault der Vorstellung, wonach gesellschaftliche Modernisierungsprozesse mit einer wachsenden Autonomie für den Einzelnen verbunden sind?
- Sehen Sie in Ihrer Beratungspraxis einen Zusammenhang von gesellschaftlichen Entwicklungen und der Häufung spezifischer individueller Probleme und Krisen, die über die Betroffenen hinausweisen?
- Diskutieren Sie die Rolle und das Selbstverständnis professioneller Beratung im gesellschaftlichen Kontext.

Literatur zu Kapitel 3.1

Einführende Literatur:
Burkart, Günter (2018): Soziologie der Paarbeziehung. Eine Einführung. Wiesbaden. In: Rosa, Hartmut; Strecker, David; Kottmann, Andrea (Hrsg.): Soziologische Theorien. Konstanz.
Schimank, Uwe (2013): Gesellschaft. Bielefeld.

Weiterführende / zitierte Literatur:
Albrecht, Günte; Groenemeyer, Axel (Hrsg.) (2012): Handbuch soziale Probleme, 2 Bände. Wiesbaden.

AOK Bundesvorstand (2014a): AOK-Familienstudie 2014. Forschungsbericht des SINUS-Instituts im Auftrag des AOK-Bundesverbandes, Erster Teil: Repräsentativbefragung von Eltern mit Kindern von 4 bis 14 Jahren. Heidelberg und Berlin.

AOK Bundesvorstand (2014b): Gesunde Kinder – gesunde Zukunft, AOK-Familienstudie 2014. Studienzusammenfassung. Berlin.

Bauman, Zygmunt (2007): Leben in der Flüchtigen Moderne. Frankfurt am Main.

Beck, Ulrich (1986): Risikogesellschaft. Frankfurt am Main.

Beck, Ulrich (1996): Das Zeitalter der Nebenfolgen und die Politisierung der Moderne. In: Beck, Ulrich; Giddens, Anthony; Lash, Scott (Hrsg.): Reflexive Modernisierung. Eine Kontroverse. Frankfurt am Main, S. 19–112.

Beck, Ulrich (1997): Die uneindeutige Sozialstruktur. In: Beck, Ulrich; Sopp, Peter (Hrsg.): Individualisierung und Integration. Neue Konfliktlinien und neuer Integrationsmodus? Opladen, S. 183–197.

Beck Ulrich; Bonß Wolfgang (Hrsg.) (2001): Die Modernisierung der Moderne. Frankfurt am Main.

Beck, Ulrich; Giddens, Anthony; Lash, Scott (1996): Reflexive Modernisierung. Eine Kontroverse. Frankfurt am Main.

DAK Gesundheitsreport (2020): Stress in der modernen Arbeitswelt. Hamburg.

Dörre, Klaus; Lessenich, Stephan; Rosa, Hartmut (2009): Soziologie – Kapitalismus – Kritik. Eine Debatte. Frankfurt am Main.

Durkheim, Emile (1895): Regeln der soziologischen Methode. Neuwied/Berlin 2002.

Durkheim, Emile (1897): Der Selbstmord. Neuwied/Berlin 2002.

Ehrenberg, Alain (2004): Das erschöpfte Selbst. Depression und Gesellschaft in der Gegenwart. Frankfurt am Main.

Frankfurter Erklärung zur Beratung (2001): Aufruf zu einem Neuen Diskurs. Forum Beratung in der DGVT. Online verfügbar unter http://www.forum-beratung-dgvt.de.

Foucault, Michel (1976): Der Wille zum Wissen. Sexualität und Wahrheit, Band 1. Frankfurt am Main.

Foucault, Michel (1984): Freiheit und Selbstsorge. Gespräch mit Michel Foucault am 20. Januar 1984; in: ders.: Becker, Helmut u.a.: Freiheit und Selbstsorge, Frankfurt am Main, S. 9–28.

Foucault, Michel (1993): Technologien des Selbst. In: Foucault, Michel; Rux, Martin; Luther, H. Martin (Hrsg.): Technologien des Selbst. Frankfurt am Main, S. 24–62.

Foucault, Michel (2005): Die Gouvernementalität. In: Michel Foucault: Analytik der Macht. Frankfurt am Main, S. 148–179.

Gertenbach, Lars (2007): Die Kultivierung des Marktes. Foucault und die Gouvernementalität des Neoliberalismus. Berlin.

Habermas, Jürgen (1985): Die neue Unübersichtlichkeit. Frankfurt am Main.

Habermas, Jürgen (1998): Die postnationale Konstellation. Frankfurt am Main.

Haubl, Ralf/Voß, G. Günter (2008): Psychosoziale Kosten turbulenter Veränderungen Arbeit und Leben in Organisationen. In: Positionen. Beiträge zur Beratung in der Arbeitswelt, Heft 1/2009. Verfügbar unter: http://www.sfi-frankfurt.de (05.10.2021).

Haubl, Ralf/Voß, G. Günter (Hrsg.) (2011): Riskante Arbeitswelt im Spiegel der Supervision. Eine Studie zu den psychosozialen Auswirkungen spätmoderner Erwerbsarbeit. Göttingen

Honneth, Axel (1994): Kampf um Anerkennung. Zur moralischen Grammatik sozialer Konflikte. Frankfurt am Main.

Keupp, Heiner (2010): Psychische Störungen im gesellschaftlichen Strukturwandel. In: Blickpunkt EFL-Beratung, Heft 10/2010, S. 57–67.

Keupp, Heiner (2013): Fit für was? Beratung als Aktivierungsschema fürs Hamsterrad;. In: Nestmann, Frank; Engel, Frank; Sickendiek, Ursel (Hrsg.): Das Handbuch der Beratung. Band 3. Tübingen, S. 1723–1740.

Lessenich, Stephan (2013): Die Neuerfindung des Sozialen. Der Sozialstaat im flexiblen Kapitalismus. Bielefeld.
Neckel, Sighard; Wagner, Greta (Hrsg.): Leistung und Erschöpfung. Burnout in der Wettbewerbsgesellschaft. Berlin
Rosa, Hartmut (2005): Beschleunigung – Die Veränderung der Zeitstrukturen in der Moderne. Frankfurt am Main.
Seel, Hans-Jürgen (2013): Aufgaben und Probleme der Professionalisierung von Beratung. In: Nestmann, Frank; Engel, Frank; Sickendiek, Ursel (Hrsg.): Das Handbuch der Beratung. Band 3. Tübingen, S. 1633–1661.
Sennett, Richard: (1998): Der flexible Mensch. Die Kultur des neuen Kapitalismus. Berlin
Van der Loo, Hans; van Reijen, Willem (1992): Modernisierung. Projekt und Paradox. München.
Voß, G. Günter; Rieder, Kerstin (2005): Der arbeitende Kunde. Frankfurt am Main/New York.
Voß, G. Günter; Weiß, Cornelia (2013): Burnout und Depression – Leitkrankheiten des subjektivierten Kapitalismus oder: Woran leidet der Arbeitskraftunternehmer. In: Neckel, Sighard; Wagner, Greta (Hrsg.): Leistung und Erschöpfung. Burnout in der Wettbewerbsgesellschaft. Berlin, S. 29–57.
Wimbauer, Christine (2012): Wenn Arbeit Liebe ersetzt. Doppelkarriere-Paare zwischen Anerkennung und Ungleichheit. Frankfurt am Main/New York.

3.2 Beratung – eine philosophisch-ethische Grundlegung (Armin G. Wildfeuer)

Zusammenfassung

Dieses Kapitel beschäftigt sich mit den philosophisch-ethischen Grundlegungsfragen, die allererst ein umfängliches Verständnis jedes Beratungshandelns erlauben sowie den engen Zusammenhang von Ethik und Beratung plausibel machen. Denn Beratung lässt sich als Hilfeleistung durch Dialog auf der gemeinsamen Suche nach einer Antwort auf die Frage „Was soll ich tun?" verstehen. Die Frage „Was soll ich tun?" wird insbesondere in der Situation professioneller Beratung zur gemeinsam zu lösenden Frage desjenigen, der Rat sucht, und desjenigen, der den Ratsuchenden berät. Ebenso lässt sich Ethik als Disziplin der Philosophie als Typ methodisch gesicherter Beratung begreifen, insofern sie als wissenschaftlich fundierte Reflexion sittlicher Abwägungsprozesse eine generelle Antwort auf die Frage gibt: „Was soll ich tun?" Beratung ist daher, so die Argumentation, von ihrem Kern und ihrer Bestimmung her praktisch-sittliche Konkomitanz, d. h. ein Geschehen, das die Urteils- und Entscheidungsfindung des Ratsuchenden zum Ziel hat, der hierfür den Weg des praktisch-sittlichen Diskurses mit einem anderen sittlichen Subjekt wählt, dessen Aufgabe es ist, dem Ratsuchenden bei der Abwägung der für die Vorbereitung der Entscheidung zu berücksichtigenden Aspekte behilflich zu sein, und zwar der Intention nach im Sinne eines von Vernunft und Erfahrung geleiteten Alter Ego.

Hilfeleistung durch Dialog als anthropologisch-ethische Grundkonstante

Beratung ist seinem Wesen nach Hilfeleistung in einer Situation von Rat- und Orientierungslosigkeit durch gemeinsame Abwägung in Form von Dialog und Kommunikation zum Zwecke der Urteils- und Entscheidungsfindung. Mit Blick auf die moralisch-praktische Verfasstheit des Menschen kann die Angewiesenheit auf Beratung als anthropologische Grundkonstante betrachtet werden, der eine wichtige Lebensfunktion zukommt (vgl. Bollnow 1977, 78-86). Denn der Mensch ist das der Orientierung und Beratung bedürftige Lebewesen, insofern er gezwungen ist, aus Freiheit und mit Vernunft sein Leben selbst im Verbund mit anderen zu führen, ohne auf natural festgelegte Handlungs- und Verhaltensmuster zurückgreifen zu können. Situationen der Ratlosigkeit (Aporie) und Krisis (Entscheidung) entstehen insbesondere dann, wenn unklar bleibt, ob Handlungen geboten, verboten oder erlaubt sind, das heißt, wenn angesichts komplexer situativer Handlungsumstände (lat. *circumstantiae*)

a) die möglichen Handlungsziele, die immer in der moralischen Differenz von gut und böse stehen, in ihrer moralischen Integrität zweifelhaft sind, oder wenn

b) die zur Realisierung der Ziele notwendig auszuwählenden Mittel, die immer in der pragmatischen Differenz von richtig und falsch stehen, in ihrer Geeignetheit und Angemessenheit fraglich sind, oder wenn

c) die möglichen Handlungs- und Entscheidungsfolgen, die mit Blick auf den Handelnden wie auch auf die von der Handlung Betroffenen immer in der Differenz von erwünscht oder unerwünscht beurteilt werden, als unabsehbar, unsicher, risikobelastet und konfliktträchtig erscheinen.

Wenn unklar ist, wofür wir uns entscheiden und wie wir unsere Freiheitsräume gestalten sollen, dann bedrängt uns die Frage: „Was soll ich tun?". Die Antwort darauf erfordert einen vorgängigen Abwägungs- und Orientierungsprozess mit dem Ziel der Urteils- und Entscheidungsfindung. Dieser Abwägungsprozess kann grundsätzlich in zwei Formen erfolgen:

Zum einen (a) in der Form eines inneren Dialoges, den das betroffene Subjekt gedanklich mit sich selbst führt: Dieses Selbstgespräch ist ein „mit-sich-zu-Rate-Gehen", eine Art „Selbstberatung" im Medium vernünftigen Denkens. Dieses kann als eine Art autarke sittliche Selbsthilfe begriffen werden und sichert insofern unmittelbar die Autonomie der Urteils- und Entscheidungsfindung, auf die das sittliche Subjekt, weil es die Verantwortung dafür tragen muss, Anspruch erhebt. Der unterstellte kommunikative Raum dieser subjektinternen Selbstberatung ist das Gewissen, das – folgt man Immanuel Kant (1724-1804) – wie ein „innerer Gerichtshof" vorgestellt werden muss, in dem das Subjekt als Angeklagter, Ankläger, Verteidiger und Richter gleichermaßen auftritt und wo dieser Abwägungsprozess mit Blick auf das Zutuende oder das bereits Getane stattfindet (vgl. Kant 1797, 400 f.). Dieser interne sittliche Dialog im Medium der eigenen praktischen Vernunft darf als die basalste und originärste Form von Beratung betrachtet werden.

Weil die praktische Vernunft des einzelnen Subjekts, will sie überhaupt Vernünftigkeit beanspruchen, immer schon über eine bloß subjektive Perspektive hinausgreift (vgl. Wildfeuer 2011b), kann dieser Abwägungsprozess auch (b) die Form eines externen Dialogs im Sinne einer Kommunikation zwischen sittlichen Subjekten annehmen. Dies ist dann unverzichtbar, wenn es sich zum einen um eine gemeinsam zu findende, beide Subjekte betreffende Entscheidung handelt, die ein „sich-miteinander-beraten" erfordert. Zum anderen ist aber auch die Konstellation vorstellbar, dass ein Subjekt bezüglich der eigenen Entscheidung Rat und dialogische Hilfe eines sittlichen Mitsubjekts in Anspruch nimmt, der Ratsuchende (lat. *consultus*) mithin um Rat bzw. um Beratung (lat. *consilium*) durch ein zweites sittliches Subjekt (lat. *consulens*) ersucht.

Als sinnvoll, wenn nicht gar geboten erweist sich dies insbesondere dann, wenn der Ratsuchende mit Blick auf die Beurteilung der Ziele, Mittel, Folgen und Umstände seiner Entscheidung im Zweifel ist oder ihm die kognitiven oder emotionalen Voraussetzungen oder die Erfahrung für eine sachangemessene Entscheidung fehlen. Extern-dialogische Beratung kompensiert mithin die volle Autarkie zur Selbsthilfe bei der Urteils- und Entscheidungsfindung. Ziel ist dabei nicht die Delegation der Entscheidung des Ratsuchenden, sondern die Inanspruchnahme externer Hilfestellung für die eigene Entscheidung durch dialogische Kommunikation im Sinne der sittlich-praktischen Konkomitanz oder Begleitung.

Beratung in diesem Sinne ist mithin kein Surrogat der eigenen sittlichen Autonomie, sondern hat eine subsidiär-kompensatorische Funktion, die durch die beanspruchte Allgemeingültigkeit praktischer Vernunfteinsichten selbst ermöglicht wird. Beratung als Hilfeleistung durch Dialog und Kommunikation kann daher auch kein im Kern immer monologisch verbleibendes bloßes „Rat-erbitten" und „Rat-empfangen" (vonseiten des *consultus*) oder ein „Rat-geben" (vonseiten des *cunsulens*) sein, sondern muss als dialogisches Geschehen des gemeinsamen Abwägens von im Kern gleich-sittlicher und gleich-vernünftiger Subjekte vorgestellt werden. Dialogisches Beratungshandeln externalisiert gleichsam nur den vom Individuum im Raum des Gewissens geführten Dialog in den Raum gemeinsamer Sittlichkeit hinein. Solche Externalisierung ist mithin auch nicht als ein dem Wesen subjektinterner Beratung fremdes Additum zu betrachten. Denn als vernünftige Subjekte sind wir in unseren Abwägungsprozessen immer schon über die subjektive Eigenwelt und den immer begrenzten Horizont eigener Erfahrungswelt hinaus, folglich auch immer schon im Dialog mit den vielen anderen sittlichen Subjekten, die auf die von ihnen gestellte Frage „Warum hast Du das getan?" zurecht eine auch ihnen gegenüber vernünftig plausibilisierbare Antwort erwarten.

Die externe Beratung ersetzt mithin nicht die eigene Entscheidung, die prinzipiell an niemanden abgetreten oder delegiert werden kann, sondern komplettiert die immer je begrenzte sozio-kulturelle Ausstattung des Einzelnen, wo sie lückenhaft oder nicht speziell genug ist, so dass eine angemessene Urteilsfindung der Horizonterweiterung durch den anderen bedürftig ist. Möglich und notwendig wird dies durch die eigentümliche Vernunft- und Sozialnatur des Menschen, die dazu führt, dass die Ausbildung eigener sittlicher Subjektivität immer der Mitwirkung anderer sittlicher Subjekte bedürftig bleibt – durch Erziehung, Sozialisation und Enkulturation – oder auch durch Beratung.

Rat und Beratung als Gegenstand philosophisch-ethischer Theoriebildung

Auch die Ethik als Disziplin der Philosophie lässt sich als Typ methodisch gesicherter Beratung begreifen, insofern sie als wissenschaftlich fundierte Reflexion sittlicher Abwägungsprozesse eine generelle Antwort auf die Frage gibt: „Was soll ich tun?" (vgl. Kant 1781, III, 522). Umso mehr muss erstaunen, dass in der langen Tradition ethischer Theoriebildung das Thema „Beratung" weitgehend unberücksichtigt geblieben ist. Erst von dort her findet das Thema zurück in den Raum der Ethik. Diese thematische Ignoranz hat ihren Grund in der mangelnden sittlichen Relevanz, die dem „Rat" (*consilium*) im Laufe der Geistesgeschichte für die Lösung ethischer Probleme zugeschrieben wurde (vgl. Buchheim/Kersting 1992; Steiner 2004; Wandoff 2016). Im Zuge der heute vielfach eingeforderten Reflexion auf die ethischen Rahmenbedingungen und Voraussetzungen gelungenen professionellen Beratungshandelns, rückt der Zusammenhang von Ethik und Beratung jedoch wieder vermehrt in den Fokus des Interesses (dazu Buchinger 2005; Wildfeuer 2009; Pope/Vasquez 2011; Hansen 2014; Lippitt/Lippitt 2015; Welfel 2016; Cottone/Tavydas 2016; Cohen/Cohen 2019; Lachmann 2020a)

In der homerischen Zeit wird die vorwiegend rückgewendete und vergangenheitsbezogene Orientierung menschlichen Rates betont: „Rat" ist als Fähigkeit die wichtigste Auszeichnung des Helden, Ehrenteil der Alten und Weisen (vgl. biblisch schon Jer 18,18b). Sie schöpfen den Rat als bewährte (Lebens-) Regel aus der Vergangenheit (vgl. z.B. Homer, Ilias 9,73-78). Der zukünftige Ausgang der Dinge liegt eigentlich nicht in der Dimension solchen Rates (vgl. a.a.O., 11, 790 ff.). Die Wohlberatenheit (gr. *euboulia*) liegt im sammelnden Innehalten und in der Orientierung an der göttlichen oder kosmischen Ordnung (gr. *eunomia, eukosmia*), die sich im Geschick zeigt, so dass das daran Bewährte, das sich als Lebensregel formulieren lässt, auch das Zukünftige beherrscht (vgl. Hesiod, Erga 293 ff.). Wohlberatenheit wird noch in der Sophistik zum Hauptgaranten eines erfolgreichen Lebens, wogegen bloß menschlicher Rat der Ungewissheit der Dinge ausgesetzt bleibt.

Allerdings erfolgt bereits bei den Vorsokratikern (so schon bei *Demokrit*, 460/459 – Anfang 4. Jh. v.Chr.) eine Emanzipation des Rates vom Geschick. *Thukydides* (ca. 454-399 v.Chr.) hebt die Rückgewendetheit des alten Ratbegriffs explizit und vollends auf (vgl. Thukydides III, 44, 2 f.), so dass nun der Zukunftsbezug des Rates in den Vordergrund tritt. Bei den Sophisten und dann bei *Platon* (428-348 v.Chr.) erweist sich der Rat als rationaler Blick auf die Dinge, der ihren kontrollierten Verlauf im Zusammenhang mit menschlicher Handlung sichert. Entsprechend der intellektualistischen Grundoption Platons wird der Rat als eine Art von Wissen (gr. *episteme*) deklariert, aus dem das Handeln sich zwangsläufig als rational ergibt (vgl. Platon, Lach. 185 b-d). Weil das Erwägen des Zukünftigen freilich einem „Zielen nach Nichtseiendem" gleiche, wird der Sinn von abwägender Beratung infolgedessen weitgehend geleugnet.

Anders sein Zeitgenosse *Isokrates* (436-338 v.Chr.): Das „mit-sich-zu-Rate-gehen" ist das Vermögen der menschlichen Seele überhaupt (vgl. Oratio 15, 180 u. 7,14) und dessen spezifische Leistung. Diese Fähigkeit, die den Inbegriff menschlicher Mitsteuerungsmöglichkeit im Leben ausmacht, ist sprachlich, mithin auch vernünftig verfasst und kann als innerer Überlegungsvorgang, als Gespräch mit sich selbst dargestellt werden. *Euboulia* hebt zwar im Gegensatz zur sicheren *Episteme* nicht die Ungewissheit des Ausgangs auf, aber theoretisches Wissen allein ist auf keine Weise für die Lösung praktischer Fragen tauglich (vgl. Oratio

15, 184.285; 10,5). Auch *Aristoteles* (384-322) wendet sich vom platonischen Intellektualismus ab und rückt die sittliche Relevanz des Rates ins Licht, weil dem Handeln immer ein Vorgang des zeitlichen Abwägens vorausgehen muss. Rat ist rationales Vermögen für Praxis überhaupt und erschöpft sich nicht im Wissen, das für sich betrachtet folgenlos bleibt. Das Zurategehen aber ist ein zeitaufwändiges, überlegendes Suchen und Abwägen des Zuträglichen für die menschliche Praxis (vgl. Ethica Nicomachea III, 5, 1112b 20 ff.; IV, 10, 1142 b 31 f. b 15. B 32; dazu Lachmann 2020b). Beratung als Abwägungsprozesse zielt dabei auf zukünftiges Handeln (vgl. a.a.O. 1139 b 5-9). Weil das Telos des Handelns von der Natur des Menschseins vorgegeben ist, kann seine Aufgabe nicht das Auffinden von Handlungszielen sein. Der Rat zielt vielmehr auf den überlegten, aus der abwägenden Reflexion auf die Umstände der Handlung generierten Entschluss und verbürgt so die Freiwilligkeit der aus ihm folgenden Handlung. Solchermaßen erweist sich Wohlberatenheit als Gebot der Klugheit, die in der Fähigkeit besteht, die richtigen Mittel zur Erreichung eines gegebenen Zieles zu wählen.

Die Philosophie der Römischen Stoa (1./2. Jh.) versteht sich in diesem klugheitsethischen Sinne als Philosophie der Lebenskunst, die das Glück (gr. *eudaimonia*) und das gute und gelingende Leben zum Ziel hat und in deren Zentrum die Seelenruhe (gr. *ataraxia*) durch Einübung emotionaler Selbstbeherrschung steht. Die Stoische Ethik bleibt gerade durch verschiedene „Moralbüchlein", die als eine frühe Form von Ratgeberliteratur gelten dürfen, für ein breites Publikum bis in die Gegenwart hinein präsent. Erinnert sei an Marc Aurels (121-180 n.Chr.) „Selbsterkenntnisse", Senecas (1-65 n.Chr.) „Epistulae morales" (dazu Lachmann 2021a) oder Epiktets (50-138 n.Chr.) „Encheiridion" („Handbüchlein der Moral").

Seit der Patristik (2.-4. Jh.) und das ganze Mittelalter (5.-14. Jh.) hindurch tritt durch die Unterscheidung zweier Normtypen, den Geboten (lat. *praecepta*) und den Ratschlägen (lat. *consilia*), die durch unterschiedliche Verbindlichkeits- und Gewissheitsgrade gekennzeichnet sind, die sittliche Relevanz des Rates wie des Beratungsphänomens wieder in den Hintergrund und wird zu einem Phänomen religiös motivierten Handelns marginalisiert: „praecepta" als sittliche Verbindlichkeiten und Vorschriften betreffen die „opera debita", das heißt die verpflichtend und notwendig zu tuenden Werke, oder das strikt Gebotene oder Verbotene (lat. *officia perfecta*); „consilia" dagegen beziehen sich als bloße Ratschläge auf die „opera supererogationis", das heißt die überverdienstlichen Werke und daher bloß mittelbaren Pflichten (lat. *officia media*), die nicht notwendig zu tun, aber angeraten sind (vgl. Thomas von Aquin, S. th., I-II, 108,4). „Consilia" gehören damit zwar in den Bereich sittlich wertvoller Handlungen, sind aber dadurch, dass Art und Umfang der Handlung vom Handelnden frei bestimmt werden können (so schon *Tertullian*, ca. 150-220 n.Chr., De exhort. Castitatis 7 f.), nicht in einem strikten Sinne sittlich geboten. Beispiele sind das Almosengeben, die Tugend- und Frömmigkeitsübungen oder Werke der Mildtätigkeit. Die „consilia" sind zwar an alle adressiert, aber anders als die „praecepta" nicht von jedermann in der gleichen Weise befolgbar. Sie setzen vielmehr, wie sich etwa in Begriffsbildungen wie „evangelische Räte" zeigt, immer schon ein religiöses Bewusstsein voraus. Die Ratschläge zeigen den Weg aus der Weltbefangenheit zur Freiheit für und in Gott

(Thomas von Aquin, S. c. gent. III, 130). Das dialogische Beratungshandeln zur Generierung von Ratschlägen kommt dabei im Anschluss an Mt 18,15-17 nur in einer negativen Variante in den Blick: als „*correctio fraterna*" (so seit der „regula" des *Benedikt von Nursia*, 480-547) im Sinne einer Pflicht zur brüderlichen Zurechtweisung.

Das Thema des Rat-Gebens prägt die frühe Neuzeit noch in den Klugheitslehren von *Machiavelli* (1469-1527) bis *Christian Thomasius* (1655-1728). Im Zuge der Reformation und der von *Martin Luther* (1483-1546) etablierten Ablehnung des Werkcharakters des christlichen Glaubens (*sola fide-* und *sola gratia*-Prinzip) jedoch wird die sittliche Orientierung am religiös geforderten, in Ratschlägen mündenden Supererogatorischen aus der rationalen Ethik ausgeschieden und gänzlich in den Bereich des religiösen Lebens verwiesen. Gleichsam im Gegenzug muss sich in einer rein säkularen Ethik das Obligatorische und Pflichtgemäße (*praecepta*) das Rätliche (*consilia*) einverleiben, sollen die damit verbundenen sittlichen Anforderungen überhaupt noch einen rational ausweisbaren Ort innerhalb der ethischen Theoriebildung beanspruchen können. Denn neben dem Normativitäts- und Verbindlichkeitstyp der Pflicht kann es in der Neuzeit keinen anderen mehr geben: der Pflichtbegriff wird zum dominierenden Begriff der Moralsprache (vgl. Ricken 2013). Dort, wo die Lehre von den Ratschlägen sittlich differenzierte Wege der Lebensführung erblickt, gibt es jetzt nur noch Beispiele persönlicher Pflichterfüllung, die nur aus unangemessener externer Perspektive mit einem Vollkommenheitsmaß gemessen werden können. Dies führt zur Unterscheidung von „vollkommenen" und „unvollkommenen" Pflichten, eine Unterscheidung, die in ihrer systematisch reifsten Gestalt in der Moralphilosophie *Immanuel Kants* (1724-1804) vorliegt (vgl. Kant 1797, 373-493; dazu Lachmann 2021b). Die ehemaligen Gegenstände der Anratung, die unvollkommenen Pflichten, werden nun als objektive Zwecke aufgefasst, deren Verwirklichung zwar geboten ist, deren Verwirklichungsweise jedoch den Umständen und dem Gestaltungswillen des Handelnden überlassen bleiben muss. Der Begriff des Rates selbst hingegen wird für die Charakterisierung nicht-moralischer Handlungsregeln verwendet, wie sie in technischen und pragmatischen Imperativen vorliegen. Als hypothetische Imperative fungieren sie als Regeln der Geschicklichkeit oder Regeln der Klugheit, weil sie an subjektiv oder faktisch zufällig gegebene Bedingungen geknüpft sind. Sind diese einmal gegeben, dann gebieten sie nur noch das Ergreifen der Mittel zur Erreichung der bestimmten Absicht (vgl. Kant 1785, 416 ff.). Nur mit Blick auf solche Klugheitsüberlegungen, die sich von sittlichen Imperativen unterscheiden, macht das Phänomen der dialogischen Beratung überhaupt Sinn, denn das autonome Subjekt weiß als Vernunftwesen aus eigener Vernunfteinsicht immer schon um das unbedingte Sittengesetz und ist der Beratung daher nicht bedürftig. Eine Ethik, die dem dialogischen Beratungshandeln einen für Moralität konstitutiven Charakter zuschriebe, würde gegen den Autonomiecharakter sittlicher Einsicht verstoßen, der in der Neuzeit immer mehr zum Ausgangs- und Zielpunkt ethischer Theoriebildung avanciert. Der Rat- und Beratungsbegriff erleidet daher in der neuzeitlichen Moralphilosophie ein Entsittlichungsschicksal: ursprünglich zur Bezeichnung einer besonderen sittlichen Normativität und zur Charakterisierung einer außerordentlichen (supererogatorischen) Sittlichkeit geprägt, wird er jetzt der vor- und außersittlichen, gelegentlich sich dem sittlichen Superioritätsanspruch widersetzenden instrumentellen Rationalität assoziiert.

Der neuzeitliche Autonomiegedanke macht Beratung daher als manipulative Überfremdung suspekt und lässt den Beratungsaspekt jeder Ethik in Vergessenheit geraten. Sieht man von einzelnen Positionen ab, die wie *John Stuart Mill* (1806-1873; vgl. Mill 1865; dazu Lachmann 2021d) oder *Franz Brentano* (1838-1917; vgl. Brentano 1876) die Pflicht-Rat-Distinktion zur Unterscheidung zweier sittlicher Lebensweisen und Anspruchsniveaus nutzen (die Pflicht bestimmt das Leben sittlicher Durchschnittlichkeit, der Rat hingegen als das Supererogatorische modelliert das Ideal und weist den Weg zum sittlich Außerordentlichen), dann wird dem Thema Rat und dem Phänomen der Beratung in der Ethik des 19. und 20. Jahrhunderts so gut wie keine Aufmerksamkeit geschenkt. Dies hat zusätzliche theoriebedingte Gründe. So bleibt die Wertethik an überzeitlichen, objektiven Werten orientiert, die sich dem Individuum in einem Akt des Wertfühlens (und nicht der beratenden Abwägung) immer schon vorgängig erschlossen haben. Im Existentialismus ist Beratungshandeln im Sinne der gemeinsamen Erschließung des sittlich zu Tuenden immer schon dem Verdacht der Asymmetrie zwischen Ratsuchendem und Beratendem ausgesetzt, was die zustande kommende Kommunikation listig ihres existentiellen Ernstes entleert und das Eigentliche der Existenz zugunsten der Lösung pragmatisch-vitaler Interessen verfehlt. Weil sich im asymmetrischen Beratungsgeschehen immer fremdbestimmte Präskriptivität in Form verdeckter Weisungen ereignet, bleibt Beratung insgesamt dem Verdacht der Autonomieflucht ausgesetzt. Auch die Nivellierung der Asymmetrie in der Diskursethik von *Jürgen Habermas* (geb. 1929) durch Idealisierung und Transzendentalisierung des Kommunikationsgeschehens trägt zu einer Phänomenologie realen Beratungshandelns wenig bei.

Erst nachdem sich Pädagogik (vgl. Bollnow 1959; Mollenhauer 1965 und Sprey 1968) und Psychologie (vgl. Scheller/Heil 1977) eingehend und ertragreich mit dem Phänomen der Beratung beschäftigt haben, gerät das Phänomen in der zweiten Hälfte des 20. Jahrhunderts wieder in den Blick der ethischen Theoriebildung, zumal seit den 70er- und 80er-Jahren die Etablierung „Philosophischer Praxen" mit ihrem Angebot „Philosophischer Beratung" eine Klärung des Eigentümlichen, genuin philosophischen Beratungshandelns unumgänglich macht (Marquard 1989; Ruschmann 1999; Achenbach 2010; Lindseth 2014). Ebenso führt das Wiederaufleben einer Strebensethik aristotelischen Typs zu einer Rehabilitierung bzw. Renaissance der „konsiliatorischen" Ethik, um die sich insbesondere *Hans Krämer* (1992, bes. 323-365; dazu auch Endreß 1995) verdient gemacht hat. In ihr erfährt der „Rat als Quelle des Ethischen" (Stegmaier/Fürst 1993) und des Supererogatorischen (Witschen 2006, bes. Kap. 7) eine erneute Aufwertung und ermöglicht es, Beratung als praktisch-sittliche Konkomitanz zu deuten (Wildfeuer 2009). Auch in den metaethischen Diskursen der konstruktiven Ethiken (Kambartel 1974, Lorenzen 1978, Schwemmer 1980), die wissenschaftstheoretisch an der Rekonstruktion argumentativer Verläufe interessiert sind, wird seit den 1970er Jahren auf den Beratungsbegriff zur Bezeichnung von Reden über verschiedene Vorschläge (zur Aufstellung einer Handlungsnorm, zur Ausführung einer Handlung oder auch zur Annahme einer Behauptung), die mit dem Ziel der Einigung geführt werden, verstärkt reflektiert.

Beratung als praktisch-sittliche Konkomitanz

Die Frage „Was soll ich tun?" wird insbesondere in der Situation professioneller Beratung zur gemeinsam zu lösenden Frage desjenigen, der Rat sucht, und desjenigen, der den Ratsuchenden berät. Denn Beratung ist von ihrem Kern und ihrer Bestimmung her praktisch-sittliche Konkomitanz, das heißt ein Geschehen, das die Urteils- und Entscheidungsfindung des Ratsuchenden zum Ziel hat, der hierfür den Weg des praktisch-sittlichen Diskurses mit einem anderen sittlichen Subjekt wählt, dessen Aufgabe es ist, dem Ratsuchenden bei der Abwägung der für die Vorbereitung der Entscheidung zu berücksichtigenden Aspekte behilflich zu sein, und zwar der Intention nach im Sinne eines von Vernunft und Erfahrung geleiteten Alter Ego. Für den Beratenden oder um Rat Gebetenen tritt die Frage „Was soll ich tun?" daher nicht mehr nur im Modus der auf den Ratsuchenden gerichteten Objektivation auf, sondern er hat sie sich als sittliches Subjekt auch selbst zu stellen, das eigene Handeln sittlich zu reflektieren und dafür Verantwortung zu übernehmen: Sein Beratungshandeln ist als praktische Tätigkeit selbst ein praktisch-sittlicher Akt, der sich daraufhin befragen lassen muss, ob die Qualität des Beratungshandelns bzw. Beratungsaktes moralisch-sittlichen Standards genügt.

Beratung als dialogisch-kommunikatives Geschehen

Vom *Tätigkeitsvollzug* her gehört Beratung sicherlich zu den sprachlichen Handlungen (Niehaus 2014; Paris 2014). Dass sprachliche Handlungen tatsächlich Handlungen sind, die etwas bewirken und auslösen, mithin „wirklich" sind, auch wenn sie physikalisch nicht massiv und brachial in die Umwelt eingreifen, und dass sprachliche Handlungen von ihrer Qualität her zweifelsohne nach moralischen Gesichtspunkten als gut oder böse bewertet werden können, mithin moralisch relevant sind, zeigt sich eindrücklich etwa am negativen Beispiel der Beleidigung, der Schmähung oder des Tadels, wie auch am positiven Beispiel des motivierenden Lobens oder des aufbauenden Zuspruchs.

Da Beratung immer einen Beratenden und einen zu Beratenden erfordert, ist sie der *Form* nach als *dialogischer Kommunikationsprozess* zu bestimmen. Weil sich beide Subjekte als sittliche Subjekte mitteilen, schöpft der Kommunikationsbegriff alleine das Eigentümliche des Beratungshandelns nicht aus (Kluck 1984), sondern muss um die Komponente des moralisch-praktischen Dialogs erweitert werden. Denn im Rahmen des Beratungsgeschehens teilen sich Personen selbst als sittliche Mitsubjekte im Medium der Sprache mit. Die Sprache ist dabei lediglich das Medium, das eigentliche Werkzeug des Beratungshandelns aber ist die sittliche Mitsubjektivität der beteiligten Personen. Ein solcher Dialog setzt den Bezug auf eine gemeinsame Vernünftigkeit unter Anerkennung sowohl der Urteilsfähigkeit als auch der Entscheidungsfreiheit des anderen voraus.

Beratung unterscheidet sich damit signifikant von Formen der monologischen Kommunikation, wie etwa der Rede, dem Vortrag, der Information (auch wenn sie Antwort auf eine Frage ist), der Ermahnung, dem Befehl, dem Appell, der Aufforderung, der Warnung oder der Überredung, aber auch dem bloßen „Rat erteilen". Die meisten sogenannten „Beratungsgespräche", wie sie etwa in wirtschaftlichen Zusammenhängen Platz greifen (das Gespräch des Bankberaters, des Versicherungsvertreters mit dem Kunden etc.), verbleiben zumeist im Raum der monologischen Kommunikation, die nur informieren, warnen oder zum Kauf eines Produkts überreden will. Der heute inflationäre Gebrauch der Rede von Beratung verstellt mithin den eigentlichen Sinn des Beratungsgeschehens und erschwert einen angemessenen Blick auf die Fassung der Spezifika des Beratungshandels.

Theoretischer „Diskurs" und moralisch-praktischer „Dialog"

Dialogische Kommunikationsprozesse finden in zwei Varianten statt: (a) zum einen im Kontext der dialogischen Findung von Wahrheit im Sinne eines *theoretischen Diskurses*: In diesem Fall kann man von einem „theoretischen" Sich-Beraten sprechen, das die Erkenntnis der Wahrheit zum Ziel hat und sich dieser mittels eines intersubjektiven Findungsprozesses im Dialog mit einem oder mehreren anderen vernünftigen Subjekten versichert. In der Regel sprechen wir allerdings auf dieser theoretischen Ebene eines Dialoges zum Zweck der Wahrheitsfindung nicht von Beratung, sondern von *„Diskurs"*. Sein Ziel ist – um wiederum Immanuel Kant aufzugreifen – die Beantwortung der Frage: „Was kann ich (oder wir) wissen?" (Kant 1781, 252), eine Frage, auf die im Felde der Vernunftwahrheiten die Erkenntnistheorie, die Metaphysik oder die Ontologie, im Felde der Tatsachenwahrheiten die (Einzel-) Wissenschaften eine Antwort geben (vgl. zur Logik des theoretischen Diskurses Habermas 1984). Medium eines theoretischen Diskurses ist die theoretische Vernunft, die auf die Erkenntnis des Allgemeinen, des Besonderen oder des Faktischen abzielt. Die beiden Dialogpartner begegnen sich im theoretischen Diskurs primär als Erkenntnisstreber, als theoretisch-rationale Subjekte, die auf der Suche nach der Wahrheit geradezu absehen müssen von ihren individuellen Befindlichkeiten, ihren spezifischen Eigenheiten, Lebensumständen und Perspektiven wie überhaupt von allem Konkret-Situativen. Die Suche nach der Wahrheit im theoretischen Diskurs findet der Idee nach daher immer in der Öffentlichkeit aller rationalen Subjekte statt. Auch metaethische Diskurse gehören zu diesem Typ von Dialog und können nur im uneigentlichen Sinne „Beratung" genannt werden.

Zum anderen finden dialogische Kommunikationsprozesse (b) auch im Kontext dialogischer Abwägungsprozesse von Handlungen statt, die einer Handlungsentscheidung vorausgehen, sie begleiten oder im Nachgang zu ihr diese zu bewerten versuchen. Dieser *praktisch-sittliche Dialog* hat als dialogisch-kommunikatives Beratungshandeln die gemeinsame Findung einer Entscheidung angesichts einer Situation der Krisis oder der Ratlosigkeit zum Gegenstand. Sein Ziel ist die Entschiedenheit zu etwas oder gegen etwas. Beide Dialogpartner nehmen dabei Maß am Gelingen des Lebens desjenigen, der als Ratsuchender aus freien Stücken um Teilnahme an seinem Abwägungsprozess mittels eines praktisch-sittlichen Diskurses gebeten hat. In der Beratung begegnen sich mithin zwei sittliche Subjekte, die gemeinsam die konkreten Umstände, Voraussetzungen und Möglichkeiten einer

Entscheidung, aus der bestimmte wohlerwogene Handlungen resultieren sollen, in den Blick nehmen und diese abwägend eine Entscheidung vorbereiten, die moralischen Qualitätsstandards genügt. Eine solche Entscheidung muss daher begründet und darf folglich nicht „blind" und dezisionistisch sein; sie soll dem Wohl des Ratsuchenden dienen, Wirklichkeit erschließen, Freiheitsspielräume sichern und insofern „angemessen" sein (vgl. Badura 2002; Günther 2002; Nida-Rümelin 1998). Wegen der Zentrierung der Beratung gerade auf das konkret-situativ Individuelle der Entscheidung ist – ganz im Gegensatz zum theoretischen Diskurs – der ihr allein angemessene Raum des Dialogs der des Privaten, Intimen, Verschwiegenen und Vertrauenswürdigen.

Voraussetzungen praktisch-sittlicher Konkomitanz

Damit Beratungshandeln als praktisch-sittliche Konkomitanz gelingen kann, gilt es das Augenmerk auch auf die Möglichkeitsbedingungen des Beratungshandelns zu lenken. Dabei muss auffallen, dass diese sich nicht nur als identisch mit den Möglichkeitsbedingungen sittlicher Subjektivität überhaupt erweisen, sondern gleichermaßen identisch sind mit den Zielen gelingenden Beratungshandelns selbst. Denn eine gelingende Beratungssituation kommt nur dann zustande, wenn sie geprägt ist von *Rationalität*, *Autonomie* und *Würde*. Rationalität ist Voraussetzung insofern, als Beratung als dialogischer Kommunikationsprozess diese als Medium des Dialogs unverzichtbar macht. Denn ein „Dia-logos" kommt nur dann zustande, wenn „durch einen gemeinsamen Logos hindurch" eine angemessene sachgerechte Aufklärung der Entscheidungssituation und ihrer Umstände sichergestellt ist (vgl. dazu Wildfeuer 2014). Autonomie sowohl des Ratgebenden als auch des Ratsuchenden ist unverzichtbar deswegen, weil ansonsten die Grundbedingung einer verantwortlichen Entscheidung, nämlich Herr über sich selbst zu sein und über negative wie positive Freiheit, mithin über Können und Wollen zu verfügen, nicht erfüllt sind. Autonomie ist Grundbedingung auch insofern, als sie nicht nur Voraussetzung gegenseitiger Verantwortungsübernahme ist, sondern auch die prinzipielle Ergebnisoffenheit der Beratung im Sinne der Non-Direktivität sicherstellt und paternalistische Übergriffe ausschließt. Das Bewusstsein der eigenen Würde sowie der Würde des anderen schließlich sichert die sittliche Integrität des Beratungsprozesses ebenso wie den Respekt vor der letztendlichen Entscheidung des Ratsuchenden.

Ermangelt es aufseiten des Beraters oder der Beraterin an der notwendigen Rationalität, Autonomie und dem Bewusstsein der eigenen Würde, dann kommt eine Beratungssituation ebenso wenig zustande wie dann, wenn die Voraussetzungen der Sachlichkeit, der Freiheit und der Fähigkeit zur Verantwortungsübernahme aufseiten des Ratsuchenden fehlen und folglich erst (etwa durch eine Therapie) hergestellt werden müssen. Der Berater/die Beraterin nimmt daher den Klienten/die Klientin jederzeit unbedingt ernst, ohne deren Äußerungen – wie ein Therapeut/eine Therapeutin– als Symptome unbewusster Prozesse relativierend umdeuten oder gar instrumentalisieren zu wollen.

Asymmetrie des Beratungsgeschehens

Gegen das Konzept eines Beratungshandelns, das sich als praktisch-sittliche Konkomitanz versteht, könnte eingewendet werden, dass Beratung prinzipiell ein Ungleichgewicht der Kompetenzen und damit eine Asymmetrie in der Beziehung zwischen dem Ratsuchenden und dem Beratenden voraussetzt, weil der Anspruch der Rationalität wie der Vorsprung der Erfahrung einseitig aufseiten des Beratenden liegen. Bei einer Beratung durch Selbsthilfe im Sinne eines inneren Dialogs, in dem man die Ursituation autonomer sittlicher Entscheidungsfindung sehen kann, taucht diese Asymmetrie dagegen nicht auf. Diesem Einwand kann man durch eine Unterscheidung im Begriff der Beratung selbst begegnen. Denn Beratung kann sowohl eine *transitive* als auch eine *reflexive* Bedeutung haben (Witschen 2006, 95-98).

In der transitiven Bedeutung meint Beratung: „jemandem beraten". Dabei erhebt sich der Berater gleichsam über den Ratsuchenden und schränkt dessen Autonomie ein. Er löst – beispielsweise wie ein Anwalt – das Problem des Ratsuchenden im Alleingang nach bestem Wissen und Gewissen seiner Fachkompetenz. Dem Beratenen bleibt am Ende nichts anderes übrig, als zu tun, was ihm gesagt wird, wenn die ganze Beratung nicht überflüssig und sinnlos gewesen sein soll. Beratung im transitiven Sinn hat eine monologische Kommunikationsstruktur und zeitigt eher ein Betreuungsverhältnis zwischen dem Berater und dem Ratsuchenden. Es ist gekennzeichnet durch eine paternalistische Grundstruktur und die intendierte Direktivität des Ratgebens.

Dagegen meint Beratung in der *reflexiven Bedeutung*: „sich mit jemandem Beraten". Dieses Verständnis von Beratung im reflexiven Sinn spiegelt eine gewisse Ebenbürtigkeit im Beratungsverhältnis wider. Berater und Ratsuchender überlegen gemeinsam die bestmögliche Strategie der Problembewältigung. Der Ratsuchende entscheidet schlussendlich und setzt die Entscheidung um. Er ist hierbei nicht durch den Berater vertretbar. Die Aufgabe des Beraters ist es also gerade nicht, einfach die Antwort auf die zur Diskussion stehende Entscheidungsfrage zu geben und monologisch eine stellvertretende Problemdeutung durchzuführen, sondern als Fachmann auf dem Gebiet des systematischen Überlegens und Abwägens kann er auf eine Vielzahl von fundamentalen Lösungsmodellen zurückgreifen, diese zusammen mit dem Ratsuchenden auf das anstehende Problem beziehen und im praktischen Diskurs die Umstände der anstehenden Entscheidung erörtern. Der Berater ist dabei sittliches Mitsubjekt, ein aus Erfahrung mitdenkendes Korrektiv, Warner und Horizonteröffner in einem. Denn zusammen mit dem Ratsuchenden weitet er Perspektiven, korrigiert Perspektivverengungen und bringt seine objektivierende Mitvernunft ebenso wie seine Lebenserfahrung mit ins Spiel.

Dies ist der Kern von Beratung im Sinne praktisch-sittlicher Konkomitanz. Sie ist möglich, weil Ratsuchender und Beratende sich als reziproke sittliche Subjekte erfahren, die als solche gleich und gleichwertig sind. Gleichzeitig erfahren sie sich als ungleich im Hinblick auf ihre kognitiven und emotionalen Kompetenzen und ihren je unterschiedlichen Erfahrungshorizont. Die Erkenntnis dieser Asymmetrie ist geradezu der Anlass für die Suche nach Beratung. Ein nicht paritätisches Erfahrungs- und Autoritätsgefälle vom Ratgeber zum Ratnehmenden, das in einem Mehr-Wissen, einem Prius und einem Überhang an Reflexion liegt, ist für das Beratungsgeschehen mithin geradezu konstitutiv. Man könnte von einer konstitutionellen Asymmetrie der konsularischen Situation sprechen. Denn bestünde diese Asymmetrie nicht und erhoffte sich der Ratsuchende nicht, gerade daraus Gewinn und Klärung zu ziehen, dann käme das Beratungsgeschehen gar nicht in Gang.

Solche asymmetrischen Verhältnisse sind freilich nur dann nicht autonomiefeindlich, wenn es der Beratende zu vermeiden weiß, in die Attitüde des Paternalismus zu verfallen. Denn Rat fordert nicht Befehl und Gehorsam, sondern will aus eigener Einsicht geprüft sein; er wendet sich an das Urteil des Ratsuchenden, dem er einleuchten soll. Der Rat will die Entscheidung mithin erleichtern, aber nicht ersetzen, zumal ein wesentlicher Unterschied zwischen dem Berater und dem Ratsuchenden immer bestehen bleibt: die im Beratungsgespräch vorbereitete oder gefundene Entscheidung kann alleine vom Ratsuchenden in konkretes Handeln umgesetzt werden. Die lebensweltlichen Konsequenzen sind alleine ihm aufgebürdet. Und obgleich der Ratgeber seinen Rat anbietet, so obliegt ihm doch nicht die Sorge, dass der andere dem Rat tatsächlich Folge leistet. Andernfalls liefe er Gefahr zu manipulieren, zu indoktrinieren oder zu bevormunden. Und dennoch darf der Berater die Folgen seines Beratungshandelns nicht aus dem Blick verlieren und sich selbst angesichts der unüberbrückbaren Konsequenzenasymmetrie aus der Ernsthaftigkeit der Entscheidungsfindung entlassen. Seine Verantwortung kann daher nur darin bestehen, die Situation der Beratung des Ratsuchenden als moralisch-sittlichen Ernstfall der eigenen sittlichen Subjektivität zu begreifen.

Beratung als Praxis

Das Phänomen der Beratung begegnet in drei situativen Varianten: (a) als *primäre Beratung* im Sinne einer vorgängigen Beratung vor einer möglichen Krisensituation (Prophylaxe); (b) als *sekundäre Beratung* im Sinne einer Beratung in einer aktuell existenten Krisensituation selbst, die akut eine Entscheidung verlangt; und (c) als *tertiäre Beratung* im Sinne einer „nachsorgenden" Beratung im Nachgang zu einer bereits gefällten Entscheidung, deren Konsequenzen sich als problematisch erwiesen haben und die es durch Folgeentscheidungen zu korrigieren gilt.

In allen drei Varianten besteht die eigentliche Aufgabe des Beratenden gegenüber dem Ratsuchenden in der praktisch-sittlichen Konkomitanz. Beratung ist dabei ein dialogisch-kommunikativer Handlungsprozess, im Verlaufe dessen der Beratende aufgrund seiner Sachkenntnis und sittlichen Integrität den Ratsuchenden im Sinne einer konkomitanten solidarisch-subsidiären Problemdeutung zu einer besseren Einsicht in die Situation und die bestehenden Entscheidungs- und Handlungsmöglichkeiten verhilft und es diesem dadurch ermöglicht, Rationalität, Autonomie und Würde zu wahren mit dem Ziel, eine der Problemsituation angemessene Entscheidung zu finden.

Folgt man der seit Aristoteles etablierten Unterscheidung dreier basaler Tätigkeitsformen des Menschen (Theorie, Praxis, Poiesis), dann ist Beratung weder eine theoretische Tätigkeit zur Eruierung der Wahrheit noch eine „poietische"

Tätigkeit zur Herstellung eines Produkts, sondern eine durch Handlungen konstituierte Praxis, die als solche immer durch Situativität, Personalität, Mangel an Planbarkeit und Unwiederholbarkeit gekennzeichnet ist (vgl. Wildfeuer 2011a, 1785-1796). Kriterium des Gelingens ist die Qualität der Handlung selbst, nicht ein bestimmtes Endprodukt. Wäre Beratung im Modus des Herstellens gedacht, so müsste der Umgang mit dem ratsuchenden Menschen letztlich an einem Idealbild des Menschseins orientiert sein, auf das auch die zu findende Entscheidung hinorientiert wäre. Die die Beratung veranlassende individuelle Entscheidungssituation wäre in ihrer Singularität und Unwiederholbarkeit mithin nur simuliert, denn unabhängig von konkreten Umständen und Bedarfen des ratsuchenden Individuums stünden Kern und Richtung der Entscheidung schon vorab fest. Zwar würde es dann gleichsam objektivierbare Kriterien des Erfolgs geben und der Erfolg der Tätigkeit wäre objektiv überprüfbar, nämlich durch Vergleich mit dem Vorgegebenen idealen Modell des Menschseins. Dies wäre aber dadurch erkauft, dass der Beratungsprozess heteronomen Zielen folgt und daher als Manipulationsvorgang gewertet werden müsste, der die geforderte Non-Direktivität des Beratungshandelns aushebelt.

Wie für jede Praxis sind auch für das Beratungshandeln Freiheit und Selbstbestimmung Anlass und Ziel. Dies gilt für den Berater ebenso wie für den Ratsuchenden: beide agieren aus Freiheit und suchen in Freiheit den praktischen Diskurs. Die der Beratung gesetzten moralischen Grenzen müssen daher immer als selbstgesetzte Grenzen verstanden werden: die Bindung an Prinzipien und Standards, wie sie etwa einem Berufsethos zugrunde liegen, grenzen die Freiheit des Beratungshandelns nicht ein, sondern eröffnen erst den Raum, in dem Beratung, der es immer um das Gelingen des Lebens und die Entscheidungsfindung zur Ausgestaltung von Freiheitsräumen geht, allererst konstituiert wird. Alfons Maurer hat den Kern des Beratungsgeschehens treffend auf den Punkt gebracht: „Wie kaum eine andere Beziehungsform orientiert sich (…) Beratung an der Realisation von Freiheit und an dem Leitbild gewalt- und herrschaftsfreier Beziehung, so dass (…) Beratung selbst als Paradigma eines die Humanität fördernden praktischen Diskurses verstanden werden kann." (Maurer 2000, 238)

Fragen zur Vertiefung und Diskussion

- Warum muss der Mensch als das der Bratung bedürftige Lebewesen begriffen werden?
- In welchen zwei Formen kann grundsätzlich der Abwägungs- und Orientierungsprozess erfolgen, in dem eine Antwort auf die Frage "Was soll ich tun?" gesucht wird.
- Warum stellt Beratung keinen Ersatz für die eigene sittliche Autonomie dar, sondern hat eine subsidiär-kompensatorische Funktion?
- Warum ist in der langen Tradition ethischer Theoriebildung das Thema „Beratung" weitgehend unberücksichtigt geblieben ist?
- Warum gerät das Phänomen der Beratung in der zweiten Hälfte des 20. Jahrhunderts wieder in den Blick ethischer Theoriebildung?

- Warum ist Beratung eine Form praktische-sittlicher Konkomitanz, welche Tätigkeitsvollzüge liegen diesem Geschehen zugrunde und welche Voraussetzungen müssen dafür erfüllt sein?
- In welchen Varianten finden dialogische Kommunikationsprozesse statt?"
- Inwiefern kann man von einer grundsätzlichen Asymmetrie des Beratungsgeschehens sprechen?
- In welchen situativen Varianten begegnet das Phänomen der Beratung?
- Warum ist Beratung weder eine „theoretische" noch eine "poietische", sondern eine "praktische" Tätigkeit?

Literatur zu Kapitel 3.2

Einführende Literatur:

Badura, Jens (2002): Die Suche nach Angemessenheit. Praktische Philosophie als ethische Beratung, Münster.

Buchinger, Kurt (2005): Dimensionen der Ethik in der Beratung. In: Peter Heintel, L. Krainer u. M. Ukowitz (Hsg.): Beratung und Ethik. Praxis, Modelle, Dimensionen. Berlin, 24–44.

Lachmann, Rolf (2020a): Ethik in der Beratung. Einführung. In: dvb forum. Zeitschrift des Deutschen Verbandes für Bildungs- und Berufsberatung e.V. 59/2, 62–65.

Niehaus, Michael (2014): Logik des Ratgebens. Eine Standardversion zur Beschreibung eines Typs von Sprechaktsequenzen. In: ders., Wim Peeters (Hrsg.): Rat geben. Zu Theorie und Analyse des Beratungshandelns. Bielefeld, 9–64.

Paris, Rainer (2014): Der Ratschlag – Struktur und Interaktion. In: ders./Wim Peeters (Hrsg.): Rat geben. Zu Theorie und Analyse des Beratungshandelns. Bielefeld, 65–92.

Ruschmann, Eckart (1999): Philosophische Beratung. Stuttgart.

Wildfeuer, Armin (2009): Beratung als praktisch-sittliche Konkomitanz. Notwendigkeit, Handlungstheorie, Prinzipien und Tugenden einer Beratungsethik. In: Beratung Aktuell. Zeitschrift für Theorie und Praxis der Beratung 10, 28–60.

Weiterführende / zitierte Literatur:

Achenbach, Gerd B. (2010): Zur Einführung der Philosophischen Praxis: Vorträge, Aufsätze, Gespräche und Essays von 1981 bis 2009. Köln.

Bollnow, Otto (1959): Existenzphilosophie und Pädagogik. Versuch über unstetige Formen der Erziehung. Stuttgart.

Brentano, Franz (1878): Grundlegung und Aufbau der Ethik. Nach den Vorlesungen über "Praktische Philosophie" aus dem Nachlass hrsg. v. Franziska Mayer-Hillebrand, Bern 1952.

Buchheim, Thomas; Kersting, Wolfgang (1992): Art. „Rat". In: Joachim Ritter; Karlfried Gründer (Hrsg.): Historisches Wörterbuch der Philosophie. Basel, Bd. 8, 29-37.

Cottone, R. Rocco/Tarvydas, Vilia M. (eds.) (2016): Ethics and decision making in counseling and psychotherapy. New York, NY 2016.

Endreß, Martin (1995): Zur Grundlegung einer integrativen Ethik. Für Hans Krämer. Frankfurt a. M.

Cohen, Elliot. D./Cohen, Gale S. (ed.) (2019): Counseling ethics for the 21st century. A case-based guide to virtuous practice. Thousand Oaks, California.

Günther, Klaus (2002): Der Sinn für Angemessenheit. Anwendungsdiskurse in Moral und Recht. Frankfurt a. M.

Habermas, Jürgen (1984): Wahrheitstheorien (1972). In: ders.: Vorstudien und Ergänzungen zur Theorie des kommunikativen Handelns. Frankfurt a. M., 127–183.

Hansen, James T. (2014): Philosophical issues in counseling and psychotherapy. Encounters with four questions about knowing, effectiveness, and truth. Lanham.
Kambartel, Friedrich (1974): Praktische Philosophie und konstruktive Wissenschaftstheorie. Frankfurt a. M.
Kant, Immanuel (1785): Grundlegung zur Metaphysik der Sitten. Riga (Akademie-Ausgabe Bd. VI, 385–463).
Kant, Immanuel (1781): Kritik der reinen Vernunft. Riga (Akademie-Ausgabe Bd. III/IV).
Kant, Immanuel (1797): Metaphysik der Sitten. Königsberg (Akademie-Ausgabe Bd. VI, 203-493).
Kluck, Ursula Rosemarie (1984): Spielarten des Beratens. Zur Struktur von Beratungskommunikationen. Tübingen.
Krämer, Hans (1992): Integrative Ethik. Frankfurt a. M.
Lachmann, Rolf (2020b): Ethik in der Beratung. Aristoteles: Nikomachische Ethik. In: dvb forum. Zeitschrift des Deutschen Verbandes für Bildungs- und Be-rufsberatung e.V. 2/2020, 66–69.
Lachmann, Rolf (2021a): Ethik in der Beratung. Lucius Annaeus Seneca: Vom Glücklichen Leben. In: dvb forum. Zeitschrift des Deutschen Verbandes für Bildungs- und Berufsberatung e.V. 1/2021, 60–63.
Lachmann, Rolf (2021b): Ethik in der Beratung. Immanuel Kant: Grundlegung zur Metaphysik der Sitten. In: dvb forum. Zeitschrift des Deutschen Verbandes für Bildungs- und Berufsberatung e.V. 1/2021, 63–64.
Lachmann, Rolf (2021c): Ethik in der Beratung. Arthur Schopenhauer: Über die Grundlage der Moral. In: dvb forum. Zeitschrift des Deutschen Verbandes für Bildungs- und Berufsberatung e.V. 2/2021, 71–74.
Lachmann, Rolf (2021d): Ethik in der Beratung. John Stuart Mill: Der Utilitarismus. In: dvb forum. Zeitschrift des Deutschen Verbandes für Bildungs- und Berufsberatung e.V. 2/2021, 75–78.
Lindseth, Anders (2014): Zur Sache der Philosophischen Praxis. Philosophieren in Gesprächen mit ratsuchenden Menschen. 2. Aufl. Freiburg i. Br.
Lippitt, Gordon/Lippitt, Ronald (2015): Beratung als Prozess. Was Berater und ihre Kunden wissen sollten. 4. Aufl. Wiesbaden.
Lorenzen, Paul (1978): Theorie der technischen und politischen Vernunft. Stuttgart.
Marquard, Odo (1989): Art. „Praxis, philosophische". In: Joachim Ritter; Karlfried Gründer (Hrsg.): Historisches Wörterbuch der Philosophie. Basel, Bd. 7, 1307f.
Maurer, Alfons (2000): Ethik in der Ehe-, Familien- und Lebensberatung. In: Karl-Wilhelm Merks (Hrsg.): Verantwortung – Ende oder Wandlungen einer Vorstellung? Orte und Funktionen der Ethik in unserer Gesellschaft. Münster, 221–239.
Mill, John Stuart (1865): Auguste Comte and Positivism, London.
Mollenhauer, Klaus (1965): Das pädagogische Phänomen „Beratung". In: ders.; Carl Wolfgang (Hrsg.): „Führung" und „Beratung" in pädagogischer Sicht. Heidelberg, 25–50.
Nida-Rümelin, Julian (1998): Angemessenheit als praktische Kohärenz, Frankfurt a. M.
Pope, Kenneth S./Vasquez, Melba J.T. (2011): Ethics in psychotherapy and counseling. A practical guide. 4th ed. Hoboken, N.J.
Ricken, Friedo (2011): Art. „Pflicht/Verpflichtung". In: Petra Kolmer; Armin G. Wildfeuer (Hrsg.): Neues Handbuch philosophischer Grundbegriffe. Freiburg i. Br., Bd. 2, 1738–1753.
Scheller, Reinhold; Heil, Friedrich Ernst (1977): Art. „Beratung". In: Theo Herrmann; Peter R. Hofstätter; Helmuth P. Huber; Franz E. Weiner (Hrsg.): Handbuch psychologischer Grundbegriffe, München, 74–85.
Schwemmer, Oswald (1980): Philosophie der Praxis. Versuch zur Grundlegung einer Lehre vom moralischen Argumentieren in Verbindung mit einer Interpretation der praktischen Philosophie Kants. 2. Aufl. Frankfurt a. M.

Sprey, Thea (1968): Beraten und Ratgeben in der Erziehung. Zur Differenzierung einer pädagogischen Handlungsform. Weinheim/Berlin/Basel.
Stegmaier, Werner; Fürst, Gebhard (1993): Der Rat als Quelle des Ethischen. Zur Praxis des Dialogs. Stuttgart.
Steiner, Adrian (2004): Rat und Beratung. Eine kleine Begriffsgeschichte. In: Navigationen. Siegener Beiträge zur Medien- und Kulturwissenschaft 4,1/2 (November 2004), 155–168.
Wandhoff, Heiko (2016): Was soll ich tun? Eine Geschichte der Beratung. Hamburg.
Welfel, Elizabeth R. (2016): /Ethics in counseling and psychotherapy. Standards, research, and emerging issues. 6th ed. Boston.
Wildfeuer, Armin G. (2011a): Art. „Praxis". In: Petra Kolmer; Armin G. Wildfeuer (Hrsg.): Neues Handbuch philosophischer Grundbegriffe. Freiburg i. Br., Bd. 2, 1774–1804.
Wildfeuer, Armin G. (2011b): Art. „Vernunft". In: Petra Kolmer; Armin G. Wildfeuer (Hrsg.): Neues Handbuch philosophischer Grundbegriffe. Freiburg i. Br., Bd. 3, 2333–2370.
Wildfeuer, Armin G. (2014): Dia-Logos: Vernunft - eine friedensstiftende Orientierungsgröße, in: George Augustin; Sonja Sailer-Pfister; Klaus Vellguth (Hrsg.): Christentum im Dialog. Perspektiven christlicher Identität in einer pluralen Gesellschaft. Freiburg i. Br., 129–142.
Witschen, Dieter (2006): Mehr als die Pflicht. Studien zu supererogatorischen Handlungen und ethischen Idealen. Freiburg.

3.3 Theologisch inspiriert beraten: Perspektiven angewandter Theologie (Rainer Krockauer)[1]

Zusammenfassung

Als Fachdisziplin will christliche Theologie Zugänge zum qualitativ Originellen des Christentums eröffnen, die erhellend für das Verständnis des Humanen in der Beratung sein können: Theologie beleuchtet beispielsweise spirituelle Motivationsquellen für die psychosoziale Beratungsarbeit und begründet ein damit verbundenes Menschenbild. Sie stellt auch Thesen für ein anthropologisches Leitbild in Beratung zur Verfügung und ermöglicht einen Zugang zur Sicht des Menschen in der Bibel und in religiösen Texten und Biografien. Sie begründet ferner eine daraus abzuleitende bestimmte Methodologie, die mit anderen humanwissenschaftlichen Methoden in vielerlei Hinsicht konvergiert (z.B. die Orientierung an den Selbsthilfekräften von Ratsuchenden). Sie provoziert zur Wahl bestimmter Optionen (z.B. gegen die Verdinglichung des Menschen) und drängt schließlich dazu, Prioritäten zu ordnen. Sie hilft schließlich auch, sich im institutionellen Zusammenhang von Kirche und ihrer Pastoral zu identifizieren.

Anschlussstellen für theologische Perspektiven

Ein Mensch sucht Rat; ein anderer Mensch nimmt sich Zeit, hört zu und gibt professionellen Rat; eine Einrichtung ermöglicht die Beratung(ssituation) in Raum und Zeit; eine multidisziplinär veranlagte Beratungswissenschaft bezieht sich abstrahierend, forschend und analysierend auf diese Beratungssituation und die

---

[1] Erfahrungshintergrund des Beitrags ist die langjährige Lehre des Autors im Masterstudiengang „Ehe-, Familien- und Lebensberatung" der Kath. Hochschule NRW. Der Beitrag ver- und überarbeitet folgende Veröffentlichungen zum Themengebiet einer Theologie in der psychosozialen Arbeit: Krockauer 2005/2006/2010a/2010b.

damit verbundene Interaktion und Tätigkeit. Der folgende Beitrag thematisiert die Rolle der Praktischen Theologie (Krockauer 2005) als profilierendes Element von Beratungsinteraktion und -tätigkeit. Offene Anschlussstellen für eine explizite theologische Reflexion bietet Beratung als Handlungswissenschaft und Begegnungspraxis ausreichend.

Betrachten wir Beratung vom Ratsuchenden her: Theologie ist mit einem ganzheitlichen Menschenbild verbunden, das den Menschen als Einheit von Leib und Seele und darin auch als Geschöpf und Ebenbild Gottes betrachtet. Sie weiß folglich auf eine fast ursprunghafte Theologie so mancher Hilfesuchender zu antworten, die sie vor Gott klagen, nach seinem Gegenüber fragen und suchen lässt – auch und gerade angesichts der Erfahrungen von Leiden, Scheitern oder Verlassenheit. Aber Theologie lebt auch von einem ganzheitlichen Gesellschaftsbild, welches angesichts des steigenden Beratungsbedarfes in einer dynamischen Leistungsgesellschaft nicht einfach einen individualistischen Reparaturbetrieb rechtfertigt, sondern als eine öffentlichkeitswirksame Theologie (Lienkamp 2006) auch ein präventives und gesellschaftsveränderndes Engagement für verbesserte Lebensbedingungen von beispielsweise Ehen und Familien berücksichtigt.

Betrachten wir Beratung von dem Beratenden her: Viele Menschen, die beraten und zum entsprechenden Hilfehandeln motiviert sind, verfügen – empirisch nachgewiesen – über spirituell-religiöse Motivationen und sind sich dieser oft auch ausdrücklich bewusst (Plois 2016). Anschlussstellen für theologische Perspektiven bilden nicht nur berufsethische Fragestellungen (z.B. nach einer ethisch gebotenen Schweigepflicht), sondern auch religionspädagogische oder pastoralpsychologische Fragestellungen in ihrem Alltag (z.B. nach hilfreichen Ritualen im Beratungsprozess).

Betrachten wir schließlich Beratung von der beratungswissenschaftlichen Seite. Auch hier ist die Theologie in ihrer spezifischen Disziplinarität als korrespondierende Human- und Sozialwissenschaft gefragt, wenn es beispielsweise um eine interdisziplinäre Erörterung des Zusammenhangs von spirituell-religiöser Orientierung bzw. Sozialisation und Erkrankungs- bzw. Heilungsprozessen geht (Krockauer 2021).

Theologisch inspiriert beraten

Theologie ist Reflexion einer spezifischen Profilierung des Beratungshandelns: Als kritische Reflexion einer um Gottes Willen geübten Praxis der Nächstenliebe bzw. einer religiös begründeten Praxis von Humanität; als eine mit der Praxis von Kirche und ihren Einrichtungen konstitutiv verbundene Wissenschaft; als öffentliche, denkerisch verantwortete Rede von Gott und der menschlichen Gottsuche – nicht nur im Kontext der großen Weltreligionen; als eine in Bibel und Tradition verankerte und sinnstiftende Geisteswissenschaft bzw. als das im säkularen Umfeld riskierte Wagnis, „Gott zu denken" bzw. „jene Erfahrungen zur Sprache zu bringen, die Menschen dazu gebracht haben, von so etwas wie Gott reden zu müssen" (Sölle 1990, 9).

Theologisch inspiriert zu beraten, könnte dann bedeuten: Theologie vermag komplementäre, dem Gegenstand angemessene und nicht nur wegen der kirchlichen Trägerschaft (von z.B. Beratungseinrichtungen) essentiell notwendige und hilfreiche (beleuchtende) Perspektiven einer (im Falle der Argumentation dieses Beitrags) christlichen Originalität zu reflektieren, die einladen, dass sie von anderen Professionen und Disziplinen aufgenommen und weitergedacht werden. Als eine so verstandene „Propriumswissenschaft", die originäre Zugänge zum Verständnis von christlichem (und auch kirchlichem) Handeln bereitet, liefert Theologie Zugang zum qualitativ Originellen des Christentums, das zum einen etwas über das Eigene aussagt, das aber zugleich erhellend für das Verständnis des Humanen ist (Krockauer 2010a): Theologie beleuchtet *erstens* das Motiv psychosozialer Beratung, eine zentrale Antriebskraft für eine Beratungstätigkeit, vor allem das im Gottesglauben verankerte Motiv zur Nächstenliebe. Sie eröffnet damit auch Zugang zu Fragen der Spiritualität – und damit, im erweiterten Sinne, auch einen Zugang zu dem im Beratungsgeschehen nicht unmittelbar Verfügbaren.

Sie begründet *zweitens* ein Menschenbild, stellt Thesen für ein anthropologisches Leitbild in Beratung zur Verfügung, und eröffnet einen Zugang zur biblischen Sicht des Menschen, zur Sicht des Menschen in religiösen Texten und Biographien, und schließlich zur sakramentalen Dimension des Lebens, z.B. der Ehe. Sie begründet *drittens* eine daraus abzuleitende bestimmte Methodologie, die mit anderen humanwissenschaftlichen Methoden in vielerlei Hinsicht konvergiert. Sie provoziert *viertens* zur Wahl bestimmter Optionen (z.B. gegen die Verdinglichung des Menschen) und drängt schließlich dazu, Prioritäten zu ordnen. Sie hilft schließlich *fünftens*, sich im institutionellen Zusammenhang von Kirche und ihrer Pastoral zu identifizieren (Krockauer 2006).

Anstoß zu einer doppelten Perspektivenschärfung

Eine in diesem Sinne angewandte Theologie, die sich als integrierendes und stimulierendes Element im Beratungsprozess versteht, deren Inhalte und Methoden das Beratungshandeln zu begründen, intensivieren und erweitern versuchen, wird selbst in Beratungswissenschaft und -praxis zu einer doppelten Perspektivenschärfung provoziert.

Sie ist zum einen darauf bezogen, das spezifische christliche Profil psychosozialer Arbeit in kirchlicher Trägerschaft auslegen zu helfen. Dies ist ein besonderer Auftrag in dem erwähnten Masterstudiengang, dessen Studierende auch und vielfach in Beratungseinrichtungen in kirchlicher Trägerschaft tätig sind und werden. Als christliche, hier katholische, Theologie und als der diskursive Teil der Kirche kann sie sich den Anfragen und Ansprüchen ihrer nicht nur quantitativ stattlichen Beratungseinrichtungen nicht entziehen. Deren strukturelle Vorzeichen verändern sich angesichts dynamischer Organisationsentwicklungsprozesse und damit verbundener Qualitätssicherungsmaßnahmen grundlegend. Viele beschäftigt die Frage, wie im Entwicklungsgeschehen das ureigene christliche und kirchliche Selbstverständnis erhalten bleiben und zum Tragen kommen kann. Gerade vor diesem Hintergrund wird die Frage nach der Anwendung theologischen Wissens in den Strukturen kirchlicher Beratungsarbeit neu belebt. Es liegt dabei (nicht nur, aber) gerade an der Theologie, Denk- und Handlungsperspektiven zu vermitteln, die eine christlich motivierte Beratungsarbeit anregen und eine positive Identifizierung mit einer diakonischen Pastoral von Kirche ermöglichen können (Sautermeister 2013).

Der Autor vertritt in der konkreten Begleitung dieser Prozesse wie ihrer wissenschaftlichen Reflexion die Auffassung einer notwendigen Aufmerksamkeit auf sechs praktisch-theologische Grundprinzipien in der Selbstvergewisserung eines christlichen und kirchlichen Propriums:

1. Theologie begründet und entfaltet die Relevanz des biblisch-christlichen Menschenbildes in Alltagsprozessen von Beratung.
2. Sie lenkt zweitens die Aufmerksamkeit auf Möglichkeiten einer ganzheitlichen, leiblich-seelischen Beratungshilfe, die die spirituelle (rituelle) Dimension bewusst integriert.
3. Sie erörtert drittens die besondere Gestaltungschance einer vom Evangelium inspirierten Dienstgemeinschaft unter den Beratern wie mit den Klienten.
4. Sie versucht dabei viertens das eigene Handeln bewusst im Kontext der Pastoral von Kirche zu verstehen und verständlich zu machen.
5. Fünftens weiß eine in der Beratung angewandte Theologie den (auch spirituell) begründeten Sinn für eine Orientierung an den Ressourcen und Potenzialen (Talenten) von Personen und Orten zu schärfen,
6. um schließlich sechstens einer besonderen Sensibilität für die besonders Hilfe-, Schutz- und Begleitungsbedürftigen (im Sinne einer Option für die Armen) Ausdruck zu verleihen.

Ebenso bedeutsam wie die erste Perspektivenschärfung ist der zweite Anwendungsfall, zu dem Beratung eine in ihr angewandte Theologie provoziert. Theologie will auch eine konstitutive Tiefendimension professioneller Beratungsarbeit mit reflektieren, die gleichwohl oftmals vergessen und vernachlässigt wird. Es sind anthropologische wie normative „Hintergrundgewissheiten" professioneller Arbeit und ihrer institutionellen Organisationsformen (wie z.B. der säkularisierte Subsidiaritätsgedanke, der ohne den Rückgriff auf eine theologische Reflexion in seiner Herkunft nicht verstanden werden kann). Die Erinnerung an diese impliziten Voraussetzungen einer weltanschaulich pluralen, psychosozialen Arbeit kann wichtige Perspektiven für das eigene professionelle Selbstverständnis eröffnen. So wird beispielsweise nicht nur die nachhaltige Prägung des zentral-europäischen Sozialstaatsmodells durch Prinzipien der kirchlichen Soziallehren und des damit verbundenen sozialen Katholizismus bzw. Protestantismus als „Hintergrundgewissheit" bewusst gemacht werden können. In Zeiten schwindender Sinn-Gewissheiten und eines mehr und mehr hegemonialen Kapitalismus (Bucher 2019) wird auch grundsätzlich die Verbindung von Religion und sozialprofessionellem Engagement neu belebt. Es wird vor allem von vielen Nicht-Kirchenmitgliedern nach Hilfestellungen zur Aneignung einer spirituell-religiös ausgerichteten Identität von Helfern und Klienten gefragt, die ein spirituell verankertes soziales Engagement, aber auch ein Leben nach religiös begründeten Wertüberzeugungen in der säkularen Welt erklären und verstehen lassen.

Konkrete Entwicklungsprozesse einer Beratungstheologie

Vier Entwicklungsprozesse ihrer Inhalte kennzeichnen eine in Beratung angewandte Theologie (Krockauer 2010b): Kontextualisierung, Elementarisierung, Diakonisierung und Plausibilisierung.

Kontextualisierung heißt zunächst Mut zur Konzentration im formalen wie inhaltlichen Sinne. Ausgangspunkt ist das formale Bekenntnis zu einer bestimmten Kontextbezogenheit (z.B. der Ehe-, Familien- und Lebensberatung), welche eine inhaltliche Konzentration erforderlich macht. Sie konzentriert die möglichen Lehr- und Lerninhalte auf die in der Beratung geforderten (z.B. einer theologischer Reflexion von Partnerschaftsfragen). Zu ihrer Kontextualität gehören auch die Regionalität und damit die kooperative Vernetzung mit Beratungseinrichtungen. Diese Form von Regionalität ist keine Schwäche, sondern ein Markenzeichen und Ernstfall von Kontextualität. Zu ihrer Kontextualität gehört ferner auch eine spezifische Form der Interdisziplinarität. Denn der spezifische multi- und interdisziplinäre Kontext von Beratung erlaubt die hegemoniale Haltung einzelner Disziplinen nicht, vielmehr sind Inhalte wie Methoden immer wieder neu aufeinander abzustimmen. Das drängt jede Disziplin, jede Art von akademischer Sonderrolle sein zu lassen.

Angewandte Theologie ist zweitens eine elementarisierende Theologie. Der Begriff der *Elementarisierung* antwortet auf die Frage nach den im Beratungskontext gesuchten theologischen „Essentials." Elementarisierung konkretisiert die vorher angesprochene Konzentration. Sie ist nicht im Sinne einer Reduktion auf vereinfachte Glaubenswahrheiten oder theologische Sachverhalte zu verstehen, sondern als eine lebensbedeutsame Erschließung für die im Kontext relevanten Akteure zu verstehen (Sellmann 2020).

Als Korrespondenzwissenschaft ist eine angewandte Theologie in der Beratung drittens originär *diakonisch* ausgerichtet. Sie besitzt einen eigenen „locus theologicus", der darin besteht, dass sie sich an diesem Ort selbst als Disziplin in einem beratenden und begleitenden Sinne versteht. Im vorher genannten Verständnis von Eröffnung und Erschließung nimmt Theologie darin ihre diakonische Verantwortung wahr, wenn sie auf dem Spielfeld der psychosozialen Beratung, das heißt nicht von außen, sondern von innen ihren spezifischen Beitrag zur professionellen Ausbildung zu leisten vermag.

Die „Nagelprobe" einer angewandten Theologie ist allerdings die *Plausibilisierung* theologischer Lehrinhalte in Beratungspraxis und -wissenschaft. Plausibilisierung in inhaltlicher und methodischer Stringenz ist das zentrale Stichwort. Ob diese vor den Lehrenden bzw. Studierenden und den Beratungskräften gelingt, ist eine echte, aber heilsame Nagelprobe, vor allem, wenn diese das erste Mal mit theologischen Inhalten in Berührung kommen und an dessen plausibilisierenden Inhalten für die Beratung Interesse zeigen. Gelingt wiederum die Plausibilisierung von Glaubensauffassungen im profanen und sozial engagierten Wirken, kann diese wiederum für die dortigen Akteure Modell sein, dafür selbst auch in der konkreten Beratungsarbeit einzutreten. Die Plausibilität von z.B. Dozentinnen und Dozenten lebt dabei vom Ansatz, sich selbst als ein lebendiges Dokument einer persönlich verarbeiteten Erkenntnis zu verstehen. Es geht ja auch nicht nur um die Übersetzung von Glaubenswissen bzw. des Evangeliums, es geht ja auch darum, durch die eigene Lehrpräsenz, die Glaub-würdigkeit des Evangeliums als konkrete Hilfe in der Begleitung und Beratung von Menschen zu bezeugen.

Theologische Kommunikation an disziplinären und institutionellen Übergangen

Angewandte Theologie in der Beratungsarbeit ist auf die Kommunikation an den unterschiedlichsten Übergängen ihres Wirkens angewiesen. Als elementare, kontextuelle, diakonische und alltagsplausible Theologie lebt sie entscheidend von der Kommunikation an vier Übergängen:

- am Übergang zu einer strukturell ausdifferenzierten Praxis hinein, besonders zu einem ausdifferenzierten Diakonie- und Dienstleistungssystem,
- am Übergang zu den Denkansätzen und Konzepten der anderen beteiligten Disziplinen, in der psychosozialen Beratungstätigkeit besonders zur Beratungswissenschaft (Zwicker-Pelzer 2010),
- aber auch am Übergang zu den eigenen universitären Herkunftsdisziplinen und zu deren diskursiven Bemühungen als Sozialethik, Pastoraltheologie oder Religionspädagogik,
- schließlich am Übergang zu den verfassten Kirchen und den anderen Religionsgemeinschaften.

Diese Schwellensituationen und die damit verbundenen Kommunikationssituationen prägen ihren Alltag. Sie haben oft ein ganz persönliches Gesicht, in der Kommunikation in Freundschaften und im Kollegium der dozierenden Gemeinschaft eines Studiengangs, an theologischen Fakultäten, bei Symposien oder Veröffentlichungsprojekten, aber vor allem auch in der Kommunikation mit den Leiterinnen und Leitern von Beratungseinrichtungen, und schließlich in der Kommunikation mit Kirchen- und Religionsvertretern und Akteurinnen und Akteuren kirchlicher Gremien. Eine so verstandene Theologie auf der Schwelle (Krockauer/Schuster 2007) steht dabei nicht mit leeren Händen da. Im Bild gesprochen hat sie eine Stafette in der Hand, die sie mit Anderen austauschen möchte, und die sie bis an die Grenzen des eigenen Lehrgebietes befördert, im Bemühen, dass sie von anderen aufgegriffen wird. Die Stafette zeigt auf das, was einem als christliche/r Theologin oder Theologe wortwörtlich am Herzen liegt: Das Evangelium und eine damit verbundene Glaubensreflexion am Ort beraterischen Handelns. Angewandte Theologie in der Beratung gewinnt dabei mehr und mehr die Gestalt einer intermediären, sprich einer vermittelnden Theologie. Diese hat nicht nur konkret im interdisziplinären Dialog eines Studiengangs, sondern – auf die ganze psychosoziale und therapeutische Arbeit bezogen – zwischen dem Religiösen und dem Säkularen zu vermitteln, zwischen Kirche und Sozialstaat, zwischen Personen und Systemen. Sie hat aber vor allem auch zwischen den zahlreichen kirchlichen Beratungseinrichtungen und der Diözesanpastoral zu vermitteln und dabei eine implizite Relevanz theologischer Inhalte und Redeweisen gerade *im* Säkularen und Sozialstaatlichen und in einem hochkomplexen Dienstleistungssystem und vor allem im Arbeitsalltag der Beratungsakteure wahrzunehmen, wertzuschätzen und anwaltschaftlich zu fördern.

> **Fragen zur Vertiefung und Diskussion**
>
> ■ Was meint „theologisch inspiriert beraten"?
> ■ Welche konkreten Handlungsperspektiven eröffnet Theologie für eine christliche motivierte Beratungsarbeit in kirchlicher Trägerschaft?
> ■ Welche Methoden verknüpfen sich mit den vier Entwicklungsprozessen von theologischen Inhalten (Elementarisierung, Kontextualisierung, Diakonisierung und Plausibilisierung)?
> ■ Diskutieren sie Chancen und Grenzen von theologischen Perspektiven im Beratungsalltag und im interdisziplinären Diskurs!

Literatur zu Kapitel 3.3

Einführende Literatur:

Sölle, Dorothee (1990): Gott denken. Einführung in die Theologie. Stuttgart.
Krockauer, Rainer (2006): Theologie Sozialer Arbeit. Zehn Thesen. In: Krockauer, Rainer; Bohlen, Stefanie; Lehner, Markus (Hrsg.): Theologie und Soziale Arbeit. Handbuch für Studium, Weiterbildung und Beruf. München, 31–44.
Krockauer, Rainer (2010a): Praktisch-theologische Überlegungen zum Proprium kirchlicher Beratungsarbeit. In: Aigner, Maria Elisabeth; Bucher, Rainer; Hable, Ingrid; Ruckenbauer, Hans-Walter (Hrsg.): Räume des Aufatmens. Pastoralpsychologie im Risiko der Anerkennung. Festschrift zu Ehren von Karl Heinz Ladenhauf. Berlin-Wien, 80–90.
Krockauer, Rainer (Hrsg.) (2022): Spiritualität Raum geben: Impulse für die psychosoziale Beratung, Opladen-Berlin-Toronto, in Erarbeitung.
Plois, Bernhard; Strodmeyer, Werner (Hrsg.) (2016): Heilsame Haltungen. Beratung als angewandte theologische Anthropologie. Münster.
Zwicker-Pelzer, Renate (2010): Beratung in der sozialen Arbeit. Stuttgart.

Weiterführende / zitierte Literatur:

Bucher, Rainer (2019): Christentum im Kapitalismus. Wider die gewinnorientierte Verwaltung der Welt. Würzburg.
Hutter, Christoph u.a. (2006) (Hrsg.): Quo vadis Beratung?: Dokumentation einer Fachtagung zur Zukunftsfähigkeit kirchlicher Beratungsarbeit. Münster.
Lienkamp, Andreas (2006): Parteinahme für eine Solidarität mit den Armen. Impulse einer Theologie Sozialer Arbeit für die Gesellschaft. In: Krockauer, Rainer; Bohlen, Stefanie; Lehner, Markus (Hrsg.): Theologie und Soziale Arbeit. Handbuch für Studium, Weiterbildung und Beruf. München, 263–274.
Krockauer, Rainer (2005): Praktische Theologie am Ort der institutionalisierten Diakonie. In: Nauer, Doris; Bucher, Rainer; Weber, Franz (Hrsg.): Praktische Theologie. Bestandsaufnahme und Zukunftsperspektiven, Festschrift zum 60. Geburtstag von Ottmar Fuchs. Stuttgart-Berlin-Köln, 142–150.
Krockauer, Rainer; Schuster, Max-Josef (2007): Menschen auf der Schwelle. Neue Perspektiven für die alte Pfarrgemeinde. Ostfildern.
Krockauer, Rainer (2010b): Theologie (im Kontext) sozialer Arbeit. In: Biesinger, Albert; Schmidt, Joachim (Hrsg.): Ora et labora. Eine Theologie der Arbeit. Ostfildern, 209–218.
Plois, Bernhard (2005): Was ist das Proprium kirchlicher Beratung? Anthropologische Aspekte einer Beratungstheologie, in: Christoph Hutter u.a. (Hrsg.), Herausforderung

Lebenslage. PraxisReflexe aus der Ehe-, Familien-, Lebens- und Erziehungsberatung, Münster 2005, 63–77.

Sautermeister, Jochen (2013): Mitten in der Gesellschaft. Kirchliche Ehe-, Familien- und Lebensberatung als pastoraler Dienst. In: Herder Korrespondenz 67, 2, 92–97.

Sellmann, Matthias (2020): Was fehlt, wenn die Christen fehlen? Eine „Kurzformel" ihres Glaubens. Würzburg.

Weiher, Erhard (2008): Das Geheimnis des Lebens berühren. Spiritualität bei Krankheit, Sterben, Tod. Eine Grammatik für Helfende. Stuttgart.

3.4 Psychologische Beiträge zur Beratung (Tanja Hoff)

Zusammenfassung

Grundlagen- und Anwendungsfächer der Psychologie, insbesondere der Klinischen, Persönlichkeits- und Sozialpsychologie, liefern zentrale Beiträge zu Beratungswissen und -handeln in Form von psychologischer Diagnostik inkl. Persönlichkeitsdiagnostik wie auch klinisch-psychologischer und psychotherapeutisch fundierter Erklärungsmodelle und Interventionsverfahren. Insbesondere klinisch-psychologisches Grundlagen- und Anwendungswissen findet sich in vielerlei Beratungskonzepten wider, ebenso wie die Weiterentwicklung psychotherapeutischer Verfahren für die spezifischen Anforderungen von Beratung – bei gleichzeitig nicht immer vorhandenen empirischen Belegen für ihre Anwendbarkeit im Beratungskontext. Beratungspsychologie findet dabei zunehmend als Teildisziplin der Psychologie ihre Anerkennung sowohl intra- als auch interdisziplinär. Als disziplinäres Angebot definiert der Berufsverband Deutscher Psychologinnen und Psychologen e.V. (BDP) (2000, 1) psychologische Beratung als „ein auf Wechselbeziehung zwischen Personen bzw. Gruppen beruhender Prozess zur Förderung psychischer Kompetenz und Handlungskompetenz (Veränderung von Denk-, Gefühls- und Handlungsmustern), zur Aktivierung vorhandener und Erschließung neuer Ressourcen, zum Abbau störender Faktoren. Hierbei besteht Einvernehmen zwischen den beteiligten Personen (Psychologin, Psychologe, ratsuchende Person/Gruppe) über den Beratungsbedarf (…). Es werden Methoden eingesetzt, die auf Erkenntnissen der wissenschaftlichen Psychologie beruhen".
Die fließenden Grenzen einer psychologischen Beratung gegenüber anderen Beratungsangeboten und Psychotherapie sind zu diskutieren.

Versteht man Beratung als professionelle Leistung zur Selbstermächtigung, Lebensbewältigung und -führung, ergeben sich neben den genannten Inhalten v.a. Beiträge aus der psychologischen Copingforschung, insbesondere aus den Theorien zur Stressbewältigung (z.B. Lazarus), zur Salutogenese (z.B. Antonovsky) und zu Ressourcenbildung und -erhaltung (z.B. Hobfoll).

Grundlegende Beiträge der Psychologie zu Beratung

Theorie- und Anwendungsbezüge verschiedener Psychologiebereiche finden sich in vielfacher Weise auch in Theorien und Praxis der Beratung. Hierzu gehören z.B. Kenntnisse über die Entwicklung über die Lebensspanne und Entwicklungsauffälligkeiten aus der Entwicklungspsychologie bzw. -psychopathologie, Erkenntnisse über soziale Wahrnehmungs-, Interaktions-, Kommunikations-, Gruppenprozesse usw. aus der Sozialpsychologie, Wissensbestände zu Emotion, Motivation und Handeln aus der Allgemeinen Psychologie und vieles mehr.

Dabei sind besonders wesentliche Beiträge, die der Psychologie entstammen und praktisches beraterisches Denken und Handeln grundlegend untermauern, a) die psychologische Diagnostik und Persönlichkeitsmessung und b) klinisch-psychologische und psychotherapeutische Erklärungsmodelle und Interventionsverfahren (z.B. Schröder 2004; Rausch 2008; Schäfer-Hohmann 2014): „Beide Entwicklungslinien innerhalb der psychologischen Wissenschaft waren gut geeignet, die bereits in der ersten Hälfte des letzten Jahrhunderts zunehmend wichtiger werdenden institutionellen Hilfestellungen zu flankieren und die von staatlicher Seite durch Gesetzte verankerten Beratungsangebote theoretisch und methodisch zu fundieren." (Schröder 2004, 50)

So wurde und wird dem diagnostischen Prozess auch in der Beratung ein besonderer Stellenwert zugeschrieben, wenn auch heute unter zum Teil anderen erfassten Inhalten (z.B. Prozessdiagnostik, Erfassung von Lebensqualität, Paar- und Ehezufriedenheit, Beratungsanlässen usw.) und weniger als Persönlichkeitsdiagnostik (vgl. Kapitel 5). Bei allen Grenzen der psychologischen Diagnostik stellen die diagnostische Hypothesenbildung und auch die Diagnostik intra- und interpsychischer, zum Teil psychopathologischer Phänomene einen wesentlichen Ausgangspunkt für eine adäquate Prozesssteuerung und inhaltliche Bearbeitung von Klienten- und Klientinnenaufträgen im Sinne des erfolgreichen Beratungsverlaufs dar.

Klinisch-psychologisches Grundlagen- und Anwendungswissen findet sich in vielerlei Beratungskonzepten wider, ebenso wie die Weiterentwicklung psychotherapeutischer Verfahren für die spezifischen Anforderungen von Beratung. In Werken zur Beratungspsychologie (z.B. Warschburger 2009; Nußbeck 2010) werden entsprechend auch Konzepte, Methoden und Forschungsergebnisse aus der Psychotherapie für Beratung diskutiert und anwendbar gemacht. Jedoch muss man hier auch konstatieren, dass diese Übertragbarkeit keinesfalls immer hinreichend empirisch abgesichert ist; so werden z.B. Wirkfaktoren der Psychotherapie (z.B. Variablen auf der Ebene der Klientinnen- und Klienten, der Berater und Beraterinnen sowie der Beratungsbeziehung) auch als relevant für Beratung benannt, ohne dass die Übertragbarkeit in spezifischen Studien zu Beratung bisher umfassend überprüft wurde.

Die zum Teil enge Orientierung von Beratungskonzepten an Psychotherapiekonzepten (beispielsweise individualpsychologisch: Fuest/John/Wenke 2014; kognitiv-verhaltensorientiert: Winiarski 2004; bewältigungs- und klärungsorientiert: Sanders 2006/2010) resultiert einerseits aus fachlichen Interessen, andererseits aber auch aus den berufspolitischen Entwicklungen verschiedener Therapieschulen und -verbände (vgl. dazu auch Kapitel 2.1). Die unterschiedlichen Beratungsschulen, die sich u.a. aus den psychotherapeutischen Schulen ableiten, werden in Kapitel 5 unter „Konzepte" vertieft behandelt. Neben den wertvollen inhaltlichen und konzeptionellen Erkenntnissen für Beratung aus diesen Strömungen muss zukünftig auch im Sinne einer Beratungswissenschaft stärker diskutiert werden, welche Grundtheoreme (z.B. im Sinne der reflexiven Beratung) speziell für Beratungskontexte stets mitgedacht und umgesetzt werden sollten.

Schröder (2004) beschreibt als „Markierungssteine" der neueren Entwicklungen von Beratung innerhalb der Psychologie bzw. von psychologischer Beratung folgende gesetzliche Entwicklungen:

- die Einführung des Kinder- und Jugendhilfegesetztes, die Erziehungs- und Familienberatungsstellen eindeutig im Kontext der Jugendhilfe verankert und durch die Betonung der Aufgabe der allgemeinen Förderung von individueller und sozialer Entwicklung Kinder und Jugendlicher damit die pädagogische gegenüber der therapeutischen Orientierung stärkt. Die Psychologie kann hier wesentliche Beiträge aus der Entwicklungs- wie auch Sozialpsychologie beitragen, z.B. aus der Resilienz- bzw. Schutz- und Risikofaktorenforschung. Auch ist hier die Weiterentwicklung psychologischer Diagnostik zu beachten, die weniger auf die Persönlichkeits- und Eigenschaftsmessung abzielt, als vielmehr zunehmend Instrumente entwickelt, die zur Steuerung und Evaluation von Beratung dienlich sein können (z.B. zur systemischen Diagnostik, zur elterlichen Erziehungs- und Stressbelastung und -kompetenzen usw.).
- die Einführung des Psychotherapeutengesetzes seit 2000, die u.a. die Ausbildung wie auch die Berufsperspektiven von Psychologiestudierenden grundlegend geändert hat: Die weitgehende Auslagerung des Erwerbs psychotherapeutischer Ausbildungsinhalte aus dem Psychologiediplom- bzw. -masterstudium in postgraduale Psychotherapieausbildungen führte zu einem Perspektivwandel auf psychologische Beratung: „Wenn eine psychotherapeutische Berufspraxis nicht mehr bruchlos mit dem Diplom begonnen werden darf, zu welchen anderen Berufsqualifikationen führt dann eine Ausbildung in Klinischer Psychologie? Die jahrzehntelang stillschweigend praktizierte Annahme, dass mit einem Erwerb von psychotherapeutischen Kompetenzen quasi nebenbei auch spezielle Beratungsfertigkeiten entwickelt würden, die dann eine Schlüsselqualifikation für viele unterschiedliche Berufsfelder liefern könnten, muss sich jetzt einer Realitätsprüfung unterziehen." (Schröder 2004, 57) Hier stellt sich die Frage, wie zukünftig eine adäquate Beratungsausbildung auch im Rahmen der Psychologie stattfinden kann, und dies auch unter den derzeitigen Anzeichen der Neuerung der Psychotherapieausbildung.

Im Kanon einer allgemeinen Beratungswissenschaft könnte die verstärkte Beschäftigung mit den über den engen Horizont der psychologischen Diagnostik und Interventionslehre hinausgehenden, auch aktuellen Wissensbeständen der Psychologie (wie z.B. psychologisch fundierte Prävention, Netzwerkansätze u.a. aus der Gemeindepsychologie, Weiterentwicklungen der kognitiven Psychologie) zu einer Bereicherung der psychologischen Beratungsgrundlagen und -praxis beitragen. Neben den kritischen Einlassungen muss gleichzeitig konstatiert werden, dass die spezifischen Kompetenzen für Counseling/Beratung, nämlich Sach- und Fachkompetenz, Beziehungskompetenz, diagnostisch-analytische Kompetenz, Interventions-/Methodenkompetenz sowie reflexive Kompetenz/Personkompetenz (Zwicker-Pelzer 2010) auch und wesentlich durch psychologische Theoriebildung und Praxisanwendung in der Vergangenheit geprägt wurden.

Merkmale einer Beratungspsychologie

Nestmann (2004, 61) definiert Beratungspsychologie als „Teildisziplin der wissenschaftlichen Psychologie mit psychologischen Gesetzmäßigkeiten im Beratungsprozess. Beratungspsychologie verfolgt die systematische Anwendung von psychologischen Theorien, Forschungsmethoden und Forschungsergebnissen sowie von psychologischen Diagnose- und Interventionsverfahren auf Beratung, d.h. auf Berater und Klienten, auf Beratungsbeziehungen und Beratungssettings, auf Beratungshandeln und auf dadurch bewirkte Veränderungen und Beratungserfolg".

Auch wenn im angloamerikanischen Raum der „Counselling Psychology" eine höhere fachliche Bedeutsamkeit und Anerkennung zukommt, entwickelt sich auch in Deutschland in den letzten Jahren eine etablierte akademische Struktur der Beratungspsychologie als Teildisziplin der wissenschaftlichen Psychologie mit beispielsweise einem Zuwachs an Lehrbüchern unter diesem Titel (z.B. Rausch/Hinz/Wagner 2008; Warschburger 2009; Nußbeck 2010), eigenständigen universitären Lehrstühlen (z.B. Universität Potsdam) oder auch stärker psychologisch orientierten Beratungsforschungsprojekten. Sie wird damit nicht mehr nur als Gegenstandsbereich z.B. der Klinischen, Pädagogischen oder Organisationspsychologie gesehen, sondern gewinnt an theoretischer, empirischer, praxisbezogener und berufspolitischer Eigenständigkeit.

Nestmann (2004, 64) verweist darauf, dass „die von TheoretikerInnen der Counselling Psychology als ‚vereinheitlichende Merkmale und Themen' herausgearbeiteten Charakteristika die Entwicklung der Spezialdisziplin Beratung von ihren Anfängen bis heute" bestimmen. Hierzu gehören aus Sicht der Counselling Psychology:

- die Fokussierung von Beratung auf Stärken, Potenziale, Ressourcen von Personen und sozialen Umwelten sowie positiver Anteile psychischer Gesundheit von Ratsuchenden
- die Betonung der Interaktion von Person und Umwelt
- die Konzentration auf Ratsuchende, die nicht ausgeprägte psychische Erkrankungen und Symptombildungen aufweisen
- die Beschränkung auf zeitlich überschaubare Interventionen und
- die Verankerung von Beratung in den Lebenskontexten und die traditionelle Betonung auf Erziehung, Bildung und Arbeit/Beruf (dies findet sich z.B. auch in der historischen Entwicklung und zumindest früheren Dominanz der psychologischen Beratung in den Arbeitsfeldern der Erziehungsberatung, der Schulpsychologie oder der Arbeits- bzw. Organisationsberatung in Deutschland wieder).

Merkmale einer psychologischen Beratung

Jenseits der Entwicklungen einer interdisziplinären Beratungswissenschaft (vgl. Kapitel 2.1) und ihrer Konsequenzen auch für einen interdisziplinären Weiterbildungs- und Arbeitssektor wird von Psychologinnen und Psychologen die sogenannte psychologische Beratung als Angebotsstruktur vorgehalten. Der Berufsverband Deutscher Psychologinnen und Psychologen e.V. (BDP) (2000, 1) definiert diese folgendermaßen:

„Psychologische Beratung ist ein auf Wechselbeziehung zwischen Personen bzw. Gruppen beruhender Prozess zur Förderung psychischer Kompetenz und Handlungskompetenz (Veränderung von Denk-, Gefühls- und Handlungsmustern), zur Aktivierung vorhandener und Erschließung neuer Ressourcen, zum Abbau störender Faktoren. Hierbei besteht Einvernehmen zwischen den beteiligten Personen (Psychologin, Psychologe, ratsuchende Person/Gruppe) über den Beratungsbedarf. Der Beratungsprozess wird auf beschriebene Ziele hin durchgeführt. Es werden Methoden eingesetzt, die auf Erkenntnissen der wissenschaftlichen Psychologie beruhen". Nach den Vorstellungen des BDP darf psychologische Beratung ausschließlich von Psychologinnen und Psychologen durchgeführt werden.

Neben den Definitionsmerkmalen eines zielorientierten Veränderungsprozesses, dem Aufbau von Kompetenzen und der Ressourcenorientierung, was sich auch in nicht-psychologischen Beratungsdefinitionen wiederfindet, ist das wesentliche Abgrenzungsmerkmal psychologischer Beratung eben die explizite Bezugnahme und Anwendung wissenschaftlich fundierter psychologischer Theorien (z.B. auch Steinebach 2006). Ergänzend sei darauf hingewiesen, dass durch die postulierte Notwendigkeit der Freiwilligkeit infrage gestellt werden muss, ob dann Beratung in Zwangskontexten bzw. ohne Freiwilligkeit als psychologische Beratung mit ihrem Selbstverständnis von psychologischen Wirkprinzipien verstanden werden könnte (Schäfer-Hohmann 2014; vgl. auch Kapitel 4).

Dietzfelbinger/Oetker-Funk/Struck/Volger (2003, 18) beschreiben psychologische Beratung „als in der Mitte zwischen Psychotherapie und Allgemeiner Sozialberatung stehend". Auch wenn die Abgrenzung von Beratung zur Psychotherapie wesentlich in der Fokussierung auf Probleme und Belastungen außerhalb der heilkundlichen Psychotherapie, also ohne Krankheitswert gesehen wird, existiert diese scharfe Trennung in der Praxis nicht: So finden sich genügend Ratsuchende in Beratungsstellen, die eigentlich einer psychotherapeutischen Behandlung bedürfen, diese aber nicht in Anspruch nehmen können oder wollen, und gleichermaßen finden sich auch in Psychotherapien Patientinnen und Patienten, deren Krankheitsbelastung ggf. sogar manchmal von geringerer Ausprägung ist als bei Ratsuchenden in Beratungsstellen.

Im Vergleich zur Allgemeinen Sozialberatung sehen sich Psychologische Berater und Beraterinnen in Beratungsprozessen ebenfalls mit konkret-materiellen Problemen wie z.B. Arbeitslosigkeit, finanziellen Problemen ihrer Klientinnen und Klienten konfrontiert; diese werden nach Dietzfelbinger/Oetker-Funk/Struck/Volger (2003) aber dann nicht in der psychologischen Beratung inhaltlich einer Lösung zugeführt, sondern hierfür an weitere Fachdienste verwiesen. In der Praxis sind psychologische Berater und Beraterinnen allerdings dennoch hier mit fachlichen Anforderungen z.B. durch Beratungen bei sozial besonders belasteten Rand- und Risikogruppen konfrontiert, bei der eine bloße Beschränkung auf psychologisches Grundlagen- und Anwendungswissen bzw. auf einzelne psychotherapienahe Beratungskonzepte nicht ausreicht (Schröder 2004).

Dies macht dann aber auch die Ambivalenz und schwierige Positionierung der psychologischen Beratung sowohl im Kontext anderer Fachdisziplinen als auch im Kontext der eigenen Wissenschaft Psychologie deutlich: Vielfach wurde und wird psychologische Beratung als „kleine Psychotherapie", also als verkürzte Version einer Therapie außerhalb eines psychotherapeutischen Settings fehlinterpretiert, häufig mit der zusätzlichen Zuschreibung einer fehlenden heilkundlichen Behandlungserlaubnis. Die Selbst- und Fremddefinition psychologischer Beratung als „methodeneklektisch und problemorientiert wurde oft negativ bewertet, statt die Vorzüge herauszustellen, nicht notwendig einer Schule verpflichtet zu sein und sich unbeschränkt aller Interventionsstrategien und Methoden bedienen zu können, die im jeweiligen Fall angemessen sind" (Schröder 2004, 55). Psychologische Beratung umfasste damit in ihrem Grundverständnis – unter der Voraussetzung einer nicht zu einseitigen Begrenzung auf einzelne psychotherapeutische Schulen – schon länger das Selbstverständnis eines auch letztlich interdisziplinär notwendigen, zumindest aber eklektischen und problemorientierten Vorgehens, wie es auch heute in einer allgemeinen Beratungswissenschaft vertreten wird.

Beratung als professionelle Leistung zur Selbstermächtigung, Lebensbewältigung und -führung: Beiträge aus der psychologischen Copingforschung

Psychosoziale Beratung wird verstanden als „Möglichkeit, Belastungen in Bezug auf die Lebensführung und Lebensbewältigung der Menschen in vielen Bereichen konstruktiv und hilfreich zu begegnen. [...] Beratung versteht sich hier als Angebot, den komplexen Anforderungen, die an Menschen in einer sich drastisch verändernden Welt gestellt werden, zu unterstützen, ihre Orientierungs-, Entscheidungs-, Auswahl- oder Planungsprobleme förderlich zu begleiten [...]" (Werner/Nestmann 2014, 625). Dies entspricht unserem Verständnis von Beratung als „professionelle Leistung zur Selbstermächtigung, Lebensbewältigung und -führung" (vgl. Kapitel 2.1). Im Folgenden werden beispielhafte Theorien skizziert, die das psychologische Verständnis von Bewältigung/Coping verdeutlichen (vgl. hierzu ausführlich Allwinn 2010 und Schubert 2004).

Auch wenn der Begriff der Bewältigung zunächst den Eindruck eines „Erfolgs", „etwas geschafft haben" vermittelt, versteht die Psychologie unter Bewältigung vorrangig einen Prozess, im Folgenden am Beispiel der Bewältigung von kritischen Lebensereignissen skizziert: „Bewältigung ist Geschehen in der Zeit, in dem sich unkontrollierbare Gedanken und absichtsvolles Tun, offensive und defensive Konstruktion eines ‚guten Lebens', Hoffnungen und Befürchtungen, Erinnerungen an bessere Zeiten und Furcht vor dem, was noch kommen mag [...] in spezifischer Weise vermischen und über den Verlauf je ein spezifisches Muster bilden mögen [...]. Immer ist Bewältigung ein Prozess, an dessen Ende die Menschen nicht mehr die sind, die sie einmal waren." (Filipp 1997, VII f.)

Unterschieden werden der Bewältigungsprozess als Entwicklungsverlauf gegenüber den Bewältigungsstrategien/Copingstilen. Dabei findet sich über die Lebensspanne eine hohe Stabilität der angewandten individuellen Copingstile, sowohl der funktionalen als auch der dysfunktionalen (Bodenmann/Widmer 2000). Bereits Mädchen im Grundschul- und Jugendalter bewältigen Alltagsstressoren stärker durch Suche nach sozialer Unterstützung als Jungen; die empirischen Erkenntnisse zu geschlechtsspezifischen Unterschieden in anderen Copingformen sind hingegen heterogen (z.B. Eschenbeck/Kohlmann 2002; Eschenbeck/Kohlmann/Lohaus 2007). Bei Frauen und Mädchen wurden zumindest früher Beziehungsbelastungen und soziale Konflikte als häufigerer Alltagsstressor festgestellt, einhergehend mit einer geringeren Gesundheitszufriedenheit (Seiffge-Krenke 1995), bei Männern hingegen häufiger arbeitsbezogene Stressoren.

Das transtheoretische Stresskonzept von Lazarus (1995, 2005)

Psychologische Stresskonzepte, insbesondere das transaktionale Stresskonzept von Lazarus (2005), betonen einerseits häufig kognitive Prozesse in der Bewertung eines Stressereignisses sowie andererseits die Qualität der Bewältigungsformen („Coping"-Stile). Lazarus versteht Stress als Ergebnis der Wechselwirkung einer Situation und einer Person; dabei sind entscheidend die kognitiven Bewertungen, die hinsichtlich eines Stressereignisses auftreten. Unterschiede in der Bewältigung bzw. Stressreaktion von Personen resultieren entsprechend aus den subjektiven Bewertungsprozessen des Belastungsereignisses, den wahrgenommenen Bewältigungskompetenzen bzw. der Relation zwischen Bewältigungsanforderungen und zur Verfügung stehenden Kompetenzen und Ressourcen. Im Bewältigungsprozess werden in der primären Bewertung (primary appraisal) die Situation, der Stressor eingeschätzt hinsichtlich seiner Bedeutung für das eigene Wohlbefinden (unterschieden in Schädigung/Verlust als eingetretenes Ereignis, Bedrohung als antizipiertes Ereignis oder Herausforderung). In der sekundären Bewertung (secondary appraisal) wägt die Person Ressourcen und Kompetenzen ab, die ihr zur Bewältigung zur Verfügung stehen. Wird das Bedrohungs- oder Schädigungspotenzial des Stressors als zu hoch in Relation zu Ressourcen und Kompetenzen eingeschätzt, entsteht Stress.

In Modellen des dyadischen (Bodenmann 1995), beziehungsbezogenen (Lyons/Mickelson/Sullivan/Coyne 1998) oder multiaxialen Coping (Hobfoll 1998) wird demgegenüber kritisch darauf verwiesen, dass Stressoren nicht nur Individuen allein, sondern häufig soziale Systeme (Paare, Familien, Teams) gemeinsam betreffen. Bewältigung und Coping muss somit immer im Kontext sozialer Beziehungs- und Interaktionsmuster verstanden als interpersonale Stressbewältigung und mit entsprechenden interaktionell-systemischen Elementen unterstützt werden.

Praxiskonzepte zur Stressbewältigung werden dennoch häufig als individuumszentrierte Ansätze vorgehalten mit den Bearbeitungsebenen: *kognitive Stressbewältigung*: Veränderung dysfunktionaler Kognitionen in der Stressbewältigung (in Anlehnung an das psychologische Stresskonzept von Lazarus), aber auch *instrumentelle Stressbewältigung*: Stressoren und deren Reduktionsmöglichkeiten sowie *palliativ-regenerative Stressbewältigung*: Reduktion der psychophysischen Stressreaktionen (z.B. Entspannungsverfahren, Bewegungsprogramme). Multimodale Stressbewältigungsprogramme, wie z.B. „Gelassen und sicher im Stress" (Kaluza 2004) oder das paarorientierte „Freiburger Stresspräventionstraining FSPT" (Bodenmann 2000) integrieren die Bearbeitung aller drei Ebenen (vgl. auch Vogt/Hoff 2012).

Das salutogenetische Modell von Antonovsky (1997)

Wenn auch im engeren Sinne als Theorie über Gesundheit und Krankheit angelegt, verdeutlicht das salutogenetische Modell von Antonovsky (1997) gut das Verständnis von Bewältigung aus psychologischer Sicht. In der Beschäftigung mit Ressourcen und Bewältigungsstrategien, die Menschen trotz widriger Lebensumstände oder schwerer Krisen gesund erhalten, postulierte Antonovsky vier wichtige Einflussfaktoren von Gesundheit:

- Art und Ausmaß der Stressoren
- Art und Ausmaß der Bewältigungskompetenzen bzw. Coping
- Art und Ausmaß der Widerstandsressourcen (genetisches, körperliches, sozioökonomisches und emotionales Potenzial einer Person oder einer Gruppe) (vgl. ausführlicher Vogt/Hoff 2012)
- Ausmaß des Kohärenzgefühls.

Das *Kohärenzgefühl* stellt dabei die entscheidende Determinante des subjektiven Befindens dar; es umfasst die Zuversicht, „dass (1) die Ereignisse der eigenen inneren und äußeren Umwelt im Lebenslauf strukturiert, vorhersehbar und erklärbar sind; (2), die Ressourcen verfügbar sind, um den durch diese Ereignisse gestellten Anforderungen gerecht zu werden; und (3) diese Anforderungen als Herausforderungen zu verstehen sind, die es wert sind, sich dafür einzusetzen und zu engagieren" (Antonovsky 1997, 19). Entsprechend besteht das Kohärenzgefühl aus drei Aspekten, die es aus psychologischer Sicht auch bei Bewältigungsprozessen (z.B. in psychosozialen Beratungssituationen) zu beachten gilt: Die wahrgenommene *Sinnhaftigkeit* von Ereignissen/Lebenssituationen aus Sicht der Betroffenen, ihre *Verstehbarkeit* sowie die *Bewältigbarkeit* der Situationsanforderungen. Menschen reagieren belasteter bei einem geringeren Kohärenzgefühl, z.B. mit Hilflosigkeit oder Resignation, während Menschen mit einem höheren Kohärenzgefühl stärker Bewältigungsverhalten aktivieren und die Anforderungen eher als Herausforderung erleben, eben weil sie subjektiv verstehbar und bewältigbar erscheinen. Gerade die persönliche Sinnhaftigkeit, das Verstehen und die Selbstwirksamkeitserwartung, eine Situation bewältigen zu können, sind in Beratungsprozessen über Klärungs-, Problemlösungs- und Ressourcenorientierung gut unterstützbar.

Theorie der Ressourcenerhaltung von Hobfoll (1988)

Im Kontrast zu Lazarus und Antonovsky wird in der Theorie der Ressourcenerhaltung von Hobfoll nicht von einem dominanten Einfluss der subjektiven Wahrnehmung und Interpretation des Stress- oder Belastungsgeschehens ausgegangen. Vielmehr wird Menschen die Fähigkeit zugeschrieben, stressreduzierende Ressourcen auch perspektivisch und proaktiv, also antizipierend für erst noch kommende Belastungen aufzubauen. Besondere Bedeutung dabei haben nach Hobfoll weniger die personalen Ressourcen als vielmehr soziale Ressourcen. Stress und dessen Bewältigung wird hier von der individuumszentrierten Sichtweise auf eine sozialökologische Perspektive erweitert.

Stress betrifft nach Hobfolls Ansatz körperliche Systeme (insbesondere physiologische Stressreaktionen), psychische Systeme (Kognitionen, Emotionen, Unbewusstes) und soziale Systeme (interpersonal wie auch gesellschaftlich). Wesentlichen Anteil am Bewältigungserleben haben die *Gewinn- bzw. Verlustspiralen von Ressourcen in Belastungssituationen*. Stress wird definiert als „eine Reaktion auf die Umwelt, in der entweder (a) ein Nettoverlust von Ressourcen droht, (b) ein Nettoverlust von Ressourcen eingetreten ist, oder (c) kein Ressourcengewinn, nachdem Ressourcen eingesetzt worden sind" (Allwinn 2010, 92). Ressourcen sind dabei nicht nur personale Fertigkeiten, sondern auch z.B. ökonomische Ressourcen. Unterschieden werden *primäre Ressourcen*, die lebensnotwendig sind (Essen, Unterkunft), *sekundäre Ressourcen*, die die Verfügbarkeit der primären Ressourcen sichern (z.B. Transportmittel) und *tertiäre Ressourcen*, die in einer sozial und kulturell veränderten Welt eher symbolisch mit Überleben assoziiert sind (z.B. sozialer Status). Personale Kompetenzen und Ressourcen (wie z.B. Selbstwertgefühl, psychische Gesundheit) werden als *interne Ressourcen*, außerhalb der Person liegende Ressourcen (wie z.B. Arbeitsplatz) als *externe Ressourcen* bezeichnet.

Das Erleben von Stress hängt nach Hobfoll in Belastungs- und Bewältigungsanforderungen in hohem Maße ab von der kulturellen und sozialen Zuschreibung aufgrund der sozialkulturell geteilten Konzepte von Stress. Die individuelle Wahrnehmung von Bewältigungsanforderungen und -möglichkeiten müssen also stets in ihrem sozialen und kulturell geprägten vermittelten Kontext gesehen werden. Stressbewältigung wird dann besonders herausfordernd, wenn eine Person bereits über wenige (primäre, sekundäre, tertiäre sowie interne und externe) Ressourcen verfügt oder im Verlauf viele Ressourcen verliert. Ressourcenverluste können dann größere Auswirkungen haben, da ggf. sich sukzessiv einander verstärkende Ressourcenverluste bzw. -spiralen ergeben (z.B. Arbeitsplatzverlust → materielle Einschränkungen → Wohnungswechsel → Verlust des nachbarschaftlichen und freundschaftlichen Umfelds → Verlust sozialer Unterstützung). Daraus begründet Hobfoll, dass Menschen bestrebt sind, vorbeugend Ressourcen aufzubauen.

Bewältigungsstrategien werden in der Theorie der Ressourcenerhaltung nicht nur individuumszentriert als z.B. problemorientiert, emotionsorientiert, instrumentell gesehen, sondern drei Ausrichtungen bzw. Achsen in einem multiaxialen Modell des Coping angenommen mit den jeweiligen Polen:

- *Achse „aktives versus passives Coping"*: aktiv = proaktive, vorbeugende Aktivitäten; passiv = vermeidende Aktivitäten, aber auch z.B. lange Informations- und Vorbereitungszeit vor einer aktiven Problembewältigung
- *Achse „prosoziales versus antisoziales Coping"*: prosoziales Coping = Hilfesuchverhalten oder gemeinsames Coping mit anderen; antisoziales Coping = Vorteile gewinnen bei in Kauf nehmen von Verletzungen anderer
- *Achse „direktes versus indirektes Coping"*: soziokultureller Einfluss über direktes Coping = soziale Aufforderungen, etwas zu tun; indirektes Coping = diplomatische Hinweise an die bewältigende Person, wie sie sich verhalten soll.

Die Theorie des Ressourcenerhalts und multiaxialen Copings verdeutlicht die stärker kontextbezogene Perspektive im psychologischen Bewältigungsprozess unter

Einbezug realer, objektiver und nicht nur subjektiver Ressourcen. Hier finden sich dann auch Ansatzpunkte einer ressourcenorientierten Interventionsweise auch in Beratung, die Individuen nicht nur einseitig individualpsychologisch, sondern unter Einbezug sozialer und externer Ressourcen stärkt.

> **Fragen zur Vertiefung und Diskussion**
>
> - Wo sehen Sie grundlegende und relevante Beiträge der Psychologie zur Beratung und Beratungswissenschaft?
> - Skizzieren Sie wesentliche Aspekte der Beratungspsychologie als Teildisziplin der Psychologie.
> - Was sind die Spezifika der psychologischen Beratung nach dem Deutschen Berufsverband für Psychologinnen und Psychologen e.V. (BDP)?
> - Beschreiben Sie verschiedene Ansätze der psychologischen Coping-Forschung: Was sind deren Grundaussagen und wie können diese in der Beratungspraxis genutzt und umgesetzt werden?

Literatur zu Kapitel 3.4

Einführende Literatur

Allwinn, Sabine (2010): Stressbewältigung. Eine multiperspektivische Einführung für die Soziale Arbeit und andere psychosoziale Professionen. Freiburg im Breisgau.
Berufsverband Deutscher Psychologinnen und Psychologen e.V. (2000): Psychologische Beratung – Fach- und berufspolitische Leitsätze.
Nestmann, Frank (2004): Beratungspsychologie/Counselling Psychology. In: Nestmann, Frank; Engel, Frank; Sickendiek, Ursel (Hrsg.): Das Handbuch der Beratung, Band 1: Disziplinen und Zugänge. Tübingen, S. 61–72.
Nußbeck, Susanne (2010): Einführung in die Beratungspsychologie. München/Basel.
Schubert, Franz-Christian (2004): Lebensführung als Balance zwischen Belastung und Bewältigung. Beiträge aus der Gesundheitsforschung zu einer psychosozialen Beratung. In: Schubert, Franz-Christian; Busch, Herbert (Hrsg.): Lebensorientierung und Beratung. Sinnfindung und weltanschauliche Orientierungskonflikte in der (Post-)Moderne. Mönchengladbach, S. 137–213.

Weiterführende / zitierte Literatur

Antonovsky, Aaron (1997): Salutogenese. Zur Entmystifizierung der Gesundheit. Tübingen.
Bodenmann, Guy (1995): Bewältigung von Stress in Partnerschaften. Bern.
Bodenmann, Guy (2000): Kompetenzen für die Partnerschaft. Das Freiburger Stresspräventionstraining für Paare. Weinheim.
Bodenmann, Guy; Widmer, Kathrin (2000): Stressbewältigung im Alter: Ein Vergleich von Paaren jüngeren, mittleren und höheren Alters. In: Zeitschrift für Gerontologie und Geriatrie, 33 (3), S. 217–228.
Dietzfelbinger, Maria; Oetker-Funk, Renate; Struck, Elmar; Volger, Ingeborg (2003): Der lange Weg vom guten Rat zur fachlichen Psychologischen Beratung. Das psychologische Beratungsangebot der Kirchen. In: Oetker-Funk, Renate; Dietzfelbinger, Maria; Struck, Elmar; Volger, Ingeborg (Hrsg.): Psychologische Beratung. Beiträge zu Konzept und Praxis. Freiburg im Breisgau, S. 15–35.
Eschenbeck, Heike; Kohlmann, Carl-Walter (2002): Geschlechtsunterschiede in der Stressbewältigung von Grundschulkindern. In: Zeitschrift für Gesundheitspsychologie, 10 (1), S. 1–7.

Eschenbeck, Heike; Kohlmann, Carl-Walter; Lohaus, Arnold (2007): Gender differences in coping strategies in children and adolescents. In: Journal Individual Differences, 28 (1), pp. 18–26.
Filipp, Siegrun-Heide (1997): Geleitwort. In: Tesch-Römer, Clemens; Salewski, Christel; Schwarz, Gudrun (Hrsg.): Psychologie der Bewältigung. Weinheim, S. VII-VIII.
Fuest, Ada; John, Friedel; Wenke, Matthias (Hrsg.) (2014): Handbuch der individualpsychologischen Beratung in Theorie und Praxis. Zusammenhänge erschließen – Horizonte eröffnen. Münster.
Hobfoll, Stevan E. (1998): Stress, culture, and community. New York.
Lazarus, Richard S. (1995): Streß und Streßbewältigung – ein Paradigma. In: Filipp, Sigrun H. (Hrsg.): Kritische Lebensereignisse. Weinheim, 3. Auflage.
Lazarus, Richard S. (2005): Stress, Bewältigung und Emotionen. Entwicklung eines Modells. In: Rice, V.H. (Hrsg.): Stress und Coping. Lehrbuch für Pflegepraxis und -wissenschaft. Bern, S. 231–263.
Lyons, Renee F.; Mickelson, Kristin D.; Sullivan, Michael J.L.; Coyne, J.C. (1998): Coping as a communal process. In: Journal of Social and Personal Relationships, 15, pp. 579–605.
Rausch, Adly (2008): Im Fokus – pädagogisch-psychologische Beratung. In: Rausch, Adly; Hinz, Arnold; Wagner, Rudi F. (Hrsg.): Beratungspsychologie. Bad Heilbrunn, S. 119–144.
Rausch, Adly; Hinz, Arnold; Wagner, Rudi F. (Hrsg.) (2008): Beratungspsychologie. Bad Heilbrunn.
Sanders, Rudolf (2006): Beziehungsprobleme verstehen – Partnerschaft lernen. Paderborn.
Sanders, Rudolf (2010): Die Partnerschule. Ein klärungs- und bewältigungsorientierter Weg in Eheberatung und Paartherapie. Verhaltenstherapie und psychosoziale Praxis, 42, 4, S. 907–917.
Schäfer-Hohmann, Maria (2014): Beratung aus psychologischer Perspektive. In: Kohl, Hanne; Papenkort, Ulrich (Hrsg.): Beratung. Dimensionen einer kommunikativen Praxis. Mainz, S. 15–36.
Schröder, Anette (2004): Psychologie und Beratung. In: Nestmann, Frank; Engel, Frank; Sickendiek, Ursel (Hrsg.): Das Handbuch der Beratung, Band 1: Disziplinen und Zugänge. Tübingen, S. 49–60.
Seiffge-Krenke, Ingrid (1995): Stress, coping, and relationships in adolescence. Mahwah, NJ.
Steinebach, Christoph (2006): Beratung und Psychologie. In: Steinebach, Christoph (Hrsg.): Handbuch Psychologischer Beratung. Stuttgart, S. 11–34.
Vogt, Irmgard; Hoff, Tanja (2012): Psychologische Grundlagen der Gesundheitswissenschaften. In: Hurrelmann, Klaus; Razum, Oliver (Hrsg.): Handbuch Gesundheitswissenschaften. Weinheim, S. 151–186.
Warschburger, Petra (2009): Beratungspsychologie. Berlin.
Werner, Jilian; Nestmann, Frank (2014): Psychosoziale Beratung heute: Herausforderungen und Entwicklungspotenziale. In: Schwarz, Martin P.; Ferchhoff, Wilfried; Vollbrecht, Ralf (Hrsg.): Professionalität: Wissen – Kontext. Sozialwissenschaftliche Analysen und pädagogische Reflexionen zur Struktur bildenden und beratenden Handelns. Bad Heilbrunn, S. 617–629.
Winiarski, Rolf (2004): Beratung und Kurztherapie mit kognitiver Verhaltenstherapie. Weinheim.
Zwicker-Pelzer, Renate (2010): Beratung in der sozialen Arbeit. Bad Heilbrunn.

3.5 Erziehungswissenschaftliche Perspektiven auf Beratung (Renate Zwicker-Pelzer)

> **Zusammenfassung**
>
> Die Erziehungswissenschaft hatte immer schon eine große Nähe zur Beratung, teilt sie hinsichtlich der Haltung dem lernenden Menschen gegenüber doch enorm viele bedeutsame Aspekte. Die Subjektbezogenheit, die volle Akzeptanz der Autonomie hat nicht erst mit der Pädagogik Paulo Freires Fahrt aufgenommen. Gleichzeitig wird in der Pädagogik als angewandte Erziehungswissenschaft in den formalen Lernfeldern wie Schule, Ausbildung nach den Vorgaben von Lehrplänen und Vorgaben der Bildungspolitik vorgegangen. Diese Bildungsprozesse sind organisational und personal häufig nicht an das lernende Subjekt angekoppelt. Die Lernenden können nicht oder nur sehr begrenzt persönliche Ziele entwickeln und Aufträge für Beratung in diesem Kontexten entwickeln.

Pädagogik als Erziehungswissenschaft

In ihrem Kern geht es der Erziehungswissenschaft um das Lernen und das Umlernen, das Hinzulernen von Menschen egal welchen Alters. Damit leistet sie – wie die anderen Wissenschaften auch – einen bedeutsamen Beitrag zur Profilentwicklung von Beratung. Meist als „Pädagogik" benannt im Sinne der anwendungsorientierten Erziehungswissenschaft, ist sie die handlungsorientierte Praxis des Lehr-Lern-Geschehens. Pädagogik und Erziehungswissenschaft werden heute begrifflich meist identisch verwandt, wenngleich der Begriff der Erziehungswissenschaft die theoriegeleitete und theoriegestützte Praxis deutlicher hervorhebt. Zunehmend wird der Begriff der Bildungswissenschaft verwandt mit dem Ziel, die Umstände des Lernens und Umlernens von Erwachsenen deutlicher in den Fokus zu nehmen in Abgrenzung z.B. zur Erziehung von Kindern und Jugendlichen.

Herman Nohl hielt bereits 1914 einen Vortrag zur Markierung des Pädagogischen. In seinen pädagogischen Abhandlungen wurde diese Pädagogik als eine Wissenschaft der Gegensätze beschrieben. „Realistische Pädagogik ist das pädagogische System der Aktivität und der Weltbildung" (Nohl 1967, 5), deren Ziel es ist, diesem Leben, in dem man handeln will, gewachsen zu sein: Das innere Ideal der Person will in gleicher Weise alle körperlichen und alle geistigen Kräfte entwickelt wissen. Leben im Sinne der Weltenbildung soll zum Erleben der Vollkommenheit beitragen, deren „Ausübung als höchste Lust" (a.a.O.) erfahren werden soll. So ist „alle entscheidende pädagogische Arbeit auf die Entwicklung der Charakterkraft gerichtet, die sich im Glück wie im Kampf bewährt: wach sein und geistesgegenwärtig auch in der Gefahr, stark und ausdauernd auch in der Not, fähig zu jeder Äußerung, aber auch zur Selbstbeherrschung in jedem Affekt" (a.a.O., 5).

Pädagogik als Gegenstand inmitten der Lebenswirklichkeit

Nohl ist mit den geisteswissenschaftlichen Pädagogen (wie z.B. Dilthey, Flitner, Weniger) sehr auf die Erziehungswirklichkeit hin ausgerichtet. Die Erkenntnisse der Pädagogik sind nicht deduktiv zielführend anzuwenden, sondern sie sind auf die jeweiligen Lebenswirklichkeiten von Lehrern/Lehrerinnen und Lernenden ausgerichtet. In seiner Abhandlung des Sozialen der Pädagogik bezieht Nohl sich auf die Resultate der Aufklärung: „Es muss erst das Bewusstsein da sein, dass die Gestaltung des Lebens in die Hand des Menschen selber gegeben ist und die Pädagogik dafür die mächtigste Waffe ist." Das Ziel der Pädagogik ist „die Veredlung des Menschen die Entfaltung von bis dahin in ihm nicht vorhanden gewesenen Kräften" (a.a.O., 13).

Woraus man bei Nohl unmittelbare Schlüsse auf Beratung hin ableiten kann, ist seine Feststellung hinsichtlich der Leidenschaft der Pädagogen, sich „auf den Jammer und die Verderbtheit des Menschen an allen seinen unsäglichen Lebensnöten" zu beziehen; so orientiert sich die Pädagogik am Menschen als Individuum, am ganzen Volk und besonders hinsichtlich der in Not geratenen Menschen (a.a.O., 13). Demnach ist Pädagogik nicht auf die Perfektionierung menschlicher Lebensumstände in erster Linie gerichtet, sondern sie ist die zutiefst bewegende Auseinandersetzung mit allen Facetten von Lebensumständen individueller und sozialer Art über lange Zeit hinweg immer schon gewesen.

1965 war es Mollenhauer, der der Beratung im Zentrum der Pädagogik einen neuen Platz zuschrieb. In seiner Veröffentlichung „Führung und Beratung in pädagogischer Sicht" beschrieb er die pädagogische Verortung der Beratung. Dabei bezog er sich auf die vielen Veränderungen der Vorstellung von Erziehung und Bildung in einer gesellschaftsbezogenen sich demokratisch verstehenden Erziehung (Mollenhauer 1965). Weniger in der erziehungswissenschaftlichen Fachliteratur als vielmehr im Gespräch derjenigen, die in den pädagogischen Randbezirken tätig sind, gewinnt ein Begriff immer größer werdende Bedeutung, der indessen noch kaum als pädagogischer Begriff, in keinem Fall aber als erziehungswissenschaftlicher Terminus eingeführt ist – und dies sehr zum Nachteil der Erfassung und Analyse dessen, was wir die Erziehungswirklichkeit nennen – : der Begriff Beratung" (vgl. a.a.O., 25). Auch hatte er für die Pädagogik der Nachkriegszeit bald erkannt, dass „Beratung in besonderer Weise auf die Demokratisierung der auf Unterordnungsverhältnisse bezogenen Erziehungssituation abziele" (Hörmann 1985, 809).

Beratung wurde im Strukturplan, der auch als Bildungsgesamtplan beschrieben wird, vom Deutschen Bildungsrat 1970 fast selbstverständlich aufgenommen. Denn: „Individualisierung und Differenzierung im Bildungswesen machen es notwendig, dem Lernenden durch sachkundige Beratung zu helfen, damit er die Bildungsangebote und Lernmöglichkeiten wählen kann, die die Entfaltung seiner Persönlichkeit fördern und ihm gleichzeitig berufliche und gesellschaftliche Chancen bieten." (Deutscher Bildungsrat 1970, 91) Es folgten in den Fachjournalen Beiträge zur Beratung in pädagogischen Handlungsfeldern, und durch Weiterbildungen qualifizierte man eigens Beratungslehrer und -lehrerin. Das Funkkolleg „Beratung in der Erziehung" erreichte 1975 eine interessierte und hohe Beteiligung. Auch der Elternführerschein als Erziehungs-Ratgeber im Fernstudium hatte eine Nähe zur Beratung.

Diese starke Bewegung schien später einzugehen in eine Form der Therapeutisierung vieler Hilfeleistungen. Die Kritik dieser Bewegung bringt Hörmann (1985,

812) deutlich zum Ausdruck: Er fand, dass immer mehr Lebensbereiche sich einer vorwiegend psychologisierenden Deutung bedienen „und solcherart ins psychische gewendete Probleme in hilfreicher und heilender Absicht" zu bearbeiten/therapieren vorgeben. Er bezieht sich dabei auf Gröschke, der 1982 seine Kritik auch auf die Therapeutik der Sozialpädagogik bezieht. Aus dessen Sicht befasste sich beispielsweise die Diagnostik im Lehr-Lern-Geschehen lange Zeit ausschließlich mit den psychischen Dispositionen zur Erklärung kognitiver Defizite oder Schwächen. Diesem Vorgang sehr ähnlich verlief die Entwicklungsgeschichte der Sozialen Arbeit, auch sie war in dieser Zeit im Dilemma der therapeutischen und einzelfallfokussierten Zentrierung im Sinne der „Therapeutisierung sozialer Probleme" eher gefangen. Erst mit dem auf der Theorie von Interaktionismus und der Alltagstheorie basierendem Konzept der Tübinger Gruppe rund um Thiersch erweiterte bzw. formierte sich Beratung als sozialpädagogische Beratung, „die gestützt auf Persönlichkeits- und Gesellschaftstheorie, durch reflektierte Beziehungen und Erschließen von Hilfsquellen verschiedener Art das Unterworfensein von Menschen unter belastende Situationen verändern will" (Frommann/Schramm/Thiersch 1976, 739, zit. nach Hörmann, 1985, 812). Hörmann folgert daraus die „Abkehr von einem psychologischen oder klinischen Beratungsbegriff". Dieser suggeriere mehreres, z.B. dass ein Klient meist freiwillig eine entsprechende Beratungsstelle besucht, er zudem sachlich ein Problem erarbeiten und über Alternativen zu entscheiden in der Lage ist und Probleme im Wesentlichen durch eigene Verhaltensänderung lösen oder minimieren kann. Erweiternd dazu beabsichtigt die sozialpädagogische Beratung die „Sachorientierung, Alltagsbezug und Lebenswelterschließung beziehungsweise -veränderung in einer zwar richtungsweisenden, wenn auch relativ abstrakt bleibenden Analyseebene zu integrieren: Sozialpädagogische Beratung soll nämlich die „Alltagsprobleme zugleich unverkürzt und professionell angehen", in den „Widersprüchen der modernen Gesellschaft" und „in der Komplexität der politischen, psychologischen, rechtlichen, sozialen Schwierigkeiten" (Frommann/Schramm/Thiersch 1976, 717/727, zit. nach Hörmann, 1985, 813). In dieser Verortung der Beratung innerhalb der Erziehungswissenschaft wird die Sozialpädagogik zum Bindeglied und zur Schnittstelle.

Dieter Lenzen (1997) versteht die Erziehungswissenschaft gar als „Lebenswissenschaft auf dem Weg zur Wissenschaft des Lebenslaufs und der Humanontogenese." Lange Zeit befasste sich die Erziehungswissenschaft als Wissenschaft des Lehrens und Lernens von Menschen verstärkt mit dem kindlichen Lernen, der Optimierung von Lernprozessen und deren pädagogisch relevanten Umfeld- und Umweltbedingungen. In den 1960er und 1970er Jahren etablierte sich dann zunehmend stark die Erwachsenenbildung als gewichtiger Part innerhalb der Erziehungswissenschaft. Der Bildungsgesamtplan von 1970 fokussierte das lebenslange Lernen, eine neue Bildungsoffenheit bis zum Lebensende von Menschen. Auch die berufliche Bildung gewann auf dem Hintergrund einer erweiterten Lernpsychologie an eigenem Profil; einige Lehrstühle wurden in der Folge gar in Bildungswissenschaften umbenannt. An dieser Stelle wird die erziehungswissenschaftliche Perspektive auf das Lernen, das Umlernen und auf die anregungsstarke Umgebung gelenkt. Sie verfolgt weit über die Didaktik und Methodik hinaus das Menschenbild des mündigen und autonomen Menschen. In der Bildungspolitik wird zunehmend von Bildung statt Erziehung im Kindesalter gesprochen, eine ambivalente Begrifflichkeit insofern, als die Bildung der Eltern neu in das Zentrum gerückt wird, die Eltern sollen erziehungsfähig gemacht werden. Die Aufgabe des Pädagogen und der Pädagogin – das Er-ziehen – ist, dies zeigen alle pädagogisch relevanten Forschungen, weniger zielführend für verändertes Verhalten des zu Erziehenden oder zu bildenden Menschen. Gleichzeitig haben wir es mit einem veränderten Paradigma der Pädagogik zu tun, welches nicht nur die Eltern, sondern auch die Kinder als lernende Subjekte wahrnimmt und respektiert.

Hermann Giesecke (2003, 21 ff.) beschreibt das „pädagogische Handeln" als leitend für das berufliche Handeln als Pädagoge und Pädagogin. Zentrale Aufgabe des pädagogischen Handelns ist nicht „Erziehen", sondern „Lernen ermöglichen". Pädagoginnen und Pädagogen sind aus seiner Sicht professionelle Lernhelfer. Pädagogisches Handeln ist „ein bewusstes und willentliches menschliches Tun, das auf die Gestaltung der Wirklichkeit gerichtet ist; der Handelnde verfolgt dabei bestimmte Ziele und hat dafür bestimmte Motive" (a.a.O., 21) Wenn sich so das Handeln auf die Veränderung menschlichen Seins und ihrer Verhältnisse richtet, dann spricht Giesecke von sozialem Handeln als wechselseitiges Handeln, indem Menschen miteinander darum ringen, für oder gegen bestimmte Ziele zu handeln.

Handelndes Verändern der Pädagogen und Pädagoginnen durch Beratung

Das professionelle pädagogische Handeln drückt sich nach Giesecke in fünf Grundformen des Handelns aus: Unterrichten, Informieren, Beraten, Arrangieren, Animieren. Beraten bezieht sich auf die Lebensführung und deren Entscheidungslasten, die vielen Optionen und Alternativen, die Menschen haben und für oder gegen die sie sich entscheiden müssen. Die Lernziele in der Beratung setzt der Ratsuchende selbst, nicht der Pädagoge oder die Pädagogin. „Beratung wird gebraucht, um besser handeln zu können." (a.a.O., 89)

Beratung aus pädagogischer Sicht ist entsprechend Lernbegleitung und nicht Ziehen und Lenken – hier liegt ein Widerspruch zum herkömmlichen Konzept der Pädagogik.

Martin R. Textor beschreibt in Auseinandersetzung mit Bollnow, Mollenhauer und Sprey „Beratung als den inneren Kern, die Lebensführung und die Probleme des Ratsuchenden betreffende Information, Aufklärung, Ermutigung und Hilfe, die innerhalb eines bestehenden oder episodischen erzieherischen Verhältnisses stattfindet und dieses verändert" (1987, 3). Beratung als Teil der Pädagogik hat nach Textor eine stark psychologische Prägung, das heißt eine große Nähe zu Pädagogischer Psychologie, Lernpsychologie, Entwicklungspsychologie, Sozialpsychologie, Sozialer Arbeit und Psychotherapie.

Die neueren Befunde für Lernen und Umlernen aus den Neurowissenschaften sind für die Pädagogik wie für die Beratung bedeutsam. Zukunftsorientierung und auf ein Ziel hin ausgerichtete Pädagogik brauchen zudem die Erkenntnisse des Konstruktivismus.

Pädagogisches Handeln durch Beratung im Lebenskontinuum

Pädagogik bewegt sich im Lebenskontinuum von Menschen, das heißt sie trifft in der Gegenwart auf Menschen und sieht diese Menschen als gewordene Subjekte, in ihrer Historizität. Auch wenn die Begegnung in der gegenwärtigen Lebenswirklichkeit stattfindet, ist sie gerichtet auf Ziele und Zukunft hin. Daraus leiten sich – auch im Unterschied zu den anderen beratungsrelevanten Disziplinen – Menschenbild und Handlungsstrategien besonderer Art ab: Das lernende Subjekt ist verwurzelt in einer Lebensgeschichte, einer Lerngeschichte in gesellschaftlichen Umständen und kann gegenwärtig nur die neuen Schritte der Veränderung vollziehen, die sich in dieses Kontinuum einfügen lassen. Dazu gehören sowohl die Begrenzungen wie auch die Ressourcen aus den vergangenen Geschichten von Erfahrungen wie auch die des sozialstrukturalen Kontextes der Gegenwart.

Allen Betrachtungen voran stehen so die philosophischen Grundlagen, die in der Subjektkompetenz liegen, das heißt der Sicht des mündigen Menschen, der seiner Geschicke selber Herr/Frau werden kann. Was die Beratung mit der Erziehungs- und Bildungswissenschaft gemeinsam hat, ist die ganzheitliche Sicht auf den Menschen inklusive seiner meist komplexen Lebensumstände. Als lernendes Subjekt ist der Mensch weitgehend seiner eigenen Geschicke mächtig und dies in allen Phasen seines Lebens. Beratung als Teil der Pädagogik nach dem Verständnis von Giesecke erarbeitet mit dem jeweils im Kontext präsenten Menschen dessen konkrete Ziele der erwünschten Veränderung. In Abgrenzung zu oder in Gemeinschaft mit Pädagogen – auch derer der neueren Schulen – gibt der Pädagoge, die Pädagogin in seinem, ihrem beraterischen Handeln ebenfalls keine Ziele vor, sondern erarbeitet, sucht und bestärkt die selbst zu erarbeitenden Ziele der umlernenden Menschen. Diese Profilmerkmale der Erziehungswissenschaft stehen in einem engen Bezug zur Beratung als Wissenschaft. Gerade die lebensweltlich orientierte Beratung beschäftigt sich mit dem in der Vergangenheit liegenden Gewordensein, der lebensgeschichtlichen Dimension, wie sie sich im gegenwärtigen Sein darstellt, in einer Orientierung auf ein Ziel oder einen verbesserten Zustand hin.

Zwicker-Pelzer (2010) beschreibt ihr Verständnis von Beratung in diesem Rahmen und setzt erste Maximen der pädagogischen Reflexion in ein einführendes Konzept des Beratungslernens um. Eine vertiefende Verbindung genau dieser Vernetztheit wird in dem von Kullmann und Rieforth 2004 entwickelten Neun-Felder-Modell (NFM) aufgegriffen, in dem es um die Operationalisierbarkeit und Transparenz von Beratungsprozessen geht. Das Modell greift die Triade Vergangenheit-Gegenwart-Zukunft, wie sie in der Pädagogik gängig ist, auf und verbindet sie zweidimensional mit Problem-Ressource-Wunsch/Bedürfnis (Rieforth/Graf 2014, vgl. auch Abbildung 6).

Die Problemebene ist die Gegenwart, hier zeigen sich akute Begrenzungen; die Ressourcen liegen meist in der Vergangenheit und sind in der Gegenwart und in der Krise nicht mehr zugänglich und spürbar. Die Dimension der Zukunft öffnet neue Räume, ermöglicht neue Ideen und weist auf die Vorstellung der verbesserten Lebenssituation hin.

3.5 Erziehungswissenschaftliche Perspektiven auf Beratung

Wunsch/ Bedürfnis (Ebene 3)	Wie haben Sie Ihren Wunsch/Ihr Bedürfnis damals erlebt?	Welche Veränderung wünschen Sie sich?	Was würde die gewünschte Veränderung für Sie bedeuten?
Ressource (Ebene 2)	Welche Fähigkeiten waren damals hilfreich – und was haben Sie damals getan?	Was wäre für Sie jetzt hilfreich? Was wollen Sie jetzt dafür tun?	Wie wollen Sie dies auch in Zukunft sicherstellen – und was wollen Sie für diese Veränderung tun?
Problem (Ebene 1)	Welche Erfahrungen haben Sie mit dem Problem?	Was genau erleben Sie momentan als Problem?	Wie, glauben Sie, wird sich das Problem in der Zukunft entwickeln?
	Vergangenheit (Ebene 4)	Gegenwart (Ebene 5)	Zukunft (Ebene 6)

Abbildung 6: Neun-Felder-Modell (Rieforth/Graf 2014, 206)

Diese unmittelbare Nähe der Pädagogik zur Beratung wird ebenso von Rolf Arnold (2012 a/b) präferiert. Er regt an zum Lernen, ohne zu belehren, und zu neuen Lernformen des Dialogs und der Zielklärung. Sie fußt auf u.a. der Pädagogik der Autonomie von Paulo Freire, der seinerzeit den Lehrer als Politiker und Künstler sah, welcher Lebenswirklichkeiten interaktiv zu entschlüsseln sucht.

Beratung ist im erziehungswissenschaftlichen Begründungsrahmen Bestandteil von Pädagogik; sie wirkt in verschiedenen Formaten der institutionellen Felder von Bildung und Erziehung. Neben der Erwachsenenbildung finden wir im beruflichen und im schulischen Bereich unterschiedliche Ansätze und Rahmungen von Beratung.

Der jeweilige Kontext gibt das Maß an Unabhängigkeit bzw. Autonomie vor oder beeinflusst es maßgeblich. Innerhalb des schulischen Kontextes und mit deutlichem Fokus auf Leistung und Sanktionierung orientiert, ist Beratung dort nur in Grenzen unabhängig; sie kann nur bedingt eine geschützte Atmosphäre der Vertraulichkeit bieten. In diesen Kontexten wird meist von pädagogischer Beratung gesprochen.

In einem Vortrag bei der Change Culture Consultants AG am 05.06.2005 resümiert Bernd Dewe: „Pädagogische Beratung kann gegenüber möglichen anderen Beratungsformen von sich sagen, mit dem Dialogpartner im Beratungsprozess ohne Inanspruchnahme einer wie auch immer gearteten Defizithypothese ein von ihm artikuliertes Problem zu bearbeiten. Ziel ist das Auffinden von alternativen Lösungswegen mittels der Hervorbringung neuer Qualitäten im Umgang mit dem zur Rede stehenden Problem. Der zu Beratende findet den Weg in die pädagogische Beratung in der Regel dadurch, dass er Alternativen zum bisherigen (habitualisierten) Problemumgang sucht und ihm daraufhin Perspektiven geboten werden, die ihn umsichtiger agieren lassen, indem sie ihn bilden. Das prospektive, Problemlösungskraft generierende, also animative Potenzial pädagogischer Beratung ist allerdings verwiesen auf das situative Aufspüren des ‚fruchtbaren Moments' (Copei) im Prozess der Beratung." (Dewe 2005, 5)

Wenn wir Dewes pädagogischem Verständnis folgen, dann wird die herausragende Stellung des Subjekts, die Orientierung an den Lösungsräumen (statt den Defiziten), die gemeinsame Suchbewegung als ein prozessgeleitetes Geschehen unmittelbar transparent und gerät deutlicher in den Zusammenhang der Grundlagen der Beratungswissenschaften. Huschke-Rhein (2003) rückt die Pädagogik in die Beratungswissenschaft und lädt damit zu einem neuen Berufsverständnis des Pädagogen und der Pädagogin, der die Selbstorganisation der Lernenden sehr ernst nimmt, ein.

Wir finden im Feld der Pädagogik derzeit unterschiedliche Stilrichtungen der Beratung:

- die Bildungsberatung
- die Berufsberatung
- die Lernentwicklungsberatung, Studienentwicklungsberatung
- die psychologische Beratung
- die Schulleistungsberatung u.v.a.m.

Zudem haben sich einige Beratungs-Masterstudiengänge mit einem originär pädagogischen Profil etablieren können. Über die Sonderstellung der pädagogischen Beratung, ihren fachlichen Bezug zur pädagogischen Psychologie sowie die vielfältigen Arbeitsfeld-Bezüge und Formalisierungsgrade handelt auch eine Veröffentlichung von Bauer/Gröning/Hoffmann/Kunstmann (2012) mit dem Titel „Pädagogische Beratung". In ihren Beiträgen wird der Blick auf Beratung als Part der Pädagogik und Pädagogik als professionelle Ressource des Verstehens und Begleitens von Veränderungsprozessen gelenkt in zwei Hauptrichtungen

1. die sozialpädagogische Beratung (mit stärker lebenslauforientiertem Charakter)
2. die pädagogische Beratung im Sinne der Begleitung von lebenskontextbezogener Beratung (lebensweltlich-kontextualer Charakter) (Baur/Weinhardt 2014).

So verweist die derzeitige erziehungswissenschaftliche Zuordnung der Beratung einerseits auf eine lange Tradition der Beheimatung von Beratung in der Pädagogik und andererseits muss der beratungswissenschaftliche Blick auch Warnungen und Grenzziehungen kenntlich machen. Denn die Vertraulichkeit, die Freiheit des lernenden Subjekts und andere ethische Marker sind schnell gefährdet, wenn Leistungsmessung und Leistungsbewertung erfolgt und die Verdinglichung von Lernprozessen sich in den Vordergrund des pädagogischen Handelns drängen.

3.5 Erziehungswissenschaftliche Perspektiven auf Beratung

> **Fragen zur Vertiefung und Diskussion**
>
> - Wie kann in pädagogischen Kontexten vermehrt die Subjekt-Kompetenz Platz finden?
> - Wie können Lehrende die Grundsätze von Beratung respektieren und Grenzen ziehen und halten?
> - Was ist Ihr Konzept von „pädagogischer Beratung"?
> - Worin sehen Sie gemeinsame Grundlagen und Grundhaltungen in der personalen Begegnung von Lehrenden und Lernenden einerseits und Beratenden und Klientinnen und Klienten andererseits?

Literatur zu Kapitel 3.5

Einführende Literatur

Arnold, Rolf (2012a): Ich lerne, also bin ich. Heidelberg.
Arnold, Rolf (2012b): Wie man lehrt, ohne zu belehren. Heidelberg.
Bauer, Petra; Weinhardt, Marc (Hrsg.) (2014): Perspektiven sozialpädagogischer Beratung. Weinheim.
Bauer, Annemarie; Gröning, Katharina; Hoffmann, Cornelia; Kunstmann, Anne-Christin (Hrsg.) (2012): Grundwissen Pädagogische Beratung. Göttingen.
Deutscher Bildungsrat (1970): Empfehlungen der Bildungskommission. Strukturplan für das Bildungswesen. Bad Godesberg.
Dewe, Bernd (2005): Dimensionen pädagogischer Beratung. Aktuelle Entwicklung der Erziehungswissenschaften. Change Culture Consultants (CCC) AG, S. 1–6. Online verfügbar unter: https://www.yumpu.com/de/document/view/4110416/dimensionen-padagogischer-beratung (05.10.2021).
Freire, Paulo (2008): Pädagogik der Autonomie. Münster.
Frommann, Anne; Schramm, Dieter; Thiersch, Hans (1976): Sozialpädagogische Beratung. In: Zeitschrift für Pädagogik 22, S. 715–742.
Giesecke, Hermann (2003): Pädagogik als Beruf. Weinheim.
Lenzen, Dieter (1997): Professionelle Lebensbegleitung – Erziehungswissenschaft auf dem Weg zur Wissenschaft des Lebenslaufs und der Humanontogenese. In: Erziehungswissenschaft 15, S. 5–22.
Mollenhauer, Klaus (1965): Das pädagogische Phänomen „Beratung". In: ders.; Müller, Carl Wolfgang (Hrsg.): „Führung" und „Beratung" in pädagogischer Sicht. Heidelberg, S. 25–50.
Nohl, Herman (1967): Ausgewählte pädagogische Abhandlungen. Paderborn.
Siebert, Horst (2009): Selbstgesteuertes Lernen und Lernberatung. Augsburg.
Sprey, Thea (1968): Beraten und Ratgeben in der Erziehung. Zur Differenzierung einer pädagogischen Handlungsform. Weinheim.
Textor, Martin R. (1987): Beratung, Erziehung, Psychotherapie. Eine Begriffsbestimmung. In: Psychologie in Erziehung und Unterricht, 34, S. 1–13. Online verfügbar unter: http://www.ipzf.de/Definitionen.html (05.10.2021).

Weiterführende Literatur

Gröschke, Dieter (1982): Kritik der Therapeutik in der Sozialarbeit – Wiederaufnahme eines unerledigten Themas. In: Neue Praxis 12, S. 160–171.

Hörmann, Georg (1985): Beratung zwischen Fürsorge und Therapie. In: Zeitschrift für Pädagogik 31, S. 805–820.

Huschke-Rhein, Rolf (2003): Einführung in die systemische und konstruktivistische Pädagogik. Weinheim.

Rieforth, Joseph; Graf, Gabriele (2014): Tiefenpsychologie trifft Systemtherapie. Göttingen.

Zwicker-Pelzer, Renate (2010): Beratung in der sozialen Arbeit. Bad Heilbrunn/Stuttgart.

3.6 „Gehirngerechte" Beratung. Aktuelle Perspektiven der Neurowissenschaften zu einer multidisziplinär ausgerichteten Beratungswissenschaft (Jörg Baur)

Zusammenfassung

Dieses Kapitel beschäftigt sich mit einigen wesentlichen neurowissenschaftlichen Erkenntnissen, die für die Praxis der Beratung und für die Beratungswissenschaft selbst von großer Bedeutung sind. Gehen die auch in diesem Band vorgestellten Beratungskonzepte vom Menschen als bio-psycho-soziales Modell aus, sind die Ausführungen um die biologische Ebene meist untergewichtet. Das Ziel dieses Beitrages ist es, aus dem komplexen Bereich der Neurowissenschaften praxis- und theorierelevante Impulse auch für den Bereich der Beratung zu setzen. Dabei spielen wohladaptive, ressourcen- und kompetenzbezogene neuronale Netzwerke im menschlichen Gehirn in ihrer (Wechsel-)Wirkung auf die psychosozialen Dimensionen menschlichen Lebens eine vorrangige Rolle. Insofern ist es zunächst naheliegend, diese neuronalen Netzwerke in ihrer strukturellen Verfasstheit zu beschreiben, die durch erfahrungs- und nutzungsabhängige biografische Erfahrungen immer wieder verändert wird. Diese "Neuroplastizität" des Gehirns ist der Schlüssel für "gehirngerechte", beratungswirksame Interventionen. In einer kurzen Zusammenschau werden für die neuronale Ebene förderliche Lern- und Veränderungsbedingungen in der Beratung abschließend aufgeführt. Diese können als Angebot zur Miteinbeziehung der biologischen im Sinne der neuronalen Ebene in die unterschiedlichen Beratungskonzeptionen genutzt werden.

Die Neurowissenschaften als „Leitwissenschaft"

Das in der Beratungswissenschaft vorherrschende Verständnis vom Menschen als biopsychosoziales Wesen legt nahe, auch aktuelle neurowissenschaftliche Wissensbestände mit zu berücksichtigen. Das ist nicht selbstverständlich, fokussieren gängige Beratungsparadigmen stärker die psychische und soziale, weniger die biologische Ebene. Auch Niklas Luhmann hat in seiner Theorie sozialer Systeme, die als theoretische Grundlegung etwa der systemischen Beratung hohe Bedeutung gewonnen hat, den Bereich der biologischen Ebene zwar in seiner „Systemtrias" aufgenommen, jedoch nicht weiter ausgearbeitet (Luhmann 1984). Ausnahmen bilden etwa (hypno-)systemische oder traumatherapeutische Konzepte, die das Wissen um die Zusammenhänge des menschlichen Verhaltens, Erlebens, der psychischen Funktionen einerseits und der ihnen zugrunde liegenden neuronalen Prozesse bzw. Strukturen andererseits bereits integrieren (vgl. hierzu auch Roth et al.

2020; Roth/Ryba 2016; Eßing 2015). Sie weisen insbesondere auf die Bedeutung wohladaptiver, ressourcen- und kompetenzbezogener neuronaler Netzwerke im menschlichen Gehirn hin als günstige Basis für die in der Beratung angestrebten positiven Entwicklungen.

Seitdem es mittels moderner Verfahren möglich geworden ist, neuronale Strukturen im Gehirn bildlich darzustellen, ist ein Hype um die Neurowissenschaften ausgebrochen, die in einflussreichen Medien als „Leitwissenschaft" gehandelt wird. Im Bereich der Psychotherapie haben es Vertreterinnen und Vertreter verschiedener Verfahren schnell verstanden, die neuesten Erkenntnisse der Hirnforschung zu nutzen, um die je eigenen theoretischen Prämissen als nunmehr neurobiologisch fundiert zu deklarieren und damit wissenschaftlich aufzuwerten.

Aktueller Kenntnisstand neurowissenschaftlicher Forschung: Interessante versus strittige „Entwicklungsperspektiven"

Führende deutsche Wissenschaftlerinnen und Wissenschaftler haben bereits 2004 darauf hingewiesen, dass es sich bei den unzähligen Veröffentlichungen zu den verschiedensten neurowissenschaftlichen Themenbereichen nur zum Teil um gesichertes Wissen und daher auch um Hypothetisches oder sogar Spekulatives handelt (Elger/Friederici/Koch/Luhmann/Menzel/Malsburg/Monyer/Rösler/Roth/Scheich/Singer 2004). Umso schwieriger ist es für Laien, eine qualitative Bewertung aktueller neurowissenschaftlicher Erkenntnisse vorzunehmen.

Umstritten ist insbesondere die Grundannahme des Primats des Körperlich-Neuronalen vor dem Psychischen/Sozialen. So wird das Psychische ebenso wie menschliches Verhalten als Folge grundlegender biologischer Prozesse und Strukturen (insbesondere neuronale Netzwerke und synaptische Verschaltungen im menschlichen Gehirn) definiert. Diese Positionierung wird unter dem Begriff des biologisch-reduktionistischen Determinismus zum Teil heftig kritisiert insbesondere in der kontroversen Debatte um die angebliche Illusion menschlicher Willensfreiheit (Geyer 2013).

Schlüssig hingegen ist die Öffnung der Neurowissenschaften für die Zirkularität und Selbstorganisationsfähigkeit auch biologischer Systeme in ihren Wechselwirkungen mit Umweltfaktoren. Auch die aktuellen Erkenntnisse etwa über die Bedeutung des limbischen Systems, der somatischen Marker, der theory of mind, der Spiegelneuronen usw. weisen auf interessante Entwicklungsperspektiven hin. Sie scheinen für das menschliche Lernen und für Veränderungs-, Entwicklungs- und Problemlösungsprozesse und in diesem Sinne auch für die Beratung von herausragender Bedeutung zu sein (Förstl 2012; Damasio 2009; Rizzolatti/Sinigaglia 2018). Auf diese Perspektiven baut auch Klaus Grawe sein Verständnis einer „Neuropsychotherapie" auf. Sein auch durch Eric Kandel gestütztes Postulat einer Kovariation neuronaler, psychischer erfahrungsgeleiteter Aktivität lautet: „Psychotherapie wirkt, wenn sie wirkt, darüber, dass sie das Gehirn verändert. Wenn sie das Gehirn nicht verändert, ist sie auch nicht wirksam." (Grawe 2004, 18) Insofern wäre es auch im Kontext von Beratung sinnvoll, über den Weg einer beratungsinitiierten Veränderung neuronaler Strukturen eine Veränderung menschlichen Verhaltens anzustreben.

Die neurowissenschaftliche Perspektive auf Beratung/Counseling

Eine neurowissenschaftliche Perspektive auf die Beratungssituation kann aus einem theoretischen und aus einem praktischen Blickwinkel erfolgen. Beispielsweise hat Baur (2013) eine praxisnahe Falldarstellung aus einer neurowissenschaftlich inspirierten Einzelsupervision vorgestellt. Im Folgenden soll es jedoch um eine theoretische Herleitung wesentlicher neurowissenschaftlicher Erkenntnisse gehen.

Die neuronale Ebene von der Aufnahme, Weiterleitung und Verarbeitung von Informationen

Die allgemeine Aufgabe des Gehirns besteht darin, für das Überleben, die Gesundheit und das „psychobiologische Wohlbefinden" (Storch 2002, 282) des Organismus zu sorgen. Dafür erbringt das informationsverarbeitende Nervensystem eine unvorstellbare Arbeitsleistung. Die Nervenzellen (Neuronen) sind dabei besonders wichtig. Schätzungen gehen von einer gigantischen Anzahl zwischen zehn und hundert Milliarden vernetzter Neuronen im menschlichen Gehirn aus. Sie sind verantwortlich für die Verarbeitung und Weiterleitung der von den Sinnesorganen aus der Umwelt oder dem Inneren des Organismus aufgenommenen Informationen. Das geschieht über die Umwandlung dieser Informationen in elektrische Impulse, die dann über ca. 2,5 Millionen Nervenfasern an das Gehirn weitergeleitet werden. Diese bestehen aus Neuronen, die über Synapsen miteinander in Verbindung stehen und in denen chemische Botenstoffe (Neurotransmitter) zur Wirkung kommen. Die im Gehirn ankommenden Einzelinformationen werden dort zunächst synchronifiziert abgeglichen mit bereits in neuronalen Netzwerken biografisch abgespeicherten Informationen. Danach werden sie an verschiedenen Gedächtnisorten in zum Teil weit verteilten und feingliederigen Subsystemen abgespeichert und als „Antwort" an die Organe, Muskeln oder Drüsen des Organismus zurückgegeben. Die meisten dieser neuronalen Informationsverarbeitungsprozesse verlaufen automatisiert, abseits des menschlichen Bewusstseins. Was von diesen Prozessen dann letztlich zu welchen konkret erfahrbaren Verhaltens- und Erlebensweisen führt und mit wie vielen Freiheitsgraden der Mensch auf diese Prozesse bewusst steuernd Einfluss nehmen kann, ist umstritten.

Die Entstehung neuronaler Netzwerke durch Synapsenbildung und „Bahnungen"

Das allgemeine Prinzip der Bildung neuronaler Netzwerke erfolgt nach der Hebb'schen Regel, dass sich diejenigen Neuronen verdrahten, die gleichzeitig aktiviert werden (Hebb 2012). Diese Verdrahtungen bilden sich allerdings zurück, wenn sie nicht erneut befeuert werden und zwar nach dem Prinzip „use it or lose it". Erfolgt eine Aktivierung jedoch häufiger, werden die synaptischen Verbindungen der aktivierten Neuronen verstärkt und es kommt zu einer „Bahnung". Solche Bahnen sind zukünftig immer leichter aktivierbar und funktionieren effektiver. Daher ist die Wahrscheinlichkeit höher, dass sich zunächst die bisherigen Erfahrungen und die damit verbundenen Muster an Gedanken, Gefühlen, Körperempfindungen und Verhaltensreaktionen auf der Basis solcher Bahnen selbst reproduzieren. Zumindest so lange, bis sich über neue Erfahrungen neue Netzwerke, neue Bahnen gebildet und stabilisiert haben. Gerald Edelman beschreibt dieses Phänomen in seinem Konzept des „reentrant mapping" (Edelman/Tononi 2002). Dabei scheinen implizite, körperliche und emotionale Faktoren vor allem des limbischen Systems einen stärkeren und umfangreicheren Einfluss auf das menschliche Verhalten zu haben, als bewusste kognitive Prozesse. Dies geschieht unabhängig davon, ob die Bahnungen Ergebnisse wiederholt positiv konnotierter Kompetenzerfahrungen sind oder sich aus negativ erlebten, etwa traumatischen Erfahrungen bilden. „Das unbewusste, limbische Erfahrungsgedächtnis lenkt (...) unser Handeln stärker als unser bewusstes Ich; es äußert sich als Motive, Zu- und Abneigungen, Stimmungen, Antriebe, Wünsche und Pläne, die als relativ diffus und detailarm empfunden werden." (Roth 2001, 373)

Die Plastizität des Gehirns als „soziales Organ"

„Unter neuronaler Plastizität oder Neuroplastizität verstehen wir die Fähigkeit des Zentralnervensystems (insbesondere des Gehirns), sich beständig den Erfordernissen des Gebrauchs optimal anzupassen – und dabei können neuronale Netzwerke reorganisiert werden, indem neue synaptische Verbindungen zwischen den Neuronen geknüpft und bereits bestehende wieder gelöst werden." (Rüegg 2007, 19) Eine der bedeutendsten und gesichertsten Erkenntnisse der Neurowissenschaften besteht in einer neuen Sichtweise des Hirns als plastisches, dynamisch-selbstorganisiertes Organ, das bis ins hohe Alter hinein erfahrungs- und nutzungsabhängig veränderbar bleibt („experience-dependent plasticity") (Hüther 2004a, 246) Es kann daher als „soziales Organ" (Schmitt 2008) oder „Beziehungsorgan" (Fuchs 2020) verstanden werden, weil es enorme Anpassungsleistungen an die jeweiligen soziokulturellen und interaktionellen Umweltbedingungen erbringt. Bereits in der embryonalen Phase entwickelt sich die „plastische" Gehirnstruktur des Menschen aus einer Wechselwirkung zwischen pränatal initial angelegten neuronalen Verschaltungen und synaptischen Verbindungen sowie frühen Umwelt-, insbesondere Bindungs- und Beziehungserfahrungen mit den primären Bezugspersonen. Dafür ist das Kleinkind zunächst mit einer Fülle von neuronalen Vernetzungsoptionen ausgestattet für all das, was ihm theoretisch im Leben begegnen könnte. Aus diesem Überangebot werden insbesondere in den ersten Lebensjahren diejenigen Optionen aktiviert, verfestigt oder umgeformt, die durch entsprechende Erfahrungen hauptsächlich in der Familie angesprochen wurden. Der weitaus größere Rest an Neuronen bildet sich mangels Umwelt- oder Beziehungsaktivierung zurück und stirbt ab, alleine ca. ein Drittel bis zum 11. Lebensmonat (Hüther 2006). Bei der Herausbildung stabiler, möglicherweise unumkehrbarer Strukturen des sich entwickelnden Gehirns scheint es zum einen bestimmte Zeitfenster (sensible Phasen) zu geben, die spätere plastische Veränderungsmöglichkeiten eingrenzen. Zum anderen können emotional besonders intensiv erlebte Erfahrungen (etwa traumatische Erlebnisse) im Sinne wirkmächtiger, maladaptiver Bahnungen die Strukturen des Gehirns zeitlebens verändern. Sie können nur schwer bzw. nur unter bestimmten Bedingungen ab- oder umgebaut werden, etwa durch den systematischen Aufbau alternativer, selbstwirksamkeitsmächtiger Netzwerke (Hüther

2004a). Im Gegensatz zur frühkindlichen Entwicklung sind im erwachsenen Gehirn kortikale Veränderungen in größerem Maße wieder umkehrbar. Ein Beispiel dafür sind die „Neuroblasten". Sie dienen als noch nicht ausdifferenzierte Neuronenreserve, die etwa bei traumatischen Hirnschädigungen im Hippocampus zur Kompensation funktionaler Ausfälle oder Beeinträchtigungen aufgrund der Schädigungen aktiviert werden können. Auf diese Weise leisten auch sie einen Beitrag zur Plastizität des Gehirns (Schmitt 2008).

Die Möglichkeiten und Grenzen synaptischer und neuronaler Plastizität sind auch für den Beratungskontext von Bedeutung, da die gebildeten (maladaptiven oder funktionalen) Hirnstrukturen selbst wiederum menschliches Verhalten, Erleben und Bewusstsein beeinflussen, wenn nicht gar determinieren. Es ginge dann um die Frage, wie sich äußere biografische und aktuelle Erfahrungen im Gehirn der Klientinnen und Klienten neuronal verankern und auf diese Weise das aktuelle und zukünftige Denken, Fühlen und Handeln beeinflussen. Denn Beratung hat ebenso häufig die Konstruktion und Realisierung alternativer Problemlösungsstrategien zum Ziel, wie ein sinnvoller Umgang mit nicht selbstveränderbaren Begrenzungen bzw. Restriktionen, entstanden etwa durch frühe Traumatisierungen.

Emotional intensiv erlebte Beziehungserfahrungen begünstigen oder erschweren neuronale Veränderungen und damit Lernprozesse

Positive Veränderung von Verhalten und Erleben gehören zu den häufigsten Beratungszielen. Sie zu erreichen setzt Lern- bzw. Interventionsprozesse voraus, die auf der Basis des biologischen Primats der Neurowissenschaften neuronale Strukturen verändern müssen, sollen sie nachhaltig sein. Besonders wirksam scheinen dabei überraschende freudige Ereignisse, spaßvolle körperliche Betätigungen sowie emotional intensiv erlebte interpersonelle Bindungs- und Beziehungserfahrungen zu sein. Diese begünstigen über die Ausschüttung der Neurotransmitter Dopamin und Serotonin die Neubildung von Synapsen. Hüther spricht in diesem Zusammenhang von Erfahrungen, die „unter die Haut gehen" (Hüther 2004b, 244). Demgegenüber erzeugen Stress und Angst in einer überfordernden psychosozialen Belastungs-, Konflikt- oder Krisensituation einen dauerhaften Anstieg des Stresshormons Cortisol und hemmen plastizitätsfördernde Substanzen, die für Veränderung/Entwicklung notwendig sind. Es besteht die Gefahr der Chronifizierung von Stress. Wenn dann ein bislang unbekannter, als unkontrollierbar und damit bedrohlich eingestufter Stressor überraschend auftritt, wird nun vor allem bei psychisch stärker belasteten Menschen die Aktivierung und Stabilisierung kreativer, öffnender Lern- bzw. Problemlösungs- oder -beseitigungsstrategien erschwert oder blockiert. In diesen Fällen kann der Betroffene nicht mehr auf differenzierte handlungsleitende Muster zurückgreifen, sondern aktiviert implizit lebensgeschichtlich ältere „Notfallpläne" wie Regression oder Vermeidung. Wenn auch diese Mechanismen nicht mehr funktionieren, weil das Angstniveau und das damit verbundene Erregungsmaß zu groß sind, werden „archaische" Notfallpläne aktiviert, wie z.B. Angriff, Flucht, Erstarrung, Unterwerfung, stereotypische Bewegungsmuster und im Extremfall Dissoziation, Depersonalisation, Selbstverletzung usw. (Hüther

2006). In solchen Fällen wäre selbstverständlich eine psychotherapeutische Hilfe indiziert.

Lernen/Verändern im Kontext von Beratung heißt: die Plastizität des Gehirns zu nutzen

Beratung zielt auf das Erlernen wohladaptiver Lösungsstrategien vor allem über analoge, selbst erlebte und weniger über vermittelte Erfahrungen. Belehrungen, Ratschläge und nicht intrinsisch motivierte, oberflächlich übernommene Haltungen können hingegen nicht viel zu nachhaltigen Lösungs- oder Entwicklungsprozessen beitragen. Denn die präfrontale Rinde und das limbische System, die Lernprozesse maßgeblich steuern, sind nicht belehrbar. Die in diesen Regionen bereits neuronal verankerten Konstruktionen, Bewertungen, Haltungen, Handlungsmuster usw. sind nur veränderbar in der Weise, wie sie entstanden sind, das heißt durch eine Überschreibung oder Überformung durch neue oder andere Erfahrungen, die einen Unterschied zum Bestehenden machen. Dies funktioniert insbesondere dann, wenn positive Erfahrungen wiederholt und mit Begeisterung gemacht werden. Die Hilfestellung in der Beratung besteht darin, durch eine Reaktivierung von kreativem Potenzial die in den Klientinnen und Klienten oftmals versandete Begeisterung am Leben wieder zu wecken. Das ist wesentlicher als der Einsatz noch so ausgeklügelter Methoden oder Techniken ohne einen lernförderlichen Kontext (Hüther 2004b). Wie aber kann eine solche Begeisterung durch beraterische Interventionen geweckt werden?

Gehirngerechte, förderliche Lern- und Veränderungsbedingungen in der Beratung

Baur (2013) hat in Anlehnung an Grawe (2004) folgende Lernbedingungen auch als gehirngerechte und -verändernde Grundsätze für alle Beratungsformate beschrieben.

Vertrauensstiftende Beziehungsorientierung

Das übergeordnete Ziel der Beratung besteht darin, das Vertrauen der Klientinnen und Klienten zu fördern. Und zwar das Vertrauen, dass sie ihre schwierige Situation alleine oder mit anderen Menschen bewältigen können und dass dies letztlich gelingt. Für Hüther (2006) stellen diese drei vertrauensstiftenden Ressourcen die Basis dar für öffnende Lernprozesse, mit denen Ängste vor Misslingen abgebaut werden können.

Motivationsorientierung

Intrinsisch motivierte, positiv formulierte, selbst erreichbare Beratungsziele führen über die Aktivierung von Kreativität und Innovationsgeist eher zum Erfolg als Ziele mit geringer Selbstkongruenz, die eher extrinsisch motiviert sind.

Orientierung an Ressourcen und positiven Lernerfahrungen

Eine genaue Analyse und Arbeit mit den Ressourcen und Kompetenzen der Klientinnen und Klienten sowie Fehlerfreundlichkeit ermöglichen Selbstwert und Resilienz erhöhende Erfolgserlebnisse.

Lösungs-, Bewältigungs-, Klärungsorientierung

Bei jeder Problembearbeitung werden positive Gefühle, Ziele, Motive aktiviert und damit wohladaptive Erregungsmuster als Gegenwelt zur Problemtrance gebahnt. Dadurch können neue, zielführende Bewältigungserfahrungen gemacht werden.

Erlebnis-, Emotions- und Körperorientierung

„Gehirngerechte" beraterische Interventionen erlauben spielerische, selbst erlebte Erfahrungen, die Freude, Stolz, Lust, Interesse vermitteln. Sie vermeiden Erfahrungen, die Angst, Zwang oder übermäßig belastenden Stress erzeugen, welche das Lernen erschweren. Dafür werden möglichst vielfältige sinnliche, körperliche, emotionale, intellektuelle, soziale Zugänge für explizites und implizites Lernen genutzt, die miteinander vernetzt zielführende wohladaptive Muster kreieren.

Übungsorientierung

Nach dem Prinzip: „use it or lose it" sollten positive Interventionserfahrungen häufiger wiederholt werden, bis der Abruf der erwünschten Reaktion automatisiert erfolgt. Das Erlernen und Automatisieren eines neuen neuronalen Erregungs- und Verhaltensmusters benötigt also Zeit, Übung, Geduld und Ausdauer.

Partizipations- und Selbstwirksamkeitsorientierung

Beraterinnen und Berater lassen ihre Klientel an ihren Hypothesen, Entscheidungen oder Interventionsstrategien bewusst teilhaben, indem sie ihr Vorgehen plausibel verdeutlichen. Damit erleben sich die Klientinnen und Klienten als selbstbestimmt und selbstwirksam, was ihre Motivation erhöht, sich selbst nachhaltig für das Beratungsziel einzusetzen.

Gemeinschafts-, Kooperationsorientierung

Auch individuelle Veränderungen bedürfen häufig einer sozialen Unterstützung durch Familienmitglieder oder durch den Freundeskreis. Daher ist es wichtig, kooperatives Verhalten in solchen sozialen Bezügen zu fördern, denn die Erfahrung des Eingebundenseins in ein tragendes soziales Netzwerk stärkt die psychische Gesundheit.

> **Fragen zur Vertiefung und Diskussion**
>
> - Wozu ist es sinnvoll, auch die biologische, neuronale Ebene in unterschiedliche Beratungskonzeptionen miteinzubeziehen?
> - Wie ist ihre Haltung zu der neurowissenschaftlichen Grundannahme des Primats des Körperlich-Neuronalen vor dem Psychischen/Sozialen?
> - Wie kann die Aufnahme, Weiterleitung und Verarbeitung von Informationen von den Sinnesorganen hin zum Gehirn beschrieben werden?
> - Nach welchen Prinzipien entstehen neuronale Netzwerke und damit auch neuronale Strukturen?
> - Was ist unter der "Neuroplastizität" des Gehirns als soziales Organ zu verstehen?
> - Inwieweit beeinflussen emotional intensiv erlebte Beziehungserfahrungen neuronale Veränderungen und damit beratungsrelevante Lernprozesse?
> - Welche gehirngerechten, förderlichen Lern- und Veränderungsbedingungen können in der Beratungspraxis sinnvoll genutzt werden?

Literatur zu Kapitel 3.6

Einführende Literatur

Baur, Jörg (2013): Supervision als neurowissenschaftlich inspirierter Lehr-Lernprozess: Facetten einer „gehirngerechten" Supervision. In: Hanswille, Reinert (Hrsg.): Systemische Hirngespinste. Neurobiologische Impulse für die systemische Theorie und Praxis. 2. Auflage. Göttingen, S. 224–244.

Elger, Christian; Friederici, Angela; Koch, Christof; Luhmann, Heiko; Menzel, Randolf; Malsburg, Christoph von der; Monyer, Hannah; Rösler, Frank; Roth, Gerhard; Scheich, Henning; Singer, Wolf (2004): Das Manifest – Elf führende Neurowissenschaftler über Gegenwart und Zukunft der Hirnforschung. In: Gehirn & Geist, 6, S. 30–37.

Förstl, Hans (Hrsg.) (2012): Theory of Mind. Neurobiologie und Psychologie sozialen Verhaltens. (2., überarb. u. aktual. Auflage). Heidelberg.

Fuchs, Thomas (2020): Das Gehirn – ein Beziehungsorgan. Eine phänomenologisch-ökologische Konzeption. 6., erw. u. aktual. Auflage. Stuttgart.

Geyer, Christian (Hrsg.) (2013): Hirnforschung und Willensfreiheit. 8. Auflage. Frankfurt am Main.

Grawe, Klaus (2004): Neuropsychotherapie. Göttingen.

Hüther, Gerald (2004a): Die neurobiologische Verankerung von Erfahrungen und ihre Auswirkungen auf das spätere Verhalten. In: Gesprächspsychotherapie und Personenzentrierte Beratung, 4, S. 246–252.

Hüther, Gerald (2004b): Psychotherapie und Beratung kann die Plastizität des Gehirns nutzen. In: Gesprächspsychotherapie und Personzentrierte Beratung, 4, S. 243–245.

Hüther, Gerald (2006): Brainwash: Einführung in die Neurobiologie für Therapeuten und Pädagogen. DVD. Mülheim.

Roth, Gerhard (2001): Fühlen, Denken, Handeln. Wie das Gehirn unser Verhalten steuert. Frankfurt am Main.

Schmitt, Thomas (2008): Das soziale Gehirn. Eine Einführung in die Neurobiologie für psychosoziale Berufe. Bonn.

Storch, Maja (2002): Die Bedeutung neurowissenschaftlicher Forschung für die psychotherapeutische Praxis. Teil 1: Theorie. In: Psychotherapie, 7, 2, S. 281–294.

Weiterführende / zitierte Literatur

Damasio, Antonio R. (2009): Ich fühle, also bin ich – Die Entschlüsselung des Bewusstseins. 8. Auflage. München.
Edelman, Gerald; Tononi, Giulio (2002): A Universe of Consciousness. New York.
Eßing, Gabriele (2015). Praxis der Neuropsychotherapie: wie die Psyche das Gehirn formt. Berlin.
Hebb, Donald (2012): The organization of behavior. A neuropsychological theory. New York.
Luhmann, Niklas (1984). Soziale Systeme: Grundriss einer allgemeinen Theorie. Frankfurt am Main.
Rizzolatti, Giacomo; Sinigaglia, Corrado. (2018): Empathie und Spiegelneurone: Die biologische Basis des Mitgefühls. 6. Auflage. Frankfurt am Main.
Roth, Gerhard; Ryba, Alica (2016): Coaching, Beratung und Gehirn. Neurobiologische Grundlagen wirksamer Veränderungskonzepte. Stuttgart.
Roth, Gerhard; Heinz, Andreas; Walter, Henrik (Hrsg.) (2020): Psychoneurowissenschaften. Berlin.
Rüegg, Johann Caspar (2007): Gehirn, Psyche und Körper. Neurobiologie von Psychosomatik und Psychotherapie. 4. akt. u. erw. Auflage. Stuttgart.

3.7 Counseling – Bedeutung und Grundlagen aus juristischer Perspektive (Rolf Jox)

Zusammenfassung:

In diesem Beitrag werden die juristischen Fragestellungen im Zusammenhang mit Counseling benannt und erörtert: Ist jedem Berater/jeder Beraterin Counseling – psychosoziale Beratung - erlaubt? Welche Anforderungen werden an Beratung gestellt? Welches sind die Konsequenzen fehlerhafter Beratung? Aufgezeigt wird, dass die Befassung mit den relevanten Rechtsvorschriften empfehlenswert ist, um unliebsame Konsequenzen zu vermeiden.

Einführung

Counseling – psychosoziale Beratung – wirft neben den bereits erörterten Inhalten auch einige Fragen in juristischer Hinsicht auf. Ist Gegenstand psychosozialer Beratung auch die rechtliche Prüfung des Einzelfalls, stellt sich mit Blick auf das Rechtsdienstleistungsgesetz (RDG) die entscheidende Frage, wem eine derartige Beratung überhaupt erlaubt ist. Zu klären sind ferner die an eine Beratung gestellten Anforderungen. Schuldet der Beratende nur „irgendeine" Beratung, z.B. eine solche, die nur eigene Überzeugungen, Ansichten, Meinungen o.Ä. berücksichtigt, oder ist vielmehr – etwa bei Beratung auf der Basis eines Beratungsvertrages – eine ordnungsgemäße, das heißt insbesondere fehlerfreie Beratung geschuldet? Eng verknüpft mit dieser Fragestellung sind die juristischen Konsequenzen von Beratung. Führt eine fehlerhafte Beratung zur Haftung, etwa zu zivilrechtlicher Haftung (Schadensersatz) oder gar strafrechtlichen Konsequenzen?

Diesen Fragen soll im Folgenden vertieft nachgegangen werden. Zunächst erfolgt eine Begriffsbestimmung von Beratung (in Abgrenzung zu Behandlung/Therapie); danach wird der Frage nachgegangen, wem die psychosoziale Beratung mit rechtlicher Prüfung des Einzelfalls erlaubt ist. Zudem werden Anforderungen an Beratung in rechtlicher Hinsicht sowie die Folgen fehlerhafter Beratung dargestellt und diskutiert.

Begriffsbestimmung – Abgrenzung zur Behandlung/Therapie

Psychosoziale Beratung als solche ist im Gesetz nicht definiert. Im Bereich psychosozialer Beratung in dem im hiesigen Werk verstandenen Sinne werden häufig zahlreiche Rechtsbereiche berührt, in denen der Begriff der Beratung in gesetzlichen Bestimmungen enthalten ist (z.B. im Bürgerlichen Recht § 1908f Abs. 4 BGB – Beratung von Personen bei der Errichtung einer Vorsorgevollmacht durch anerkannte Betreuungsvereine; im Sozialrecht § 14 SGB I – Beratungsanspruch gegenüber den Sozialleistungsträgern; im Strafrecht § 219 StGB – Beratung der Schwangeren in einer Not- und Konfliktlage; im öffentlichen Recht § 25 VwVfG – Beratung, Auskunft, frühe Öffentlichkeitsbeteiligung). Dabei ist festzustellen, dass der Inhalt des Begriffes „Beratung" vom Gesetzgeber vorausgesetzt, das heißt nicht eigens definiert wird; lediglich vereinzelt findet sich eine Definition von Beratung in einem speziellen Kontext im Gesetz (vgl. z.B. § 1 Abs. 1a Nr. 1a KWG: Finanzdienstleistungen sind ... die Abgabe von persönlichen Empfehlungen an Kunden oder deren Vertreter, die sich auf Geschäfte mit bestimmten Finanzinstrumenten beziehen, sofern die Empfehlung auf eine Prüfung der persönlichen Umstände des Anlegers gestützt oder als für ihn geeignet dargestellt wird und nicht ausschließlich über Informationsverbreitungskanäle oder für die Öffentlichkeit bekannt gegeben wird (Anlageberatung).

Unter Beratung im Allgemeinen können Hinweise, Lösungsvorschläge, Aufzeigen von Alternativen u.Ä. in konkreten Situationen verstanden werden. Konkret unter Rechtsberatung fasst man die (schriftliche oder mündliche) Unterrichtung des Rechtssuchenden über die Rechtslage im Einzelfall, gleich auf welchem Rechtsgebiet und über die zu ergreifenden Maßnahmen bei der Durchsetzung seiner Rechte. Entscheidend ist, dass es dem Ratsuchenden überlassen bleibt, ob er dem Rat folgt (vgl. Rennen/Caliebe, RBerG, Art. 1 § 1 Rn 40 mwN).

Abzugrenzen ist Beratung von Behandlung und Therapie. Unter (Heil-) Behandlung, die seit 2013 ausdrücklich durch das Gesetz zur Verbesserung der Rechte von Patientinnen und Patienten in den §§ 630a ff BGB im Bürgerlichen Gesetzbuch Erwähnung gefunden hat, versteht man neben der Diagnose die Therapie und damit sämtliche Maßnahmen und Eingriffe am Körper eines Menschen, um Krankheiten, Leiden, Körperschäden, körperliche Beschwerden oder seelische Störungen nicht krankhafter Natur zu verhüten, zu erkennen, zu heilen oder zu lindern (vgl. nur BT-Drucks. 7/10488, 17). Therapie umfasst danach die konkreten Maßnahmen und/oder Eingriffe am Körper des Menschen.

Zusammenfassend lässt sich festhalten, dass Behandlung und Therapie die konkreten Maßnahmen und Eingriffe z.B. zur Heilung von Krankheiten betreffen, Beratung hingegen das Hinweisen, Aufzeigen von z.B. Behandlungs- und Therapiemöglichkeiten bedeutet.

Rolf Jox

Psychosoziale Beratung mit rechtlicher Prüfung des Einzelfalls – jedermann erlaubt?

Häufig betrifft psychosoziale Beratung Lebensbereiche, in denen das Aufzeigen von Lösungsmöglichkeiten unter Einbezug der Lebenswelt des Ratsuchenden die rechtliche Prüfung des Einzelfalls erfordert. Wendet sich z.B. eine suchtkranke Mutter eines fünfjährigen Kindes an eine Beratungsstelle mit dem Ziel, „ihre Sucht zu behandeln, um das Sorgerecht für das Kind zu behalten", wird es neben den maßgeblichen Fragen zur anstehenden Suchtbehandlung (Finanzierung der Suchtbehandlung nach den maßgeblichen Normen des SGB V, VI, IX) zu klären sein, wer das Sorgerecht für das Kind hat und wie z.B. einem bereits geäußerten Wunsch nach alleiniger Sorge des Vaters des Kindes begegnet werden kann. Ohne auf weitere Einzelheiten einzugehen, wird davon ausgegangen, dass hier die erforderliche Prüfung der Rechtslage anhand der maßgeblichen Normen vorgenommen werden muss. Es handelt sich also nicht um einen Sachverhalt, der ohne jede rechtliche Prüfung auskommt, weil er nach Inhalt, Formen und Rechtsfolgen jedermann derart vertraut ist, dass er nicht als „rechtlicher" Lebensvorgang empfunden wird (vgl. dazu BT-Drucks. 16/3655, 46). Erforderlich ist die konkrete rechtliche Prüfung des Einzelfalls, die dem Berater oder der Beraterin mit Blick auf die maßgeblichen Vorschriften des RDG nur gestattet ist, wenn er/sie über die danach erforderliche Erlaubnis verfügt. Berät er/sie ohne die erforderliche Erlaubnis, kann er/sie wegen einer Ordnungswidrigkeit in den Fällen des § 20 RDG verfolgt werden.

Erlaubt sind Rechtsdienstleistungen, das heißt die Tätigkeit in konkreten fremden Angelegenheiten, sobald sie eine Prüfung des Einzelfalls erfordert, gemäß § 3 RDG nur in dem Umfang, in dem sie durch das RDG oder durch oder aufgrund anderer Gesetze erlaubt wird. Nach dem Wortlaut des § 3 RDG ist lediglich die selbstständige Erbringung von Rechtsdienstleistungen erfasst. Jedoch betrifft das Erlaubniserfordernis auch die Erbringung von Rechtsdienstleistungen in abhängiger Tätigkeit (als Mitarbeiter einer Einrichtung), denn es ist selbstverständlich, dass abhängig Tätigen die Erbringung von Rechtsdienstleistungen für eine rechtsdienstleistungsberechtigte Person nur in dem Umfang erlaubt ist, wie sie dieser Person gestattet ist (vgl. dazu BT-Drucks. 16/3655, 51; Offermann-Burckart in: Krenzler, RDG, § 3 Rn 25; Römermann in: Grunewald/Römermann, RDG, § 3 Rn 2 mwN).

Ist psychosoziale Beratung mit einer rechtlichen Prüfung des Einzelfalls verbunden, ist dies dem Beratenden lediglich gestattet, wenn dazu im RDG oder anderen Gesetzen (vgl. dazu BT-Drucks. 16/3655, 32) eine Befugnisnorm aufgefunden werden kann. Im Folgenden soll die Untersuchung auf Erlaubnisnormen aus dem RDG beschränkt werden.

Erlaubnis nach § 5 Abs. 1 RDG

In Betracht kommt eine Erlaubnis nach § 5 Abs. 1 RDG, wonach Rechtsdienstleistungen im Zusammenhang mit einer anderen Tätigkeit erlaubt sind, wenn sie als Nebenleistung zum Berufs- oder Tätigkeitsbild gehören. Dabei ist die Frage, ob eine Nebenleistung vorliegt, nach ihrem Inhalt, Umfang und sachlichen Zusammenhang mit der Haupttätigkeit unter Berücksichtigung der Rechtskenntnisse zu beurteilen, die für die Haupttätigkeit erforderlich ist. Diesbezüglich dient § 5 RDG dazu, einerseits die Berufsausübung nicht spezifisch rechtsdienstleistender Berufe nicht zu behindern, andererseits den erforderlichen Schutz der Rechtsuchenden vor unqualifiziertem Rechtsrat zu gewährleisten (so die Gesetzesbegründung BT Drucks. 16/3655, 51). Unter Berücksichtigung dieser Erfordernisse dürfte § 5 RDG als Erlaubnisnorm für die Erbringung von Rechtsdienstleistungen in Form von rechtlicher Beratung bei psychosozialer Beratung in der Regel ausscheiden. Ist Inhalt der psychosozialen Beratung eine solche zu z.B. in Fragen des Sozialrechts, des Familienrechts, ist die Beratung Haupttätigkeit und keine Tätigkeit, die als Nebenleistung einer Hauttätigkeit bezeichnet werden könnte. Wird psychosoziale Beratung lediglich als Beratung durchgeführt, die keinerlei Rechtskenntnisse erfordert (so z.B. bei Beratung zu allgemeinen Lebensfragen, Ängsten und ähnlichen Problemen), kann eine z.B. damit verbundene Beratung in Fragen des Familienrechts auch nicht als Nebenleistung im Sinne des § 5 Abs. 1 RDG verstanden werden, denn in diesem Fall sind für die Haupttätigkeit gerade keine Rechtskenntnisse erforderlich. Als Gegenbeispiel, das heißt als Fall, bei dem die Anwendung von § 5 Abs. 1 RDG in Betracht kommt, kann die Rechtslage bei gewerblich tätigen ambulanten Pflegediensten angeführt werden. Beraten diese Dienste anlässlich ihrer Pflegeleistungen auch über die in diesem Rahmen anfallenden Rechtsangelegenheiten, kann eine solche Beratung als unentgeltliche Nebenleistung zulässig sein (so für den Bereich der Kranken- und Altenpflege Hirtz in: Grunewald/Römermann, RDG, § 5 Rn 128 r).

Erlaubnis nach § 6 Abs. 1 und 2 RDG

In Betracht kommt ferner eine Erlaubnis nach § 6 Abs. 1 und 2 RDG. Danach sind Rechtsdienstleistungen erlaubt, wenn sie nicht im Zusammenhang mit einer entgeltlichen Tätigkeit stehen (unentgeltliche Tätigkeiten). Rechtsdienstleistungen im Rahmen psychosozialer Beratung, die von Wohlfahrtsverbänden, Beratungsstellen der Ehe-, Familien- und Lebensberatung u.a. getätigt werden, werden im Regelfall unentgeltlich erbracht, das heißt die Beratung ist für den Ratsuchenden nicht von seiner Gegenleistung abhängig. Dass die Beratung pauschal durch öffentliche oder private (Spenden)-Gelder finanziert wird, nimmt der Beratung hier nicht den Charakter der Unentgeltlichkeit (vgl. dazu BT-Drucks. 16/3655, 57). Insofern kommt § 6 Abs. 1 RDG als Erlaubnisnorm bei psychosozialer Beratung in Betracht. Zu beachten ist in diesem Zusammenhang aber § 6 Abs. 2 RDG: Da diese Beratung außerhalb familiärer, nachbarschaftlicher oder ähnlich enger persönlicher Beziehungen erbracht wird, muss sichergestellt werden, dass die Rechtsdienstleistung durch eine Person mit Befähigung zum Richteramt oder unter Anleitung einer solchen Person erfolgt. Dabei erfordert die Anleitung eine an Umfang und Inhalt der zu erbringenden Rechtsdienstleistung ausgerichtete Einweisung und Fortbildung sowie eine Mitwirkung bei der Erbringung der Rechtsdienstleistung, soweit dies im Einzelfall erforderlich ist.

Erlaubnis nach § 8 Abs. 1 Nr. 2 und 5 RDG

Schließlich kommen als Erlaubnisnormen § 8 Abs. 1 Nr. 2 und 5 RDG in Betracht. Nach § 8 Abs. 1 Nr. 2 RDG sind Rechtsdienstleistungen im Rahmen ihres Aufgaben- und Zuständigkeitsbereichs Behörden und juristischen Personen des öffentlichen Rechts einschließlich der von ihnen zur Erfüllung ihrer öffentlichen Aufgaben gebildeten Unternehmen und Zusammenschlüsse erlaubt. Diese Regelung betrifft z.B. Mitarbeiter und Mitarbeiterinnen von Jugendämtern (vgl. § 69 Abs. 3 SGB VIII) oder Jobcentern (vgl. § 6d SGB II).

Nach § 8 Abs. 1 Nr. 5 RDG sind Rechtsdienstleistungen im Rahmen ihrer Aufgaben und Zuständigkeitsbereichs ferner Verbänden der freien Wohlfahrtspflege im Sinne von § 5 SGB XII (Arbeiterwohlfahrt, Caritasverband, Diakonisches Werk, Deutsches Rotes Kreuz, Paritätischer Wohlfahrtsverband, Zentralwohlfahrtsstelle der Juden in Deutschland), einschließlich der Vereine, die den Trägern der freien Wohlfahrtshilfe angeschlossen sind und hierdurch denselben Status besitzen (vgl. dazu BT-Drucks. 16/3655, 62), anerkannten Trägern der freien Jugendhilfe im Sinne von § 75 SGB und anerkannten Verbänden zur Förderung der Belange behinderter Menschen im Sinne von § 15 Abs. 3 BGG (Behindertengleichstellungsgesetz) erlaubt. Mitarbeiterinnen und Mitarbeiter, die bei diesen Institutionen tätig sind, können damit im Rahmen ihres Zuständigkeitsbereichs über die sich dort gestellten Fragen beraten. Ist dies nicht der Fall, kann sich eine Erlaubnis dazu nur bei Vorliegen der Voraussetzungen des § 5 RDG ergeben, sonst ist die Beratung über diese aus dem Zuständigkeitsbereich herausfallenden Fragen nicht gestattet. Zu beachten ist, dass gemäß § 8 Abs. 2 RDG für die in § 8 Abs. 1 Nr. 5 RDG genannten Stellen § 7 Abs. 2 RDG entsprechend gilt. Die Stellen müssen danach über die zur sachgerechten Erbringung dieser Rechtsdienstleistungen erforderliche personelle, sachliche und finanzielle Ausstattung verfügen und – wie im Falle der unentgeltlichen Dienstleistungen gemäß § 6 Abs. 2 RDG – sicherstellen, dass die Rechtsdienstleistung durch eine Person, der die entgeltliche Erbringung dieser Rechtsdienstleistung erlaubt ist, durch eine Person mit Befähigung zum Richteramt oder unter Anleitung einer solchen Person erfolgt. Ausreichend dabei ist z.B., dass ein Dachverband, dem eine Einrichtung angehört, genügend qualifizierte Juristen beschäftigt, die für die Einweisung der vor Ort tätigen Mitarbeiter der kleineren Einrichtungen im Einzelfall für Rückfragen zur Verfügung steht (vgl. BT-Drucks. 16/3655, 62).

Rechtliche Anforderungen an Beratung

Ist geklärt, dass überhaupt beraten werden darf, stellt sich die nächste Frage – vor allem mit Blick auf mögliche Folgen bei fehlerhafter Beratung –, welche rechtlichen Anforderungen an eine Beratung gestellt werden. Da psychosoziale Beratung von Beratungsstellen im Bereich des Sozialwesens grundsätzlich – analysiert man entsprechende Selbstdarstellungen in den jeweiligen Beratungskonzepten – mit Rechtsbindungswillen erfolgt, soll die folgende Darstellung auf diese Form der Beratung beschränkt werden (anders ist die Rechtslage bei der Beratung gefälligkeitshalber, das heißt ohne Rechtsbindungswillen. Vgl. zum Gefälligkeitsverhältnis allgemein Grüneberg/Grüneberg, BGB, Einleitung v. § 241 Rn 8 ff). Erfolgt die

Beratung aufgrund eines privatrechtlichen Vertrages gilt vor allem § 242 BGB, wonach der Schuldner (also der Beratende) verpflichtet ist, die Leistung (die Beratung) so zu bewirken, wie Treu und Glauben mit Rücksicht auf die Verkehrssitte es erfordern. Für die Hauptleistungspflicht – die Beratung – bedeutet dies, dass sie entsprechend der Verabredung der Parteien ordnungsgemäß erfolgen muss; dass die Beratung insbesondere dem Sinn und Zweck des Beratungsschuldverhältnisses entsprechend fehlerfrei durchgeführt wird. Um eine Haftung zu vermeiden (vgl. unten) muss der Beratende die im Verkehr erforderliche Sorgfalt beachten (vgl. § 276 BGB).

Treu und Glauben mit Rücksicht auf die Verkehrssitte erfordern zudem, dass Nebenpflichten beachtet werden. Darunter ist neben Aufklärungs- und Hinweispflichten im Bereich psychosozialer Beratung die Einhaltung der Regelungen der Schweigepflicht zu verstehen. Die Verpflichtung zur Einhaltung der Schweigepflicht besteht im Regelfall im Bereich psychosozialer Beratung in den maßgeblichen Einrichtungen bereits aufgrund des Arbeitsvertrages, den Mitarbeitende mit den jeweiligen Einrichtungen geschlossen haben. Für die in § 203 StGB genannten Personen (vgl. z.B. § 203 Abs. 1 Nr. 4 StGB: Ehe-, Familien-, Erziehungs- oder Jugendberater sowie Berater für Suchtfragen in einer Beratungsstelle, die von einer Behörde oder Körperschaft, Anstalt oder Stiftung des öffentlichen Rechts anerkannt ist, § 203 Abs. 1 Nr. 5 StGB: Mitglied oder Beauftragter einer anerkannten Beratungsstelle nach den §§ 3 und 8 des Schwangerschaftskonfliktgesetzes, sowie § 203 Abs. 1 Nr. 6 StGB staatlich anerkannter Sozialarbeiter oder staatlich anerkannter Sozialpädagoge) folgt die Schweigepflicht überdies aus dieser Vorschrift. Für Berufsgruppen, die nicht unter diese Rechtsgrundlagen fallen, sind über die sogenannte Drittwirkung der Grundrechte die allgemeinen Grundsätze zum Schutz des allgemeinen Persönlichkeitsrechts in Form des Rechts auf informationelle Selbstbestimmung zu beachten, welche sich aus Art. 2 Abs. 1 iVm Art. 1 Abs. 1 GG ergeben.

Erfolgt die Beratung im Bereich des öffentlichen Rechts, das heißt durch z.B. Sozialleistungsträger oder sonstige Behörden des Sozialrechts (vgl. § 14 SGB I), ist grundsätzlich festzuhalten, dass die Beratung im Einklang mit den jeweils maßgeblichen Rechtsnormen korrekt zu erfolgen hat. Das zuvor zu den Aufklärungs- und Nebenpflichten Erörterte gilt entsprechend.

Folgen bei fehlerhafter Beratung

Wird die Beratung fehlerhaft erteilt, kann dies im Bereich der zuvor dargestellten Beratung zivilrechtliche und strafrechtliche Haftungsfolgen auslösen. Im Fall der Beratung aufgrund eines zivilrechtlichen Vertrages haftet der Beratende gemäß § 280 Abs. 1 BGB, sofern er schuldhaft seine Beratungspflichten (= seine Vertragspflichten) verletzt hat und der Ratsuchende infolgedessen einen Schaden erlitten hat.

Schuldhaft bedeutet hier vorsätzliches oder fahrlässiges Verhalten. Da vorsätzliches Verhalten in diesem Zusammenhang (bewusst und gewolltes Handeln, das heißt bewusste und gewollte Falschberatung) in der Praxis eher kaum vorkommen dürfte, soll näher auf die fahrlässige Falschberatung eingegangen werden. Gemäß § 276 Abs. 2 BGB handelt fahrlässig, wer die im Verkehr erforderliche Sorgfalt außer Acht lässt. Anknüpfend an das zuvor Erörterte zu den rechtlichen Anforderungen an Beratung werden die Konsequenzen hier deutlich: Wer die im Verkehr erforderliche Sorgfalt nicht beachtet, das heißt die Beratung nicht ordnungsgemäß unter Berücksichtigung aller maßgebenden Umstände des Einzelfalls und der zu bedenkenden Konsequenzen durchführt, muss mit einem Schadensersatzanspruch rechnen. Zu berücksichtigen ist aber im Bereich der zivilrechtlichen Haftung, dass die Haftung der Mitarbeiter beschränkt ist: Nach den Grundsätzen der Arbeitnehmerhaftung kommt eine Haftung der Mitarbeiter und Mitarbeiterinnen im Regelfall erst in Betracht, wenn sie *nicht* leicht fahrlässig einen Fehler begehen. Wird der Fehler als im mittleren Maße fahrlässig, grobfahrlässig oder gar vorsätzlich eingestuft, kommt eine Mithaftung bzw. auch alleinige Haftung des Mitarbeitenden in Betracht.

Erfüllt die fehlerhafte Falschberatung darüber hinaus einen Straftatbestand (z.B. eine fahrlässig fehlerhafte Falschberatung ist ursächlich für eine vom Ratsuchenden erlittene Körperverletzung vgl. § 229 StGB), muss der Mitarbeitende zusätzlich mit einer strafrechtlichen Verfolgung rechnen. Die Grundsätze der zivilrechtlichen Arbeitnehmerhaftung gelten hier nicht.

Eine fehlerhafte Falschberatung im Bereich des öffentlichen Rechts kann beim Vorliegen der Voraussetzungen des § 839 BGB iVm Art. 34 GG zur Haftung des Staates oder der Körperschaft, in dessen Dienst der Mitarbeiter steht, führen. Im Sozialrecht ist darüber hinaus der sogenannte „sozialrechtliche Herstellungsanspruch" zu erwähnen; liegen die Voraussetzungen dafür vor, ist der Ratsuchende so zu stellen, als ob von vorneherein richtig beraten worden wäre.

Resümee

Befasst man sich mit den rechtlichen Grundlagen von psychosozialer Beratung, wird deutlich, dass eine Vielzahl von Normen zur Anwendung kommen kann. Insbesondere im Bereich von Rechtsdienstleistungen in Form von Rechtsberatung sind die Regelungen des Rechtsdienstleistungsgesetzes zu beachten, wonach diese Beratung lediglich Personen mit entsprechender Erlaubnis gestattet ist. Wird Beratung ordnungsgemäß, das heißt frei von Fehlern durchgeführt, braucht der Beratende keine Haftung – weder zivil- noch strafrechtlich – zu befürchten.

Zur Gewährleistung einer ordnungsgemäßen Beratung sollten die relevanten Bestimmungen von der Beratungswissenschaft immer auch und konsequent in den Blick genommen werden, um eine qualitativ hochwertige und professionelle Beratung zu sichern.

3.7 Counseling – Bedeutung und Grundlagen aus juristischer Perspektive

Fragen zur Vertiefung und Diskussion:

- Ist psychosoziale Beratung im Gesetz definiert?
- Gibt es Vorschriften, in denen Beratung erwähnt ist?
- Wie wird Beratung von Therapie abgegrenzt?
- Welche Auswirkungen haben die Vorschriften des RDG auf psychosoziale Beratung?
- Kann eine fehlerhafte Beratung strafrechtliche Konsequenzen haben?

Literatur zu Kapitel 3.7

Zitierte Literatur

Grunewald, Barbara/Römermann, Volker (Hrsg.) (2008): Rechtsdienstleistungsgesetz, Kommentar. Köln.

Krenzler, Michael (Hrsg.) (2017): Rechtsdienstleistungsgesetz, Handkommentar, 2. Auflage. Baden-Baden.

Grüneberg, Christian (2022): Bürgerliches Gesetzbuch. 81. Auflage. München.

Rennen, Günter/Caliebe, Gabriele (2001): Rechtsberatungsgesetz. 3. Auflage. München.

4 Formate und Orte von Beratung (Renate Zwicker-Pelzer)

> **Zusammenfassung**
>
> Den unterschiedlichen Lebenslagen, Wirklichkeiten, Krisensituationen von Klienten und Klientinnen ist durch passgenaue Beratungsformate und -orte Rechnung zu tragen. Beratung muss Formate fokussieren und unterscheiden, um so den unterschiedlichen Erfordernissen der Lebensbewältigung von Ratsuchenden wirklich hilfreich begegnen zu können. Im Folgenden wird daher auf Beratungsformate eingegangen, die sich auch in den unterschiedlichen Arbeits-/Praxis- bzw. Beratungsfeldern (vgl. Kapitel 6) wiederfinden. Beratungsfelder wie z.B. Paar- und Eheberatung, Familienberatung, Sucht- und Drogenberatung sind wesentlich durch ihre spezifischen Beratungsanlässe und -themen, aber auch ihre häufig institutionalisierte Angebotsstruktur gekennzeichnet. Demgegenüber sind Beratungsformate stärker von der Frage geprägt, welche Formen von Beratung einerseits bestehen und andererseits auf verschiedene Lebenslagen von Menschen, die Rat suchen und/oder benötigen, adäquat eingehen können.

4.1 Formelle – halbformelle – informelle Beratung

Engel/Nestmann/Sickendiek (1997) unterschieden bereits in den 1990er Jahren zwischen verschiedenen Beratungsformaten: formelle Beratung, halbformelle Beratung und informelle Beratung. Da die professionellen sozialen Handlungsfelder das Kernstück dieses Kompendiums ausmachen, räumen wir dem halbformellen Format in diesem Kapitel einen größeren Raum ein, während in Kapitel 6 stärker auf die formelle Beratung in beispielhaften Beratungsfeldern eingegangen werden soll.

Die *formelle* Beratung findet in Beratungsstellen statt mit eindeutigem Setting, Bekanntheit und Ablaufstandards. Alle Berater und Beraterinnen sind ausschließlich in ihrer Beratungsfachlichkeit tätig, egal ob es sich um Sozialpädagogen/-pädagoginnen oder um Psychologen/Psychologinnen handelt. Formelle Beratung findet statt in Einrichtungen, die eindeutig als Beratungsstellen zuzuordnen und als solche zu erkennen sind. Sie sind durch eine Komm-Struktur gekennzeichnet, die bedeutet, dass der Klient/die Klientin bereits eine Vorentscheidung der Hilfesuche getroffen hat und sich auf den Weg in ein Beratungssetting macht.

Halbformell ist Beratung dann, wenn sie ein Part und damit ein Bestandteil angrenzenden anderen beruflichen Tuns ist. Verschiedene Berufe in der psychosozialen Szene, aber auch Mediziner und Medizinerinnen, Juristen und Juristinnen, Pflege- und Betreuungsfachkräfte haben es zunehmend mit halbformalisierten Settings von Beratung zu tun. Es stellt ein hohes Erfordernis an die Profession dar, den jeweiligen „Hut" der Hilfe zu erkennen und ihn Klienten und Klientinnen gegenüber sehr deutlich erkennbar zu halten.

Informell ist das Potenzial an Beratung, welches im alltäglichen und informellen Zusammenhang stattfindet. Das heißt, es geht darum, den Freund, die Freundin, den nahe stehenden Menschen zu bestimmten Kenntnissen anzufragen; Menschen, mit denen man Sorgen teilt und die man kritisch befragt. Das Motto „Nun sagen

Sie doch mal ..." aktiviert das helfen wollende Gegenüber zur Aktivität, der Auftrag wird dabei selten überprüft und die Umsetzung informell entwickelter Veränderungen bleibt oftmals eher unverbindlich.

Die Vereinigung der Hochschullehrerinnen und Hochschullehrer zur Förderung von Beratung/Counseling in Forschung und Lehre (VHBC e.V.) hat sich bei ihrer Jahrestagung 2011 in Nürnberg vor allem mit dem halbformalisierten Format und dessen Nähe insbesondere zur Sozialen Arbeit beschäftigt. Die folgenden elf Thesen von Zwicker-Pelzer/Weber-Unger-Rotino (2011) greifen die dortigen Diskussionen und Ergebnisse auf:

1. Gegenwärtig beobachten wir, wie Beratung allgemein in den unterschiedlichsten gesellschaftlichen Bereichen immer mehr eine zentrale Bedeutung bekommt bei der Bewältigung der Unübersichtlichkeit, Verunsicherung und Individualisierung, die in der Zweiten Moderne die Lebenssituationen der Menschen bestimmen. Hier ist die beruhigende, befriedende gesellschaftliche Funktion von Beratung im Auge zu behalten.

2. Die verschiedenen Anforderungen an Beratung vonseiten der Klienten und Klientinnen durch die Anwendungsfelder, die Institutionen und den gesellschaftlichen Auftrag, denen die Handelnden gerecht werden sollen, müssen differenziert wahrgenommen und analysiert werden und die daraus entstehenden Auswirkungen auf das jeweilige Beratungsverständnis müssen kritisch reflektiert werden.

3. Beratungsformate werden meist als formalisierte oder teilformalisierte bzw. gar als informelle Beratung verstanden. In der Erziehungsberatung (EB) und der Ehe-, Familien- und Lebensberatung (EFL) u.a. hat sich Beratung als Kerngeschäft mit einem eigenen Format entwickeln können. Die Soziale Arbeit enthält in ihren fachlichen Zuständigkeitskontexten Teile von Beratung, sie ist aber nicht „Beratung pur" und daher eher halbformalisiert.

4. Eine weitere Unterscheidung bietet sich hinsichtlich der sozialen Dienstleistung Beratung an: Beratung ist eine Teilleistung in Sozialer Arbeit und Pflege u.a. Als solche sollte sie unterscheidbar sein, sowohl hinsichtlich des Formates, des Settings und der Berufsrolle. Die Klarheit und Unverwechselbarkeit ist besonders wichtig hinsichtlich der Schweigepflicht und dem Vertrauensschutz.

5. Beratung ist nicht nur das Folgen und Begleiten eines emotionalen Prozesses von Ratsuchenden durch den Berater/die Beraterin, sondern informierende Anteile sind ebenso wichtig, wie fachspezifisches Feldwissen, sozialwissenschaftliche und rechtliche Fundierung, die es in ihrer Passung mit den psychodynamischen Befindlichkeiten zu unterstützen gilt.

6. Beratung braucht eine eindeutige Klarheit hinsichtlich der Wirkung des Kontextes und der Ressourcen von Menschen.

7. Beratung orientiert sich vornehmlich an der Gegenwart der Alltags- und Lebensbewältigung statt an den intrapsychischen Tiefen der Vergangenheit. Sie ist stärker auf den Umgang mit Krisen und schwierigen Lebenslagen und auf deren Bewältigung fokussiert, anstelle der Suche nach Ursachen.

8. Beratung im teilformalisierten Format der Sozialen Arbeit weithin ist eindeutig auf die Ressourcensuche und deren Festigung von Ratsuchenden bezogen, an den Ressourcen entlang ist der Beratungsprozess angelegt.
9. Ratsuchende in der Sozialen Arbeit sind häufig in ihren Bedürfnissen und Aufträgen nicht klar, der Beratungsprozess dient am Anfang der Auftragssuche und im weiteren Verlauf der Entwicklung und Stärkung von Selbstdefinition und Selbstermächtigung sowie der Unterstützung (in individueller wie struktureller Hinsicht) und Ermöglichung von Partizipation der Klienten und Klientinnen.
10. Der diagnostische Prozess ist vornehmlich prozesshaften Charakters, z.B. durch sozialpädagogische Diagnosen, weniger Statusdiagnostik, eher Prozessdiagnostik
11. Beratung in informellen und teilformalisierten Kontexten nimmt immer mehr zu. Dabei sind diese Beratungskontexte oft wenig steuerbar, im Sinne des Herstellens eines geschützten Raumes und Settings. Genau deshalb kommt es in diesen Beratungssituationen ganz besonders auf die Person- und Beziehungskompetenzen an. Es geht um die gute Herstellung von tragfähigen Beziehungsgrundlagen aufseiten der Beratenden selbst. An dieser Stelle sei auf die Bedeutsamkeit von Tür- und Angel-Situationen, aufsuchende, zugehende Beratung hingewiesen, die oft erst längere kontraktierte Beratungsprozesse eröffnen. Teilformalisiert sind auch die sogenannte Tür- und Angel-Beratungssituationen; sie sind oft ein Start-up für folgende Beratungsprozesse.

Tür- und Angel-Situationen als Einstieg in Beratungsprozesse

Beratung „zwischen Tür und Angel" wurde von Maria Knab 2008 und Heino Hollstein-Brinkmann 2010 beschrieben und als eine neue Dimension professionellen sozialen Handelns ausgemacht. Für sie sind dies besondere Situationen, die aufzugreifen sind und mehr Aufmerksamkeit verdienen. In diesem Zwischenbereich stecken Kostbarkeiten und Qualitäten, die derzeit noch wenig „fachlich anerkannt und profiliert sind [...]", denn „gesellschaftspolitisch betrachtet ist Beratung in einem offenen Setting als ein Beitrag zu einer gerechteren Infrastruktur anzusehen, da sie für Personengruppen Wege der Beratung ermöglicht, für welche das institutionalisierte Beratungssetting nicht adäquat oder nicht erreichbar ist" (Knab 2008, 113). Bei dieser Beratung geht es meist „um eine Bewegung zwischen zwei Orten oder Räumen, vielleicht um ein kurzes Innehalten in einer Bewegung und nicht um ein Sich-Niederlassen mit festem Aufenthalt" (a.a.O.); dabei ist die Richtung der Bewegung offen, die Muster im Umgang mit dieser besonderen Situation sind ihr eigen. Knab beschreibt Bewegung, Offenheit, Gerechtigkeit und Partizipation als die herausragende Qualität. Sie regt in ihrem Beitrag zu weiterer Forschung zu diesem speziellen Format von Beratung an.

4.2 Akut versus präventiv – Beratung während oder vor Krisen und Belastungen

Beratung als akute Hilfe bei Krisenbewältigung

Akut und krisenhaftes Geschehen verlangt eine unmittelbare Orientierung am Gegenwärtigen, am Hier und Jetzt. Keineswegs ist im Krisenzustand das „Graben in Vergangenheit" hilfreich, es sei denn, es geht um (vergangene) Ressourcen der Krisenverarbeitung, die heute erneut bei der Bewältigung einer schwierigen Lebenssituation hilfreich sein könnten. Die akute Situation lenkt den Fokus auf die gegenwärtige Bewältigung von schwierigen Lebensumständen. Es geht um die Vielfalt von Lösungen bzw. Bewältigungsstrategien. Oft bleibt nicht viel Zeit für vertiefende Prozesse und die diagnostische Kompetenz muss zielgenau, treffsicher und hypothetisch vielfältig und kreativ sein. Akute Hilfe durch Beratung muss auf eine Grundstabilisierung des Person-Selbst ausgerichtet sein. Sickendiek, Engel und Nestmann (2002) orientieren sich an den Vorgaben der American Psychological Association (APA), wenn sie betonen, Beratung solle „Individuen helfen, Hindernisse ihres persönlichen Wachstums zu überwinden, wo immer sie erfahren werden, und zu einer optimalen Entwicklung persönlicher Ressourcen verhelfen" (a.a.O., 16). Auch in der Krisenintervention geht es um die Hilfe zur Selbsthilfe, also um die Anregung von Selbstermächtigungsprozessen. Dies bedeutet, „dem Betroffenen zu ermöglichen, sich in seiner Krise zu akzeptieren und davon ausgehend, selbst zu Lösungen und Bewältigungsmöglichkeiten zu kommen" (Sonneck 2012, 18).

Man unterscheidet verschiedene Typen von Krisen: Die Lebensveränderungs- oder Entwicklungskrisen und die meist traumatisch erlebten situativen Krisen. Auslöser für Krisen sind kritische Lebensereignisse, gemeint sind die erwarteten wie die unerwarteten Ereignisse. Meist reichen die bislang genutzten Lebensbewältigungsstrategien nicht mehr aus und führen dann zu einer pathologisch erlebten Situation. Bis hin zu somatischen Störungen können die Symptome reichen und der Blick auf neue Ziele und Veränderungen ist verstellt.

4.2 Akut versus präventiv – Beratung während oder vor Krisen und Belastungen

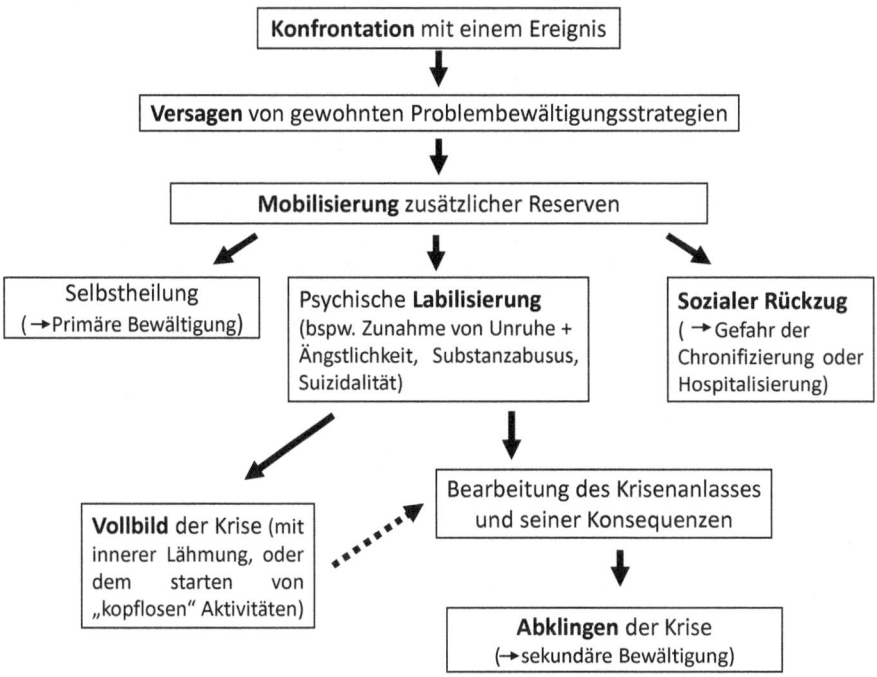

Abbildung 7: Krisenverlauf (D'Amelio 2010, 6)

Ausgehend von diesem Verlauf stellen sich als leitende Anforderungen an eine Krisenintervention in der Beratung folgende Aspekte/Voraussetzungen:

- schneller Beginn der Hilfestellung
- Sicherheit für Betroffene und das Umfeld gewährleisten (Selbst- und Fremdgefährdung prüfen)
- rasche physische, kognitive und emotionale Entlastung anstreben
- sicheren Raum anbieten für den Ausdruck von Gefühlen
- flexible berraterische Haltung (von Zuhören bis Handeln), das heißt Methodenflexibilität
- transparente nachvollziehbare Beratung mit klarem Kommunikationsmuster
- Fokus auf die aktuelle Situation und/oder den Krisenauslöser
- Reaktivierung und Einbeziehung von Ressourcen
- Planung und Vereinbarung einer Nachsorge

Der akute Aspekt der Krise erfordert für den Berater/die Beraterin Kenntnisse zu der Unterscheidung der Krisen, Kenntnisse über die Prozessdynamik der Krise und den aus dem Umfeld bedeutsamen Komponenten für ein rasches gegenwartsorientiertes Handeln. Die Problemklärung ist dabei sowohl Diagnostik wie auch schon Intervention.

Im sorgfältigen Abklären des Beratungsanlasses, dem Erfassen der Auslöser und Reaktionen, in der Analyse der Gefährdung und dem Erfassen der Ressourcen liegen die Voraussetzungen für eine Zielerarbeitung. Die innere Ordnung des Beratungsprozesses ist hier die Erstellung einer Problemhierarchie; diese muss die „Schwere (Rang der Hierarchie), aber auch dessen unmittelbare Beeinfluss- und Veränderbarkeit berücksichtigen" (D'Amelio 2010, 12). Die Krisenberatung gerät deutlicher in die Nähe einer therapeutischen Haltung, denn „je schwerer die Krise und je kopfloser oder gelähmter der Patient, desto mehr ist ein aktives und – falls erforderlich – direktives therapeutisches Handeln gefordert. Je mehr der Patient im emotionalen Gleichgewicht ist und deshalb aktiv an der Bewältigung der Krise mitarbeiten kann, desto mehr kann der Therapeut die Haltung eines empathischen, aktiven Zuhörers einnehmen" (a.a.O.).

Präventive Beratung

Gegenüber der akuten Krisenberatung geht die präventive Beratung eher von einem einer Belastung/Krise vorgreifenden Anlass von Beratung aus. Einen problematischen Zustand vorwegnehmen und heute schon verändernd anzuschauen, ist dabei keine einfache Angelegenheit. Der Veränderungsdruck ist oftmals nicht hoch genug, um handelnd neue Wege zu finden. Vielmehr hat Prävention immer auch etwas pädagogisch Anhaftendes, zu überlegen, zu reflektieren, sich selbst durch Beratung wenigstens rational zu überzeugen, Probehandeln als Versuch der neuen Option Gestalt zu verleihen.

Prävenire ist als Vor-Handeln zu verstehen, als vorweggenommenes Handeln; einer Verschlimmerung soll vor-weg gehandelt werden. Meistens wird Beratung präventiv eingesetzt und hat es mit dem komplizierten Umstand zu tun, Menschen wachsam für Verschlimmerungen in der Zukunft liegend zu machen. Die Krise wird mitgedacht, sie ist aber akut nicht erlebbar und meist gar mit emotionalen Widerständen belegt. Der sachliche, fachliche Beratungsanteil hat informierenden Charakter, die verändernden Maßnahmen – als Konsequenz einer bevorstehenden Verschlimmerung – lassen auf erste handelnde Schritte warten. Berater und Beraterinnen müssen hier eine deutliche Spannung aushalten, besonders dann, wenn sie selbst gar Experten der Verschlimmerung sind (wie z.B. beratende Pflegefachkräfte). Präventive Beratung braucht eine Selbstreflexion des eigenen Umgangs mit Verschlimmerung: den eigenen Strategien der Vertuschung, dem Dramatisieren, dem Vermeiden, dem Aufdecken usw.

Fachlich zeigt sich häufig, dass

- Klienten und Klientinnen sich nicht an gemeinsame Verabredungen im Sinne der Zielvereinbarung halten, oder die Ziele haben an Bedeutung verloren, sie haben sich längst verändert oder es handelte sich eher um ein Ziel des Beraters/der Beraterin, nicht des Klienten selbst.
- Klienten und Klientinnen nicht an die eigenen Kräfte der Lebensgestaltung glauben.

- sie den Berater/die Beraterin eher als Alltagsunterhalter und nicht in der Beratungskompetenz wahrnehmen.
- sie lieber klagen und von Leid erzählen, das heißt, sie finden den Kontakt nicht zu der Fähigkeit selbst zu handeln.

Fachliches Beratungshandeln im präventiven Kontext braucht eine hohe Kompetenz der Fokussierung, das heißt, aus der Fülle von geäußerten Themen und Anliegen den zentral und tiefer bedeutsamen Punkt herauszufiltern. Es braucht zudem eine hohe Kompetenz, das Gegenüber ins Boot der Veränderung hinein zu holen und jeden kleinsten Schritt des neuen veränderten Verhaltens zu belohnen, zu verstärken, eine Wachsamkeit auch für minimale Erfolge.

Für Martin Hafen (2007) ist Beratung an sich nicht nur ein Beitrag zur Prävention, sondern sie selbst ist schon Prävention; indem Menschen sich mit einer zukünftigen Gegenwart gedanklich und in ersten Handlungsschritten befassen, nehmen sie diese Zeit vorweg und vergrößern z.B. ihre Möglichkeitsspielräume.

4.3 Freiwillig oder Pflicht: Beratung in Freiheit und als Aufforderung zur Freiheit

Kontexte mit verpflichtendem Charakter sind beispielsweise in den Handlungsfeldern nach dem KJHG (Kinder-Jugend-Hilfe-Gesetz) angesiedelt. Ob nun die Klärung des Kindeswohls, die Klärung der elterlichen Erziehungskompetenz, Beratung bei Trennung und Scheidung u.v.a.m.; meist geht es um die Nichtwahrnehmung gesetzlich fundierter Pflichten als Eltern und Erziehungsberechtigte. Allzu leicht vergessen erwachsene Menschen, dass sie als Bürger und Bürgerinnen der BRD nicht nur Rechte zum Schutz der Familie genießen und reklamieren können, sondern dass diese in ihrer Konsequenz eine erzieherisch-versorgende Leistungsverpflichtung von Eltern mit sich bringt und nach sich zieht. So wird Beratung vonseiten der Jugendämter oftmals als Pflicht, ja sogar als Zwang vonseiten der Eltern erlebt und damit der auf Freiwilligkeit basierende Beratungskontext erschwert. Wie Eltern sich als kompetent und zuständig für die Kinder erleben können, bleibt eine große Herausforderung für Fachkräfte. Die Kunst der Beratung in diesem Rahmen besteht darin, viel Zeit darauf zu verwenden, die Aufträge zu klären und Anliegen von Eltern zu aktivieren, sorgende und verantwortliche Beziehungspartner und -partnerinnen für ihre Kinder werden zu wollen. Viele professionelle Tätigkeiten im ASD sind eher sozialarbeiterischer Natur und weniger ausdrücklich beratend im Sinne klassischer Beratungskonstellationen. Beratung ist meist nicht das Hauptgeschäft, der Schwerpunkt der Dienstleistung, sondern eine Teilleistung des professionellen sozialen Handelns.

Beratung – wenn man sie psychosozial begründet – ist stark vom Freiwilligkeitsprinzip geprägt. Im Gefüge ASD ist Beratung für die Familien nicht immer freiwillig, sie hat für die betroffenen Familien einen hohen Verpflichtungscharakter. Pflicht zur Beratung und eine Verpflichtung zur Veränderung: Dies sind Ausgangspunkte für einen oftmals schwierigen Prozess, der beratend begleitet werden kann, in dem es nach gemeinsamen Aufträgen zu suchen und zu handeln gilt.

„Von der Pflicht zur Selbstverpflichtung", vom Zwang zur Ressource für Autonomie; darin liegt die Hauptherausforderung von Beratung im ASD. Sie vollzieht sich in unterschiedlichen Konstellationen und Settings, in eher freiwillig gesuchten Beratungen im Bereich der Hilfen zur Erziehung, im Führen von zielorientierten Hilfeplangesprächen bis hin zu der verpflichtenden Trennungsberatung und in all deren Zwischenräumen. Es kommt einem Spagat gleich zwischen Freiwilligkeit und Zwang, und für die Theorieentwicklung zur Beratung ist die Frage letztlich offen, wie viel Freiwilligkeit für Beratung wirklich konstitutiv sein mag; der beratungsfachliche Diskurs ist jedenfalls entfacht. Beratung im ASD vollzieht sich weit weg vom geordneten Beratungsstellensetting mit dem Charakter einer formellen Beratung (Nestmann 2004), und doch handelt es sich hier um Varianten einer als „Beratung" zu kennzeichnenden Interaktion zwischen Fachkräften und Adressaten.

Beratung im zugehenden, aufsuchenden Kontext verlangt von den Fachkräften höchste Passung an die lebensweltlichen Rahmenbedingungen. Meist gibt es kein festes Setting, es geht eher um das permanente Herstellen von Settings, die den vielfältigen Problemlagen und Verwicklungen Rechnung tragen. Die Geschichten der Familien im ASD sind meist zu Akten geworden, die sich immer erneut verlebendigen und manchmal intergenerationeller Art sind. Sie stellen häufig eine harte Konfrontation dar mit den Erfahrungen des Nichtgelingens von Sozialer Arbeit. Im Beratungsgeschehen geht es im Kern um die gemeinsame Ressourcensuche von der Beraterin mit der Familie und trotz des vielfachen Nicht-Gelingens vorangegangener Bemühungen. Einige markante Zugänge und Orte von Beratung als Teilleistung des Sozialen Handelns können dennoch ausgemacht werden: die Fallberatung, die Hilfeplanung, die Mitarbeitendenberatung, die Beratung der ASD-angrenzenden Dienste und die Beratung der Familien selbst:

- *Fallberatung:* Als ein- oder mehrmaliger Prozess beraten sich Kolleginnen und Kollegen gegenseitig oder die Vorgesetzten ihre „fallführenden" Mitarbeitenden. Diese Beratung kann effizient erfolgen, wenn
    - es Rahmenvorgaben für die Fallpräsentation gibt
    - gute diagnostische Kompetenzen zum schwierigen System (Fall) darin ihren Ausdruck finden
    - zielführende Fragestellungen der Personen, die den Fall einbringen, klar benannt werden können
    - wertschätzende Hypothesen gebildet und die Ressourcen sowohl der am Fall Beteiligten als auch der den Fall einbringenden Personen nutzbar gemacht werden.
- *Hilfeplangespräche als Beratung:* Zielorientierte Gesprächsstrategien mit Einbezug der einzelnen Mitglieder der Klienten- und Klientinnenfamilie, mit der Herausforderung zu deren Selbsttätigkeit und Selbstwirksamkeit, und die gemeinsame Entwicklung von Verhaltensstrategien mit den am Fall tätigen Fachkräften setzen hohe beraterische Kompetenzen voraus.
- *Mitarbeitendenberatung:* Durch manche Spontankrisen in Familien fühlen sich die Mitarbeiter und Mitarbeiterinnen des ASD zum sofortigen Handeln ge-

drängt. Handlungsdruck, enge Zeitvorgaben für bestimmte Abläufe, komplizierte und oft zeitaufwendige Verwaltungsprozesse, Qualitätsmanagement-Prozesse, kollegiale Engpässe und Vertretungsnotwendigkeiten machen oft Beratung von Mitarbeitenden notwendig. Eine hohe Sensibilität für den Verantwortungsdruck der Mitarbeitenden durchzieht und kennzeichnet das Beratungsgeschehen. Auch manch ein Zweifel an der eigenen Professionalität ist Gegenstand innerhalb der Mitarbeiterberatung.

- *Beratung der an den ASD angrenzenden Dienste:* Schon lange nicht mehr arbeiten Fachkräfte im ASD nur für sich und fernab der Welt anderer Fachdienste und Fachkräfte. Freie Anbieter mit exklusiven Angeboten (z.B. aufsuchende Familientherapie u.a.), aber auch andere Dienste, die eine belastete Familie oder einzelne Familienmitglieder nutzen, machen Absprachen und Kooperation notwendig. Als Experten und Expertinnen werden ASD-Mitarbeitende in den Familienzentren, den Kindertageseinrichtungen, bei Jugendhilfeträgern in deren Entwicklungsaufgaben einbezogen und als Berater und Beraterinnen im Sinne der Früherkennung und des Krisenmanagements herausgefordert. Diese Aufgaben haben häufig beraterischen Charakter und sind selten einmalige Begegnungen (vgl. Zwicker-Pelzer 2002).

- *Familienberatung:* Die ASD-Mitarbeitenden geraten oft in ein Dilemma: Einerseits sollen und müssen sie in den Prozess der defizitären familialen Entwicklung eintauchen, andererseits sollen sie die Familien aktivieren und in ihren Ressourcen bestärken. Und scheinbar nebenbei werden sie in Tür-und-Angel-Situationen um Rat gebeten: Beratung zwischen allen Stühlen, im Stehen und ohne einen Auftrag, in knapper Zeit und mit sich in Sekunden ausweitenden komplexen Thematiken – so stellt sich der direkte familienberaterische Anteil der sozialen Familienarbeit oftmals dar. Ethik und Recht, Vertraulichkeit und Schweigepflicht: Eine Gemengelage von vielen oft zuwiderlaufenden Dingen drängt nach Unterscheidungen von Beratung und sozialer Hilfe im Geschehen des Hilfeprozesses. Mit etwas kontinuierlicheren und vorbereiteten Beratungsanlässen und Settings ist die Beratung von Pflegeeltern verbunden. Eine eher bekannte Konstellation von Erwachsenen hat die jeweilige Dienstleistungsaufgabe meist klar und bestärkt sich in den Entwicklungsprozessen. Sozialarbeiter und -arbeiterinnen und Pflegeeltern diagnostizieren gemeinsam das Referenzsystem Kind(er), sie vereinbaren Entwicklungsziele und gemeinsame Beratungsaufträge.

4.4 Aufsuchende – zugehende Beratung

Die Besonderheit von Nicht-Komm-Strukturen auch in der Beratung liegt in der Tatsache,

- dass die Beratung im häuslichen Rahmen und einem meist dem Berater fremden Kontext stattfindet
- dass der Berater sich auf den Weg zu dem Ratsuchenden macht und nicht umgekehrt

- dass es Lebensumstände gibt, die den Klienten als Ratsuchenden den Weg zu den Fachstellen, den Beratungsstellen etc. erschweren oder gar verunmöglichen
- dass das Setting vom Gastgeber weitgehend vorbestimmt ist und nur relativ wenig veränderbar erscheint.

Nachdem Beratung viele Jahrzehnte die Besonderheit ihres Fachdienstes in eigenen Räumen hegte und pflegte, gewinnen heute neue zugehende Strategien an Bedeutung. Es werden auf diese Weise Menschen erreicht, die sonst selten oder keine Beratung in Anspruch genommen hätten.

Gute Erfahrungen hat die Sozialpädagogische Familienhilfe (SPFH) in dieser Richtung sammeln können (BMJFFG 1997). Der Begriff „aufsuchend" ist eher in der Sozialen Arbeit gebräuchlich, in der Pflege spricht man von „zugehend". Beratung im häuslichen Rahmen ist für die Klienten und Klientinnen leicht annehmbar, aber schwerer für die Berater und Beraterinnen. Denn gute Beratungserfolge sind bereits über die Gestaltung des Settings steuerbar. Das betrifft z.B. die Art und Weise, wie man sitzt, wie zugewandt, mit wie viel oder wie wenig Störungen eine Beratung stattfinden kann, was jeweils deren Qualität mitbestimmt. Nebengeräusche, Wärme-Kälte im Raum, Gerüche, Ordnung oder Unordnung beeinflussen das Gewahrsein/Präsentsein des Beraters oder der Beraterin. Essen, Trinken – auch wenn es noch so sehr ein Akt der Gastlichkeit darstellt: die Prozesssteuerungsfähigkeit des Beraters/der Beraterin wird beeinflusst, manchmal sogar erschwert.

Beratung als zugehende/aufsuchende professionelle Dienstleistung hat es mit einer Rollenverdrehung zu tun. Der Berater/die Beraterin ist Gast – nicht Gastgeber. Der Klient, die Klientin ist Gastgeber – nicht Gast, und nicht jeder Gastgeber ist auch ein Gastgeber für gute Gespräche, nicht jeder Gastgeber hat eine Kultur des Gast-Gebens entwickeln können. In aufsuchenden Feldern sozialen Handelns finden sich immer wieder Familiensysteme, in denen Gäste nicht oder nicht mehr vorkommen. Entsprechend dieser Tatsache sind oft kaum Empfindsamkeiten und Gepflogenheiten im Umgang mit Gästen vorhanden. Zugehende Beratung dringt in den persönlichen Raum von Menschen ein, ein Raum, der eigene Gerüche hat, die Lebensfunktionen erkennen lässt, Enge und Weite des interindividuellen Raumes offenlegt. Es wird erkennbar, wie es um die Autonomie des Einzelnen in der Familie steht, allein dadurch, ob es räumliche Dispositionen für unterschiedliche Wünsche gibt und wie diese sichergestellt sind, ob z.B. Türen immer offen sein müssen oder auch geschlossen werden dürfen. Der äußere Raum wird bestenfalls zum Spiegel des inneren Raumes, oder aber die Differenzen zwischen dem inneren Raumwunsch und den äußeren Bedingungen klaffen auseinander und können sehr schnell in den Mittelpunkt zum Thema psychosozial orientierter Beratung werden. Hausaufgaben und Vereinbarungen am Ende der Beratungssitzung können in Kenntnis des häuslichen Raumes und der Gepflogenheiten passgenauer entwickelt und platziert werden. Auch haben die Berufsgruppen unterschiedliche Erfahrungen im Umgang mit den aufsuchenden-zugehenden Erfordernissen. Sozialpädagogisch-sozialarbeiterische Berufe brauchten immer schon eine hohe Toleranz und Zugehbereitschaft für die Besonderheiten von Lebenswelten, psychologische Handlungsfelder dahingegen zumindest bisher weniger.

Sozialpflegerische Berufe legten immer schon „Hand an" den Menschen. Die ambulanten Dienstleistungen haben mittlerweile eine lange Tradition und verlangen den Berufsrollenvertretenden höchste Flexibilität im Einlassen und Wechsel pflegerischer Kontexte ab. Dem Faktor „Umwelt" wird in der Beratung eine zunehmend bedeutsamere Rolle zugeschrieben, denn meist geht es um die Entwicklung und Neustrukturierung vom Person-Umwelt-System. Die Potenziale des Umweltsystems können durch den Berater/die Beraterin in der sehr konkreten Erfahrung der Umwelt des Klienten/der Klientin deutlicher diagnostiziert und passgenauere Interventionen eingeleitet werden.

Die erzählte Wirklichkeit des eigenen häuslichen Rahmens weicht oftmals von der gelebten Alltagswirklichkeit ab. In aufsuchender Beratung löst sich diese Differenz zügig auf, das heißt die Differenzen werden zum Gegenstand der beraterischen Reflexion. Auch die Ressourcen (die verborgenen wie die offensichtlichen), die es zu erhalten, aufzubauen und zu fördern gilt, die in der Lebensführung, der Alltagsgestaltung, dem Wohlbefinden und der Gesundheit liegen, treten deutlicher in den Fokus bei der Bewältigung der Anforderungen und Krisen. Ressourcen als all diejenigen Dinge, die Menschen in ihrer Lebensführung wertschätzen, die sie für die Lebensbewältigung benötigen, die sie erlangen, schützen und bewahren wollen, werden aufsuchend zügiger in den Beratungsprozess einbezogen.

Immer wieder gilt es, auf den Prozess zurückzukommen – trotz der Ablenkungen – und den planerischen Gesprächsverlauf und die Uhr im Blick zu halten.

Konfrontierende Interventionen, auf Vereinbarungen drängen, lange ablenkende Gesprächsteile des Klienten/der Klientin zu unterbrechen, werden unter dem Gastaspekt möglicherweise ausgebremst. Die Sitzordnung selbst ist in der Beratung – aus systemischer Sicht – bereits eine erste Intervention. Der Berater als Gast kann hierbei nur begrenzt eine Veränderung einführen.

Beratung im bequemen Sessel aktiviert seltener die Entscheidungsorientierung. Mit jedem Möbelstück sind Legenden des Daseins verbunden, die dem Berater/der Beraterin fremd sind und meist auch frei bleiben. Der häusliche Raum verstärkt auch das gewohnte Rollenverhalten der Geschlechter und der Generationen. Zeit und Raum gewinnen leicht Macht über die professionellen Kompetenzen. Dies sind alles nicht unerhebliche Nachteile oder Begleitumstände von aufsuchender, zugehender Beratung.

Die Vorteile liegen in der Nähe zur individuellen Lebenswelt, zur Echtheit und Kongruenz zwischen verbalen Äußerungen und der gelebten Wirklichkeit. Berater und Beraterinnen sehen mögliche Differenzen deutlicher und können diese Beobachtungen in den Beratungsprozess einbeziehen und einfließen lassen. Es werden Menschen vom Besucher zum Kunden, die in der Komm-Struktur nicht erreicht würden,

a) weil sie nicht zur Beratung können
b) weil sie sich fremd und ggf. unwohl fühlen würden.

Zur aufsuchenden Beratungskompetenz gehört ein hohes Maß an Stringenz, alle Beobachtungen im Blick zu haben und dennoch Akzente setzen zu können, als

Gast auch Wünsche äußern zu können, die den Einsatz der fachlichen Kompetenz fördern und unterstützen.

Für alte und pflegebedürftige Menschen ist es oftmals eine besondere Ehre, „aufgesucht" zu werden; sie gewinnen an Bedeutung und Wertschätzung allein durch die Tatsache des Aufsuchens an sich. Die Erschwernis der Gesprächsführung liegt in den unterschiedlichen Zeitwahrnehmungen von Beratenden und Gastgeber. Das Tempo miteinander sucht nicht nur nach Passung, sondern emotionale Wünsche nach Kontakt können an die Oberfläche des beraterischen Geschehens treten.

Profilmerkmale, Voraussetzungen und Begleithilfen für gelungene aufsuchende Beratung werden im Folgenden unter dem Aspekt der multiplen Lebenslagen näher erläutert. Egal aus welchen Gründen Menschen nicht in Beratung „kommen" können, die aufsuchende Wirkung ist nicht hoch genug einzuschätzen (Zwicker-Pelzer 2010).

Aufsuchende und zugehende Beratung ist niedrigschwellig im wahrsten Sinne des Wortes: eine leicht überwindbare Schwelle zwischen Professionellen und Lebensumfeld charakterisiert sie. Ein bedeutsamer Schlüssel für die niedrigschwellige Ausgestaltung von Beratung ist das Wahrnehmen, Verstehen und Wissen um den Alltag und die konkrete Lebenssituation. Sozialarbeitswissenschaftlich wird zwischen niedrig- und hochschwelligen Angeboten der Sozialen Hilfen unterschieden; lange Zeit galt Beratung als eher hochschwellig, als aufsuchende Beratung ist sie dies aber keineswegs mehr.

4.5 Beratungsformate - Beratungstypen in Pflegekontexten

Beratung von und mit älteren Menschen in Pflegesituationen hat trotz des Umgangs mit Einschränkungen auf einen Ressourcenfokus zu achten. Die Typologie von Nestmann in präventive Beratung, entwicklungs- und wachstumsfördernde Beratung oder den kurativ-heilenden Ansatz der Beratung (vgl. Kapitel 2.1) sind in der Praxis oftmals unscharf und meist ergibt sich ein fließender Wechsel des einen oder anderen Typs. Flexibilität von Beratern und Beraterinnen ist angesagt, um diagnostisch zügig umschalten und neu fokussieren zu können.

Auch gilt es innerhalb der psychosozialen Beratung, die verschiedenen Beratungsformate zu unterscheiden und zu nutzen. Wir haben es einerseits zu tun mit akuter Krisenbewältigung bei emotional-sozialen Engpässen, mit Sinnfindung, Sinngebung, Sinnsuche und ihrem Wandel; andererseits geht es in speziellen Fragen und Anliegen der Lebensbewältigung darum, kognitive, körperliche, emotionale und soziale Prozesse anzuregen.

Vom Format her gilt es auch in der Beratung der Pflegekontexte, Unterschiede zu bilden zwischen formellen und informellen Beratungskonstellationen. Es haben sich in der Pflege formalisierte und halbformalisierte Beratungszusammenhänge herausgebildet. Für die gesundheits-, erziehungs-, sozial- und medizinbezogenen Berufe dürften die halbformalisierten Formen im Vordergrund stehen. Dies trifft dann zu, wenn die pflegerische Handlung beispielsweise zum Anlass für ein gutes Gespräch und schließlich zur Beratung wird. Die formalisierten Beratungen

4.5 Beratungsformate - Beratungstypen in Pflegekontexten

verstehen sich meist als Pflegeberatung und werden dabei eher unter dem Aspekt der Wissensberatung, z.b. über geeignete Hilfen bei der Lebensbewältigung unter Einschränkungen, verstanden. Oft leisten die Krankenkassen, die Versicherungen und die Pflegestützpunkte diese Beratung als zugehende/aufsuchende Beratung. Sie sind nicht von vorneherein von einer neutralen Haltung geprägt.

Zunehmend trifft eine systemische Kompetenz von Beratung auf ein systemisches Pflegeverständnis. Der Umgang mit Krisen ist darin eine der zentralen Kompetenzen. Damit sind sowohl Krisenbewusstsein wie auch Krisenintervention gemeint. Aufgrund ihrer gesundheitlichen Situation mag es Einschränkungen in der autonomen Lebensbewältigung geben; der Umgang mit diesen neuen Engpässen benötigt Verständnis und Einfühlungsvermögen sowie die Kompetenz für die passenden Interventionen:

- Beratungskompetenz braucht die Erweiterung der Perspektiven, das heißt, es geht um die Fähigkeit mit dem Zu-Beratenden eine Multi-Perspektivität einnehmen zu können.
- Beratung mit älteren Menschen braucht unbedingt die Mehrgenerationenperspektive, sie muss die „Ziel- und Auftragsklärung" im Blick halten, ganz nach dem Motto: Repariere nicht dort, wo nichts kaputt ist und noch alles weitgehend funktioniert.
- Beratung im stärker lebensberaterischem Setting braucht eine besonnene Prozessbegleitungskompetenz: das richtige Tempo, die richtige Intervention zur richtigen Zeit. Beratung in der Pflege braucht zudem Prozesssteuerungsfähigkeiten, das heißt methodische wie auch Gesprächsführungskompetenzen.
- Beratungskompetenz ist auch, zu erkennen, wann „Beratung" am Ende ist und andere Hilfen angesagt sind, welche anderen Beratungs- oder Versorgungsdienste möglicherweise hilfreicher sein können.
- Beratung von älteren Menschen braucht auch geschützte Orte, Räume, Zeiten, sowohl in der stationären Pflege und Betreuung als auch in den aufsuchenden Diensten.

Beratung mit älteren Menschen oder in der Betreuung und Pflege braucht den Blick auf die Meso-Bezugssysteme, das heißt die soziale Vernetzung der Menschen und der verschiedenen Dienstleistungen.

Während des Pflegeprozesses beispielsweise gliedert sich die Pflegeperson zeitweise als Subsystem der Familie ein und nimmt die Energien, Rhythmen und Muster in sich auf. Abwechslungsweise kann sie sich auch als außenstehende Beobachterin des Geschehens aus dem System heraus bewegen, sie ist nach Bedarf nahe dran an dem Familiensystem wie auch an der einzelnen Person, ohne dabei ihre objektive Identität zu verlieren. Eine professionelle Beziehung zu und mit einer Familie zu erreichen, ist ähnlich der Beziehung zu einer Einzelperson. Beim Zusammensitzen mit der Familie muss die Pflegende zuhören und Anteil nehmen (statt Ratschläge zu erteilen), so ist der Übergang von Pflege und Beratung sehr dicht. Die Pflegende als Berater oder Beraterin muss sich selbst sorgfältig beobachten und hinterfragen, wie wohl sie sich selbst fühlt im Gespräch und als Teil der Familie. Sie erlebt auch direkt und sehr konkret die Spiegelung der Gefühle der Familienmitglieder in der neuen und meist ungewohnten Situation. Sich Zeit zu nehmen für ein scheinbar belangloses Gespräch und dennoch ein wenig Humor einbringen zu können, ist wichtig, um auftauchende Spannungen zu lockern.

Die Pflege selbst ist die Unterstützung des oft noch vorhandenen Gesundheitsprozesses. Dadurch bleibt die Familie während des ganzen Prozesses aktiv und bestimmt ihre Richtung selbst. Sobald die Familie versteht, wie sie selbst weitere Lösungen finden kann, kann sie alleingelassen werden in ihrem autonomen Bestreben nach Gesundheit oder im Umgang mit Pflege; die Pflegeperson löst sich zu diesem Zeitpunkt aus dem temporären Interaktionssystem.

Je nach Situation mag ein Erfolg der Pflege leicht zu erreichen sein, oder es braucht interdisziplinäre Unterstützung. Von großer Bedeutung für die Pflegende ist das Erkennen ihrer Grenzen. Wo bittere Anschuldigungen, Hass oder Hoffnungslosigkeit das Familiengespräch beherrschen, müssen andere Wege eingeleitet werden. Vielleicht gelingt es, solche Familien zu einer intensiveren Form der Beratung oder Therapie zu bewegen. Die Beurteilung der Einzelfälle beruht auf dem sachkundigen Erkennen der Fähigkeiten und Grenzen der Pflegenden.

Pflege und Betreuung verlangen vom Familiensystem eine Systemänderung

Für die professionelle Pflege haben Friedemann und Köhlen (2003) systemisch relevante Ebenen und Aspekte beschrieben. Es geht aus ihrer Sicht um:

- Wertänderung, situationsbedingte Änderung, Änderungen in menschlichen Beziehungen, Rollenänderungen, Umweltänderungen, Wertänderungen bei den Angehörigen
- Ressourcen für Anpassung
- flexible Ansichten/Lebenseinstellung
- unterstützende Mitmenschen
- starke Kohärenz
- materielle Mittel
- Bildung/Lernfähigkeit
- bewährte Anpassungsstrategien
- Glaube/Halt/Zuversicht
- Probleme mit Systemänderungen
- unbeugsame Werte der Systemerhaltung
- rigide Rollen und Einstellungen der Angehörigen
- Verlust der Kohärenz und des Selbstvertrauens
- fehlende Individuation
- Angst um die Stabilität
- Krankheit: nachlassende physische, psychische und kognitive Fähigkeiten bringen die Familienstrukturen heftig, wenn auch unterschiedlich in der Dynamik, aus dem gewohnten Gleichgewicht hinsichtlich der Homöostase, dem Ringen um Gleichgewicht: zwischen Veränderung und Bewahren/Erhalten

- Offenheit oder Geschlossenheit nach außen
- mögliche intergenerationelle Schieflagen
- es wird versucht, „alte Rechnungen" zu begleichen
- die alten Regeln und Muster des Füreinander-Sorgens und Füreinander-Daseins müssen geprüft und neu justiert werden, es zeigt sich oftmals eine Inkongruenz mit der Umwelt/den Mitmenschen.

Pflege kann auf eine längere systemische Geschichte zurückgreifen; die gemeindlich-kontextualen aber auch die familiären Bezugsrahmen gehören hier zum Kern. Beratung wird so zu einer Kernkompetenz der professionell Pflegenden.

Beratung bezieht sich ebenso auf das professionell-pflegerische Handeln in der Arbeitswelt. Neben der sogenannten Einzelberatung mit dem an der Lebenswelt orientierten Ansatz haben wir es vermehrt mit Fachkräften aus den Strukturen des Pflegesystems zu tun, die Beratung in Form von Supervision oder Coaching aufsuchen. Denn der sich ausweitende Gesundheitssektor ist nicht zuletzt Ausdruck und Resultat der Bevölkerungsentwicklung. Zunehmend mehr Professionelle arbeiten im Sektor Gesundheit und Alter in den Segmenten klinischer und ambulanter Hilfen der Versorgung. Hohe Krankheitsstände, Burn-out und Empathie-Erschöpfung sind herausragende Marker bei den Mitarbeitenden in diesen Dienstleistungsbereichen. Supervision und Coaching sind ein Beitrag zur mitarbeiter- und mitarbeiterinnenbezogenen präventiven Beratung und eine wirksame Hilfe der Vermeidung von Arbeitsausfällen und Stressoren anderer Art. Besonders in der Zeit der Pandemie fällt auf, wie sehr die Sorge der gesamten Professionalität zu gelten hat und wie supervisorische Begleitung den Fachkräften selbst zugestanden werden muss.

Fragen zur Vertiefung und Diskussion

- Wie unterscheiden sie die verschiedenen Formate?
- Was könnten die Vor- und die Nachteile des jeweiligen Formates sein?
- Was sind Beispiele für Beratung als akute Hilfe und was für präventive Beratung?
- Beratung im aufsuchenden Format verlangt dem Berater/der Beraterin was ab?
- Pflege und Betreuung als körpernahe Dienstleistung bieten viele Ansätze für intensive Beratung, wie ist Ihre Meinung dazu?

Literatur zu Kapitel 4.5

Einführende Literatur
BMJFFG (1997): Handbuch sozialpädagogischer Familienhilfe. Bonn.
D'Amelio, Roberto (2010): Studienbrief „Krise und Krisenintervention". Homburg/Saar.
Friedemann, Marie-Luise; Köhlen, Christina (2003): Familien- und umweltbezogene Pflege. Bern-Göttingen.
Hafen, Martin (2007): Grundlagen der systemischen Prävention. Heidelberg.
Hollstein-Brinkmann, Heino (2010): Beratungsprozesse in uneindeutigen Settings oder: Begegnung zwischen Tür und Angel. Beratung aktuell 3(10), S. 11–20. Online verfügbar unter: www.active-books.de.

Knab, Maria (2008): Beratung zwischen Tür und Angel. Perspektiven für Professionalisierung, Forschung und eine gerechtere Infrastruktur. In: Beratung Aktuell, 9(2), S. 113–126.

Nestmann, Frank; Engel, Frank; Sickendiek, Ursel (Hrsg.) (2004): Das Handbuch der Beratung. Bd. 1+2. Tübingen.

Zwicker-Pelzer, Renate (2021): Beratung als Handlungskonzept zwischen Sozialer Arbeit und Therapie. In: Erbring, Saskia; Fischer Jörg (Hrsg.): Zukunft der Beratung. Weinheim, S. 61–86.

Zwicker-Pelzer, Renate (2019): Beratung im Allgemeinen Sozialen Dienst. In: Merchel, Joachim (Hrsg.): Handbuch Allgemeiner Sozialer Dienst (ASD), (3) München, S. 222–231.

Weiterführende / zitierte Literatur

Sonneck, Gernot; et al (2012): Krisenintervention und Suizidverhütung. Stuttgart.

Zwicker-Pelzer, Renate (2010): Beratung in der sozialen Arbeit. Bad Heilbrunn/Stuttgart.

Zwicker-Pelzer, Renate (2002): Hilfen in familialen Krisen: Ein Plädoyer für die Vernetzung von Hilfsangeboten. In: KFH NW – Jahrbuch. Münster, S. 30–45.

5 Konzepte in der Beratung (Tanja Hoff)

Zusammenfassung

Auf die Frage nach dem „Wie", also wie berät man, geben Beratungskonzepte und -methoden mögliche Antworten. Konzepte können verstanden werden als „Handlungsmodell, in welchem die Ziele, die Inhalte, die Methoden und die Verfahren in einen sinnhaften Zusammenhang gebracht werden" (Geißler/Hege 1995, 23). Gegenüber dem Begriff der Konzepte haben Methoden nach Galuske (2013, 28) „etwas mit planvollem Handeln zu tun, mit Handeln, das in gewissem Umfang standardisiert ist, das nämlich zurückgreift auf einen Fundus an mehr oder minder erprobten Hilfsmitteln. Kurz: Wenn man sich mit Methoden beschäftigt, steht das ‚wie' im Mittelpunkt". Unter Methoden werden unterschiedliche Techniken und Verfahren subsummiert: „Im Gegensatz zu Methoden, die idealerweise nicht nur eine beliebige Ansammlung unterschiedlicher Techniken darstellen, sondern sowohl das Verhältnis der Techniken zueinander, wie auch den Ort spezifischer Techniken im Prozess der Hilfeleistung reflektieren, könnte man Techniken als Antworten auf Detailprobleme im komplexen Weg von der Identifikation eines Problems zur angestrebten Lösung betrachten." (Galuske 2013, 31)

Konzepte, die sich vielfach auch in Beratungsweiterbildungen wiederfinden und daher im Folgenden vertieft dargestellt werden sollen, entstammen den therapeutischen Schulen der Tiefenpsychologie, der Gesprächspsychotherapie, der Verhaltenstherapie und der Systemischen Therapie (für die Vermittlung der konkreten Methoden und Techniken wird hier auf Praxislehrbücher verwiesen). Weitere zentrale Beratungskonzepte, die zum Teil in den benannten Schulen subsummiert werden (z.B. lösungsorientierte Beratung, konstruktivistische Beratung in den systemischen Ansätzen, vgl. Kapitel 5.6.), sind z.B. bei Nestmann/Engel/Sickendiek (2004) nachzulesen:

- Konstruktivistisch orientierte Beratung
- Lösungsorientierte Beratung
- Ressourcenorientierte Beratung
- Narrative Beratung
- Lebensweltorientierte Beratung
- Gemeindepsychologische Beratung
- Kooperative Beratung

Dabei muss aber konstatiert werden, dass Beratung heute viel stärker schulenübergreifend, integrativ und als eigenständiges Handlungsfeld – losgelöst und emanzipiert von der Psychotherapie – verstanden wird (vgl. Kapitel 2). Nestmann/Engel/Sieckendiek (2013, 1328) bezeichnen dies als „polyeklektische Praxis [...], die mehr oder weniger pragmatisch unterschiedlichste Konzepte zu verschiedenen Handlungsmodellen bündelt. Nicht zuletzt ist diese Praxis auch der Ausweitung der Tätigkeitsfelder und Aufgaben von Beratung geschuldet". Insofern stellt sich die Frage nach der Abgrenzung zur Psychotherapie, der angemessenen Anwendung ihrer Konzepte in Beratung sowie auch nach hilfreichen schulenübergreifenden Rahmenkonzepten.

5.1 Abgrenzung und Anwendbarkeit psychotherapeutischer Konzepte in Beratung

Neben den bereits in Kapitel 3.7 erläuterten rechtlichen Rahmenbedingungen von Beratung und Psychotherapie ergeben sich zwischen Beratung und Psychotherapie sowohl inhaltlich-methodische Gemeinsamkeiten als auch Differenzen. Dabei erlauben die folgenden Unterscheidungsmerkmale jedoch keine exakt trennscharfe Differenzierung der beiden Handlungsfelder.

Ein wesentlicher Unterschied besteht in der Zuschreibung der heilkundlichen Tätigkeit zur Psychotherapie in der Behandlung psychischer Erkrankungen. Gleichzeitig muss konstatiert werden, dass psychisch erkrankte Klienten und Klientinnen nicht selten Beratungsangebote statt Psychotherapie in Anspruch nehmen, sei es aus eigenen Vorbehalten gegenüber Psychotherapie, sei es aus unzureichenden Angeboten (z.B. lange Wartezeiten auf Psychotherapieplätze). Berater und Beraterinnen sind also in der Praxis häufig mit psychischen Erkrankungen konfrontiert, was die Notwendigkeit fundierter Kenntnisse zu Krankheitsbildern im Sinne eines verbesserten Erkennens auch in Beratungsweiterbildungen verdeutlicht.

Während Setting, Frequenz, Dauer und ggf. auch Störungsausmaß nicht immer zu einer hilfreichen Unterscheidung zwischen Beratung und Psychotherapie beitragen (z.B. Einzelberatung mit 15 Stunden im wöchentlichen Rhythmus aufgrund einer akuten Krisensituation), bietet die Akzentuierung des Veränderungsprozesses ein wichtiges Differenzierungsmerkmal: Der eigentliche Veränderungsprozess folgt häufig in Beratungsprozessen nach bzw. ohne den Berater oder die Beraterin, während in klinisch-therapeutischen Prozessen der Veränderungsprozess selbst zentraler Bestandteil ist: „Statt kurze Therapien als Beratung aufzufassen, wird jetzt die selbstständige Veränderungsfähigkeit des Klienten als Unterschied zwischen Beratung und Psychotherapie benannt." (Schröder 2004, 58) Veränderung wird dabei entlang der Therapieschulen bzw. integrativer Konzepte unterschiedlich definiert und konzeptualisiert (s.u.).

Konzepte, Methoden und Interaktionen können in Beratung wie auch in der Psychotherapie sehr ähnlich sein und einem gemeinsamen Grundverständnis zur Entstehung und Veränderung von Problemlagen wie auch zur Beziehungs- und Interaktionsgestaltung folgen. Vielfach wurden Beratungskonzepte zunächst im psychotherapeutischen Kontext entwickelt und daraufhin für Beratung nutzbar gemacht (z.B. tiefenpsychologische oder kognitiv-verhaltensorientierte Ansätze). In frühen Jahren hat dies u.a. dazu beigetragen, dass psychologische Beratung und Psychotherapie mitunter gleichgesetzt wurden (vgl. ausführlich Heil/Scheller 1984) und der Unterschied vor allem auf das quantitative Ausmaß der Störungen des Erlebens und Verhaltens eines behandelten Klienten beschränkt. Aus heutiger beratungswissenschaftlicher Sicht vernachlässigen jedoch therapeutische Konzepte meist die Kontextgebundenheit und -bezogenheit des beraterischen Handelns (vgl. Kapitel 2). Beratung wird gegenüber Psychotherapie als offeneres Hilfeangebot verstanden: „Beratung als auf Inklusion verschiedenster Felder und Klientele orientiertes präventives und entwicklungsorientiertes Unterstützungsangebot – eine in Lebensweltkontexte eingebundene offene eklektische Orientierungs-, Planungs-,

Entscheidungs- und Bewältigungshilfe" (Engel/Nestmann/Sickendiek 2004, 37). Die sich ergänzenden und unabhängigen Funktionen von Beratung und Psychotherapie werden von Engel/Nestmann/Sickendiek (2004) u.a. gesehen in:

- getrennten, parallelen und kooperativen Aufgaben von Beratung und Therapie, soweit sie in einem Versorgungssektor gemeinsam angesiedelt sind (z.B. Gesundheitsberatung)
- gezielter Verweisung auf das jeweils andere Angebot (z.B. Verweis auf Einzelpsychotherapie in der Paarberatung mit einem psychisch erkrankten Partner)
- flankierender Zusammenarbeit (z.B. psychosoziale Beratungsangebote für Angehörige psychisch erkrankter Menschen)
- aufeinanderfolgende Angebote (z.B. weitmaschigeres Beratungsangebot nach einer Psychotherapie zur Sicherung der Stabilität des Patienten bzw. seines Therapieerfolges).

In beratungsrelevanter Literatur wird immer wieder die Verwendung ursprünglich therapeutischer Konzepte in Beratung kritisch diskutiert, insbesondere auf dem Hintergrund des ureigenen Selbstverständnisses von Beratung. Wenn es dann um die Frage der Wirkmechanismen und Wirksamkeit von Beratung geht, werden dennoch häufig Ergebnisse zu Wirkmechanismen aus der Psychotherapieforschung übertragen (z.B. Warschburger 2009; Nußbeck 2010). Damit werden die unterschiedlichen theoretischen wie praktischen Ausrichtungen von Beratungs gegenüber Therapieprozessen in ihrer Eigengesetzlichkeit (z.B. bei Beratung eine höhere Alltags-, Lebenswelt-, Lösungsorientierung und keine Behandlung psychischer Erkrankungen) unzureichend einbezogen. Auch wird die einseitige Übertragung von psychologischen Wirkfaktoren auf Beratungsprozesse nicht deren interdisziplinärer Praxisorientierung (u.a. soziologische, ethische, theologische Betrachtungsweisen der Aufträge und Ziele von Ratsuchenden) gerecht. Konsequenterweise zu der kritischen Reduzierung von Beratungsprozessen auf eine einseitige Methodenorientierung finden sich mittlerweile u.a. in Weiterbildungsstudiengängen schulenübergreifende bzw. integrierende Curriculargestaltungen wieder (vgl. Kapitel 8).

Gleichzeitig orientiert sich die Beratungspraxis nach wie vor stark an traditionellem schulenspezifischem Denken (z.B. tiefenpsychologisch, verhaltensorientiert, systemisch), so dass eine Anwendung der Psychotherapieforschungsergebnisse durchaus zunächst pragmatisch sinnvoll erscheint. Gefordert ist hier aber auch eine eigenständige Beratungsforschung, will man Ergebnisse aus der Psychotherapieforschung für Beratung nutzbar machen. Beratungsforschung generell und insbesondere zu Prozesswirkfaktoren ist insgesamt noch ein weitgehend unterbelichtetes Forschungsfeld (vgl. z.B. Schrödter 2004; Warschburger 2009; Nußbeck 2010). Beispielsweise im Bereich der Ehe-, Familien- und Lebensberatung fokussiert die bisherige Forschung vor allem auf Outcome-Variablen in einem prä-post-Design, ohne Prozessvariablen und damit Wirkfaktoren von Beratungsprozessen genauer zu untersuchen (z.B. Kröger/Klann/Hahlweg/Baucom 2005; Kröger/Wilbertz/Klann 2003). Unter anderen Warschburger (2009, 74) plädiert für die Rezeption allgemeiner Wirkmodelle in einer zu etablierenden Beratungsforschung, so „dass auch in diesem Bereich eine Forschungstradition erwächst, die sich über die generellen Wirkfaktoren von Beratung – und nicht über die Unterschiede zwischen verschiedenen Beratungsansätzen – Gedanken macht". Dies würde auch eine stärker empirisch gestützte und nicht nur weitgehend theoretisch postulierte Differenzierung zwischen den beiden Handlungsfeldern erlauben. Darüber hinaus ist zu überprüfen, was in Beratung wirksam passiert, wenn ein eigenständiges Beratungsverständnis in Anspruch genommen wird: „Beratungsforschung ist unverzichtbar, weil sie Beratung nicht als dekontextualisierte Methode akzeptiert, sondern sie auf ein komplexes, bisweilen paradoxes Kommunikationsphänomen zurückführt, das eine vorab definierte bzw. unterstellte Aufgabenlogik seitens des Beraters nicht akzeptiert. Die ‚Divergenz idealtypischer und realtypischer Beratungsprozesse' (Kraus/Mohe 2007) bedarf der Erforschung." (Dewe 2011, 121) Für eine ausführliche Beschäftigung mit der Entwicklung einer eigenständigen Beratungsforschung wird u.a. auf Dewe 2011 und Schrödter 2004 verwiesen.

5.2 Schulenübergreifende Rahmenkonzepte für eine integrative Praxis

Warschburger (2009, 64) umschreibt die Notwendigkeit schulenübergreifender bzw. allgemeiner Wirkfaktorenmodelle in Beratung folgendermaßen: „Wenn Beratung bzw. Therapie prinzipiell wirksam ist, was sind dann die Faktoren, die zu einer Veränderung beitragen? Das genaue Verständnis der Wirkfaktoren ist grundlegend für die Etablierung einer evidenzbasierten Beratungspraxis. In den meisten theoretischen Modellen wird vor allem auf den Input des Beraters (im Sinne von spezifischen Interventionen) als Wirkelement fokussiert. Wie die empirischen Untersuchungen aber zeigen, spielt dieser Faktor eine weniger wichtige Rolle als allgemein postuliert. Weiterhin sind auch die Klienten- (wie soziodemografische Merkmale, Erwartungen, Leidensdruck, soziale Unterstützung, Motivation etc.) und Beratermerkmale (wie dessen theoretische Orientierung, Glaubwürdigkeit, soziodemographische Variablen, Erwartungen etc.) untersucht worden. Mittlerweile hat sich die Erkenntnis durchgesetzt, dass viele Variablen nicht einseitig auf Seiten des Klienten oder Beraters betrachtet werden dürfen, sondern das Ergebnis einer komplexen Interaktion darstellen."

Integrative und Allgemeine Wirkfaktorenmodelle

In integrativen Modellen der Psychotherapie wird zwischen unterer, mittlerer und oberer Ebene der Integration unterschieden (vgl. ausführlich Caspar/Herpertz/Mundt 2008; vgl. zu anderen Einteilungen z.B. auch Lutz/Bittermann 2010), die sich auch auf ein integratives Verstehen und Handeln in Beratung gut anwenden lassen.

Auf der *unteren Ebene* der Integration werden Techniken anderer Therapieschulen in das eigene schulengebundene Vorgehen eingebunden, im Extremfall im Sinne eines technischen Eklektizismus (Lazarus/Beutler/Norcross 1992), bei dem die Herkunft einer Intervention als irrelevant angesehen wird, sondern nur der Behandlungserfolg entscheidend ist.

Auf der *mittleren Ebene* werden Konzepte verortet, die sich an allgemeinen Wirkfaktoren oder -prinzipien, möglichst empirisch gestützt, orientieren: „Wichtig ist aus integrativer Sicht, dass durch das Primat des Denkens in Wirkfaktoren oder Prinzipien Freiheitsgrade in der Wahl konkreter Vorgehensweisen entstehen." (Caspar/Herpertz/Mundt 2008, 37) Als empirisch bestätigte Wirkfaktoren, die schulenübergreifend notwendige Voraussetzung für erfolgreiche Therapieprozesse sind, gelten nach den Studien der Arbeitsgruppe um Klaus Grawe (u.a. 1994, 2004):

- therapeutische Beziehung
- Ressourcenaktivierung
- motivationale Klärung/Klärung und Veränderung von Bedeutungen
- Problemaktualisierung
- Problembewältigung/Aufbau von Bewältigungskompetenz.

Nach Schätzungen des Einflusses verschiedener Faktoren auf den Behandlungserfolg lassen sich Veränderungen auf Klientenseite zu ca. 40 Prozent durch Veränderungen außerhalb des Behandlungssettings (z.B. verbesserte soziale Unterstützung), zu ca. 30 Prozent durch allgemeine Wirkfaktoren und zu je ca. 15 Prozent durch Anwendung spezifischer therapeutischer Interventionen bzw. Placebo-Effekte (z.B. positive Wirkerwartungen der Ratsuchenden) erklären (Lambert/Barley 2002). Auch in der Beratungsliteratur findet sich die Anwendung der allgemeinen Wirkfaktoren sensu Grawe häufig wieder (vgl. z.B. Baur in diesem Buch Kapitel 3.6; Warschburger 2009; Schäfer-Hohmann 2014). Derzeit steht, wie bereits benannt, eine umfassende empirische Überprüfung der Gültigkeit dieser allgemeinen Wirkfaktoren im spezifischen Kontext von Beratung noch aus. Allerdings befinden sich die benannten Faktoren Beziehungsgestaltung, Ressourcenarbeit, Motivationsklärung und Arbeit an Klärung und Bewältigung der Probleme durch den Ratsuchenden im Zentrum der meisten beratungstheoretischen und -praktischen Ansätze, wenn auch mit unterschiedlicher Akzentuierung. Möchte man sich im Sinne erfolgreicher Beratung schulenübergreifend auf bestimmte Wirkmechanismen einigen oder zumindest einen Grundkonsens herstellen, macht die Orientierung an und Anwendung dieser psychotherapeutischen Wirkfaktoren in Beratung in hohem Maße Sinn.

Was nach wie vor aber fehlt, ist eine empirisch überprüfte, explizit integrative Perspektive, wie sie innerhalb der Psychotherapie und Psychotherapieforschung zunehmend vertreten wird: Was sind grundsätzliche Wirkfaktoren der Beratung, die möglichst umgesetzt werden sollten, damit Beratung wirksam wird? Und: Wie können diese im Rahmen von Weiterbildungen z.B. in Form eines Weiterbildungsmasters im Sinne der Kompetenzentwicklung erworben werden? Ziel solcher Studien sollten empirische Analysen von möglichen Wirkfaktoren speziell in der Beratungsarbeit sowie eine Evaluation des notwendigen Kompetenzerwerbs durch angehende Berater und Beraterinnen (Selbstreflexion beraterischer Kompetenzen), um Beratungsarbeit an Wirkfaktoren auszurichten. Das gewonnene Wissen um Wirkfaktoren von Beratung könnte die Gestaltung von schulenübergreifend ausgerichteten Beratungsprozessen im Sinne einer integrativen Beratungsschule empirisch stützen, verbessern und vertiefen.

Auf der *oberen Ebene* der Integration sollen Theorien eine übergeordnete, integrierte Sichtweise ermöglichen; als Beispiel sei hier die Allgemeine Psychotherapie nach Grawe (2004) genannt. Dabei ist zu betonen, dass Grawe unter der Allgemeinen Psychotherapie keine neue, verbindliche Therapieform, sondern vielmehr dies als anzustrebendes Leitbild verstanden hat: „Der Gedanke einer allgemein verbindlichen Psychotherapietheorie wäre nicht nur wissenschaftlich unhaltbar, sondern würde den Grundgedanken einer Allgemeinen Psychotherapie in ihr Gegenteil verkehren: Die Überwindung der Therapieschulen geriete selbst wieder zur Therapieschule. [...] Verletzt wird das Leitbild immer dann, wenn eigentlich vorhandene Behandlungsmöglichkeiten, die sich empirisch bewährt haben, aufgrund der theoretischen Auffassungen des Therapeuten nicht genutzt werden. Die einzelnen Therapieformen erhalten die Einheit, welche die Grundlage ihrer Identität ausmacht, auf Kosten der Vielfalt." (Grawe 1999, 350/315) Stärker systemisch ausgerichtete Metamodelle finden sich z.B. bei Kriz (2010) oder Pinsof/Breunlin/Russell/Lebow (2010).

Während sich die Wirkfaktoren nach Grawe vorrangig auf den Beratungs- bzw. Therapieprozess konzentrieren, entwickelten Orlinsky/Ronnestadt/Willutzki (2004) ein allgemeines Psychotherapiemodell, das zusätzlich die Person des Patienten/der Patientin, des Therapeuten/der Therapeutin sowie die Meso-, Exo- und Makroebene stärker in den Blick nimmt. Abbildung 8 stellt das Modell vereinfacht dar. Hier findet sich eine gute Anschlussfähigkeit an die unter Kapitel 2 beschriebenen Grundsätze des beratungswissenschaftlichen Verständnisses, das stärker auf Interaktion der verschiedenen Faktoren und Kontextgebundenheit von Beratung fokussiert.

Selbstmanagement-Ansatz von Kanfer/Reinecker/Schmelzer (2000, 2006)

Ursprünglich aus verhaltenstherapeutischen Ansätzen stammend, hat sich das Selbstmanagement-Modell nach Kanfer/Reinecker/Schmelzer (2000, 2006) mittlerweile als übergeordnetes Struktur- und Prozessmodell auch in Settings außerhalb der verhaltenstherapeutischen Psychotherapie etablieren können. Es stellt ein Rahmenmodell dar, während dessen im Laufe von Beratung bzw. Therapie das verhaltenstherapeutische Ziel „Hilfe zur Selbsthilfe" umgesetzt werden soll und Klienten und Klientinnen zu verbessertem selbstständigem Problemlösen und Selbststeuerung befähigt werden sollen (Schmelzer 2000). Beratung und Therapie werden dabei als systematischer Lern- und Veränderungsprozess verstanden, der in einem Phasenmodell in Beratung/Therapie praktisch und strukturiert umgesetzt wird. Der Ansatz wird von den Autoren als schulenübergreifend, methodenoffen und integrativ bezeichnet.

Dabei ist der Ansatz nicht störungsspezifisch ausgerichtet, sondern lässt sich bei einer Vielzahl nichtpathologischer und pathologischer Problemlagen anwenden. Das Menschenbild und Interventionsverständnis des Selbstmanagement-Ansatzes fokussiert letztlich auf die Selbstermächtigung von Personen in Beratung und

5.2 Schulenübergreifende Rahmenkonzepte für eine integrative Praxis

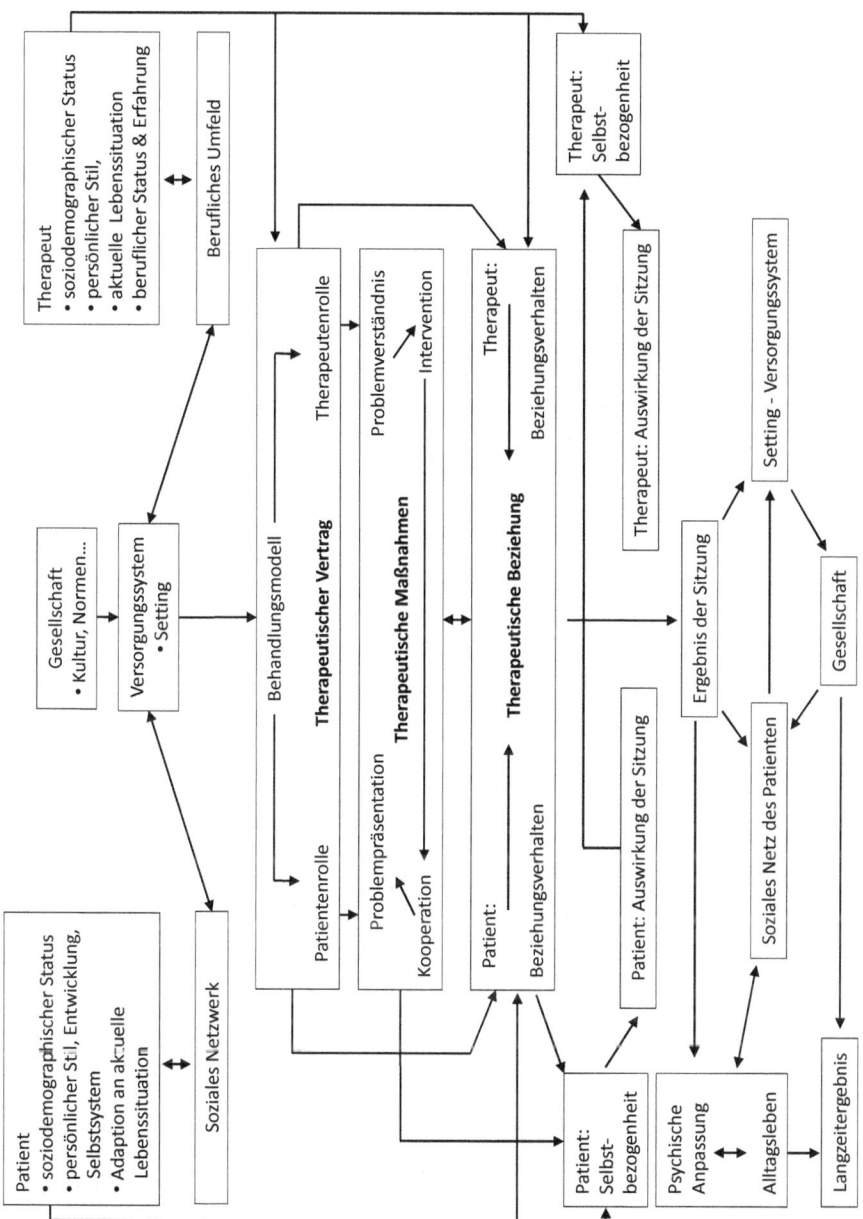

Abbildung 8: Allgemeines Psychotherapie-Modell (Orlinsky/Ronnestadt/Willutzki 2004 nach Warschburger 2009, 73)

Therapie: „Unser Konzept des Selbstmanagement geht zunächst davon aus, dass die meisten Menschen mehr oder weniger gut in der Lage sind, mit alltäglichen Schwierigkeiten auch ohne professionelle Hilfe zurande zu kommen; falls die Be-

lastung jedoch gewisse Grenzen überschreitet, kann eine Therapie dazu beitragen, Menschen (im Rahmen einer zeitlich begrenzten Intervention) konkrete Hilfestellung zu geben. Transparenz, zeitliche Begrenzung und der Einsatz psychologischer Prinzipien in der aktuellen Lebenssituation sollen dem Ziel dienen, die Person wieder zu Autonomie und zum eigenen verbesserten Umgang mit Problemen zu befähigen. Eine effektive professionelle Hilfe zeichnet sich auch dadurch aus, dass sie alltägliche Selbsthilfepotenziale nicht untergräbt." (Kanfer/Reinecker/Schmelzer 2006, 19)

Selbstmanagement ist die Fähigkeit einer Person, das eigene Verhalten zu steuern unter Einsatz konkreter Strategien. Verhalten ist dabei nicht beschränkt auf konkretes Handeln, sondern umfasst im Sinne des verhaltenstherapeutischen Verständnisses auch Emotionen, Kognitionen und physiologische Prozesse. Autonomie, Selbstverantwortung und Selbstverwirklichung in sozialer Verantwortung im Kontext pluraler Lebensstile und -wirklichkeiten sind dabei wichtige zu beachtende Kenngrößen, auch im Sinne der Definition und Unterstützung möglicher Beratungsziele.

Für das dem Selbstmanagement-Ansatz zugrunde liegende umfangreiche System-Modell wird hier auf die Ausführungen von Kanfer/Reinecker/Schmelzer 2006 verwiesen. Zentral im Sinne des interventiven Handelns ist die Unterstützung der Selbstregulationskompetenzen. Selbstregulation beinhaltet „solche internen psychischen Prozesse […], mit denen eine Person eigene Ziele anstreben und ihr Verhalten selbst beeinflussen (steuern) kann" (a.a.O., 28). Selbstregulation umfasst die Bereiche Selbstbeobachtung, Selbstbewertung und Selbstkonsequenz. Mit dem Selbstregulationsmodell werden diejenigen intrapsychischen und systemisch beeinflussten Prozesse beschrieben, die bei der Umsetzung bzw. der Unterbrechung von Verhaltensketten auftreten. Eine Person als selbstregulatorisches System verhält sich zielgerichtet und entwickelt eine Hierarchie von Präferenzen (z.B. Werte, Beratungsziele), die die Entscheidungsregeln für einen inneren Zustand gegenüber einem anderen festlegen. Dabei verlaufen Feedbackschleifen in der Selbstregulation korrektiv (nachträglich durch erfahrene Konsequenzen) und/oder antizipatorisch (Vorstellung von Handlungen und Konsequenzen und daraus abgeleitete Entscheidung über ein auszuführendes Verhalten/kontrollierte Informationsverarbeitung.). Die motivationale Steuerung von Verhalten, die dann auch ggf. vorhandenen Problemen zugrunde liegt, wird durch aktuell angeregte Bedürfnisse hervorgerufen (z.B. Spannungsabbau, Angstvermeidung, Verlustvermeidung) und ist zunächst handlungsleitend. Metamotivationale Strategien sind hingegen notwendig bzw. werden eingesetzt, um Handlungspläne an impliziten Bedürfnissen (vgl. z.B. Konsistenztheorie nach Grawe) auszurichten und damit zu einem verbesserten Einklang zwischen Werten, Zielen und Handeln der Ratsuchenden zu führen. Zentral sind demnach für Beratungsprozesse: die Klärung und Erarbeitung einer relevanten Zielvorstellung des Klienten, der Klientin und dies sodann über eine verbesserte Handlungs-, Emotions- und Kognitionssteuerung zu gestalten.

Das für Beratung elementare Verständnis der Selbstreflexivität, der Lösungsorientierung und der Selbstermächtigung finden sich im Weiteren im Selbstmanagement-Ansatz in den folgenden übergeordneten Interventionszielen wider:

- Verbesserung des selbstmanagement-bezogenen Wissens des Klienten oder der Klientin
- Steigerung seiner oder ihrer Fähigkeit zur differenzierten Selbstbeobachtung und zur strukturierten Einbindung der Erkenntnisse in das Selbstbild
- Befähigung von Klienten und Klientinnen zu einer möglichst hohen Eigenständigkeit, mit bisherigen oder auch neu auftretenden Problemen zurecht zu kommen, und somit auch die Erhöhung der Problemlösekompetenzen
- Erhöhung des Ausmaßes von Selbstkontrolle
- Unterstützung bei den Zielen Selbstbestimmung, Selbstverantwortung und Selbststeuerung
- und damit auch Stärkung von Selbstbewusstsein, Handlungs- und Entscheidungsfähigkeit, Zielerreichung und psychischem Wohlbefinden.

Wenn auch explizit verhaltens- und kognitionstheoretisch ausgerichtet, sind die Grundsätze der Selbstmanagement-Therapie auch für ein integratives Beratungsverständnis anwendbar, da sie letztlich grundlegender Natur von Beratungsprozessen sind; hierzu gehören:

- aktive Beteiligung des Klienten bzw. der Klientin
- im Beratungs- bzw. Therapieprozess zu klärende, konkrete und positive Zieldefinitionen
- Zukunftsorientierung in der Analyse gegenwärtiger Probleme zur aktiven Gestaltung der Zukunft des Ratsuchenden
- Betonung des erfahrungsorientierten Um- bzw. Neu-Lernens
- individualisiert ausgerichtetes Vorgehen auf dem Hintergrund person- bzw. systemspezifischer Problem- und Zieldefinitionen
- unter Einbeziehung vorhandener Ressourcen und Eigeninitiativen der Ratsuchenden.

Die professionelle Grundhaltung auf der Beziehungsebene umfassen eine „Gratwanderung" zwischen empathischem Verstehen, aber auch Arbeit an Veränderung: „Die Gesprächsführung von Selbstmanagement-Therapeuten repräsentiert eine Mischung aus empathischer, zugewandt-interessierter Grundhaltung, sokratischem Dialog, systematischer Anleitung zum Problemlösen (mittels entsprechender Fragen und Anregungen), zielorientierter Aufmerksamkeitslenkung und ständigen Anstößen zur Veränderungen, wobei der ‚Ball der Verantwortung' immer wieder den Klienten zugespielt wird." (Schmelzer 2000, 6) Die Einstellung des Beraters oder der Beraterin auf die Bedürfnisse des Klienten oder der Klientin als komplementäre Position sensu Grawe (1992) werden auch hier als wesentliche Wirkvariable gesehen. Inhaltliche Gestaltungsmerkmale einer Beratung oder Therapie nach dem Selbstmanagement-Ansatz sind verhaltensnahes Vorgehen, Lösungsorientierung, Aufmerksamkeitslenkung auf positive Elemente und Ressourcen, Prinzip der kleinen Schritte, flexibles Planen und Handeln sowie Zukunftsorientierung. Erfolgsförderliche Faktoren in Beratung/Therapie werden in den „Kanfers 11 Gesetzen der Beratung/Therapie" formuliert (vgl. Tabelle 2).

Tabelle 2: Kanfers 11 Gesetze der Beratung/Therapie (Schmelzer 2000, 16; Kanfer/Reinecker/Schmelzer 2000, 553 ff.)

1	Verlange niemals von Klienten, gegen ihre eigenen Interessen zu handeln.
2	Arbeite zukunftsorientiert, suche nach konkreten Lösungen und richte die Aufmerksamkeit auf die Stärken von Klienten.
3	Spiele nicht den „lieben Gott", indem du Verantwortung für das Leben von Klienten übernimmst.
4	Säge nicht den Ast ab, auf dem die Klienten sitzen, bevor du ihnen geholfen hast, eine Leiter zu bauen, auf der sie herabsteigen können.
5	Klienten haben immer recht.
6	Bevor du ein problematisches Verhalten nicht konkret vor Augen hast, weißt du nicht, worum es eigentlich geht.
7	Du kannst nur mit Klienten arbeiten, die anwesend sind.
8	Peile kleine, machbare Fortschritte von Woche zu Woche an und hüte dich vor utopischen Fernzielen.
9	Bedenke, dass die Informationsverarbeitungskapazität von Menschen begrenzt ist.
10	Wenn du in der Beratungs-/Therapiestunde härter arbeitest als Deine Klienten, machst du etwas falsch.
11	Spare nicht mit Anerkennung für die Fortschritte von Klienten.

5.2 Schulenübergreifende Rahmenkonzepte für eine integrative Praxis

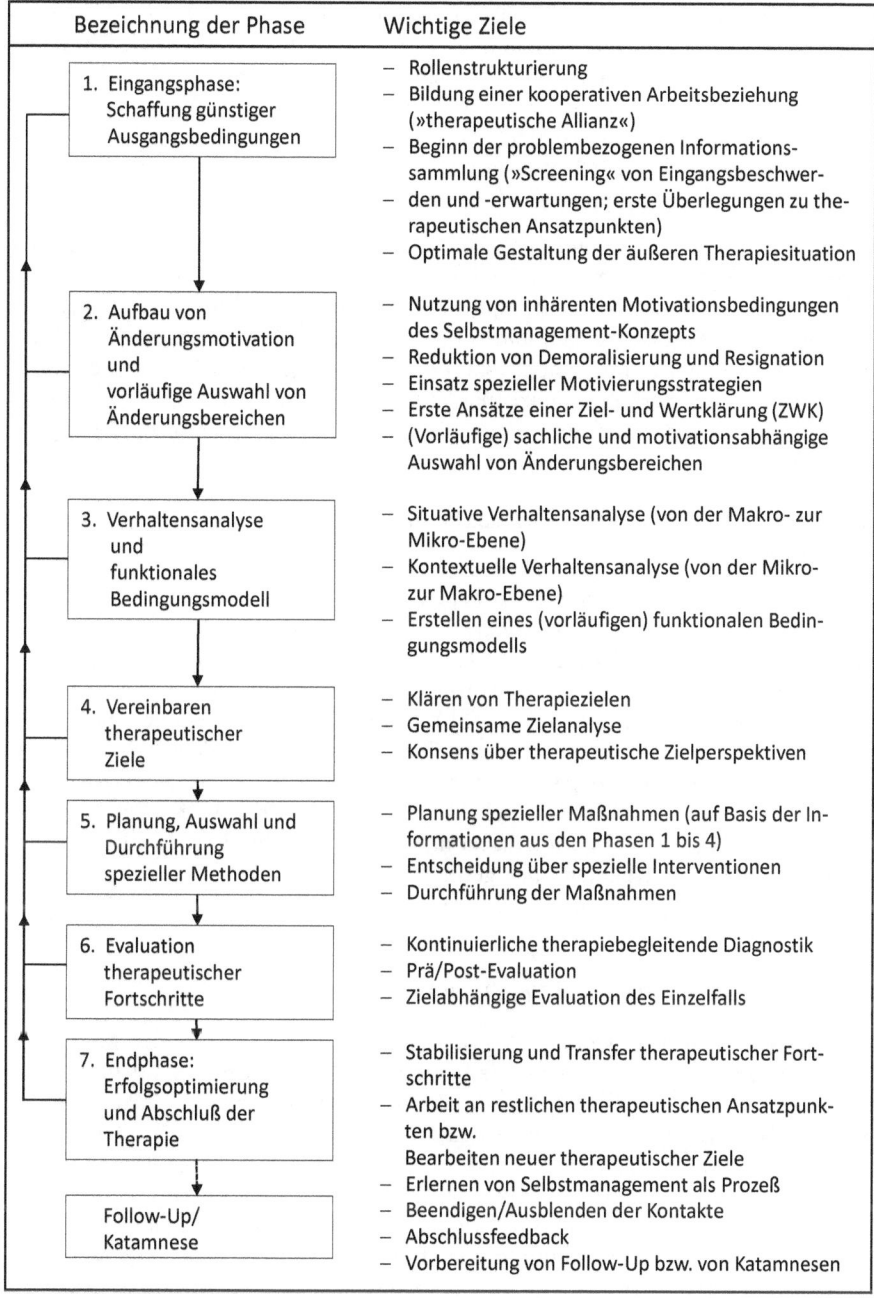

Abbildung 9: *7-Phasen-Modell des Selbstmanagement-Ansatzes (Kanfer/Reinecker/Schmelzer 2006, 112)*

Das Phasen- bzw. Strukturmodell des Selbstmanagement-Ansatzes wird in Abbildung 9 dargestellt. Es verdeutlicht die Abfolge von Beratungs- bzw. Therapiephasen mit ihren jeweils eigenen inhaltlichen Schwerpunkten und zugeordneten Interventionsbereichen. Dabei ist das Modell nicht als linearer Verlauf zu verstehen, sondern je nach Problemlage und -veränderungsverlauf des Klienten oder der Klientin können auch Phasen erneut vollzogen werden (z.B. bei Neu- oder Wiederauftreten von Symptomen oder Problemlagen).

Auch wenn der Selbstmanagement-Ansatz zunächst stärker verhaltensorientiert erscheint, ermöglicht er dennoch das Prozessgeschehen in Beratung auf einer Metaebene unter besonderer Beachtung der Selbststeuerung, Selbstermächtigung und Ressourcenorientierung zu betrachten. Unter schulenübergreifender Perspektive wäre in Beratung zukünftig noch stärker zu überlegen, welche Interventionen auch aus anderen Beratungskonzepten indikativ in jeder Phase genutzt werden können; dies entspräche dann zumindest einer Nutzung von Interventionen im Sinne der unteren Ebene der Theorieintegration (s.o.).

Integratives bzw. ethisch-sequentielles Rahmenmodell von Beratung von Wagner (2004, 2008)

Auf dem Hintergrund der Fragestellung, wie unterschiedliche etablierte und empirisch abgesicherte Verfahren in einem sinnvollen, integrativen Zusammenhang in Beratung genutzt werden können, schlägt Wagner (2004) in Anlehnung an Groeben (1986) vor, Theorien und Verfahren entlang der Dimensionen a) „Außensteuerung: Die Einheit des Verhaltens", b) „Unbewusste Verarbeitung; Die Einheit des Tuns" und c) „Bewusste Reflexion: Die Einheit des Handelns" zu kategorisieren. Diese Dimensionen gilt es dann in Beratungsprozessen sequentiell bzw. indikativ einzusetzen. Während nach Wagner Theorien der Verhaltens- und der Tuns-Einheit Eigenschaften wie Autonomie, Selbstermächtigung und Reflexivität bei Klientinnen und Klienten eher gering erachten, finden sich in Theorien der Einheit des Handelns solche Ansätze, die explizit reflexive Seiten des Menschen hervorheben.

a) Außensteuerung: Die Einheit des Verhaltens

Unter diese Dimension werden Theorien eingeordnet, „in denen der Mensch in Parallelität zu kognitiv begrenzten (z.B. tierischen) Organismen modelliert wird. Der Klient wird dadurch auf ein Objekt reduziert, welches auf externe Reize reagiert" (Wagner 2004, 664). Reiz-Reaktions-Modelle wurden vor allem in den Lerntheorien (klassische und operante Konditionierung) entwickelt und später auch für die Verhaltenstherapie nutzbar gemacht. In der frühen Phase des Behaviorismus blieben kognitive und emotionale Prozesse entlang des Black-Box-Modells weitgehend unberücksichtigt, da sie als wissenschaftlich nicht zugänglich und damit als interpretativ bzw. spekulativ bewertet wurden.

Aus dieser zunächst reduktionistischen Sicht auf den Menschen resultieren häufig vorschnelle Ablehnungen behavioristischer Modelle und Interventionen auch in Beratungskontexten, sowohl seitens von Beratenden als auch von Ratsuchenden.

Mit Wagner (2004, 666) wäre es aber „falsch, auf Theorien der Verhaltens-Einheit überhaupt nicht zurück zu greifen, da sie empirisch gut überprüft sind und eine direkte Relevanz für die wissenschaftliche Entwicklung und für die Beratung aufweisen [...]. Angesichts der überragenden Erfolge von Verfahren, die auf diesen Theorien basieren [...] wäre es auch aus ethischen Gründen unverantwortlich, wollte man den Klienten diese effektiven Behandlungsmaßnahmen vorenthalten." Wagner verweist zudem darauf, dass wissenschaftstheoretisch zuallererst die Lerntheorien den Einfluss der Umwelt und des Kontextes als verhaltensauslösend und -modifizierend herausgestellt und empirisch exakt analysiert haben.

b) Unbewusste Verarbeitung: Die Einheit des Tuns

In die Dimension der unbewussten Verarbeitung oder der „Einheit des Tuns" werden Theorien und Verfahren eingeordnet, „die eine Diskrepanz zwischen dem Erklärungsmodell des Menschen für seine eigenen Aktivitäten einerseits und dem Erklärungsmodell des Wissenschaftlers andererseits postulieren. Das, was nach Meinung des Klienten die Ursache für sein Verhalten ist, stellt sich nach den Theorien der Tuns-Einheit als oberflächliche Erklärung heraus, hinter der die eigentlichen tiefer liegenden Gründe versteckt sind." (Wagner 2004, 666).

Hierzu gehören vorrangig psychoanalytische und tiefenpsychologische Theorien und Verfahren (vgl. Kapitel 5.3), aber auch sozialpsychologische Kognitions- und Wahrnehmungstheorien wie z.B. die Kognitive Dissonanztheorie nach Festinger (1957). Wagner weist darauf hin, dass Theorien der unbewussten Verarbeitung nicht zwangsläufig von einem Konzept des Unbewussten wie in der Psychoanalyse ausgehen bzw. dieses unterschiedlich stark gewichten; vielmehr ist für sein metatheoretisches Rahmenmodell bedeutsam, dass Menschen Motive haben, die ihnen nicht bewusst sind.

c) Bewusste Reflexion: Die Einheit des Handelns

Unter die Einheit des Handelns subsummiert Wagner solche Theorien, die die bewusste Handlungsfähigkeit und damit Selbstreflexivität des Menschen hervorheben. Hierunter fallen u.a. die humanistische Psychologie, die Gestaltpsychologie und – als früher Vertreter eines konstruktivistischen Menschenbildes – die Psychologie der persönlichen Konstrukte von Kelly (1955). Im epistemologischen Subjektmodell (Groeben/Scheele 1977), das das Verständnis der Einheit des Handelns am besten widerspiegelt, wird das Menschbild eines reflexions-, kommunikations-, rationalitäts- und handlungsfähigen Subjekts vertreten. Wagner (2004) ordnet dieser Dimension Theorien und Verfahren wie z.B. den Selbstmanagement-Ansatz von Kanfer/Reinecker/Schmelzer (2000, 2006), humanistische Ansätze und die klientenzentrierte Beratung, systemische Beratungsansätze oder auch kognitive Verfahren zu: „In der Einheit des Handelns werden die reflexiven, rationalen Anteile des Menschen bewusst hervorgehoben, indem die Reflexions-, Sprach- und Kommunikationsfähigkeit des Menschen in den Mittelpunkt der Betrachtung gestellt werden [...]. In mehr oder weniger ausgeprägter Form versuchen alle diese Beratungsrichtungen bzw. die damit zusammen hängenden Methoden, den Klienten bei seinen Reflexionen über sein Leben, seine Ziele, seine Sinnsetzung letztendlich über seine individuelle Selbst- und Weltsicht zu unterstützen." (Wagner 2004, 669/670)

Wagner schlägt zwei Strategien zur Anwendung der benannten Einheiten in integrativen Beratungsansätzen vor: das *ethisch-sequentielle Vorgehen* und *die kooperative Beziehungsgestaltung*:

- Wagner sieht im *ethisch-sequentiellen Vorgehen* die Notwendigkeit, Ratsuchenden zunächst die empirisch bewährten bzw. abgesicherten Verfahren anzubieten. Nicht mehr theorieschulengebunden, sondern indikativ entlang der Probleme und Ziele der Ratsuchenden sollen Verfahren und Angebote gestaltet werden, die sich bei diesen Problemlagen nach dem derzeitigen Wissensstand bewährt haben – also letztlich ein evidenzbasiertes Vorgehen (vgl. ausführlich zur Debatte der Evidenzbasierung am Beispiel der Prävention: Hoff/Klein 2015). Entlang der Dimensionen des Verhaltens, Tuns und Handelns sollen die reflexiven Seiten der Ratsuchenden zunehmend Berücksichtigung finden und in der Beratung so vorgegangen werden, „dass der Klient möglichst unreduziert modelliert und wahrgenommen werden kann. Aus anthropologischer Sicht ist – bei gleicher empirischer Effektivität – eine Rekonstruktion menschlicher Probleme mit Theorien, die sich unter die Tuns- oder Verhaltens-Einheit subsummieren lassen, vorzuziehen" (Wagner 2004, 671). Handlungstheoretische Konzepte sind also nach Wagner vorzuziehen – allerdings nur so lange sie Ratsuchende hilfreich im Prozess begleiten und unterstützen; bei ausbleibenden Erfolgen sei ein Übergang auf Konzepte der Verhaltens- oder Tuns-Einheit erforderlich und unter ethischer Perspektive sogar geboten.

- In der *kooperativen Beziehungsgestaltung* ist aus ethischen Gründen die Interaktion zwischen Berater/Beraterin und Ratsuchenden nach dem Prinzip der sogenannten „strukturellen Parallelität" zu gestalten. Dies geschieht durch Berücksichtigung von Sprach- und Reflexionsfähigkeit der Ratsuchenden, durch Umsetzung von gesprächsorientierten Basisvariablen (Empathie, Wertschätzung, Echtheit, vgl. auch Kapitel 5.4) sowie vor allem das Ernstnehmen und die Akzeptanz von Zielen der Ratsuchenden, was auch die Wünsche von Ratsuchenden hinsichtlich der Art der Behandlung umfasst. Bei der Anwendung von Methoden der Verhaltens- oder Tuns-Einheit ist ggf. mit Missbehagen und Ablehnungen seitens der Ratsuchenden zu rechnen, vor allem beim Erleben ausgeprägter Einschränkungen ihrer Autonomie und der selbstreflexiven Fähigkeiten. Entsprechend ist in diesem Fall in einem integrativen Beratungsverständnis auf die Beibehaltung einer strukturellen Parallelität in der Beratungsbeziehung und -interaktion zu achten, bei der die selbstreflexiven Kompetenzen der Ratsuchenden aufrechterhalten werden, insbesondere durch Metakommunikation und Transparenz im Beratungsprozess: „Auf dem Hintergrund dieser Einbettung des reduktiven Vorgehens in eine kooperative Beziehung kann der Klient im metakommunikativen Diskurs mit dem Berater entscheiden, ob er bereit ist, kurzfristig reduktive Methoden und somit zielkonträre Verfahren zu akzeptieren, um letztendlich seine Autonomie zu stärken und dadurch ein Weniger an Leid und ein Mehr an persönlicher Freiheit zu erreichen!" (Wagner 2004, 673)

Das Rahmenmodell der integrativen Beratung nach Wagner erlaubt die Einordnung und Nutzbarmachung einer Vielzahl theoretisch, praktisch wie empirisch erprobter und bewährter Ansätze. Sowohl das ethisch-sequentielle Vorgehen als auch die kooperative Beratungsbeziehung sollte nach unserem Verständnis von Beratung im Grunde für Berater und Beraterinnen aller Theorieansätze obligat sein. Allerdings stellt dies hohe Herausforderung an die Aus- und Weiterbildung von angehenden Beratenden: So sollten sie sich einerseits fundiert in mindestens einem Verfahren auskennen und sich hier in ihrer Berater- bzw. Beraterinnenpersönlichkeit verankern; andererseits wird eine Methodenpluralität gefordert, um Ratsuchenden passgenaue Hilfen, möglichst empirisch bewährt, anbieten zu können. Hierzu stets eine valide und aktuelle Wissens- und Kompetenzbasis vorzuweisen, wird nicht nur jüngere Berater und Beraterinnen vor eine ggf. nur unzureichend realisierbare Aufgabe im Praxisalltag stellen. Auch Caspar/Herpertz/Mundt (2008) weisen für den Bereich der Psychotherapie auf die Herausforderungen integrativer Handlungskonzepte in Praxis und Ausbildung hin; neben den hilfreichen Identifikationen innerhalb der Konzeptschulen berge ein integrativer Ansatz auch die Gefahr, dass ggf. vieles angerissen werde, dann aber zu wenig Vertiefung erfolge: „Der ‚integrative Supertherapeut' (Grawe 1981), der alles, aber nichts richtig gut kann, ist keine attraktive Vorstellung." (a.a.O., 37)

5.3 Tiefenpsychologisch orientierte Beratung

Ausgehend von den Theorien der Psychoanalyse und Tiefenpsychologie nähert sich die tiefenpsychologisch orientierte Beratung den präsentierten Problemen und Lösungsmöglichkeiten von Ratsuchenden stärker über die Klärung und Bearbeitung von individuellem psychodynamischem Konflikterleben und zugrunde liegenden Persönlichkeitsstrukturen. Im Gegensatz zu den stärker kontextbezogenen Modellen der verhaltensorientierten und systemischen Beratung, die der Umwelt auch z.B. im Sinne Bronfenbrenners ökologischem Modell (vgl. auch Kapitel 2) einen großen Stellenwert – wenn auch aus unterschiedlicher ätiologischer Perspektive – am aktuellen Problemgeschehen zusprechen, sieht die tiefenpsychologische Beratung die wesentlichen Ursachen von Problemen vorrangig in der intrapsychischen Struktur von Ratsuchenden. Konkret werden vor allem intrapsychische Strukturdefizite und Entwicklungsstörungen als kausal für das Entstehen und Aufrechterhalten von intra- und interindividuellen Problemen (wie auch psychischen Störungen) angenommen. Strukturdefizite können beispielsweise aus einer unzureichenden Differenzierung bzw. Steuerung der Strukturanteile Es – Ich – Über-Ich entstehen.

Dabei kommt den unbewussten Anteilen, ebenfalls im Gegensatz zu verhaltensorientierten und systemischen Theorien, ein besonderer Stellenwert als Verhaltensdeterminanten zu. Aktuelle problematische oder symptombezogene Reaktionsmuster sind demnach begründet in reaktivierten, abgewehrten und/oder ungelösten, meist in der frühen Kindheit entstandenen Konflikten. Krankheits- oder Belastungssymptome (neurotische Symptome) sind zu verstehen als misslungene Verarbeitungsversuche von oder Resultate aus verdrängten Konflikten und Impulsen (Wittchen/Hoyer 2006).

Tiefenpsychologische Grundmodelle

Neben dem bekannten Strukturmodell von Sigmund Freud sind bedeutsame Theoriekomplexe die folgenden kurz erläuterten Ansätze, die auch in der heutigen tiefenpsychologischen Beratung vorrangig Anwendung finden. Für eine ausführliche Beschäftigung mit der Fülle psychodynamischer Theoriebildung wird hier z.B. auf Reimer/Rüger (2012) oder Klöpper (2015) hingewiesen.

Psychoanalytische Ich-Psychologie (u.a. Anna Freud 1936)

Nach dem triebtheoretischen Modell von Sigmund Freud mit starker Betonung des Es folgte in der psychoanalytischen Theoriebildung eine stärkere Gleichgewichtung aller Strukturanteile der Psyche und eine Hervorhebung der Ich-Bedeutung, insbesondere zunächst durch seine Tochter Anna Freud. Hierzu gehörte auch die vertiefte Erarbeitung von Abwehrmechanismen, die im Ich gelagert sind und der Abwehr unangenehmer Erfahrungen durch unbewusste Prozesse und Konflikte dienen.

Abwehrmechanismen des Ichs (s.u.) werden hier zunächst nicht als problematisch oder pathologisch definiert, sondern vielmehr als kreative, letztlich sich selbst schützende und ermächtigende Funktionsweisen des Kindes in der Auseinandersetzung mit unbefriedigten Bedürfnissen: „Das Ich ist siegreich, wenn seine Abwehrleistungen glücken, das heißt, wenn es ihm gelingt, mit ihrer Hilfe die Entwicklung von Angst und Unlust einzuschränken, durch notwendige Triebumwandlungen dem Individuum auch unter schwierigen Umständen noch Triebgenuß zu sichern und damit, soweit es möglich ist, eine Harmonie zwischen Es, Über-Ich und den Außenweltmächten herzustellen." (Freud 1964, 139)

Psychoanalytische Selbstpsychologie (u.a. Heinz Kohut 1971, 1976)

Kohut orientiert sich in seinem Konzept der Selbstpsychologie stark an Hartmann (1972), der eine bis dato in der Psychoanalyse nur unzureichende Unterscheidung zwischen Ich und Selbst weiterentwickelte. Demnach ist:

- das „Ich" ein strukturelles mentales System
- das empirische „Selbst" wiederum das gesamte Individuum mit Körper, psychischen Anteilen und ihren Organisation und ihrer Teile und
- die „Selbst-Repräsentanz" die unbewussten, vorbewussten und bewussten intrapsychischen Repräsentationen des körperlichen und mentalen Selbst im Ich-System.

Im Gegensatz zu Freud, der Ich und Selbst noch weitgehend gleich verwendete, ergänzte Hartmann entsprechend die Strukturtheorie mit der Unterscheidung zwischen dem Ich und dem Selbst als empirische Person. Das Selbst besteht also in der Selbst-Repräsentanz, den Selbstvorstellungen der eigenen Person oder mit Stern (1992, 18): „Wir empfinden ein Selbst als einzelnen, abgegrenzten integrierten Körper; wir empfinden ein Selbst als Handlungsinstanz, ein Selbst, das unsere Gefühle empfindet, unsere Absichten fasst, unsere Pläne schmiedet, unsere Erfahrungen in Sprache umsetzt und unser persönliches Wissen mitteilt. Meistens bleiben diese Selbstempfindungen, wie das Atmen, außerhalb des Bewusstseins, aber sie können in das Bewusstsein gebracht und dort behalten werden. Instinktiv verarbeiten wir unsere Erfahrungen so, dass sie zu einer Art einzigartiger subjektiven Organisation zu gehören scheinen, die wir gewöhnlich als das Selbstempfinden bezeichnen."

Die Entwicklung des Selbst entsteht nach Kohut insbesondere durch die Interaktionserfahrungen und -ketten zwischen primärer Bezugsperson (meist die Mutter) und dem Kind im ersten Lebensjahr. Für eine angemessene, in späteren Jahren auch realitätsgerechte Entwicklung des kindlichen Selbst ist dabei die positive, empathische, sichere und stabile Spiegelung oder auch „der Glanz im Auge der Mutter" (Kohut 1971, 141) zentral. Störungen in dieser Phase durch Interaktionsstörungen mit der primären Bezugsperson resultieren in einer mangelnden Selbstkohärenz, verbunden mit chronischen Minderwertigkeitsgefühlen und kompensatorischen Strategien.

Objektbeziehungstheorie (u.a. Melanie Klein 1973, Otto Kernberg 1988)

Nach der Objektbeziehungstheorie entwickelt sich das Ich aus den Internalisierungsprozessen sozialer Erfahrungen in der frühen Kindheit. Den primären Bezugspersonen als „Objekten" in der Außenwelt stehen analog die „Objekt-Repräsentanzen" in der inneren Erfahrung des Kindes gegenüber. Die Objektbeziehung umfasst nach Kernberg a) die Selbst-Repräsentanz, b) die Objekt-Repräsentanz und c) die beide Repräsentanzen verbindenden Affekte. Selbstrepräsentanz, Objektrepräsentanz und Affekt bilden die basalen Bestandteile der psychischen Struktur.

Über die frühe biografische Entwicklung hinaus entsteht aus den verschiedenen Objekt-Repräsentanzen bzw. -erfahrungen ein übergeordnetes Objekt-Bild und gleichermaßen auch aus den verschiedenen Selbst-Repräsentanzen ein übergeordnetes Selbst-Bild. Das Selbst ist nach Kernberg, ähnlich wie bei Hartmann und Kohut, „eine intrapsychische Struktur, die sich aus mannigfachen Selbstrepräsentanzen mitsamt den damit verbundenen Affektdispositionen konstituiert. Selbstrepräsentanzen sind affektiv-kognitive Strukturen, die die Selbstwahrnehmung einer Person in ihren realen Interaktionen mit bedeutsamen Bezugspersonen und in phantasierten Interaktionen mit inneren Repräsentanzen dieser anderen Personen, den sogenannten Objektrepräsentanzen, widerspiegeln" (Kernberg 1988, 358). Besonderer Stellenwert kommt der Objektrepräsentanz zu, denn nach den Objektbeziehungstheorien haben die internalisierten Objektbeziehungen zentrale Bedeutung in der Entwicklung der Persönlichkeit wie auch deren möglichen intra- und interindividuellen Problemlagen.

Die Internalisierung von Objektbeziehungen und Entwicklung der Selbstrepräsentanz finden in den ersten drei Lebensjahren statt und resultieren – im positiven Falle – in einer kohärenten, stabilen und positiven Ich-Identität. Störungen sind wiederum begründet in instabilen, defizitären Bindungserfahrungen mit primären Bezugspersonen, die als negative Objektbeziehungen anhaltend verinnerlicht wurden.

Gemeinsame Prinzipien aller psychodynamischen Ansätze

Innerhalb der verschiedenen psychoanalytischen bzw. psychodynamischen Theorie- und Methodenansätze lassen sich folgende gemeinsame Annahmen herausfiltern (zusammenfassend Wittchen/Hoyer 2006, 423/424):

- *„Das dynamische Unbewusste.* Ein großer Teil unseres mentalen Lebens spielt sich außerhalb des Bewusstseins ab, beeinflusst und motiviert aber dennoch ständig unser augenblickliches Erleben. Viele Verhaltensweisen (...), Symptome (Angst, Depression usw.), Träume und Phantasien liefern uns Hinweise auf die Funktionsweise des Unbewussten.
- *Die Bedeutung der Erfahrungen und der Entwicklung in frühester Kindheit.* Von Geburt an wirkt sich jedes Lebensstadium auf das nächste aus und beeinflusst nachhaltig unser Gefühlsleben und unsere Verhaltensweisen. Weil sie den Boden für spätere Erlebnisse bereiten, werden die frühesten Lebenserfahrungen – zumindest in der traditionellen Sichtweise – als besonders wichtig angesehen.
- *‚Intrapsychischer' Konflikt.* Von frühester Kindheit an und das ganze Leben hindurch stehen unsere Bedürfnisse und Wünsche oft in Widerspruch zueinander sowie zu gesellschaftlichen und elterlichen Verboten (...). Weil diese Konflikte zu schmerzhaft oder furchterregend sind, werden sie durch verschiedene Abwehrmechanismen aus dem Bewusstsein ferngehalten und manchmal in jene Symptome umgewandelt (wie Kopfschmerzen, Phobien und Angst), die den Betroffenen veranlassen, sich um therapeutische Hilfe zu bemühen. Diese Wünsche und Befürchtungen haben einen nachhaltigen Einfluss auf das gegenwärtige Seelenleben. Danach sind die meisten Handlungen der Menschen bestimmt durch den Versuch zwischen gegenwärtigen Erfahrungen und dynamischen, unbewussten Anstrengungen zu vermitteln und konkurrierende Wünsche und Befürchtungen in Einklang zu bringen.
- *Unbewusste Konflikte.* Alle psychodynamischen Ansätze versuchen in der einen oder anderen Weise, unbewusste Konflikte aufzudecken und transparent zu machen. Außerdem wird untersucht, in welcher Weise sie gegenwärtige Erfahrungen bestimmen oder beeinflussen."

Grundkonflikte und deren Bedeutung in der tiefenpsychologischen Beratung

Ungelöste Grundkonflikte sind nach der psychoanalytischen Neurosenlehre Ursache und Basis für problemverursachende, letztlich auch krankheitsauslösende und -aufrechterhaltende Verhaltens- und Erlebensweisen. Dabei fallen unter Grundkonflikte ausschließlich intrapsychische, zeitlich andauernde, meist unbewusste Konflikte und nicht interaktionelle Auseinandersetzungen. Unterschieden werden nach der Konzeptualisierung des „Arbeitskreises Operationalisierte Psychodynamische Diagnostik" (Arbeitskreis OPD 2006) acht unbewusste Konflikttypen:

1. Abhängigkeit versus Individuation
2. Unterwerfung versus Kontrolle
3. Versorgung versus Autarkie
4. Selbstwert versus Objektwert

5. Über-Ich- und Schuldkonflikte
6. Ödipal-sexuelle Konflikte
7. Identitätskonflikte
8. fehlende Konflikt- und Gefühlswahrnehmung.

In einer Person können auch mehrere Grundkonflikte aktualisiert sein im Sinne einer unzureichenden, instabilen Bewältigung und insofern ist eine eindeutige Zuordnung zu einem Konflikttyp in der Praxis nicht immer gegeben.

Im Rahmen psychoanalytischer Therapien wird die grundlegende Lösung der frühkindlich angelegten Grundkonflikte und damit einhergehend eine Weiterentwicklung und Stabilisierung reiferer Persönlichkeitsanteile angestrebt. Demgegenüber wird in Settings der tiefenpsychologischen Beratung stärker auf aktuelle unbewusste Konflikte fokussiert, die zwar sich aus den Grundkonflikten speisen, jedoch mit stärkerem Bezug auf aktuelle Problemlagen und Symptombildungen einer Bewältigung zugeführt werden sollen.

Abwehrmechanismen und deren Bedeutung in der tiefenpsychologischen Beratung

Das Konzept der Abwehrmechanismen, ursprünglich von Sigmund Freud, sodann Anna Freud entwickelt und in späteren Entwicklungen der Psychoanalyse immer weiter differenziert, postuliert verschiedene Formen und Reifegrade von Abwehrreaktionen, die der Abwehr oder Neutralisierung von unangenehmen Gefühlen und Erleben ungelöster Konflikte dienen. Hierdurch erfolgt keine Problembewältigung, jedoch werden intrapsychische (unbewusste oder bewusste) Konfliktspannungen dadurch vordergründig erträglicher und weniger belastend erlebt. Abwehrmechanismen werden vorrangig nach ihrem Reifegrad eingeteilt, das heißt nach dem Ausmaß, in dem in der Abwehr auf frühere oder spätere entwicklungspsychologische Stufen im Sinne der Regression zurückgegriffen wird. Mentzos (2009, 45) schlägt dazu alternativ vor: „Pragmatisch lässt sich der Grad der Unreife eines Abwehrmechanismus aber schneller dadurch abschätzen, was ein Abwehrmechanismus den psychophysischen Apparat >>kostet<<, das heißt: Welche Art und welches Ausmaß von Nachteilen sind es, die für diese Abwehr – um die intrapsychische Spannung zu reduzieren und dadurch Angst, Scham, Schuld etc. zu mildern – in Kauf genommen werden müssen? Ist also im Abwehrvorgang beispielsweise eine kleinere oder größere Vernachlässigung der Realität, eine kleinere oder eine größere Einschränkung der Freiheitsgrade usw. impliziert?". Abwehrmechanismen werden unterteilt in (vgl. ausführlich a.a.O.):

- unreife Abwehrmechanismen, die die aktuelle und retrospektive Erlebnisweise von Menschen stärker verzerren: z.B. psychotische Projektion oder Introjektion oder Abspaltung, projektive Identifizierung
- nichtpsychotische Abwehrmechanismen: z.B. Spaltung, Verleugnung
- reife Abwehrmechanismen, die stärker einer funktionalen Problembewältigung dienen: Intellektualisierung, Rationalisierung, Affektisolierung, Verschiebung.

Dies entspricht auch der Unterteilung oder Unterscheidung der Abwehrmechanismen nach dem Reifegrad des intrapsychischen Strukturniveaus:

- *geringes oder niederes Strukturniveau:* projektive Identifikation, Verleugnung, Spaltung, Projektion, aggressive Abwehrmechanismen wie z. B. Autoaggression
- *mäßiges oder mittleres Strukturniveau:* Entwertung oder Idealisierung, Reaktionsbildung, Regression, Verschiebung, Ungeschehenmachen, Introjektion, Konversion
- *gutes, hohes oder reifes Strukturniveau:* Intellektualisierung, Verdrängung, Rationalisierung, Sublimierung.

Tiefenpsychologische Abwehrmechanismen im Sinne neurotischer Reaktionen sind von situationsspezifischen bewussten Bewältigungsreaktionen zu unterscheiden, die variabel über verschiedene Situationen eingesetzt werden; bei letzterem handelt es sich dann weitgehend nicht um Abwehrversuche unangenehmer unbewusster Konfliktspannungen.

Versuche, unbewusste Konflikte abzuwehren, finden häufig verlagert auch in sozialen Beziehungen im Sinne der psychosozialen Abwehr statt. Das Kollusionsprinzip von Willi (1975) umschreibt beispielsweise die verlagerte Abwehr von Konflikten in die Partnerwahl, in dem durch die komplementären neurotischen Wünsche eines Partners oder einer Partnerin wiederum eigene abgewehrte Bedürfnisse befriedigt oder aber weiter abgewehrt werden.

Die Analyse, Klärung und ggf. Veränderung aktueller bzw. aktualisierter Abwehrmechanismen, auch durch Bearbeitung der Konfliktstrukturen und unzureichenden Befriedigung von Grundbedürfnissen, stellt ein zentrales Moment der tiefenpsychologischen Beratung dar.

Methodische Aspekte der tiefenpsychologisch orientierten Beratung

„Die tiefenpsychologisch fundierte Psychotherapie umfasst ätiologisch orientierte Therapieformen, mit welchen die unbewusste Psychodynamik aktuell wirksamer neurotischer Konflikte und struktureller Störungen unter Beachtung von Übertragung, Gegenübertragung und Widerstand behandelt werden." (Psychotherapie-Richtlinien 2009, § 14a, 1) Orientiert man sich an der Methodik der tiefenpsychologischen Psychotherapie in Abgrenzung zur psychoanalytischen Psychotherapie, so ist – unabhängig von dem Fehlen des heilkundlichen Ziels und Zwecks – tiefenpsychologische Beratung (modifiziert nach Heigl/Heigl-Evers 1982):

- stärker auf ein begrenztes Beratungsziel fokussiert
- vorwiegend auf ein konfliktzentriertes Vorgehen konzentriert
- regressive Prozesse einschränkend und nicht fördernd
- indiziert bei umschriebenen Konfliktphänomenen ohne schwere Einschränkung der Ich-Funktionen und
- konzentriert auf Affekte und Konflikterleben der Ratsuchenden.

In begrenztem Maße wird also versucht, die häufig unbewussten Ursachen der aktuellen emotionalen Probleme auf dem Hintergrund früherer Erfahrungen und

Konfliktentstehungen zu klären und für den Ratsuchenden einem vertiefteren Verständnis zuzuführen. Ziel ist die Entwicklung neuer Auseinandersetzungsmöglichkeiten mit Gegenwart und Zukunft auf dem Hintergrund eines verbesserten Selbst-Verständnisses. Unbewusste Determinanten des aktuellen Erlebens und Verhaltens (insbesondere in der Kindheit entstandene Wünsche, Befürchtungen und Versagen von Bedürfnisbefriedigung) werden einer verbesserten Reflektion und Introspektion zugeführt mit der beraterischen Grundhaltung, dass dadurch Konflikte zunehmend besser verstanden, von Ratsuchenden selbst besser angenommen und dann auch besser gelöst werden können.

Zu den psychodynamischen Techniken, die auch für die tiefenpsychologisch orientierte Beratung besondere Gültigkeit haben, gehören:

- *Therapeutische Neutralität mit Neutralität, Anonymität und Abstinenz des Beraters oder der Beraterin:* Neben der Neutralität gegenüber allen Aussagen, Entwicklungen und Verhaltensweisen der Ratsuchenden wird in der Abstinenz des Beraters oder der Beraterin versucht, möglichst auf die durch Übertragung entstandenen Wünsche von Ratsuchenden nicht oder kaum einzugehen (Enthaltungsverpflichtung im Rahmen der Gegenübertragung).
- *Identifikation der zentralen unbewussten Konflikte:* Analyse der zentralen Konflikte im Sinne der OPD bzw. auch der eingesetzten Abwehrreaktionen und Nutzung dieser im weiteren Beratungsprozess.
- *Klärung, Deutung und Konfrontation:* Bearbeitung des aktuellen Problems auf dem Hintergrund der identifizierten unbewussten Konflikte u.a. durch Erläuterung, Anbieten von Deutungen und Konfrontation wiederholter Verhaltensmuster.
- *Nutzung von Übertragungsreaktionen:* Übertragungsreaktionen, die Ratsuchende auf den Berater oder die Beraterin projizieren im Sinne der Wiederholung früherer Erfahrungen, werden in der beraterischen Interaktion vorsichtig aufgegriffen und einer Klärung zugeführt zwecks verbessertem Selbstverständnis der Ratsuchenden. Entgegen der Abstinenzforderung Sigmund Freuds kommt heute der Selbsteinbringung des Beraters/der Beraterin und der realen Interaktion zwischen Ratsuchenden und Beratenden viel größere Aufmerksamkeit zu im Sinne a) eines hochwirksamen Agens im Beratungsprozess und b) als unverzichtbar für die Gestaltung der Beratungsbeziehung.

Geringere Bedeutung im Beratungssetting – auch aufgrund der meist kürzeren Sitzungsanzahl – haben hingegen die Behandlungstechniken der freien Assoziation oder der Durcharbeitung.

In zukünftigen Beratungskonzeptionen wie auch der Beratungsforschung wird zu überprüfen sein, welchen Stellenwert psychodynamische bzw. tiefenpsychologische Beratung auch in einem integrativen Konzept einnehmen können, scheint doch der derzeitige „Mainstream" in Beratungsansätzen und auch -weiterbildungen vorrangig systemisch zu sein. Das Grundkonzept der tiefenpsychologischen Beratung – bei aller Kritik an den häufig defizitorientierten Menschenbildern – zu vernachlässigen hieße aber, wichtige und auch langjährig erprobte Perspektiven auf intrapsychisches Geschehen und Entwicklungsmöglichkeiten der persönlichen

Reifung in Beratung nicht zu nutzen. Aktuelle Annäherungen z.B. zwischen Tiefenpsychologie und systemischer Theorie sind u.a. bei Rieforth/Graf (2014) nachzulesen.

5.4 Klienten- oder personenzentrierte Beratung

Klienten- oder personenzentrierte Beratung basiert auf den humanistischen Therapieansätzen und dabei wesentlich auf dem gesprächspsychotherapeutischen Ansatz nach Carl Rogers (z.B. 1973, 1987, 1992). Grundlage menschlicher Entwicklung ist nach diesem Ansatz eine generelle Aktualisierungstendenz als „die dem Organismus innewohnende Tendenz zur Entwicklung all seiner Möglichkeiten; und zwar so, dass sie der Erhaltung oder Förderung des Organismus dienen" (Rogers 1987, 21). Aktualisierung beinhaltet insbesondere die Entwicklung bzw. die Reorganisation eines stabilen Selbstkonzepts, in dem sämtliche Erfahrungen inklusive der subjektiven Bewertungen bewusst wahrgenommen und inkongruente Erlebnisse nicht abgewehrt, sondern in das Selbstbild integriert werden.

Zentrales Konzept der psychischen Gesundheit ist nach Rogers die Kongruenz: „Wenn also Selbsterfahrungen exakt symbolisiert erlebt und in dieser exakt symbolisierten Form in das Selbstkonzept integriert werden, dann ist der Zustand der Kongruenz zwischen Selbst und Erfahrung erreicht. Würde dies für alle Selbsterfahrungen gelten, dann wäre das Individuum eine mit sich in völliger Übereinstimmung befindliche, also eine psychisch völlig gesunde Person." (Rogers 1987, 32) Demgegenüber umfasst inkongruentes Erleben die Abwehr, Vermeidung oder Störung der Wahrnehmungen der Selbsterfahrungen in exakt symbolisierter Form: Selbsterfahrungen und Selbsterleben folgen dann einem Bewertungsmuster, in dem Erfahrungen als positiv oder negativ kategorisiert, aufgenommen oder abgewehrt werden. Vermiedene oder abgewehrte Selbsterfahrungen sind dabei in der Regel solche, die mit dem aktuellen bewussten Selbstkonzept nicht übereinstimmen oder dieses gefährden. Die Selbststruktur entwickelt sich aus der Person-Umwelt-Interaktion sowie aus den wertbestimmenden Interaktionserfahrungen mit anderen. Psychische Gesundheit wird dabei nicht als Status (im Sinne z.B. einer reifen Persönlichkeit), sondern vielmehr als prozesshafte Offenheit bzw. stetige flexible Integration von Erfahrungen in die Selbsterfahrung gesehen.

Ungelöste Inkongruenz resultiert in psychischem Belastungserleben, Symptombildung, neurotischem oder desorganisiertem Verhalten. Entsprechend gilt es in Beratung und Therapie, Inkongruenz einem bewussteren Klärungs- und Erfahrungsprozess zuzuführen, aufzulösen und in Kongruenz zu überführen. Selbsterleben, -bild, -konzept und -ideal eines Klienten oder einer Klientin werden hinsichtlich der Inkongruenz zwischen Selbst und Selbsterfahrungen (auch im sozialen Kontext) überprüft, z.B. anhand von Situationen der Angst, Anspannungen, Wut, Ärger usw. Die anzustrebende Kongruenz und damit die exakte Symbolisierung von Erfahrungen im Selbsterleben wird möglich, „wenn das Individuum sich selbst in einer Weise wahrnimmt, in der keine Selbsterfahrung als mehr oder weniger wert angesehen wird" (a.a.O., 36). Hierfür essentiell notwendig ist die beraterische Beziehungsgestaltung bzw. -erfahrung, dass Ratsuchende Wertschätzung des Beraters/der Beraterin sowohl gegenüber Anteilen, die sie selbst positiv in ihrem Selbst bewerten, als auch gegenüber inkongruenten Anteilen erleben.

Die Beziehungsgestaltung folgt in klientenzentrierten Beratungen den Prinzipien der bedingungslosen positiven Wertschätzung/Akzeptanz, der Empathie gegenüber dem inneren Bezugsrahmen des Klienten/der Klientin und der Echtheit des Beraters/der Beraterin gegenüber dem oder der Ratsuchenden. Äußerungen der Ratsuchenden werden seitens des Beratenden empathisch begegnet und kongruent widergespiegelt, so dass den Ratsuchenden zunehmend ein eigenständiger Prozess des Sich-selbst-Gewahrwerdens und der bedingungslosen, bewertungsfreien Selbstachtung ermöglicht wird. Aufseiten des Beratenden erfordert dies als grundsätzliche Beratungskompetenzen:

- *Kongruenz* als eigene exakte symbolische Selbstwahrnehmung und Echtheit gegenüber den Ratsuchenden: „Damit meinen wir, dass die Gefühle, die der Therapeut hat, ihm bekannt, seinem Bewusstsein zugänglich sein müssen, und dass er in der Lage ist, diese Gefühle zu leben, sie zu sein, fähig sie mitzuteilen, wenn es zweckmäßig erscheint. Keiner erreicht diesen Zustand völlig, doch je annahmebereiter der Therapeut dem zuhören kann, was sich in ihm selbst ereignet, und je fähiger er ist, ohne Angst die Komplexität seiner Gefühle zu leben, desto höher ist der Grad seiner Kongruenz." (Rogers 1992, 74 f.) Es geht also um das Selbsterkennen sowie das angemessene Mitteilen von eigenem Erleben, Kognitionen und Emotionen gegenüber dem Ratsuchenden, soweit dieser dies möchte.
- *empathisches Verstehen* als „Funktion des Beraters, soweit er dazu imstande ist, das innere Bezugssystem des Klienten zu übernehmen, die Welt so zu sehen, wie der Klient sie sieht, den Klienten zu sehen, wie er sich selbst sieht, dabei alle Vorstellungen vom äußeren Bewertungssystem abzulegen und dem Klienten etwas von diesem einfühlenden Verstehen mitzuteilen" (Rogers 1973, 42).
- Akzeptanz der Person und der präsentierten Inhalte des Ratsuchenden sowie die Zurückstellung eigener Bewertungen
- *transparente Beratungsgestaltung*, bei der für den Ratsuchenden das Beratungsvorgehen und die -methoden durchschaubar sind

Diesen Bedingungen einer klientenzentrierten Beratung aufseiten des Beraters/der Beraterin stehen auch aufseiten des Beratenen Bedingungen gegenüber:

- Ratsuchende müssen in der Lage sein, Kontakt zum Beratenden aufzunehmen, also zumindest in minimaler Ausprägung beziehungsfähig sein.
- Sie erleben Inkongruenz, z.B. in Form eines Leidensdrucks.
- Sie nehmen das Handeln des Beratenden – also die Empathie und unbedingte Wertschätzung ihres Gegenübers – zumindest ansatzweise wahr.

Eine Auseinandersetzung mit den Bewertungsbedingungen, die den Symbolisierungsprozess von Selbsterfahrungen verzerren, ist zentrales Element einer klientenzentrierten Beratung nach den Rogers'schen Prinzipien, da die subjektiven Bewertungsbedingungen letztlich in Inkongruenz und symptomatisches Erleben und Verhalten münden. Empathisches Verstehen und Akzeptanz der Person des

Ratsuchenden und all seiner verbal und nonverbal präsentierten Inhalte durch den Berater oder die Beraterin ermöglichen eine vertrauensvolle Beratungsbeziehung, in der sich Ratsuchende angenommen und aufgehoben erleben. Dies wiederum steigert die Wahrscheinlichkeit der tiefergehenden Selbstexploration des Ratsuchenden: Sie können problematische Inhalte auf dem Hintergrund der erfahrenen Wertschätzung zunehmend äußern und sich damit weiter auseinandersetzen. Dabei erfährt ein Klient oder eine Klientin Problemklärung und -bewältigung durch die Förderung der eigenen Aktualisierungstendenz und Veränderungspotenziale und weniger durch externe Deutungen oder Verhaltensmodifikation wie in anderen Beratungsschulen.

Das Schaffen von Raum und Zeit für das emotionale Selbsterleben, die benannten Beziehungserfahrungen und die Förderung eines bewertungsfreien Selbstbezugs durch Berater und Beraterinnen – letztlich „Wachstumsbedingungen für die Ratsuchenden schafft" (Roth, 2006, 195) – ermöglichen Klientinnen und Klienten die notwendige Öffnung für bisher emotional Vermiedenes und korrigierende Selbsterfahrungen. Es folgt eine Reorganisation des Selbstkonzepts, in dem bisher abgewehrte Anteile integriert werden können. Die Reorganisation des Selbst bzw. die Selbstaktualisierung wird generell und auch in Beratung bzw. Therapie als sozial bedingter, aber autonomer und sich selbst organisierender Prozess verstanden. Im Kontext von Psychotherapie hieße dies auch, nicht nur auf psychopathologische Entwicklungen einzugehen, sondern vielmehr auf das Selbsterleben der Klienten, ihre Identität und ihre Zielvorstellungen einzugehen im Sinne der Förderung der Aktualisierungstendenz. Dabei sei auch hier auf den diskutierten Unterschied zwischen Psychotherapie und Beratung hingewiesen oder mit den Worten Franz Bergers (2006, 340) ausgedrückt: „Personzentrierte Beratung ist nicht einfach die verkürzte Anwendung von Gesprächspsychotherapie auf das Feld der Beratung. Sie teilt aber mit ihr die theoretischen Grundlagen und die radikale Zuwendung zur Person in ihrem Umfeld. Sie richtet sich auf das subjektiv erfahrene Feld der Wahrnehmung der Person von sich selbst und von ihrer Lebenswelt, so wie die Person sie mitteilt."

Auf dem Hintergrund eines prozesshaften Verständnisses von Kongruenz, Inkongruenz und Aktualisierungstendenz heben Greenberg/Rice/Elliott in der „prozessexperienzellen Psychotherapie" die Bearbeitung von Erlebens- und Bewertungsmustern, die der Selbstexploration hinderlich sind, als wesentlich hervor. Gendlin (1996) betonte ebenfalls die erfahrungs- und erlebnisaktivierende Wirkung als zentral für Beratung bzw. Psychotherapie. Greenberg/Rice/Elliott (1993, nach Biermann-Ratjen/Eckert 2007) erarbeiteten in ihren Erweiterungen des gesprächspsychotherapeutischen Ansatzes von Rogers u.a. folgende sechs zentrale Prozessprobleme:

1. inadäquate affektive Reaktion der Ratsuchenden, die diese selbst ablehnt
2. Unvermögen, einen sogenannten „Felt-Sense" zu bilden (intellektualisieren) bzw. zu explizieren (Gefühlschaos)
3. unüberwindbare widersprüchliche Impulse oder Selbstbewertungen
4. Abwehr von Gefühlen und Bedürfnissen

5. selbstbestrafende Reaktionen
6. massive Verletzlichkeit („fragile sense of self").

Entsprechend werden im Focusing-Ansatz die klientenzentrierten Prinzipien um die Prozessdirektivität erweitert, einer „Anleitung zum genauen Gewahrwerden von Sinneswahrnehmungen, zum intensiven äußeren Ausdrücken inneren Erlebens und zum Erleben von interpersonalem Kontakt, bei dem das eigene innere Erleben gewahr bleibt" (Biermann-Ratjen/Eckert 2007, 250).

Im Hinblick auf den bedeutsamen Beitrag der Beratungsbeziehung zu Beratungsergebnissen (s.o.) wundert es nicht, dass die Dimensionen der klientenzentrierten Gesprächsführung als Basisvariablen professioneller Gesprächsführung gelten und sie letztlich in vielen Beratungs- bzw. Therapieschulen als generelle Beratungshaltung zu finden sind. Rogers selbst hat die Grundhaltungen der positiven Wertschätzung, des empathischen Verstehens und der Kongruenz/Echtheit als notwendige und sogar hinreichende Bedingungen für Veränderungsprozesse in Beratung und Therapie gesehen. Die Wirksamkeit der Gesprächspsychotherapie und insbesondere die signifikante Bedeutung von wahrgenommener Wertschätzung und echtem Interesse für den Therapieerfolg wurde wiederholt empirisch nachgewiesen (z.B. Sachse 1999; Orlinsky/Ronnestad/Willutzki 2004).

Die beratungswissenschaftliche Bedeutung klientenzentrierter Ansätze – auch im Sinne von Selbstermächtigung, Bewältigungs- und Lösungsorientierung – ordnet Straumann (2004, 651) folgendermaßen ein: Empirisch nachgewiesen helfe der Ansatz, „Beratenen in schwierigen Lebens- und/oder Arbeitszusammenhängen in Einzel-, Paar-, Familien-, Gruppen- und Teamkonstellationen […] Unterstützung zu gewährleisten, um

- sich selbst besser zu verstehen und Regie über ihr Leben zu gewinnen; das heißt auch, sich selbst in bestimmten Situationen besser einzuschätzen, was eine entscheidende Grundlage von Lebensgestaltung und selbstverantwortlich getragenen Entscheidungen ist
- die rationalen, emotionalen und verhaltensbezogenen Reaktionen, die sie bei anderen Menschen habituell auslösen, zu erkennen und gegebenenfalls selbst zu verändern
- ihre Fähigkeit zu entwickeln, sich in Denken, Fühlen und Handeln anderer Menschen einfühlen und sich darauf beziehen zu können
- die eigenen Einstellungen und Reaktionen (auf bestimmte Konflikte, Spannungen bzw. aktuelle Probleme) im zwischenmenschlichen Umgang überprüfen zu lernen und sie gegebenenfalls zu verändern und
- krisen- oder problemauslösende Bedingungen in der Lebens- und/oder Arbeitswelt zu erkennen und sie gegebenenfalls mit der Hilfe anderer zu verändern zu lernen."

Straumann (2004) verweist darauf, dass klientenzentrierte Beratung nicht allein als psychologisch begründetes Konzept, sondern vielmehr interdisziplinär unter Einbeziehung sozialwissenschaftlicher und interaktionstheoretischer Perspektiven verstanden werden sollte. In einem kontextuellen Verständnis ist das Ziel „eine optionale Erweiterung konstruktiv erlebbarer, selbst- und sozial zu verantworten-de[r] Entscheidungs- und Handlungsmöglichkeiten jeder einzelnen Person im Kontext multifaktoriell bestimmter Lebens- und Arbeitsbedingungen" (a.a.O., 642). Klientenzentrierte Beratung wird nahezu ubiquitär in Feldern der psychosozialen Beratung verwendet. Für theoretische und praxisbezogene Vertiefungen wird u.a. das Lehrbuch von Eckert/Biermann-Ratjen/Höger (2006) empfohlen.

5.5 Verhaltensorientierte Beratung

Verhaltensorientierte Beratung beruht im Wesentlichen auf der Nutzbarmachung und Anwendung lern- und verhaltenstheoretischer Grundlagen- und Interventionsmodelle. Funktionales und dysfunktionales Verhalten wird demnach lerntheoretisch (insbesondere klassisch und/oder operant konditioniert, durch Beobachtungs- und kognitives Lernen) erworben und kann gleichermaßen modifiziert oder neu aufgebaut werden. Dabei gilt Folgendes zu beachten:

- Verhalten umfasst nicht nur das konkret beobachtbare Verhalten, sondern auch die Ebenen der kognitiven Verarbeitung, des emotionalen Erlebens und der physiologischen Reaktionen.
- „Funktional" bzw. „dysfunktional" beschreibt weniger pathologische Prozesse oder normative Zuschreibungen als vielmehr die Funktionalität eines Verhaltens für die Herstellung von Wohlbefinden und die Erfüllung eigener wie sozialer Bedürfnisse.

Verhaltenstherapie bzw. verhaltensorientierte Verfahren umfassen eine Vielzahl unterschiedlicher theoretischer wie praxisbezogener Modelle: „Die Verhaltenstherapie ist ein genuin klinisch-psychologischer Heilkundeansatz, der eine große Anzahl unterschiedlicher spezifischer Techniken und Behandlungsmaßnahmen in sich vereinigt. Diese verschiedenen Maßnahmen werden im therapeutischen Handeln je nach Art der vorliegenden Problematik einzeln oder miteinander kombiniert eingesetzt. Somit lässt sich Verhaltenstherapie nicht als eine einzelne, klar umrissene Therapiemethode begreifen, die auf ein einziges theoretisches Modell zurückgeführt werden kann. Vielmehr zeichnet sich auch ihr theoretischer Hintergrund durch eine Vielzahl störungsspezifischer und störungsunspezifischer Erklärungsansätze und hieraus abgeleiteter Änderungsmodelle aus. Die gemeinsame Klammer bildet die Orientierung an der empirischen Psychologie." (Margraf 2009, 5/6) Aufgrund der umfangreichen Erklärungs- und Interventionsmodelle soll im Folgenden einführend vor allem auf einige Grundprinzipien sowie exemplarische Methoden, die gerade für Beratung außerhalb klinisch-therapeutischer Settings relevant sind, eingegangen werden.

Definition und Prozesskomponenten

Eine mittlerweile klassische Definition der Verhaltenstherapie nicht nur als Methode/Konzept, sondern als umfassende Grundorientierung wird im Folgenden angeführt und hinsichtlich verhaltensorientierter Beratung differenziert:

> „Die Verhaltenstherapie ist eine auf der empirischen Psychologie basierende psychotherapeutische Grundorientierung. Sie umfasst störungsspezifische und -unspezifische Therapieverfahren, die aufgrund von möglichst hinreichend überprüften Störungswissen und psychologischen Änderungswissen eine systematische Besserung der zu behandelnden Problematik anstreben. Die Maßnahmen verfolgen konkrete und operationalisierte Ziele auf den verschiedenen Ebenen des Verhaltens und Erlebens, leiten sich aus einer Störungsdiagnostik und individuellen Problemanalyse ab und setzen an prädisponierenden, auslösenden und/oder aufrechterhaltenden Problemänderungen an." (Margraf 2009, 3)

Gleichermaßen Verhaltenstherapie als auch verhaltensorientierte Beratung nehmen für sich die Begründung auf empirisch nachgewiesenen Grundlagen und Interventionsergebnissen in Anspruch. In Abgrenzung zur Verhaltenstherapie und damit auch zu heilkundlichen Verfahren wendet verhaltensorientierte Beratung jedoch nahezu ausschließlich störungsunspezifische Verfahren an wie z.B. kognitive und emotionsfokussierte Methoden oder Verfahren zur Verhaltensmodifikation (Rollenspiele, Verhaltensexperimente, Verstärkungslernen, Selbststeuerungsmethoden u.Ä.), während störungsspezifische Verfahren wie z.B. Expositionsverfahren bei Angststörungen oder posttraumatischen Belastungsstörungen explizit in psychotherapeutische Hände gehören. Konzeptuell verfolgt verhaltensorientierte Beratung ebenfalls, konkrete und operationalisierte Ziele auf Verhaltens- und Erlebensebene mit Ratsuchenden zu erarbeiten, die Hintergründe (also prädisponierende, auslösende und/oder aufrechterhaltende Bedingungen) zunächst einer individuellen Problemanalyse zu unterziehen und sodann einer weiteren Klärung bzw. Veränderung systematisch zu unterziehen. Entsprechend der in Kapitel 2 benannten Foki von Beratung dominiert aber in verhaltensorientierter Beratung in der Praxis wahrscheinlich stärker das Moment der Klärung und der Vorbereitung konkreter Verhaltensänderungen als die konkrete Änderungsrealisierung. Insofern bestehen die herausgehobenen Unterschiede zwischen Verhaltenstherapie und verhaltensorientierter Beratung vor allem in der Frage, ob es sich um psychopathologische Störung handelt, der Dominanz störungsspezifischer oder -unspezifischer Verfahren sowie auch dem Fokus auf Klärung oder realisierter Veränderung im Prozessgeschehen. Grundlegende Modellvorstellungen zur Entstehung von Problemen und Symptomen (Lerntheorien) sowie zur Umsetzung und Wirkung verhaltensorientierter Verfahren erlauben hingegen kaum eine Differenzierung zwischen verhaltensorientierter Beratung und Verhaltenstherapie, da die Prinzipien der Problemgenese und -ätiologie wie auch der Veränderungswirkmechanismen für funktionales wie dysfunktionales Verhalten auch außerhalb therapeutischer Settings ihre Gültigkeit behalten (vgl. z.B. auch Borg-Laufs 2004).

Als Kernaufgaben und Prozesskomponenten in einer verhaltensorientierten Beratung können benannt werden:

- Prüfung der Indikation für verhaltensorientierte Verfahren entsprechend der von den Ratsuchenden präsentierten Problemlagen

- partizipative Entscheidung für einen verhaltensorientierten Beratungsprozess unter Beachtung der notwendigen Aufklärung bzw. Transparenz des eigenen Beratungsvorgehens
- Erhöhung von Motivation und Compliance, soweit nicht oder ungenügend vorhanden
- Verhaltens- und Problemanalyse
- Psychoedukation
- indikative Beratungsmethoden
- Unterstützung der Umsetzung von Verhaltensänderungen im Alltag.

Entsprechend sind Ratsuchende über das eigene methodische Vorgehen zu orientieren, ist eine gemeinsame, konkrete Problem- und Zieldefinition zu erarbeiten, eine verhaltensorientierte Problemanalyse vorzunehmen und sodann im Beratungsprozess die Entwicklung von Lösungsmöglichkeiten zur Verhaltensänderung unter Einbezug des persönlichen Experimentierens der Ratsuchenden, der kontinuierlichen Rückmeldung und Klärung von Veränderung sowie der schrittweisen Rücknahme des Beraters bzw. der Beraterin vorzunehmen. Dabei kommt Beratern und Beraterinnen wesentlich auch die Aufgabe zu, den Beratungsprozess im Sinne der genannten Prozesskomponenten zu strukturieren. Exemplarisch wird dies in Tabelle 3 für die verhaltensorientierte Paarberatung/-therapie dargestellt.

Tabelle 3: Schritte und Bereiche einer verhaltensorientierten Paarberatung/-therapie (Bodenmann 2004, 92/93)

Sensibilisierung für das Problem (Schaffung des Problembewusstseins):
Erkennen beider Partner, wo Schwierigkeiten liegen, was sie dazu beitragen und was sie dazu beitragen können, diese zu überwinden
Wissensvermittlung:
Information des Paares über den neuesten empirischen Stand und die Möglichkeiten der Paartherapie sowie deren Wirksamkeit; Erkennen, dass es Möglichkeiten gibt, um die aktuellen Hindernisse und Schwierigkeiten erfolgreich überwinden zu können
Schaffung von Motivation:
Motivationsaufbau über die Erkenntnis, dass Paarstörungen erfolgreich bewältigt werden können und die Verhaltenstherapie mit Paaren hierzu geeignete Methoden bereitstellt
Aufbau von erforderlichen Kompetenzen:
Schrittweise Aufbau durch gezielte Paarübungen in den Bereichen Kommunikation, Problemlösung und dyadischer Stressbewältigung
Anleitung zum Training der Kompetenzen im Alltag:
Regelmäßige Umsetzung und Training der erworbenen Kompetenzen durch Hausaufgaben und Paarstunden außerhalb der Beratungs-/Therapiestunden

> *Motivierung zur längerfristigen Aufrechterhaltung der erworbenen Kompetenzen:*
>
> Ermunterung des Paares zu kontinuierlichem Training und Umsetzen der erworbenen Kompetenzen, da diese auch über Beratungs-/Therapieende hinaus das Wohlbefinden des Paares verbessern können. Nach erfolgter höherer Fremdverstärkung des Paares durch den Berater/die Beraterin während der Beratung/Therapie sollte das Paar zunehmend in die Lage der gegenseitigen Selbstverstärkung versetzt werden.

Grundhaltungen in einer verhaltensorientierten Beratung

Wie auch bereits im Selbstmanagement-Ansatz nach Kanfer verdeutlicht (vgl. Kapitel 5.2), steht die Unterstützung der aktiven Selbststeuerungskompetenzen im Sinne der Selbstbefähigung im Zentrum verhaltensorientierter Verfahren. Dies bezieht sich nicht nur auf die konkrete Handlungssteuerung, sondern auch auf einen verbesserten Umgang mit dysfunktionalen Kognitionen, Emotionen und körperlichen Reaktionen, die von Ratsuchenden als belastend und hinderlich erlebt werden. Petzold formulierte bereits 1980 (83): „Mit der Erkenntnis, dass der Gegenstand therapeutischen Bemühens ein denkendes, erkennendes, fühlendes aktives Lebewesen ist, wuchs das Bedürfnis, den Klienten selbst als aktiven Teilnehmer in das therapeutische Geschehen mit einzubeziehen, ihn sozusagen durch Unterweisung in ‚Selbstkontrolle' zu seinem eigenen Therapeuten auszubilden. Das Hauptziel besteht dabei darin, dem Klienten zu helfen, die funktionalen Zusammenhänge seines Verhaltens und die dabei ins Spiel kommenden Umweltfaktoren und seine eigenen Anteile zu erkennen und zu steuern." Bereits hier findet sich letztlich das heutige Verständnis auch einer verhaltensorientierten Beratung wider, Ratsuchende in der Selbstermächtigung, Ressourcenaktivierung und Kompetenzsteigerung zur persönlichen Zielrealisierung zu unterstützen.

Winiarski (2004) beschreibt im Kontext der kognitiv-verhaltensorientierten Beratung verschiedene Rollen des Beraters bzw. der Beraterin in der Zusammenarbeit mit Ratsuchenden, die auch das Basisverhalten in einer verhaltensorientierten Beratung verdeutlichen und in Tabelle 4 aufgeführt sind.

Tabelle 4: Basisvariablen und Rollen von Beratern und Beraterinnen in kognitiv-verhaltensorientierter Beratung (Winiarski 2004, 8)

Rolle des Beraters/der Beraterin	Erforderliche Fertigkeiten	Aktivität
Ansprechpartner	Empathie, Offenheit, einfache Sprache	Rapport begünstigen, Raum geben, Fragen stellen
Begleiter	Geduld, strukturiertes Vorgehen	Rapport erhalten, Klärungs- oder Veränderungsprozess reflektieren

Rolle des Beraters/der Beraterin	Erforderliche Fertigkeiten	Aktivität
Informant	Wissen über Infrastruktur (z.B. Karteien mit weiteren Hilfsangeboten)	Informationen auswählen und weitergeben
Sensor	Wahrnehmung der emotionalen Qualität der Beziehung	Thematisieren von „Störungen"
Lehrer	Veränderungswissen, Veränderungsstruktur	Pädagogisches Vorgehen zur größtmöglichen Eigenaktivierung des Klienten, fragen statt belehren, Ressourcen entdecken, „Zepter abgeben"
Trainer	Durchhaltevermögen, Geradlinigkeit, Geduld	Rückmeldungen geben, unangenehme Einsichten aussprechen oder Fragen stellen (maßvolle Konfrontation), Konzentration auf den Prozess
„Diagnostiker"	Einschätzungsvermögen und Fragetechnik	gezielte Fragen stellen
Übungsmodell	Beziehungen aufbauen und durchhalten	sich als Übungspartner anbieten
Lernmodell	Probleme bewältigen (Coping-Repertoire), Überzeugungskraft	präsentiert sich als Modell günstigen und problemlösenden Verhaltens ohne Perfektionismus

Hier wird ersichtlich, dass – zum Teil auch im Gegensatz zu anderen Beratungsschulen – in verhaltensorientierter Beratung ein hoher und diversifizierter Aktivitäts- und Beteiligungsgrad in der Interaktion mit Ratsuchenden erforderlich ist. Beratende Fachkräfte müssen entsprechend mehrere Rollen parallel oder zumindest sequentiell, auch in Abstimmung auf verschiedene eingesetzte Methoden, einnehmen können.

Zielerarbeitung in einer verhaltensorientierten Beratung

Die gemeinsame Erarbeitung eines oder mehrerer Beratungsziele stellt auch in der verhaltensorientierten Beratung einen wesentlichen Grundstein des weiteren Beratungsprozesses dar. Aus verhaltensorientierter Sicht wird dies verstanden als Verständigung und Einigkeit von Beraterin bzw. Berater und Ratsuchenden über einen Ist-Zustand und einen möglichen und/oder wünschenswerten Soll-Zustand. Beratungsziele haben dabei auch Orientierungsfunktion, z.B. über Beratungs- und Veränderungsmotivation der Ratsuchenden, mögliche Ressourcen, aber auch subjektive oder objektive Verhaltensdefizite. Ziele werden als einfache bis komplexe

Antizipationen zukünftiger Endzustände mit positiver subjektiver Bewertung verstanden (u.a. Kanfer/Reinecker/Schmelzer 2000, 2006).

Die Abstimmung von Beratungszielen dient u.a. der Erstellung einer Problemhierarchie (z.B. bei welchem Problembereich sollte zuerst eine Intervention erfolgen), der Klärung des ggf. notwendigen Einbezugs von Bezugspersonen, der Ressourcenerschließung (z.B. über welche Copingstrategien verfügt der Ratsuchende bereits), aber auch der Klärung möglicher positiver wie auch negativer Folgen einer Verhaltensänderung für die Lebensgestaltung eines Klienten oder einer Klientin.

Beratungsziele können im Weiteren auch als Maßstab zur Bewertung eines Beratungserfolgs herangezogen werden, soweit sie bereits anfänglich hinreichend konkret und spezifisch formuliert wurden. Hierfür bedarf es einer Konkretisierung auf den Ebenen der Kognitionen, Emotionen, körperlichen Reaktionen und Handlungen, z.B. über die subjektive Quantifizierung des derzeitigen Zustands (z.B. Häufigkeit eines Verhaltens, Ausmaß von und Belastung durch Kognitionen, Emotionen, körperliche Reaktion über Skalierungsfragen usw.). Für ein praxisnahes Modell einer solchen Zielerfassung wird hier auf die „Goal Attainment Scale – GAS" nach Kiresuk/Sherman (1968, 1994) verwiesen.

Verhaltens- und Problemanalyse

Verhaltens- und Problemanalyse nach dem SORKC-Schema

Die Verhaltens- und Problemanalyse entlang des SORKC-Schemas gilt in verhaltensorientierten Ansätzen als zentrales diagnostisches Verfahren der individuellen Probleme von Ratsuchenden bzw. Patienten und Patientinnen. Sie hebt sich durch ihre individualisierte Betrachtung des präsentierten Problems oder Symptoms explizit von einer klassifikatorischen Diagnostik, wie z.B. anhand von ICD-10-Diagnosen, ab.

Tabelle 5: SORKC-Schema (u.a. Kanfer/Reinecker/Schmelzer 2006)

Kürzel	Begriff	Erläuterungen
S	Stimuli Situation	Detaillierte verhaltensrelevante Situationsmerkmale: Stimuli oder Situationen, die Verhalten auslösen, fördern, aber auch hemmen oder verhindern. Stimuli können sozial (An-/Abwesenheit von Bezugspersonen), physikalisch (z.B. konkrete Orte) oder auch vorangegangenes Verhalten (im Sinne von Verhaltensketten) sein.
O	Organismus	Organismus (O): situationsrelevante biologisch-physiologische Faktoren, z.B. Ermüdung, Hirnfunktionsstörung, Intoxikation.

Kürzel	Begriff	Erläuterungen
		Verhaltens- und erlebensrelevante Einstelllungen, Erwartungen, Attribuierungen, Schemata, Normen (E), also situationsüberdauernde subjektiv-kognitive Variablen.
R	Reaktion Verhalten	Motorische, emotionale, kognitive und physiologische Verhaltensmerkmale, die analysiert werden sollen mit erforderlicher Beschreibung der quantitativen und qualitativen Merkmale (Art, Ausmaß, Häufigkeit, Dauer).
K	Muster von Konsequenzen (Kontingenz)	Zeitliche Verteilung und Wahrscheinlichkeit der Konsequenzen, das heißt Muster des Verstärkungsplans, also in welcher Regelmäßigkeit, welchem Abstand, Dauer und Intensität ein Verstärker auf die Reaktion folgt (z.B. kontinuierlich, intermittierend).

C	Konsequenzen	Verhaltensbezogene Konsequenzen einer Reaktion. Unterschieden werden:
		
		a) Arten der Konsequenzen:
		   C + positive Konsequenz
		   C - negative Konsequenz/Bestrafung
		   C̶-̶ negative Verstärkung/Wegfall einer negativen Konsequenz
		   C̶ + Verstärkerentzug/Wegfall einer positiven Konsequenz
		
		b) Zeitliche Differenzierung der Konsequenzen:
		   C_k kurzfristige Konsequenzen
		   C_l langfristige Konsequenzen

Entsprechend der Definition von Verhaltenstherapie bzw. verhaltensorientierter Beratung (s.o.) dient die Verhaltens- und Problemanalyse der strukturierten Erfassung von auslösenden (S), prädisponierenden (O) und aufrechterhaltenden (K/C) Faktoren eines Problemverhaltens (R) (vgl. Tabelle 5). Insbesondere soll durch die Verhaltensanalyse erörtert werden, welche Funktionalitäten einem Verhalten zugrunde liegen und wodurch Problem-, aber auch lösungsorientiertes Verhalten aufrechterhalten wird.

Die Verhaltensanalyse beinhaltet zwei Formen:

a) die *Mikroanalyse*: Analyse des Problemverhaltens in einer konkreten, möglichst aktuellen Situation

b) die *Makroanalyse*: Analyse des Problemverhaltens in seiner Komplexität (also auch situationsübergreifend) in der biografischen Entstehung.

Mikro- und Makroanalyse dienen der Erarbeitung eines individuellen Erklärungsmodells für die eigenen Probleme des Ratsuchenden, aber auch der Analyse von Ansatzpunkten für verhaltensorientiert sinnvolle Interventionen. Durch die konkrete Erarbeitung mit Ratsuchenden gewinnt die Verhaltensanalyse auch Interventionscharakter, da durch die gemeinsame Betrachtung der verschiedenen Bereiche in einem strukturierten Modell ggf. Ratsuchende bereits zu diesem Zeitpunkt Lösungsideen durch Klärung entwickeln.

BASIC-ID nach Lazarus (1996)

Ein anderes Modell der Problemanalyse stellt das Analyseschema BASIC-ID nach Lazarus (1996, 2011) dar: „Die Grundannahme besteht darin, daß das BASIC-ID die gesamte Breite der menschlichen Persönlichkeit umfaßt und daß es kein Gefühl, keine Leistung, kein Problem, keinen Traum und keine Phantasie gibt, die nicht durch das BASIC-ID erfaßt werden. Die vom BASIC-ID abgedeckten Bereiche können als Grundfarben der Persönlichkeit angesehen werden." (Lazarus 1996, 47) Das Analyseschema wird in Tabelle 6 dargestellt.

Tabelle 6: Analyseschema BASIC-ID (Lazarus 1996)

Kürzel	Englischer Begriff	Deutscher Begriff	Erläuterungen
B	Behavior	Verhalten	beobachtbares / messbares Verhalten, z.B. Gesten, Handlungen, Reaktionen → Fragen im Gespräch z.B. nach häufigen, seltenen Verhaltensweisen, was Ratsuchende gerne häufiger ausführen oder aufhören möchten
A	affect	Affekt	Affekt im Sinne von Emotionen, Stimmungen, starke Gefühle → Fragen im Gespräch z.B. nach häufigen Gefühlen, welche stören am meisten, welche Gefühle treten bei welchem Verhalten auf
S	sensation	Empfinden	Empfindungen durch die Sinne: Sehen, Hören, Tastgefühl, Gerüche → Fragen im Gespräch z.B. nach negativen Empfindungen, z.B. Spannungsgefühle, Schmerzen, Erröten; Einfluss von Empfindungen auf Verhalten oder Affekt
I	imagery	Vorstellung	wiederkehrende Vorstellungen, Träume, lebhafte Erinnerungen, die unangenehm sind (z.B. auch Selbstbild) → Fragen im Gespräch nach häufigeren bildhaften Szenen; Einfluss der Vorstellungen auf Verhalten, Affekt oder Empfindungen

5 Konzepte in der Beratung

Kürzel	Englischer Begriff	Deutscher Begriff	Erläuterungen
C	cognition	Kognition	Kognitionen in Form von Ideen, Werten, Meinungen und Einstellungen → Fragen im Gespräch z.B. nach negativen Gedanken über sich selbst und die Umwelt; Einfluss der Kognitionen auf Verhalten, Affekt, Empfindungen oder Vorstellungen
-	-	-	-
I	interpersonal relationships	Sozialbezüge	Sozialbeziehungen: Verhältnis zu anderen Menschen: → Fragen im Gespräch nach Problemen im Umgang mit anderen Menschen; Einfluss der Qualität sozialer Beziehungen / Probleme auf Verhalten, Affekt, Empfindungen, Vorstellungen und Kognitionen
D	drugs and biological factors	Medikamente, biologische Faktoren	Medikamente sowie gesundheitlicher Zustand → Fragen im Gespräch nach Gesundheitsproblemen und deren Einfluss auf BASIC-I-Bereiche

Dabei hebt Lazarus hervor, dass die Individualität des Patienten oder der Patientin im Vordergrund der Problemanalyse stehen sollte und Behandlungsmaßnahmen möglichst spezifisch auf die verschiedenen Bedürfnisse und Rahmenbedingungen von Patientinnen und Patienten ausgerichtet werden sollten. Trotz hoher Verhaltensorientierung im Analyseschema distanziert sich Lazarus von einer alleinigen Orientierung an Lerntheorien, sondern bevorzugt einen sogenannten „technologischen Eklektizismus", bei dem auch Methoden anderer therapeutischer Richtungen berücksichtigt werden können.

Wenn auch für die Verhaltenstherapie entwickelt, eignet sich das BASIC-ID auch in der Beratung für eine verhaltens- und erlebensnahe Problemanalyse. Es erlaubt zudem eine indikative Interventionsplanung entlang der erfassten Problembereiche. Folgt man dem Anspruch von Lazarus an eine eklektische methodische Vorgehensweise, erfordert dies – wie bei den integrativen Modellen bereits benannt – eine hohe Durchführungskompetenz des Beraters oder der Beraterin in den dann vielfach möglichen Beratungsmethoden.

Verhaltensorientierte Methoden in der Beratung

Verhaltensorientierte Verfahren leiten sich letztlich wiederum aus den Lerntheorien ab, z.B. Reizkonfrontationsverfahren aus der klassischen Konditionierung und kognitiven Lernprozessen, Verstärkungsmethoden aus der operanten Konditionierung, Gruppeninterventionen oder Rollenspiele mit Beratern/Beraterinnen aus dem Modelllernen oder kognitive Methoden aus den sozial- und klinisch-psychologischen Kognitionstheorien. Margraf (2009) unterscheidet drei Gruppen von Verfahren für die Verhaltenstherapie:

1. Basisfertigkeiten: Gesprächsführung, Beziehungsgestaltung und Motivationsarbeit
2. „Störungsübergreifende verhaltenstherapeutische Maßnahmen, die jeder Verhaltenstherapeut flexibel in den jeweiligen Behandlungsplan einfügen können muss. Hierzu zählen u.a. Konfrontationsverfahren (z. B. Reizüberflutung, Habituationstraining, Reaktionsverhinderung, systematische Desensibilisierung), Entspannungsverfahren (z.B. progressive Muskelrelaxation), operante Methoden (z.b. positive Verstärkung, Löschung, Response-Cost, Time-out, Token Economies), kognitive Methoden (z.b. Selbstinstruktionstraining, Problemlösetraining, Modifikation dysfunktionaler Kognitionen, Reattribution, Analyse fehlerhafter Logik, Entkatastrophisieren), Kommunikationstrainings, Training sozialer Kompetenz und Selbstkontrollverfahren." (a.a.O., 10)
3. Therapieprogramme, die auf Besonderheiten verschiedener Krankheitsbilder angepasst sind (z.B. für Angststörungen, Depressionen, Borderline-Persönlichkeitsstörung, Schizophrenie-Rückfallprophylaxe, Essstörungen usw.).

Für den Beratungsbereich sollten bei solider Qualifizierung vor allem die Methoden der operanten Verstärkung, der kognitiven Interventionen, der Förderung von Kommunikation, sozialer Kompetenz und Selbstkontrolle/-steuerung als bedeutsam und praktikabel hervorgehoben werden. So gehören beispielsweise auch zu verhaltensorientierten Methoden in der Paarberatung (u.a. Bodenmann 2004):

- Kommunikationstraining (allgemeine Gesprächsführung des Paares, Gesprächsregeln bei Konflikten etc.)
- Maßnahmen zur Steigerung der positiven Reziprozität / gegenseitigen Verstärkung, auch zur Unterstützung des Wiedergewinns einer positiven emotionalen Grundbasis
- Problemlösetraining (Aufarbeiten von Konfliktbereichen)
- kognitive Interventionen zur Veränderung von ungünstigen Attributionen und unrealistischen Erwartungen
- Akzeptanzstrategien
- Interventionen bei spezifischen Störungen (z.B. Sucht, sexuelle Störungen).

Zu verhaltensorientierter Paarberatung liegen mittlerweile auch gut evaluierte und in der Praxis etablierte Programme zur Förderung von Kommunikations-, Konfliktlöse- und Problemlösekompetenzen sowie der dyadischen Stressbewältigung vor, die im Bereich von Beratung und Prävention vielfach eingesetzt werden (z.B. EPL – Ein Partnerschaftliches Lernprogramm; FSTP – Freiburger Stresspräventionstraining für Paare; KEK – Konstruktive Ehe und Kommunikation). Für eine Vertiefung in verhaltensorientierten bzw. kognitiv-verhaltensorientierten Beratungsmethoden im Einzelsetting wird u.a. auf Boeger (2009) und Winiarski (2004) verwiesen.

Ergänzt sei, dass zunehmend Verfahren der sogenannten „dritten Welle" der Verhaltenstherapie – oder auch nach Fiedler (2010) die fünfte Welle – Eingang in die Praxis der Beratung finden. Diese Verfahren sind durch eine Betonung bzw. Integration von Konzepten zur Förderung der Achtsamkeit, Akzeptanz und Selbstfürsorge gekennzeichnet. Zu nennen sind hier beispielsweise schemaanalytische Ansätze, der Akzeptanz- und Commitment-Ansatz (ACT) oder auch die Achtsamkeitsbasierte Kognitive Therapie der Depression (engl. Mindfulness Based Cognitive Therapy, MBCT) (Heidenreich/Michalak 2013). Allerdings liegen hier derzeit keine empirischen Befunde über Indikation, Angemessenheit und Effektivität der Ansätze im Beratungssetting vor. Für einen adäquaten Einsatz in der Beratung setzen sie, wie alle integrativen Verfahren, ein breites und vertieftes Theorie- und Methodenverständnis voraus. Die Beratungsforschung wird hier in Zukunft auch untersuchen müssen, unter welchen Bedingungen bei welchen Problemen von Ratsuchenden diese Methoden notwendig und hilfreich sind, insbesondere vor dem Hintergrund der oft eher kurz- als mittel- oder langfristigen Beratungsprozessen und damit verbunden nur wenigen Beratungseinheiten zur Unterstützung von Veränderung.

Vertiefungs- und Diskussionsfragen

- Erörtern Sie schulenübergreifende Modelle einer integrativen Beratung und ordnen Ihr eigenes beraterisches Handeln und Denken darin ein.
- Welche Vor- und Nachteile sehen Sie jeweils in den Zugängen der a) tiefenpsychologischen, b) klientenzentrierten und c) verhaltensorientierten Beratung?
- Welche Grenzen der Übertragbarkeit psychotherapeutischer Konzepte auf die lebensweltorientierte Beratung sehen Sie? Was bedarf es, diese zu überwinden?

Literatur zu Kapitel 5.5

Einführende Literatur

Berger, Franz (2006): Personzentrierte Beratung. In: Eckert, Jochen; Biermann-Ratjen, Eva-Maria; Höger, Dieter (Hrsg.): Gesprächspsychotherapie. Lehrbuch für die Praxis. Heidelberg, S. 333–372.
Boeger, Anette (2009): Psychologische Therapie- und Beratungskonzepte: Theorie und Praxis. Stuttgart.
Kanfer, Frederick H.; Reinecker, Hans; Schmelzer, Dieter (2000, 2006). Selbstmanagement-Therapie. Berlin.
Nußbeck, Susanne (2010): Einführung in die Beratungspsychologie. München/Basel.
Reimer, Christian; Rüger, Ulrich (2012): Psychodynamische Psychotherapien: Lehrbuch der tiefenpsychologisch fundierten Psychotherapieverfahren. Berlin/Heidelberg.
Winiarski, Rolf (2004): Beratung und Kurztherapie mit Kognitiver Verhaltenstherapie. Weinheim.
Wittchen, Hans-Ulrich; Hoyer, Jürgen (2006): Klinische Psychologie und Psychotherapie. Berlin.

Weiterführende / zitierte Literatur

Arbeitskreis OPD (2006): Operationalisierte Psychodynamische Diagnostik OPD-2. Das Manual für Diagnostik und Therapieplanung. Bern.

Biermann, Eva-Maria; Eckert, Jochen (2007): Krankheitslehre der Gesprächspsychotherapie. In: Strauß, Bernhard; Hohagen, Fritz; Caspar, Franz (Hrsg.): Lehrbuch Psychotherapie, Band 1. Göttingen., S. 239–260.

Bodenmann, Guy (2004): Verhaltenstherapie mit Paaren. Ein modernes Handbuch für die psychologische Beratung und Behandlung. Bern.

Borg-Laufs, Michael (2004): Verhaltensberatung nach dem kognitiv-behavioristischen Modell. In Nestmann, Frank; Engel, Frank; Sickendiek, Ursel (Hrsg.): Das Handbuch der Beratung, Band 2: Ansätze, Methoden und Felder. Tübingen, S. 629–640.

Caspar, Franz; Herpertz, Sabine C.; Mundt, Christoph (2008): Was ist Psychotherapie? In: Herpertz, Sabine; Caspar, Franz; Mundt, Christoph (Hrsg.): Störungsorientierte Psychotherapie. München, S. 33–54.

Dewe, Bernd (2011): Beratungsforschung. In: Otto, Hans Uwe; Thiersch, Hans (Hrsg.): Handbuch der Sozialen Arbeit. Grundlagen der Sozialarbeit und Sozialpädagogik. Basel, 4., völlig neu bearbeitete Auflage, S. 120–130.

Engel, Frank; Nestmann, Frank; Sickendiek, Ursel (2004): „Beratung" – Ein Selbstverständnis in Bewegung. In: Nestmann, Frank; Engel, Frank; Sickendiek, Ursel (Hrsg.): Das Handbuch der Beratung, Band 1: Disziplinen und Zugänge. Tübingen, S. 33–44.

Festinger, Leon (1957): A Theory of Cognitive Dissonance. Stanford, CA.

Fiedler, Peter (2010): Verhaltenstherapie mon amour. Mythos – Fiktion – Wirklichkeit. Stuttgart.

Freud, Anna (1936, 1964): Das Ich und die Abwehrmechanismen. Reinbek.

Hartmann, Heinz (1972). Ich-Psychologie und Anpassungsproblem. Stuttgart.

Heigl, Franz; Heigl-Evers, Anneliese (1982): Tiefenpsychologisch fundierte Psychotherapie – Eigenart und Interventionsstil. In: Zeitschrift für Psychosomatik, 28, S. 160–175.

Galuske, Michael (2013): Methoden der Sozialen Arbeit. Eine Einführung. Weinheim.

Geißler, Karlheinz; Hege, Marianne (1995): Konzepte sozialpädagogischen Handelns. Ein Leitfaden für soziale Berufe. Weinheim.

Gendlin, Eugene T. (1996): Focusing-orientierte Psychotherapie. Ein Handbuch der erlebensbezogenen Methode. Stuttgart.

Grawe, Klaus (1992): Komplementäre Beziehungsgestaltung als Mittel zur Herstellung einer guten Therapiebeziehung. In: Margraf, Jürgen; Brengelmann, Johannes C. (Hrsg.): Die Therapeut-Patient-Beziehung in der Verhaltenstherapie. München, S. 215–244.

Grawe, Klaus (1999): Gründe und Vorschläge für eine Allgemeine Psychotherapie. In: Psychotherapeut, 44, S. 350–359.

Grawe, Klaus (2004): Neuropsychotherapie. Göttingen.

Grawe, Klaus; Donati, Ruth; Bernauer, Friederike (1994): Von der Konfession zur Profession. Göttingen.

Greenberg, Leslie S.; Rice, Laura N.; Elliott, Robert (1993): Process-experiential therapy: Facilitating emotional change. New York.

Groeben, Norbert (1986): Handeln, Tun, Verhalten als Einheiten einer verstehend-erklärenden Psychologie. Tübingen.

Groeben, Norbert; Scheele, Brigitte (1977): Argumente für eine Psychologie des reflexiven Subjekts. Paradigmenwechsel vom behavioralen zum epistemologischen Menschenbild. Darmstadt.

Heidenreich, Thoams; Michalak, Johannes (Hrsg.) (2013): Die „dritte Welle" der Verhaltenstherapie. Grundlagen und Praxis. Weinheim.

Heil, Friedrich E.; Scheller, Reinhold (1984). Psychologische Beratung. In: Schmidt, Lothar R. (Hrsg.): Lehrbuch der Klinischen Psychologie. Stuttgart, S. 390–411.

Hoff, Tanja; Klein, Michael (Hrsg.) (2015): Evidenzbasierung in der Suchtprävention. Möglichkeiten und Grenzen in Praxis und Forschung. Berlin.

Kelly, George A. (1955): The psychology of personal constructs. New York.

Kernberg, Otto F. (1988): Borderline-Störungen und pathologischer Narzißmus. Stuttgart.

Kiresuk Thomas; Sherman Robert (1968): Goal attainment scaling: A general method for evaluating comprehensive community mental health programs. In: Community Mental Health Journal, 4 (6), pp. 443–453.
Klein, Melanie (1973): Die Psychoanalyse des Kindes. München.
Klöpper, Michael (2015): Reifung und Konflikt. Säuglingsforschung, Bindungstheorie und Mentalisierungskonzept in der tiefenpsychologischen Psychotherapie. Stuttgart.
Kohut, Heinz (1971, 1976): Narzißmus. Eine Theorie der psychoanalytischen Behandlung narzißtischer Persönlichkeitsstörungen. Frankfurt am Main. (amerikanisches Original von 1971: The Analysis of the Self. A Systematic Approach to the Psychoanalytic Treatment of Narcissistic Personality Disorders. New York).
Kröger, Christiane; Klann, Nobert; Hahlweg, Kurt; Baucom, Donald H. (2005): Beratungsbegleitende Forschung: Ein Zugang zur Wirksamkeit von Paarberatung unter Feldbedingungen. In: Verhaltenstherapie & psychosoziale Praxis, 37 (3), S. 531–539.
Kröger, Christiane; Wilbertz, Nobert; Klann, Nobert (2003): Wie wirksam ist Ehe- und Paarberatung? Ergebnisqualitätssicherung in den katholischen Ehe-, Familien und Lebensberatungsstellen in Nordrhein-Westfalen. In: Beratung aktuell, 3, S. 136–157.
Lambert, Michael J.; Barley, Dean E. (2002): Research summary on the therapeutic relationship and psychotherapy outcome. In: Norcross, John C. (Ed.): Psychotherapy relationships that work: Therapist contributions and responsiveness to patients. Oxford, pp. 17–32.
Lazarus, Arnold A. (1996): Multimodale Therapieplanung. In: Linden, Michael; Hautzinger, Martin (Hrsg.): Verhaltenstherapie: Techniken, Einzelverfahren und Behandlungsanleitungen. Berlin, S. 47-51 (neue Auflage 2011 unter dem Titel Verhaltenstherapiemanual).
Lazarus, Arnold A. Beutler, Larry E.; Norcross, John C. (1992): The future of technical eclecticism. In: Psychotherapy, 29, pp.11–20.
Lutz, Wolfgang; Bittermann, André (2010): Wie, wann und warum verändern sich Menschen in der Psychotherapie? Forschung zu integrativen und allgemeinen Ansätzen in der Psychotherapie. In: Psychotherapie im Dialog: Integration in der Psychotherapie, 11, S. 80–84.
Margraf, Jürgen (2009): Hintergründe und Entwicklungen. In: Margraf, Jürgen; Schneider, Silvia (Hrsg.): Lehrbuch der Verhaltenstherapie, Band 1. Heidelberg, 3. Auflage, S. 3–45.
Mentzos, Stavros (2009): Lehrbuch der Psychodynamik. Die Funktion der Dysfunktionalität psychischer Störungen. Göttingen.
Nestmann, Frank; Engel, Frank; Sickendiek, Ursel (Hrsg.) (2004): Das Handbuch der Beratung, Band 2: Ansätze, Methoden und Felder. Tübingen.
Nestmann, Frank; Engel, Frank; Sickendiek, Ursel (2013): Beratung: Zwischen „old school" und „new style". In Nestmann, Frank; Engel, Frank; Sickendiek, Ursel (Hrsg.): Das Handbuch der Beratung, Band 3: Neue Beratungswelten. Tübingen.
Orlinsky, David E.; Ronnestad, Michael; Willutzki, Ulrike (2004): Process and Outcome in Psychotherapy. In: Lambert, Michael J. (Ed.): Bergin and Garfield's Handbook of Psychotherapy and Behavior Change. New York, 5thedition, pp. 307–389.
Pinsof, William; Breunlin, Douglas; Russell, William; Lebow, Jay (2010): Problemzentrierte Metarahmen: Eine empiriebasierte Perspektive für die Familien-, Paar- und Einzeltherapie. In: Psychotherapie im Dialog: Integration in der Psychotherapie, 11, S. 34–41.
Psychotherapie-Richtlinien (2009): Richtlinie des Gemeinsamen Bundesausschusses über die Durchführung der Psychotherapie, in der Fassung vom 19. Februar 2009. Veröffentlicht im Bundesanzeiger 2009; Nr. 58: S. 1399. Online verfügbar unter: https://www.g-ba.de/richtlinien/20/ (27.10.2021).
Rieforth, Joseph; Graf, Gabriele (2014): Tiefenpsychologie trifft Systemtherapie. Göttingen.
Rogers, Carl (1973): Entwicklung der Persönlichkeit. Stuttgart.
Rogers, Carl (1987): Eine Theorie der Psychotherapie, der Persönlichkeit und der zwischenmenschlichen Beziehungen. Köln.

Rogers, Carl (1992): Entwicklung der Persönlichkeit. Stuttgart, 9. Auflage.
Roth, Wolfgang (2006): Humanistische Konzepte der Beratung. In Steinebach, Christoph (Hrsg.): Handbuch Psychologische Beratung. Stuttgart, S. 195–217.
Sachse, Rainer (1999): Lehrbuch der Gesprächspsychotherapie. Göttingen.
Schäfer-Hohmann, Maria (2014): Beratung aus psychologischer Perspektive. In: Kohl, Hanne; Papenkort, Ulrich (Hrsg.): Beratung. Dimensionen einer kommunikativen Praxis. Mainz, S. 15–36.
Schmelzer, Dieter (2000): „Hilfe zur Selbsthilfe": Der Selbstmanagement-Ansatz als Rahmenkonzept für Beratung und Therapie. In: Beratung aktuell, 4, S. 1–10.
Schröder, Annette (2004): Psychologie und Beratung. In: Nestmann, Frank; Engel, Frank; Sickendiek, Ursel (Hrsg.): Das Handbuch der Beratung, Band 1: Disziplinen und Zugänge. Tübingen, S. 49–60.
Schrödter, Wolfgang (2004): Beratungsforschung. In Frank Nestmann; Frank Engel; Ursel Sickendiek (Hrsg.) (2004): Das Handbuch der Beratung, Band 2: Ansätze, Methoden und Felder. Tübingen, S. 809–824.
Stern, Daniel N. (1992): Die Lebenserfahrung des Säuglings. Stuttgart.
Straumann, Ursula E. (2004): Klientenzentrierte Beratung. In: Nestmann, Frank; Engel, Frank; Sickendiek, Ursel (Hrsg.) (2004): Das Handbuch der Beratung, Band 2: Ansätze, Methoden und Felder. Tübingen, S. 641–654.
Wagner, Rudolph F. (2004): Integrative Beratungsansätze. In: Nestmann, Frank; Engel, Frank; Sickendiek, Ursel (Hrsg.) (2004): Das Handbuch der Beratung, Band 2: Ansätze, Methoden und Felder. Tübingen, S. 663–674.
Wagner, Rudi F. (2008): Modul 9: Ethische Fragen in der Beratung. In: Rausch, Adly; Hinz, Arnold; Wagner, Rudi F. (Hrsg.) (2008): Beratungspsychologie. Bad Heilbrunn, S. 251–272.
Warschburger, Petra (2009): Beratungspsychologie. Berlin.
Willi, Jürg (1975): Die Zweierbeziehung. Reinbek.

5.6 Systemische Beratung (Franz-Christian Schubert)

Grundlegende Merkmale systemischer Beratung

Systemische Beratung versteht sich als ein spezifisches Erkenntnis- und Handlungsmodell, das den Menschen, sein das Erleben und Verhalten, in seinem wechselseitigen Zusammenwirken mit dem Lebenskontext, das heißt mit den Bedingungen, Anforderungen und Strukturen seiner Lebens- und Arbeitswelt, bzw. seiner „äußeren" Systeme erfasst. Damit überwindet diese Beratungsform eine linear-kausale Denkweise. Daraus resultiert ein breites Beratungssetting, typischerweise mit Familien oder Teilen davon, mit Paaren und auch im Einzelsetting, weiterhin mit Wohn- bzw. Heimgruppen, sozialen Gemeinschaften, Arbeitsteams oder im Rahmen von Institutionen und anderen Systemen. Erfasst werden auch die Wechselwirkungen zwischen Berater bzw. Beraterin, Klienten bzw. Klientinnen und dem Beratungsgegenstand.

Unter der begrifflichen Klammer „systemisch" ist ein universelles Erkenntnisprinzip für komplexe soziale Prozesse und Erscheinungsformen zu verstehen. Ins Zentrum der systemischen Betrachtungs- und Handlungsweise rücken die „zirkulären Prozesse", die gegenseitigen Wechselwirkungen der beteiligten Interaktionspartner. Insbesondere werden die aus der Interaktion resultierenden, gegenseitig bezogenen Interpretations-, Bewertungs- und Handlungsmuster und deren weitere Entwicklungen erfasst, wobei nicht nur Interaktionspartner aus dem sozial nahen, sondern auch aus dem weiteren sozialen bzw. gesellschaftlichen Umfeld einbezogen werden (Meso- und Makrosysteme). Die grundlegende systemtheoretische Auffassung besteht jedoch nicht in einer einheitlichen Metatheorie, sondern ist als eine Bündelung heterogener Strömungen und Konzepte zu verstehen, die als „systemischer Ansatz" oder „systemische Perspektive" begrifflich zusammengefasst werden (vgl. ausführlich v. Schlippe/Schweitzer 2012, im Überblick Schubert, Rohr, Zwicker-Pelzer 2019). Luhmann (1984) hat aus soziologischer Perspektive eine umfassende Theorie sozialer Systeme vorgelegt, die insbesondere der Kommunikation einen neuen Stellenwert zuschreibt. Trotz dieser Leistung ist eine theoretisch-konzeptionelle Homogenisierung im Sinne einer einheitlichen Systemtheorie gegenwärtig nicht zu erwarten.

Die Einbeziehung des nahen und weiteren Lebenskontextes, die stetigen Person-Umwelt-Wechselwirkungen, sind Kernmerkmale systemischer Beratung. Dies beinhaltet die Fähigkeit, individuelle Lebensführung und Problemlagen in ihrer mikro-, meso-, makro- und exostrukturellen Verortung zu verstehen. Gleicherweise erfordert das Informiertheit und Sensibilität über die Auswirkungen gesellschaftlicher Prozesse und Strukturveränderungen auf das Erleben der individuellen Lebensumstände, auf Problementwicklungen und Bewältigungsmöglichkeiten. Eine Orientierung am Lebenskontext verlangt zudem vom Beratungssystem, sich als Hilfeprozess unter Bezugnahme auf die kontextuellen Bedingungen der Klientele immer wieder neu zu reflektieren.

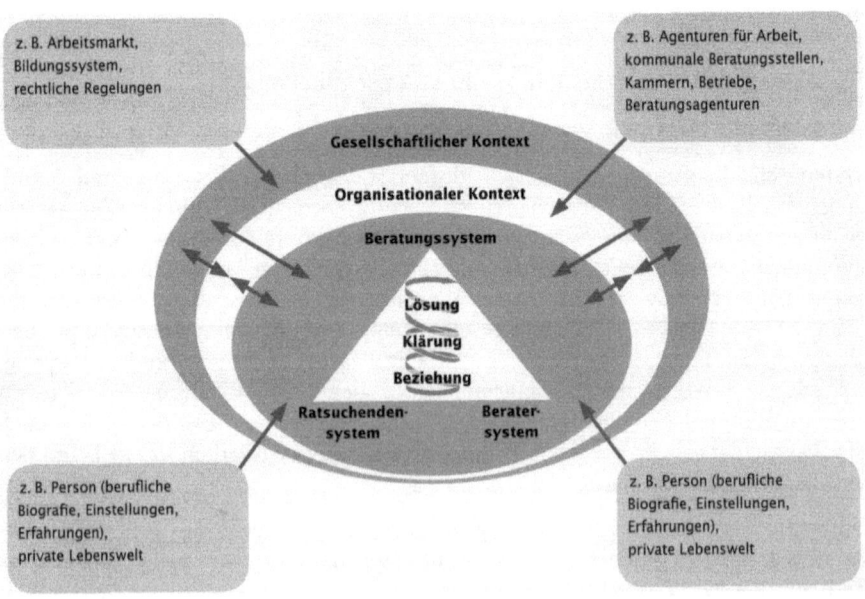

Abbildung 10: Systemisches Kontextmodell für Beratung (modifiziert nach Schiersmann 2011)

Schiersmann/Bachmann/Dauner/Weber (2008) formulieren die kontextuellen Prinzipien von systemischer Beratung in einem umfassenden Modell. Es veranschaulicht die Einbettung des Beratungssystems in das Beratungssetting, den institutionellen Beratungskontext und den gesellschaftlichen Kontext. Das Beratungssystem wiederum umfasst das Berater- und Klientensystem mit ihren jeweiligen Merkmalen und den Beratungsprozess (vgl. Abbildung 10).

Zentrale Begriffe und Annahmen

System: Ein System ist verbunden durch (a) die (zumeist emotional geprägten) Beziehungen bzw. Interaktionen der Mitglieder, die Auffassung der Mitglieder über (b) das Sinnverständnis und (c) die Aufgabenstellung (Funktion) des Systems. Diese Merkmale bestimmen, wer zum System gehört und wer nicht. Aufgabenstellungen und Sinngebungen können von außen herangetragen oder von den Mitgliedern selbst erzeugt bzw. ausgehandelt werden.

Interdependenz, Zirkularität: Die einzelnen Systemmitglieder stehen in Interdependenz, das heißt eine Änderung bei einem Systemmitglied hat Auswirkungen auf alle anderen und damit auf das System insgesamt (Zirkularität). Lineare Ursache-Wirkungs-Beschreibungen wie z.B. „Er trinkt, weil sie sich ihm verweigert" oder umgekehrt „Sie verweigert sich ihm, weil er trinkt" (Schweitzer 2005, 308) sind Ergebnis willkürlicher Interpunktionen von Interaktionspartnern oder Beobachtern. Die wesentlichen Eigenschaften und Verhaltensweisen eines Systemmitgliedes sind aus dessen Beziehungen und Interaktionen zu den anderen Systemmitgliedern und aus den resultierenden Bewertungen, als auch aus den Systemstrukturen zu erfassen.

Muster: Innere Systemprozesse, das heißt die Umsetzung von Funktionen, Überzeugungen und Sinn, erfolgen nach bestimmten Interaktionsregeln und Beziehungsmustern, die von den Systemmitgliedern über Kommunikation bzw. Interaktionen und über geschaffene Systemstrukturen entwickelt werden. Sie haben für das System und seine Mitglieder eine bestimmte Zweckmäßigkeit. Muster und Regeln sind als wiederholtes (redundantes) Auftreten bestimmter Interaktions- bzw. Kommunikationsabläufe über die Zeit hinweg erkennbar. Sie können sich zu formal ähnlichen, sich wiederholenden Kommunikationsabläufen entwickeln, die unterschiedliche und wechselnde Inhalte aufnehmen. Beispielsweise tragen Systemmitglieder ihre Meinungsverschiedenheiten zu unterschiedlichen Themen in einem ähnlich strukturierten, immer wiederkehrenden Kommunikationsablauf („Streitmuster") aus (Schweitzer 2005).

Objekt der Beratung oder Therapie ist das Beziehungs- bzw. Interaktionssystem, in das Individuen eingebunden sind und damit auch das einzelne Individuum in seinen Interaktions-, Interpretations- und Bewertungsmustern. Individuelles Erleben und Verhalten wie auch Probleme und „Störungen" werden verstanden als Ergebnis der wechselseitigen Interaktionen, Kommunikationen, Auffassungen (Konstrukte) und Bewertungen der beteiligten Systeme und Systemmitglieder, die sich in spezifischen Mustern verdichten. „Behandelt" werden nicht die Eigenschaften oder biographischen Prägungen der beteiligten Individuen bzw. Ratsuchenden, sondern die wechselseitigen Beziehungs- bzw. Interaktionsmuster der Mitglieder und deren „dahinter stehende" Regeln, das heißt die spezifischen musterkonstituierenden Prozesse des Systems oder des Individuums und die individuellen oder systemeigenen Konstrukte darüber (Auffassungen, Sinngebungen).

Balanciertes Gleichgewicht: Für den Fortbestand eines Systems werden zwei Funktionen als relevant erachtet: die Fähigkeit eines Systems, sich an veränderte interne und externe Bedingungen und Anforderungen anpassen zu können (Adaptabilität) und die Fähigkeit, Zusammenhalt und Außenabgrenzung auch unter Belastung und veränderten Bedingungen zu gewährleisten (Beständigkeit, Kohäsion). Systemische Beratung und Therapie haben unter anderem zum Ziel, komplexe Systeme in einem ausgewogenen Gleichgewicht zwischen Beständigkeit und Veränderung zu halten oder aus einem für pathologisch gehaltenen Zustand, gekennzeichnet durch „gestörte" Anpassungs- oder Entwicklungsfähigkeit, herauszubringen.

System-Umwelt-Austausch: Systeme stehen über den Austausch von Informationen, Emotionen, Handlungen, Materie mit ihren Umweltsystemen in Beziehung und haben damit eine spezifische Durchlässigkeit für Außeneinflüsse (z.B. für Belastungen oder Veränderungen von Außensystemen). Jedes Mitglied eines Systems gehört gleichzeitig mehreren Systemen an, z.B. Familie, Partnerschaft/Ehe, Geschwister, Freundeskreis, Schulklasse, Arbeitsteam und gestaltet darüber Durchlässigkeit und Austausch.

System-Kontext-Hierarchie: Jedes System ist Teilsystem eines größeren (Supra-)Systems und ist zugleich Gesamtsystem, das mehrere kleinere Teilsysteme (Subsysteme) in sich integriert. Die Einteilung in Systemebenen ist als hierarchische Ordnung zu denken, wobei Hierarchie nicht als Machtbegriff, sondern als Ordnungsbegriff zu verstehen ist.

Systemische Ansätze

a) **Konzeptionelle Entwicklungen: von der Familientherapie zur Systemischen Therapie und Beratung**

In den historischen Anfängen ist der systemische Ansatz vornehmlich auf das System Familie ausgerichtet, woraus sich einflussreiche „klassische" Modelle der Familientherapie und Beratung entwickelt haben: die humanistisch-entwicklungsorientierte Familientherapie von Virginia Satir (1973), die „Strukturelle Familientherapie" (Minuchin 1977), die „Strategische Familientherapie" (Haley 1977) und die „Systemische Familientherapie" der frühen Mailänder Gruppe um Selvini-Palazzoli (1977)[2]. Ab den 1980er Jahren tritt eine bedeutsame konzeptionelle (epistemologische) Weiterentwicklung ein, die als „konstruktivistische Wende" (oder als Kybernetik 2. Ordnung) bezeichnet wird und den Wandel von der klassischen Familientherapie zur Systemischen Therapie und Beratung beschreibt. Anstoß dafür waren Entwicklungen in Philosophie, Kybernetik und Biologie, die die Objektivität, z.B. im therapeutischen Erkennen, infrage stellten. Der Denkansatz

---

2 Genannt sind jeweils die ins Deutsche übersetzten Erstausgaben.

des radikalen *Konstruktivismus* (von Glasersfeld 1981; von Foerster 1981b) hat wesentlich zu dieser Wende beigetragen. Er geht davon aus, dass wir die Welt nicht als „wahr" oder „falsch" erkennen können, sondern individuelle Konstruktionen darüber entwickeln und nach diesen Konstrukten unsere weiteren Erkenntnisse und Handlungen vornehmen. In den Fokus rücken erkenntnistheoretische Überlegungen zur Erfassung von „Wirklichkeit" (die subjektive Konstruktion von Wirklichkeit) und der Einfluss, den der Beobachter bzw. Berater/Therapeut auf das zu beobachtende System (z.B. Familie oder Systemmitglied) und auf die dort beobachtete „Wirklichkeit" ausübt.

Einflussreich werden zudem die Arbeiten von Maturana und Varela (1987; Maturana 1982), die sich mit selbsterzeugenden (selbstreferenziellen) Prozessen von Systemen und mit den begrenzten Möglichkeiten einer von außen kommenden Einflussnahme, z.B. über Beratung oder Erziehung befassen. Mit dem Begriff der *Autopoiese* beschreiben sie ein funktionales Prinzip, wonach lebende Systeme strukturdeterminiert und operational geschlossen sind. Der Austausch mit der Welt erfolgt nicht direkt, sondern Wahrnehmung und Kommunikation mit der Umwelt erfolgen selektiv und beziehen sich nur auf das eigene innere Abbild von der Welt, also auf eigene Konstrukte (= Selbstreferenzialität). Autopoietische Systeme haben eine auf Selbsterhalt und Stabilität orientierte Eigendynamik und versuchen immer wieder ihre Denk- und Lebensweise auf ihre eigene, gleiche Art und Weise zu handhaben. Das hat zur Folge, dass sie nur solche Informationen bzw. Anleitungen aufnehmen, die zu ihrer Struktur (Kognition, Auffassung) passen, das heißt „anschlussfähig" sind und die damit letztlich dem eigenen Fortbestand und der Selbstreproduktion dienen. Psychische und soziale Systeme sind demnach von außen nur begrenzt und nur unter Beachtung bestimmter Bedingungen beeinflussbar.

Die konstruktivistische Wende führt zu einer veränderten Auffassung über die Position des Beraters/der Beraterin und über die Prozesse im System selbst. In den Mittelpunkt tritt die Sprache und die Beobachtung, wie Sprache (Narration) Wirklichkeit, Bedeutsamkeit und Sinn bei den einzelnen Individuen wie bei den Systemen erzeugt. Bedeutsam für die Lebensgestaltung wird die Nützlichkeit und Brauchbarkeit der Auffassungen (Konstruktionen), nicht der vermeintlich „objektive" Wahrheitsgehalt bzw. das „Expertenwissen". Von Foerster (1981a) bezeichnet die vorgestellten Entwicklungsschritte als Kybernetik 1. und 2. Ordnung. In der Praxis konkretisieren sie sich im Wesentlichen über zwei Ansätze, die jeweils vielfältig ausgestaltet sind und sich gewinnbringend ergänzen: systemisch-kybernetische Ansätze und systemisch-konstruktivistische Ansätze.

b) Systemisch-kybernetische Ansätze

Systemisch-kybernetische Ansätze basieren auf den klassischen Modellen der Familientherapie und werden heute mit konstruktivistischen Verfahren kombiniert. Die Ansätze verstehen Familie und andere soziale Systeme (z.B. Ehe, Wohngruppen, „selbstorganisierende" Arbeitsteams) im Sinne von kybernetischen Regelkreismodellen, das heißt in einer ständigen selbstregulierenden Balance zwischen den „gegenläufigen" Tendenzen von Stabilität und Veränderung (Kybernetik 1.

Ordnung). Die dafür nötige Selbstregulation wird über systeminterne (selbstentwickelte) Prozesse gebildet, die als „Kommunikations- und Beziehungsmuster" oder als „Interaktionsregeln" zum Ausdruck kommen. Solche Regeln und Muster können für das Funktionieren des Systems mehr oder weniger brauchbar („funktional") sein. Muster und Regeln beeinflussen somit die Adaptabilität wie auch die Kohäsion eines Systems. Das Ausmaß von Adaptabilität und von Kohäsion dient als diagnostische Kenngröße für die Funktionsfähigkeit und Selbstregulationsfähigkeit von Systemen (Olson/Gorall/Tiesel 2007). In den systemisch-kybernetischen Ansätzen geht man davon aus, dass Berater/Beraterinnen aufgrund ihrer fachlichen Kompetenz („Expertenschaft") die Muster und Regeln eines Systems erfassen und dazu passende Interventionen entwickeln können.

Störungen liegen vor, wenn das balancierte Gleichgewicht des Systems langfristig beeinträchtigt wird. Das äußert sich durch längerfristiges Überwiegen einer der beiden Systemtendenzen, beispielsweise als Erstarrung (Rigidität, „pathologische Stabilität") oder als „ungeregelte" Veränderung bis hin zur Auflösung des Systems. Interventionsziel ist es, für problematische bzw. unbrauchbare Beziehungsmuster und Interaktionsregeln besser Funktionierende zu implementieren, die die Entwicklung und das balancierte Gleichgewicht des Systems fördern.

Anpassungsfähigkeit und Zusammenhalt eines Systems und die Entwicklung von dafür angemessenen Interaktionsregeln und Beziehungsmustern sind besonders dann gefragt, wenn das System mit der Bewältigung von Veränderungen und Anforderungen konfrontiert ist. Das passiert bei systeminternen Entwicklungen (z.B. familialen oder persönlichen Lebenszyklen, Entwicklungen und kritischen Lebensübergängen der Familienmitglieder), unter Einwirkung mehrgenerativer Belastungen (z.B. Familientabus, Familienaufträge) oder bei systemexternen Veränderungen (z.B. Wohnortwechsel, Wegzug von Freunden, Veränderungen am Arbeitsplatz, in Schule, Nachbarschaft oder der sozioökonomischen Lage). Gerade in belasteten Systemen, insbesondere Familien oder Partnerschaften, werden Veränderungen als existenziell bedrohend erlebt. Unter diesen Anforderungsbedingungen werden oftmals kurzfristig „schützende", für eine nachhaltige Anforderungsbewältigung jedoch wenig brauchbare Muster und Regeln entwickelt, die ein balanciertes Gleichgewicht und damit eine gesunde Weiterentwicklung des Systems und der Systemmitglieder vorübergehend oder chronisch behindern oder verunmöglichen. Oft sind diese Muster mit unzureichenden Handlungsmöglichkeiten und mit behindernden Kausalerklärungen und emotional gefärbten Deutungen (Konstrukten) einzelner Mitglieder oder des gesamten Systems gekoppelt, auch mit Schuldgefühlen (gegenüber Partner, Kindern, Eltern u.a.) oder mit Angst vor Sanktionen durch einzelne Familienmitglieder oder Behörden. Daraus entstehen zusätzliche Belastungen, aus denen sich weitere „dysfunktionale" Muster und Regeln bilden können. Sie erhalten den problematischen („pathologischen") Zustand des Systems aufrecht und können die Funktionstüchtigkeit und die Anpassungs- und Entwicklungsfähigkeit des Systems und seiner Mitglieder massiv beeinträchtigen. Unter systemisch-kybernetischer Perspektive ist die Symptom- bzw. Problementwicklung somit nicht Ausdruck einer im Individuum liegenden Störung, sondern ist im Wesentlichen Ausdruck einer notwendig gewordenen, jedoch nicht ausbalanciert vollzogenen Adaptation des Systems an veränderte systeminterne oder externe Bedingungen. Beobachtbar wird das über vermeintlich „gestörte" Interaktionsmuster, Regeln und Deutungsmuster. Probleme und Störungen werden daher immer in ihrer zirkulären Wechselwirkung mit dem Kontext aufgefasst und verstanden. Die klassischen Modelle der Familientherapie liefern Beschreibungen verschiedener „pathologischer" Strukturen und Prozesse (z.B. „dysfunktionale Strukturen", Minuchin 1977; „pathologisches Dreieck", Haley 1977). Mit ihrer strukturierten Vorgehensweise, der Aufmerksamkeit auf diagnostische Hypothesenbildung und der gezielten Veränderung von Strukturen und Prozessen, sind systemisch-kybernetische Ansätze heute fester Bestand in Feldern der psychosozialen Beratung und der psychiatrischen und psychotherapeutischen Versorgung.

c) Systemisch-konstruktivistische Ansätze

Die konstruktivistische Perspektive versteht Systeme nicht als kybernetisch funktionierend, wo Mitglieder wechselseitig ihr Verhalten regulieren, sondern als sprachlich-konstruktivistische Systeme, in denen durch Konversation und Geschichten Bedeutungen und soziale Wirklichkeit geschaffen (konstruiert) und untereinander geteilt werden. Daraus haben sich bedeutsame Konzepte gebildet, wovon gegenwärtig der narrative Ansatz (Beratung als biographischer Dialog, z.B. White & Epston 2013; im Überblick Kronbichler 2014) und die lösungsorientierte Beratung (Beratung als Lösungsgespräch, z.B. De Shazer 1989; Bamberger 2005) hervorzuheben sind.

Systemisch-konstruktivistische Beratung wird begriffen als Kooperation von Berater bzw. Beraterin und Ratsuchenden in einer gemeinsamen Suche nach Verständnisformen und Lösungen für die wahrgenommenen Probleme. Der Beratungsfokus gilt der Art und Weise, wie Systeme und ihre jeweiligen Mitglieder – und damit auch die Berater – Wahrnehmungen herausfiltern und sich ihre Wirklichkeiten (Konstrukte), ihre Zuschreibungen, Deutungen und Überzeugungen über sich selbst, über andere Personen, über Beziehungen und Konflikte, über Zusammenhänge und Bedeutung von Ereignissen usw. erschaffen und Entscheidungen treffen. Erfasst wird auch, wie soziale Systeme sich dadurch selbst regulieren, erhalten und nach außen abgrenzen. „In Familien mit Symptomträgern zeigt sich dabei häufig, dass diese Beschreibungen nicht mehr angemessen rückgekoppelt werden, sondern dass die Erwartungen einer Person darüber, wie die andere ‚ist', erstarren ... In der Sprache der Systemtheorie kann man sagen, dass sich die beteiligten Personen auf eine bestimmte Art von Ordnung der Wirklichkeiten, [auf] ein starres Muster festgelegt haben." (v. Schlippe/Schweitzer 2010, 9) In solchen Fällen reagieren die Mitglieder einer Familie nicht auf die Gefühle und Gedanken des anderen, sondern auf das, was sie selbst darüber denken und fühlen , was der andere denken und fühlen würde (vgl. Watzlawick 1983: „Die Geschichte mit dem Hammer"). Diese Muster verhindern bei den beteiligten Personen und Systemen Flexibilität und die Entwicklung von Interaktionen und Handlungsabläufen zur Bewältigung von Aufgabenstellungen. Sie behindern darüber hinaus die individuelle Entwicklung und neue Sinnentwicklungen, „und genau diese (erstarrten) und einengenden Muster sind der Gegenstandsbereich systemischer Beratung" (v. Schlippe/Schweitzer 2010, 9).

Funktion des Problems oder: „Die guten Gründe des Problems"

Unter systemischer Perspektive wird ein Symptom oder Problem nicht als Zustand oder Eigenschaft aufgefasst, das ein System oder eine Person „hat", sondern ein System erzeugt ein Problem. Einem problemerzeugenden System können ganz unterschiedliche Akteure auf unterschiedlichen Systemebenen angehören, z.B. Familienmitglieder, Helfer und Helferinnen, Vertreter und Vertreterinnen von Institutionen wie Lehrer, Ärzte, Berater, Therapeuten.

Die symptomatischen, als „dysfunktional" oder „gestört" bewerteten Muster, Regeln, Wahrnehmungs- und Deutungskonstrukte fokussieren die Systemmitglieder auf das Problemverhalten und halten sie gleicherweise von den anstehenden Struktur- und Prozessveränderungen im System ab. Derartige Veränderungen werden von Systemmitgliedern häufig auch als Gefährdung der bisherigen Beziehungsform oder als Selbstwertbedrohung erlebt und befürchtet (z.B. Ablösung Jugendlicher, „empty nest" nach Auszug der erwachsenen Kinder). Damit „schützt" quasi das Problem das gesamte System/Familie vor den bedrohlich erlebten Belastungen der anstehenden Struktur- und Prozessveränderungen. Weiterhin entsteht über diese Problemfokussierung ein spezifischer Zusammenhalt im System, der das Problem zusätzlich aufrechterhält. So beendet z.B. das symptomatische Verhalten eines Kindes (z.B. Angstzustände, Einnässen, kurzfristig auftretendes Schulversagen) den als hoch bedrohlich erlebten Streit zwischen den Eltern, indem sich die Eltern beispielsweise gemeinsam um das Kind und um seine „Störung" kümmern und von ihrem eigenen Streit ablassen. Daraus entwickelt sich ein Kreislauf, der die Störung aufrechterhält und auch eine langfristige Chronifizierung von Symptomen erklären kann (vgl. dazu Schweitzer/v. Schlippe 2007; Ruf 2009). Unter diesem Aspekt erhalten problematische Muster und Regeln (das „Problem", die „Störung") einen Sinn und eine „systemerhaltende" Funktion. Sie können als ein „sinnhaftes" bzw. „passendes" Verhalten in einem spezifischen gegenwärtigen oder auch system-historischen Kontext verstanden werden. Sie sind somit nicht „dysfunktional", sondern haben gegenwärtig bzw. hatten „damals" eine bestimmte sinnhafte, zumeist stellvertretende Bewältigungs- und Lösungsfunktion in diesem systemischen Gefüge (die „guten Gründe für das Symptom", „Bedeutung des Symptoms").

Allerdings wird nicht selten der Kontext einseitig als Ursache des Problems gesehen, im Sinne einer linearen einseitigen Verursachungszuschreibung. Beispielsweise wird das Symptom oftmals als Ausdruck der Beziehungsstörung der Eltern interpretiert, also eigentlich im Sinne einer „linearen Folge". Eine derartige einseitige Kontextualisierung kann auch mehr oder weniger verborgene Schuldzuschreibungen beinhalten. Die zirkuläre Betrachtungsweise hingegen erfasst zusätzlich die rekursive Wirkung des Symptoms auf den Kontext, hier also die Rückwirkung des symptomatischen Verhaltens des Kindes auf das Verhalten der Eltern (Beendigung des Streites und gemeinsames Kümmern). Damit wird eine wechselseitige Stabilisierung von Ehe-/Eltern-Subsystemproblem und Kind-Problem erkannt.

Derartige Wechselwirkungen können zu einer erheblichen Chronifizierung von Störungen führen. Das bedeutet letztlich: nicht das einzelne Systemmitglied „hat" das Problem oder „ist krank", vielmehr bringt das Mitglied die Systemstörung zum Ausdruck und übernimmt damit zugleich auch, wie dargestellt, spezifische Funktionen für das System. Im klinischen Setting wird diese Person als Symptomträger, identifizierter Patient oder auch Indexpatient bezeichnet.

Beratungshandeln

Ein systemisches Setting kann unterschiedlich gestaltet sein, als Beratung mit Einzelnen oder als Beratung von Mitgliedern eines Systems (z.B. Familie, Paar, Wohngruppe oder Team). Gemeinsam ist die Umsetzung der systemischen Grundhaltungen und zentraler systemischer Vorgehensweisen.

Systemische Praxis ist durch spezifische *Grundhaltungen* gekennzeichnet:

- *Erweiterung der Möglichkeiten und Handlungsspielräume der Klienten*, z. B. über Anregungen und Perspektivänderungen. Diese Haltung folgt dem Postulat von v. Foerster (1988): „Handle stets so, dass Du die Zahl der Möglichkeiten vergrößerst".
- *Achtung vor der Autonomie und Selbstorganisation* folgt aus der Haltung, die Funktion des Problems aus der Innenperspektive (Autopoiese) des Klientensystems zu erfassen.
- *Ressourcenorientierung* beinhaltet die Suche nach vernachlässigten oder noch nicht entdeckten Ressourcen beim Klientensystem und seinen Umweltsystemen.
- *Lösungsorientierung* fokussiert nicht die Problemerkundung, sondern setzt an Lösungsmustern, Ausnahmen vom Problem und Zielvisionen an.
- *Neutralität und Allparteilichkeit*. Der Berater/die Beraterin vertritt nicht einseitig die Anliegen einzelner Systemmitglieder, sondern ist den Sichtweisen aller gegenüber empathisch zugewandt und bewahrt gleichzeitig eine neutrale Außenperspektive.
- *Klientenorientierung*. Berater und Beraterinnen orientieren sich vorrangig an den Ziel- und Lebensvorstellungen der Klienten bzw. Klientinnen und nicht unbedingt an dem, was sie unter ihrem eigenen Lebensverständnis als gutes Ergebnis ansehen.
- *Hypothetisieren*. Systemisches Handeln basiert auf einer zentralen Verfahrensregel, dem sogenannten Hypothetisieren. Aus den Wirklichkeitskonstruktionen und Sinngebungen der Systemmitglieder, den beobachteten Beziehungsmustern und Interaktionsregeln und aus den Zusammenhängen mit bestimmten biographischen, situativen oder systemhistorischen (Kontext-)Bedingungen, werden Hypothesen über Strukturen und Prozesse des Systems und seiner Mitglieder, über deren Ressourcen und Änderungsmöglichkeiten und über mögliche Funktionen des Problems bzw. der „Störung" für das System und für einzelne Systemmitglieder entwickelt (ausführl. vgl. Schubert et al 2018). Herangezogen wird auch das fachliche Wissen über Struktur und Dynamik spezifischer Problemsysteme (z.B. über Co-Abhängigkeitsdynamiken, Kinder psychisch kranker Eltern, Kollusionen und Co-Evolutionen in Paarbeziehungen).

Franz-Christian Schubert

Im systemischen Prozess dient Hypothesenbildung nicht wie in der klassischen Wissenschaft primär als diagnostisches Erkenntniswerkzeug, aus dem das „richtige" Behandlungsverfahren abgeleitet wird. Hypothesen sollen vor allem Berater und Beraterinnen wie auch das Klientensystem aus festgefahrenen Auffassungen lösen und zu neuen Sichtweisen anregen. Es geht nicht darum, „die eine richtigen Hypothese zu finden. Vielmehr führt gerade die Vielfalt der Hypothesen auch zu einer Vielfalt von Perspektiven und Möglichkeiten" (v. Schlippe/Schweitzer 2016, 204; zur Vertiefung Ritscher 2011).

An die Grundhaltungen anschlussfähig sind die sechs Prinzipien für einen erfolgreichen systemischen Beratungsprozess nach Zwicker-Pelzer (2010, 46-54): Beratung ist ein strukturierter Prozess, er beinhaltet Ziel- und Auftragsklärung, das Tempo des Klienten ist die Maßeinheit im Beratungsvorgehen, Respektieren und Einhalten ethischer Prinzipien, Erkennen und Respektieren der Grenzen der betroffenen Menschen und ihres Umfeldes, die beraterische Beziehung genießt einen besonderen Vertrauensschutz.

Systemische Verfahren sind in zahlreichen Publikationen dargestellt. Ausführliche Darstellungen bringen beispielsweise Schindler/v. Schlippe (2005), Schlippe/Schweitzer (2016) oder Schwing/Fryszer (2018), um nur drei Werke stellvertretend zu benennen. Schubert, Wälte und Meyer (2018; Schubert 2013) bringen eine strukturierte Übersicht von Standardmethoden der systemischen Beratung. Zusammenfassend ist festzustellen, dass in der systemischen Praxis vier typische Grundwerkzeuge zum Einsatz kommen: Hypothesenbildung, Formulieren von Handlungsvorschlägen, systemisches Fragen, umdeutendes Kommentieren. Sie wechseln sich im Arbeitsprozess stetig ab und wirken rekursiv aufeinander, haben zugleich also immer erkenntnisfördernde wie auch systemverändernde Funktion.

Auftragsklärung, Setting und Arbeitskontrakt erhalten im systemischen Beratungsprozess besondere Aufmerksamkeit. Erfasst wird, wer und welche Systeme an dem Prozess mit welchen – offenen, sich widersprechenden oder verdeckten – Aufträgen beteiligt sind und wie eine Aufgabenverteilung sich gestaltet. Auch abwesende Systemmitglieder und „mächtige", sozial relevante Personen im Hintergrund (z.B. Arbeitgeber, Vertreter von Sozialbehörden) oder andere Helfersysteme stecken den Auftrags- und Erwartungsrahmen ab.

Systemische Beratung hat zum *Ziel,*

- die systemische Funktion bzw. den „Sinn" der Störung und die damit zusammenhängenden Probleme und Zuschreibungen (Konstrukte) gemeinsam mit den Systemmitgliedern zu erfassen
- die problemaufrechterhaltenden Prozesse und Konstrukte (Interaktionsregeln, Muster, Sinngebungen, Verhaltensweisen) zu unterbrechen (zu „verstören" oder dekonstruieren)
- zusammen mit dem System brauchbarere Konstrukte, Muster und Lösungen zu finden
- die die bisherige („störende") Funktion bzw. den bisherigen Sinn der „Störung" zu ersetzen

- nötige Änderungen und Entwicklungsschritte bei den einzelnen Mitgliedern und dem System wieder in Gang zu setzen.
- Das verlangt auch, „die guten Gründe" für das Problem, den „Symptomgewinn" zu erkennen und letztlich von diesen Vorteilen abzulassen, bzw. durch andere Vorteile zu ersetzen.

Basis für systemisches Arbeiten ist kommunikative Kompetenz, die Fähigkeit vernetzt zu denken, wie auch komplexe, wechselseitig interdependente (zirkuläre) Muster in ihrer Kontextbezogenheit zu erfassen und last but not least, die Fähigkeit, „die guten Gründe des Problems" zu erkennen und dies gemeinsam im Beratungsprozess umzusetzen und zu nutzen.

Fragen zur Vertiefung und Diskussion

- Was versteht man unter „Mustern" (z.B. Bewertungsmuster, Verhaltensmuster) im systemischen Vorgehen?
- Was meint Zirkularität im systemischen Verständnis?
- Was versteht man unter Autopoiese im systemischen Kontext?
- Welche konzeptionellen Entwicklungen wurden im Zuge der „konstruktivistische Wende" angestoßen?
- Was versteht man unter der „konstruktivistischen Wende" in der systemischen Therapie/Beratung?
- Welche klassischen Vertreter*innen lassen sich dem systemisch-kybernetischen Ansatz zuordnen?
- Beschreiben Sie zwei maßgebliche Ansätze der narrativen systemischen Beratung.
- Was versteht man unter „Lösungsorientierter Beratung"?
- Was versteht man unter „Die guten Gründe für ein Problem"?
- Welche Funktionen haben die „Die guten Gründe für ein Problem" für das zu beratende System?
- Welche Funktionen können ein Problem im Sinne des systemisch-kybernetischen Ansatzes haben?
- Beschreiben Sie die systemischen Grundhaltungen.
- Welche Bedeutung und Aufgaben hat „Hypothetisieren" in der systemischen Beratung?
- Wie lassen sich die Ziele von systemischer Beratung formulieren?
- Welche Kompetenzen brauchen systemische Berater*innen?

Literatur zu Kapitel 5.6

Einführende Literatur

Ritscher, Wolf (2011): Systemische Diagnose: Eine Skizze. In: Kontext, 42 (1), S. 4–28.
Schlippe, Arist von; Schweitzer, Jochen (2016): Lehrbuch der systemischen Therapie und Beratung I. Das Grundlagenwissen. Göttingen.
Schubert, Franz-Cristian, Rohr, Dirk & Zwicker-Pelzer, Renate (2019). Beratung. Grundlagen – Konzepte – Anwendungsfelder. Heidelberg.

Schubert, Franz-Christian, Wälte, Dieter & Meyer, Melanie (2018): Methoden der systemischen Paar- und Familienberatung. In: Wälte, Dieter & Borg-Laufs, Michael (Hrsg.): Psychosoziale Beratung Grundlagen – Diagnostik – Intervention. Stuttgart, S. 235–254.

Schwing, Rainer; Fryszer, Andreas (2018): Systemisches Handwerk. Werkzeug für die Praxis. Göttingen, 5. Auflage.

Weiterführende / zitierte Literatur

Bamberger, Günter (2005): Lösungsorientierte Beratung. Weinheim.

De Shazer, Steve (1989): Wege der erfolgreichen Kurzzeittherapie. Stuttgart.

Foerster, Heinz von (1981a): On cybernetics of cybernetics and social theory. In: Roth, Gerhard; Schwegler, Helmut (Ed.): Self-organizing systems. Frankfurt am Main, S. 102–105.

Foerster, Heinz von (1981b): Das Konstruieren einer Wirklichkeit. In: Watzlawick, Paul (Hrsg.): Die erfundene Wirklichkeit. München, S. 39–60.

Foerster, Heinz von (1988): Abbau und Aufbau: In. Simon, Fritz B. (Hrsg.): Unterschiede, die Unterschiede machen. Heidelberg, S. 19–33.

Glasersfeld, Ernst von (1981): Einführung in den radikalen Konstruktivismus. In: Watzlawick, Paul (Hrsg.): Die erfundene Wirklichkeit. München, S. 16–18.

Haley, Jay (1977): Direktive Familientherapie. Strategien für die Lösung von Problemen. München.

Kriz, Jürgen (2010). Systemtheorie als Metatheorie zur Integration psychotherapeutischer Ansätze. In: Psychotherapie im Dialog: Integration in der Psychotherapie, 11, S. 28–33.

Kronbichler, Rudolf (2014): Narrative Therapie. In: Levold, Tom & Wirsching, Michael (Hrsg.): Systemische Therapie und Beratung – das große Lehrbuch. Heidelberg, S. 71–75.

Luhmann, Niklas (1984): Soziale Systeme, Grundriss einer allgemeinen Theorie. Frankfurt am Main.

Maturana, Humberto (1982): Erkennen: Die Organisation und Verkörperung von Wirklichkeit. Ausgewählte Arbeiten zur biologischen Epistemologie. Braunschweig.

Maturana, Humberto; Varela, Francisco J. (1987): Der Baum der Erkenntnis. München.

Minuchin, Salvador (1977): Familien und Familientherapie. Freiburg.

Olson, David H.; Gorall, Dean M.; Tiesel, Judy W. (2007): FACES IV Manual. Minneapolis.

Ruf, Gerhard Dieter (2009): Vom Krankheitsmodell zum Lösungsmodell. Eine systemische Nutzung psychiatrischer Begriffe. In: Kontext, 40 (4), S. 357–373.

Satir, Virginia (1973): Familienbehandlung. Kommunikation und Beziehung in Theorie, Erleben und Therapie. Freiburg.

Schiersmann, Christiane (2011): Bildungs- und Berufsberatung neu denken. Online verfügbar unter: http://www.hsu-hh.de/bbp/index_SWn3XaOGdUPG7hLp.html (06.10.2021).

Schiersmann, Christiane; Bachmann, Miriam; Dauner, Alexander; Weber, Peter (2008): Qualität und Professionalität in Bildungs- und Berufsberatung. Bielefeld.

Schindler, Hans; Schlippe, Arist von (Hrsg.) (2005): Anwendungsfelder systemischer Praxis. Dortmund.

Schlippe, Arist von; Schweitzer, Jochen (2010): Systemische Interventionen. Göttingen, 2. Auflage.

Schubert, Franz-Christian (2013): System- und Kontextorientierung. In: Pauls, Helmut; Stockmann, Petra; Reicherts, Michael (Hrsg.): Beratungskompetenzen für die psychosoziale Fallarbeit. Freiburg, S. 101–118.

Schweitzer, Jochen (2005): Systemische Therapie. In: Senf, Wolfgang; Broda, Michael (Hrsg.): Praxis der Psychotherapie: Ein integratives Lehrbuch. Stuttgart, S. 308–318.

Schweitzer, Jochen; Schlippe, Arist von (2007): Lehrbuch der systemischen Therapie und Beratung II. Das störungsspezifische Wissen. Göttingen.

Selvini-Palazzoli, Mara; Boscolo, Luigi; Cecchin, Gianfranco; Prata, Giuliana (1977): Paradoxon und Gegenparadoxon. Stuttgart.
Watzlawick, Paul (1983): Anleitung zum Unglücklichsein. München.
White, Michael & Epston, David (2013). Die Zähmung der Monster. Der narrative Ansatz in der Familientherapie. Heidelberg.
Willi, Jürg (1975): Die Zweierbeziehung. Reinbek.
Zwicker-Pelzer, Renate (2010): Beratung in der Sozialen Arbeit. Bad Heilbrunn.

6 Exemplarische Arbeitsfelder (Renate Zwicker-Pelzer)

> **Zusammenfassung**
>
> In diesem Kapitel geht es um Beratung in Arbeits- und Handlungsfeldern psychosozialer Fachkräfte, es geht zudem um Klienten-spezifische Verstehenshintergründe. Unterschiedliche Lebenssituationen und Lebensengpässe drücken sich in zugespitzten Lebenslagen aus, diese sind Anlass einen Beratungskontext aufzusuchen oder sich von Beratung aufsuchen zu lassen. Die unterschiedlichen Lebenswelten erfordern unterschiedliche Beratungszugänge. Über das Gelingen der Beratung in einem jeweiligen Arbeitsfeld entscheidet die Kompetenz der Beraterinnen und Berater, sich dem Feld angemessen anzupassen bzw. dem Beratungsrahmen in dem Arbeitsfeld die passenden Konturen zu geben und die Prozesssteuerung und Prozessbegleitung gut in der Hand zu halten.

6.1 Beratung in der Komm-Struktur, Beratung in der Geh-Struktur

In der Regel denkt man bei der lebensweltorientierten Beratung an „institutionelle" Angebote und Dienstleistungen, wie z.B. die Erziehungsberatung, die Ehe-, Familien- und Lebensberatung, die Seniorenberatung, Schuldnerberatung u.v.a.m. Menschen gehen also hin zu einer Stelle, die ihnen fachlich als Institution (erfahren und bekannt) empfohlen wurde oder bekannt ist. Die Soziale Arbeit beschreibt diese Angebote als Komm-Struktur. Die Ratsuchenden wissen bereits, dass sie Hilfe benötigen und wer ihnen die Hilfe anbietet. Sie haben bereits die Kompetenz des Hin-Gehens und des Sich-Öffnens.

Vielen Menschen aber sind diese Zugänge erschwert und eine oder meist mehrere Notlagen werden lange Zeit ohne die Inanspruchnahme von Hilfe ertragen. Es braucht häufig einen Anschub über andere Zugänge, andere Institutionen, andere Fachleute, die vorab eines Beratungsprozesses die für Beratung tauglichen Aspekte filetieren und initiieren können. Menschen in elementaren Notlagen ist die Fähigkeit, die richtigen Hilfen zu kennen und die Schwelle zu überwinden, verloren gegangen. An dieser Stelle fokussieren wir einige besondere Lebenssituationen und Lebensengpässe exemplarisch.

6.2 Institutionelle Beratung

Institutionelle Beratung findet in einem eigenen Setting statt: Erziehungsberatung, Familienberatung, Schuldnerberatung, Pflegeberatung u.v.a.m. In der Sozialen Arbeit haben sich viele weitere und neuere Formate entwickelt und Beratung kann die Vollzeittätigkeit einer SP/SA sein oder sie kann eine Teilleistung neben verschiedenen weiteren Aufgaben als soziale Fachkraft darstellen.

Als Hauptarbeitsschwerpunkt beraten die psychosozialen Fachkräfte ganztägig in Einrichtungen, die zumeist staatlich subventioniert bereits auf eine Geschichte von sieben Jahrzehnten zurückblicken. Die familienbezogenen Beratungsstellen haben eine hohe Professionalität entwickelt. Die Beratung findet in multiprofessionellen Teams statt und ist durch begleitende Supervision abgesichert.

Verschiedene Lebenslagen, Lebensphasen und Umbruchsituationen von Eltern und Kindern, von Paaren und älterwerdenden Menschen, Vorsorge, Prävention, Versorgung und Pflege und lebensendliche Prozesse stehen im Vordergrund. Manchmal ist die Grenze zu Armut und Arbeitslosigkeit Anlass, Beratung in Institutionen anzunehmen.

Wenn aber Beratung eher eine Teilleistung des professionellen Handelns ist, dann erfordert sie von den sozial handelnden Akteuren/innen ein häufiges Umswitschen in den unterschiedlichen Rollen. Hier kommen ethische Anforderungen deutlicher ins Spiel; denn Beratung ist freiwillig, sie ist nur dann „saubere" Beratung, wenn sie ziel- und ergebnisoffen ist und den Klienten/in bzw. Adressaten/in voll ernst nimmt, sie/ihn im eigenen Wollen und der Zielfindung für die Beratungsanteile unterstützt. Im Prinzip ist der/die Berater/in nur für den Prozess verantwortlich, sie/er nicht Zielgeber/in, nicht Empfehler/in, nicht Lösungsideengeber/in.

Aufsuchend beraten ist der sog. Geh-Struktur zuzuordnen und Beratung findet in den Wohn- und Lebensräumen der Menschen selbst statt. Es vermischt sich die gastgebende Rolle der Klienten/innen mit der Beratung, der Beraterin als Gastgeberin der guten Gespräche und deren Prozessverantwortung für die Gesprächssequenzen.

6.3 Beratung mit Familien in prekären Lebenslagen

Psychosoziale Beratung hat es oft mit sozial schwierigen Schieflagen des Lebens zu tun. Als lebensweltorientierte Beratung – im Unterschied zur berufsweltlichen Beratung (Supervision Coaching) – geht es im beraterischen Feld der institutionellen und der freien Beratung, der Beratung als „Teilleistung allgemeiner Sozialer Arbeit" immer um gesellschaftliche Benachteiligung unterschiedlicher Ausprägung. Diese soziale Benachteiligung zeigt sich einerseits individuell verschieden und unterschiedlich und andererseits gibt es sich ähnelnde gemeinsame Belastungserfahrungen z.B. von alleinerziehenden Elternteilen, Stieffamilien, Armutsfamilien und Migrationsfamilien, die das Beratungsgeschehen beeinflussen. Familien in prekären Lebenslagen werden hier als *Multiproblemfamilien* bezeichnet, dies bringt zum Ausdruck, dass es nicht um das *eine* Problem, die *eine* Lebenserschwernis geht, sondern um die Summe von zum Teil vielen und querliegenden Problemen. Multiproblemfamilien sind meist über einen langen Zeitraum von sozialer Unterstützung abhängig; sie weisen eine Anhäufung von sozialen Problemen auf und meist ist nicht nur ein einzelnes Familienmitglied betroffen, sondern die gesamte Familie.

Die herausragenden Merkmale von Multiproblemfamilien sind sowohl die materiellen und sozialen Probleme als auch die Beziehungsprobleme. Häufig bestehen die Problemlagen zeitlich gleichzeitig, sie sind wechselseitig miteinander verknüpft. Der Problemkreislauf schwieriger Lebenssituationen zeigt sich

- im Bereich der Arbeit oder der Nicht-Arbeit,
- in der finanziellen Situation der Familie (Verschuldung, Umgang mit Geld),
- in der Wohnsituationen,

- in der Familiendynamik,
- im Selbstwert,
- in den Erziehungszielen und den Erziehungsstilen,
- in der Bedeutung und dem Einfluss der Familienbiografie,
- im Umgang mit Ämtern und Hilfsdiensten.

In jeder Familie sind Anzahl und Intensität der Gegebenheiten unterschiedlich, die Wirkungen und Auswirkungen der Probleme und Belastungen sind individuell verschieden. Die Benachteiligung von Familien zeigt sich demnach multifaktorell, d.h., nicht das eine Problem lässt sich für Beratung herausdestillieren, ein Bündel von ineinander wirkenden Problemen kennzeichnet die Benachteiligungslage. Mittlerweile hat sich das „prekäre" als allgemein sprachliches Konstitutionsmerkmal durchgesetzt. Das psychosoziale Centrum in Batenburg/NL hat durch viele Forschungen über mehrere Jahre hindurch die Scheu verloren, von Multiproblemfamilien zu sprechen. Es geht ihnen bei der Verwendung des Multiplen nicht um eine gesteigerte Stigmatisierung, sondern um die Realisierung der vielen und verwickelten Kennzeichen von Familien mit gehäuften Problemlagen.

Die Familien zeigen einen Mangel an Struktur und Organisation, als weitere Kennzeichen für Multiproblemfamilien beschreiben sie:

- Die Familien sind meistens negativ miteinander verbunden.
- Die Familien zeigen einen Zyklus von Krisen:
- Spannung – Ausbruch – Versöhnung – Spannung usw.
- Oft gibt es schon über Generationen genau die gleichen Schwierigkeiten.
- Es geht um ein Knäuel und eine Vielfalt von zusammenhängenden Problemen.
- Die Kommunikation in den Familien ist dysfunktional: Sie gewährleistet keine Achtung, kein Respekt und Wertschätzung.
- Es gibt bereits viele und sehr unterschiedliche Erfahrungen mit verschiedensten Helfersystemen und Institutionen, die von Auf und Abs geprägt sind
- die Fähigkeit, Probleme zu lösen, ist den Familien weitgehend abhanden gekommen (vgl. Bouwkamp 2005: 240–242).

De Vries und Bouwkamp zeigen auf, wie Multiproblemfamilien hinsichtlich der Hilfesysteme gleichzeitig Multiinstitutionsfamilien sind. Auch für Patricia Minuchin, die sich mit der Verstricktheit des sozialen Netzes beschäftigt hat, gilt es im Blick auf die Multiproblemfamilien die intra-institutionellen Muster zu verlassen. Ähnlich wie die Familie selbst, zeigt sich eine deutliche Fragmentierung der Sozialen Dienste. Diese Fragmentierung wirkt völlig ineffizient für die erfolgreiche Lebensbewältigung in der Familie, ja sie bedeuten eine hohe Strapaze für die Familie selbst. Familien zu stützen, bedeutet integrativ zu arbeiten (vgl. Minuchin et al. 2000, 29).

Denn wenn die sozialen Dienste unverbunden, partikular, selbstgewiss bis selbstherrlich „ihr eigenes Ding machen, dann wiederholen und multiplizieren sie die Dysfunktionalität der Familie und es wird zu einem leichten Spiel der helfenden Institutionen, diese Familie als unbehandelbar darzustellen.

An dieser Stelle sei als Beispiel eine Familie mit drei Kindern und deren helfenden Diensten gezeigt:

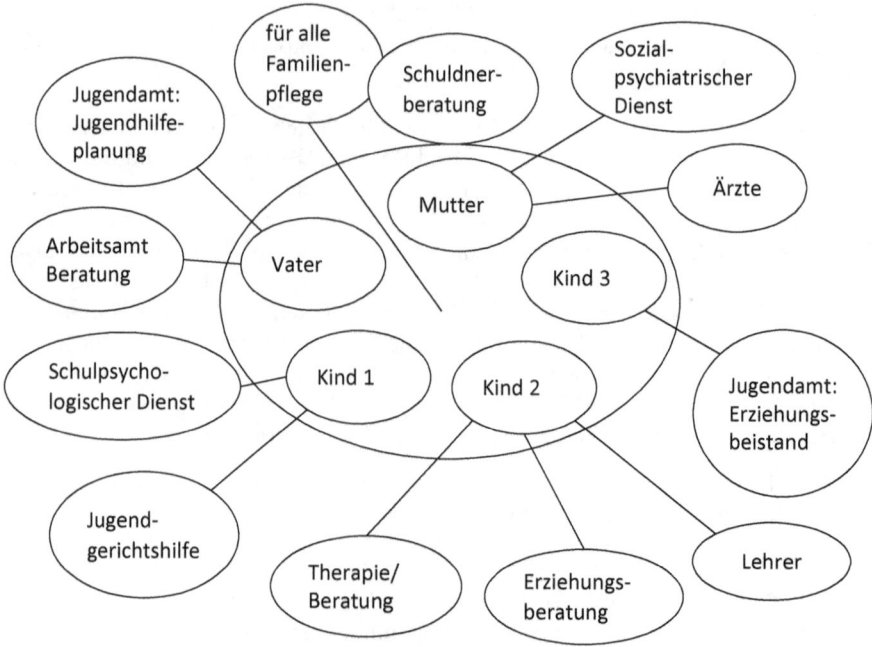

Abbildung 11: Helfernetzkarte
Quelle: Zwicker-Pelzer 2010, 94; vgl. auch Zwicker-Pelzer 2002, 41

Die Komplexität der Lebensbewältigungsaufgaben hat zugenommen und dieser Komplexität kann nicht durch die Fragmentierung, sondern nur durch Kooperation und Zusammenarbeit wirksam begegnet werden:

- Die einzelnen Teile der Bürokratie des Sozial- und Gesundheitswesens haben sich zu spezialisierten Revieren entwickelt, statt zu interagierenden Subsystemen einer Organisationsstruktur, und sie rivalisieren meist um Gelder und Zuwendungen.
- Soziale Dienste und Hilfsangebote arbeiten häufig nicht koordiniert. Zudem sind oftmals die Finanzmittel für spezifische Zwecke vorgesehen (Schwangerschaft, Arbeitslosigkeit, Sucht, etc.).
- Soziale Dienste sind meist auf das Individuum hin orientiert. jeder wird einzeln „behandelt" und an eine bestimmte Stelle verwiesen oder zugewiesen. Die Art und die Wirkung der Hilfeleistung braucht eine genauso wichtige Beachtung wie die Familie oder der einzelne Hilfebedürftige selbst.

Bereits Anfang der neunziger Jahre beschrieb Goldbrunner die notwendigen Grundschwierigkeiten für die Inanspruchnahme von Beratung bei Familien in prekären Lebenssituationen so:

- Schwierigkeiten, Terminvereinbarungen einzuhalten und an einer kontinuierlichen Beratung teilzunehmen,
- Schwierigkeiten, die Aktivität aufzubringen, die erforderlich ist, um die Beratung in den Räumen der Institution zu nutzen,
- Schwierigkeiten, die psychodynamischen Anforderungen an die Beratung zu erfüllen (Verbalisierungsfähigkeit, Selbstreflexion, Impulskontrolle, Leidenseinsicht usw.),
- Scheitern von Beratungsansätzen, die psychische Probleme von sozialen oder ökonomischen Problemen zu isolieren und die soziale Belastung vernachlässigen,
- Oft sehen Berater nur die Oberfläche in den Familien, nämlich Gewalt, Alkohol, dissoziales Verhalten und ähnliches, nicht aber die Notlage, die dahintersteht, weil sie als Berater selbst außerhalb dieser Erlebnis- und Vorstellungsmöglichkeiten leben,
- Familien bestärken das Bild, dass sie nicht beratungsfähig sind, weil sie nicht glauben, dass sie selbst die Schwierigkeiten erfolgreich lösen können, oder glauben, sie seien vererbt,
- Ein Verharren im Status quo garantiert außerdem, dass der Berater länger bleibt und so Sicherheit vermittelt,
- Positive Entwicklungen werden oft in der Fülle von Problemen übersehen

Bezogen auf die Arbeit mit problemgehäuften Familien zeigt sich die Notwendigkeit der Metareflexion des Professionshandelns, die die handelnden Akteurinnen in ihren organisationalen Rahmungen miteinschließt. Die Hilfen sind von der Niedrigschwelligkeit zur Hochschwelligkeit zu organisieren. Als Beispiel für diese Regel: eine Familie mit wirtschaftlichen Schwierigkeiten, von Arbeitslosigkeit geprägt, mit kranken Familienmitgliedern oder schulschwierigen Kindern schickt man nicht zuerst in Therapien, vielmehr gilt es, die „oben-liegenden" und damit „dringlichen" Engpässe zuerst zu begegnen und stützend zu begleiten.

1. In familialen Krisen geht der Energieeinsatz aller Familienmitglieder in die Aufrechterhaltung des familialen (Minimal-)Ablaufes. Oft kommt die Krise plötzlich und erfordert einen hohen Einsatz aller. Die „Suche nach...", das „Hingehen zu..." ist eine diesen Umständen nicht angepasste Forderung.
2. Die Hilfe muss zur Familie kommen, die Angebote müssen in die Familie gehen! Besonders aufsuchende Familienhilfen sind von außen und untereinander zu stärken. Statt Konkurrenz ist eine Feinabstimmung der Angebote und Anbieter sinnvoll.
3. Die Regel der unbedingten Wertschätzung gilt nicht nur für die Familie, sondern ebenso für alle Dienste untereinander.

Als **aufsuchende Beratung** ist es besonders wichtig, dass nicht mit Distanz über Einzelne oder die Familie geredet wird, sondern dass das Gespräch am Lebensvollzugsort stattfindet. Die volle Wahrnehmung des häuslichen Umfeldes und der Wirkfaktoren von Ruhe, Störung, Zugewandtheit usw. sind unmittelbar erlebbar für die Beraterin. Auf diese Weise kann diagnostische Präzision hinsichtlich der

Homöostase und der Veränderung vereinfacht und beschleunigt erlangt werden. Wenn man – in der systemischen Sicht – davon ausgeht, dass das Symptom des Einzelnen mit dem Zusammenwirken des Restsystems zu tun hat, dann spricht vieles für das gute Kennenlernen der Lebensumstände und der konkreten Wahrnehmung des interaktionalen Zusammenwirkens aller Systemmitglieder. Es gilt in der aufsuchenden Beratung eine neue Haltung zum Symptom und der familiären Auffälligkeit zu entwickeln. Familiäre Symptomatik systemisch zu verstehen, bedeutet, den Sinn zu erfassen, dass

1. Symptome entstehen, wenn eine Familie eine notwendige Neuanpassung dann an eine veränderte Situation nicht vollziehen kann.
2. Symptome die Funktion haben, eine Familie im Gleichgewicht zu halten.
3. Symptome haben für das System, in dem sie entwickelt werden, einen – oft verborgenen – Sinn, eine positive Intention.
4. Symptombeseitigung oft eine Symptomverlagerung zur Folge hat. Sie birgt die Gefahr des Zusammenbruchs des ganzen Systems oder Einzelner in sich. Familien mit Symptomträgern sind als Ganzes nicht in Ordnung. Es trifft nicht zu, dass einer krank und alle anderen gesund wären. Die anderen erscheinen auf Kosten des Symptomträgers gesund, brauchen ihn aber komplementär zu ihrem eigenen Wohlbefinden.

Als professioneller Berater und Beraterin von Familien ist es demzufolge besonders wichtig, eine umfassende Sicht der Wirkungszusammenhänge in einer Familie zu gewinnen. So gelingt es besser, nicht die Ursachen linear oder kausal festzumachen, sondern den größeren und weiteren Blick für die vielen sozialen Dimensionen eines Verhaltens zu gewinnen. Von der stärker individuellen und individualpsychischen Problemorientierung ist die Perspektive auf die psychosozialen Konflikte und Probleme hinzulenken.

Aufsuchend Beraten ist mit hohen Anstrengungen verbunden, aufsuchend Beraten braucht gelernte Kompetenz. Ziel von Beratung mit Familien in deren Lebenswelt ist es, gemeinsam Handlungsalternativen zu klären und Entscheidungshilfen zu finden, die zu realisierbaren und passenden Lösungen der Probleme führen. Die enormen Schwierigkeiten, die Familien haben, könnten durch größere Chancengleichheit, gerechtere Einkommensverhältnisse oder mehr Gleichberechtigung gelindert werden. Beratung mit belasteten Familien bedeutet auch:

- den Auftrag der Familien und die Ziele, die sie mit der Beratung erreichen wollen, herauszufinden und zu begleiten
- den Blick auf die Ressourcen der Familien und ihrer Mitglieder und mögliche Lösungen werfen zu können
- auf die Zukunft und ihre Gestaltung und die dazu notwendigen Veränderungen durch die Familie hinzuarbeiten
- auf die Selbständigkeit und Autonomie der Familien weitestmöglich zurückgreifen
- die Familie als Ganzes und jedes Familienmitglied wertschätzen, egal wie chaotisch sie sich möglicherweise in der Beratung zeigen.

Für die Verdichtung des Begleitprozesses hilft dem Berater/der Beraterin:

- die lebensweltnahe und alltagsnahe Bezugnahme
- die Neugier an Räumen, an der Atmosphäre der „Orte" von Angehörigen von zu Betreuenden, dem sog. Restsystem von Beratung
- die Räume, das Chaos bzw. die sehr eigene Ordnung, die Hygiene, die besonderen Gerüche, die Ernährung, der Umgang mit Lebensmitteln, die Sauberkeit, die Art des Fernsehkonsums, die Art zu reden oder nicht zu reden, die oft seltsam anmutenden Wertvorstellungen u.v.a.m.
- die hohe Transparenz für die Ressourcen im Rahmen der Alltagsbewältigung
- die Offenheit für die Vielzahl der lebenswerten Dinge der Menschen
- Grenzen und Räume bezüglich der Bewältigungsstrategien von Menschen werden besser erkannt
- Die Interaktionen, die Kommunikationsmuster sind weitgehend ungeschönt erfahrbar
- Das Verhalten, die Bewegung, die Starre im Umgang mit Homöostase wird ohne eine große Notwendigkeit des präzisen Nachfragens erlebbar und deutlich
- Je mehr Zeit Berater in der Familie verbringen, desto mehr **innere** Distanz ist notwendig, um nicht vereinnahmt zu werden. Das bedarf der Gewährleistung der Kybernetik 2. Ordnung. Begleitung durch Supervision ist nicht nur günstig, sondern unabdingbar.
- Aufsuchend im Umgang mit Krankheit, Alter und Pflege zu Beraten ist eine große Chance, sehr lebensweltnah die jeweils passenden Lösungen mit den Betroffenen selbst zu finden. Auf diese Weise wird die Autonomie der Menschen in eingeschränkten Lebensbewältigungs-Lagen unbedingt erhalten, ja gefördert. Es ist zudem möglich, die Ressourcen besser zu erkennen und sie in den Beratungsprozess mit einzubeziehen, denn nicht immer haben Menschen eine Bewusstheit über ihre noch vorhandenen Ressourcen. Auch die sozialen Rahmungen von Bewältigungserfordernissen sind durch die Berater*innen aufsuchend leichter zu erkennen. Zur Besserung, ja manchmal auch zur Heilung beitragende Interventionen werden aufsuchend transparenter und sind passgenauer in die Bearbeitung schwieriger Anliegen einzubeziehen. Systemisch- diagnostische Kompetenzen, kreative Hypothesen und der Einsatz systemischer Interventionen sind sehr hilfreich in aufsuchender Beratung. Auch der kollegiale Diskurs und begleitende Supervision in den sehr unterschiedlichen und manchmal verstrickten Handlungsfeldern sind unbedingt wichtig. So kann es gelingen, aus den individuellen Settings (dem Geschehen hinter den Haustüren von Klienten und Klientinnen) heraus- und wieder mit neuen Ideen hinein zu treten. Auch werden meist weitere Anliegen und Probleme als die, die ursprünglich den Anlass zur Beratung gaben sichtbar.

6.4 Frühe Hilfen: wie aus dem Paar ein Eltern-Paar wird

Die Kinder-, Jugend- und Familienberichte der Ministerien, die Fachverbände und die Familienforschung der letzten Jahre lenken den Blick auf die schwierige

Lebensphase der Familien-Werdung. Vom Paar zur aktiven Elternschaft ändern sich die Rollen, die Aufgaben, die Schnittmengen von Arbeitswelt und Familienwelt und viele Inkompatibilitäten treten ans Licht. Das Paar ist häufig mit all diesen Schwierigkeiten allein gelassen und sucht nach Unterstützung. Forschungen rundum der Phasen der Familienentwicklung zeigen deutlich, wie Paare mit unterschiedlich langer Partnerschaft in die neue Lebensform als Familie in unüberwindliche Schwierigkeiten kommen. Die Energie und Zuwendung, die Aufmerksamkeit füreinander muss neu verteilt werden, dabei können Schieflagen entstehen, die zur Problemanzeige führen. Die nicht störungsfreien Nächte, die Neuverteilung der Versorgungsaufgaben in Haushalt und Lebensführung werden als sehr belastend erlebt. Rollenklärung ist auf mehreren Ebenen gefordert: im Haushalt, in der Zuwendung, in der Versorgung und Beziehung zum Kind, in der beruflich-familialen Orientierung und in der Inanspruchnahme von Dienstleistungen. Die Jugendämter werden zudem vermehrt in Meldungen der Kindeswohlgefährdung angefragt. Auf dem Hintergrund der gesetzlichen Verpflichtung zum Schutz der Familie muss das Jugendamt Hinweise und Meldungen rechtzeitig prüfen und möglichst präventiv Angebote der Unterstützung tätigen.

Verschiedene harte Fälle der Vernachlässigung haben in den vergangenen Jahren eine große Öffentlichkeit hergestellt, die amtliches Handeln in Sachen Kinderschutz notwendig machen, ja das verspätete Handeln kritisierten. Vor diesem Hintergrund entstand auch die „Bundesinitiative Frühe Hilfen des Nationalen Zentrums Frühe Hilfen als Koordinationsstelle des Bundes" (NZFH). Das 2012 verabschiedete Bundeskinderschutzgesetz fordert die Kooperation und Information im Kinderschutz durch bessere bundeseinheitliche Rahmenbedingungen. „Durch die Frühen Hilfen können familiäre Belastungen schon frühzeitig erkannt werden. Es wird sichergestellt, dass den Familien Unterstützung angeboten wird, um Risiken und Gefahren für das Kind so weitgehend wie möglich zu verringern" (NZFH 2014, 4–5). Dabei geht es um die Qualifizierung in Sachen Kinderschutz, interdisziplinärer und kooperierender Austausch aller Fachleute im Feld der familienbezogenen Dienste, Begleitforschung, Aufbau von kommunalen Angeboten im Bereich der Frühen Hilfen sind z.B. Schwerpunkte dieser großflächigen Initiative. Über Praxisforschung sollen Unterstützungsbedarfe von Familien mit Säuglingen und Kleinkindern erkundet werden.

In der von der Bertelsmann-Stiftung (2014) veröffentlichten Studie von Jurczyk und Klinkhardt „Vater, Mutter, Kind?" geht es darum, familienstärkend Trends auszumachen, die den gegenwärtigen Lebensbedingungen von Familien deutlicher Rechnung tragen. Denn die Familienpolitik in Deutschland hat „an vielen Stellen mit den veränderten Lebensbedingungen von Familien nicht Schritt gehalten und insbesondere die Bedürfnisse von Kindern nicht ausreichend im Blick" (Juryczik et al. 2014, 3)

„Für Kinder ist die Familie der erste und wichtigste Ort des Aufwachsens. Sie stellt die Weichen für die Herausbildung der eigenen Identität. In ihr erfahren Kinder Nähe, Gemeinschaft und Geborgenheit. Familie ist gleichzeitig ein Bildungsort-für alle Generationen. Kinder, Mütter und Väter lernen im Alltag von- und miteinander, entwickeln Empathie und Eigenverantwortlichkeit und müssen mit

Konflikten umgehen. Werte, Vorstellungen und Normen werden von Eltern an ihre Kinder weitergegeben und im täglichen Miteinander weiterentwickelt. Eltern haben einen erheblichen Einfluss auf die späteren Bildungs- und Lebenschancen ihrer Kinder – das belegt nationale wie internationale Forschung." (a a O.)

Die acht Trends, die sich gegenwärtig deutlich abzeichnen:

1. Zunahme vielfältiger Lebensformen
2. die Erosion des konventionellen Ernährermodells
3. die Entgrenzung von Erwerbsbedingungen
4. Eltern unter Druck – (Nicht) Vereinbarkeit von Beruf und Familie
5. Polarisierung der Lebenslagen: Zunahme von Familien- und Kinderarmut
6. kulturelle Diversifizierung – Familien mit Migrationshintergrund
7. neue Gestaltungsräume von Kindheit
8. schwindende Passfähigkeit von Infrastrukturen für Familien

War die Phase der Familienwerdung früher von vielen Selbstverständlichkeiten geprägt, so haben wir es derzeit eher mit einer kritisch-belasteten Situation zu tun. Die Rollenwechsel unter den Partnern, die neue Rolleneinnahme als versorgende Eltern u.v.a.m. produzieren eher Unsicherheiten, denn Sicherheiten.

Beratung, die sich an Familien in diesen besonderen Lebenslagen richtet, braucht Kenntnisse dieser neuen Entwicklungen, wie diese von den jungen Eltern konkret erfahren werden, wie sie gesellschaftlich konnotiert werden; sie benötigt eine reflexive Haltung des Geschehens weit über den Einzelfall hinaus.

6.5 Alleinerziehende Familien und Stieffamilien in der Beratung

Der Anteil von Trennungsfamilien steigt weiter an. Trennungsprozesse von Eltern als Paar führen unweigerlich auch für die Kinder in Schieflagen des eigenen Gefühls- und Bindungshaushaltes. Die Kinder verbleiben zumeist bei einem Elternteil und können leicht in ein Loyalitätsdilemma geraten. Die getrennten Partner bleiben lebenslang Eltern. Die Zeiten rundum die Trennung sind von der Auflösung der Partnerschaft und all den damit verbundenen Dynamiken geprägt. Die Kinder wollen gerne beide Elternteile lange zusammenhalten, sie reagieren sehr sensibel auf kleinste Veränderungen. Als Folge zeigen Kinder schulisch und sozial Symptome, die häufig Anlässe für Beratung bei Alleinerziehenden sind.

Auch die Eltern selbst suchen – meist einzeln – Hilfen auf, um mit ihrem Schmerz, der Trauer und der Wut umzugehen und den neuen Entwicklungserfordernissen als Familie gerecht werden zu können.

So geht es in der Beratung um Folgendes:

- Lösungen der Alltagsbewältigung (wer versorgt wann und wie, wie ist die Übergabe der Wechsel der Kinder von einem Elternteil zum nächsten; wer ist zuständig für Schule u.a. institutionelle Partner der oder des Kindes)
- Beziehungsverlust, Enttäuschung, Neuorientierung

Renate Zwicker-Pelzer

- Bei den Kindern geht es oft darum, wie sie beide Elternteile sehen und liebhaben können.
- Als neues System gilt es, neue Regeln zu finden, die zu der neuen Lebenssituation besser passen.
- das gewohnte Werte- und Normensystem ist auf den Kopf gestellt und will neu gefunden werden.

Ist die **Stieffamilie** oft der hoffnungsvolle Neustart in die als vollständig gedachte und erwünschte Familie, so ist deren „Innenleben" meist ein schwieriges bis sehr anstrengendes Unterfangen. Seit 1990 steigt die Zahl der Zweit – oder Stieffamilien deutlich an. Konflikte zwischen den Stiefeltern, den biologischen Eltern und den Kindern sind quasi vorprogrammiert und die Lösungen sind zumeist nicht einfach. Beratung wird aufgesucht, um die komplizierten Beziehungen mit Fairness und Verständnis positiver gestalten zu können. Ein Hauptproblem der Stieffamilie sind die unklaren Grenzen: das abwesende Elternteil nimmt – auch nichtanwesend – Einfluss in das neue familiale Leben. Die neue Zentrierung und Rebalancierung braucht Zeit und Auseinandersetzung, der neue elterliche Bezugspartner/in (Stiefmutter oder Stiefvater) braucht einen eigenen Platz; wenn er oder sie Kinder mitbringt, ist noch mehr neu zu justieren. Meine/deine/unsere Kinder: alles Differenzierungserfordernisse, die im Stress der Alltagsbewältigung sich zu Problemen hochschaukeln können. In der Beratung mit zusammengesetzten Familien hilft es, sich um eine differenzierende Diagnostik immer wieder neu zu bemühen.

Sieben Dimensionen sind als diagnostischer Prozess während der Beratung zu untersuchen:

1. Rolle und Funktion aller Familienmitglieder
2. Subsysteme (alte und neue)
3. Grenzen und Räume im alten und neuen System
4. Alte und neue Regeln und die damit verbundenen Regel-Differenzen
5. Referenz-Differenzen, d.h., Verschiedenheiten in dem, worauf man sich bezieht, z.B.: Werte
6. Personen-Differenzen; diese bereiten Schwierigkeiten (Erbgut, Einkommen, u.a. Unterschiede, die letztlich doch Unterschiede machen)
7. Interaktionen im verwandtschaftlichen und nichtverwandtschaftlichen Netzwerk (intergenerationelle und soziale Netze)

Immer geht es um die Unterschiedsbildung (alt-neu) und der Zufriedenheit damit. Der Neufindungsprozess kann lange dauern, zumal in der Not, der Krise jeder eher dazu neigt, am Alten und Gelernten festzuhalten. Beratung lenkt den Blick auf den Neugewinn von Funktionalität in Respekt zu dem Mitgebrachten aus den verschiedenen Familiensystemen.

6.6 Interkulturalität in der Beratung

Migration ist die mit der Globalisierung einhergehende Konsequenz nicht nur in Deutschland, sondern in allen Teilen der Welt. Sie ist das Resultat von politischen, sozialen, arbeitsweltlichen Bedingungen und deren laufender Veränderung. Migrare (lat.) ist wandern und damit eine räumliche Bewegung mit zeitbedingt – „vorübergehenden oder permanenten Wechsel des Wohnsitzes....eine Veränderung der Position... im physischen und im sozialen Raum" (Hamburger et al.:2001, 1212). Kinder und Jugendliche aus Familien mit einer Zuwanderungsgeschichte stellen einen stetig wachsenden Anteil unserer Bevölkerung dar. So hatten nach dem Zensus 2011 bereits 26,8 % der Kinder unter 18 Jahren in Deutschland einen Migrationshintergrund. Von diesen Kindern/Jugendlichen ist der große Anteil von 89 % bereits in Deutschland geboren. Kulturelle Diversität kennzeichnet den Migrationskontext unserer Gesellschaft. Auch „Einheimische müssen umlernen und erkennen, dass sie ihren Alltag mit Menschen anderer Muttersprache, Kultur und Religion teilen, die ihrerseits Rechte einfordern, so z.B. das Recht für ihre Kinder auf islamischen Religionsunterricht. Migranten müssen lernen, dass es Grundregeln des Gastlandes gibt, die für sie bindend sind, und dass sie die Sprache des Gastlandes lernen müssen, wenn sie ihre Rechte wahrnehmen und am Leben voll partizipieren wollen. Sie müssen für sich eine Balance finden zwischen dem, was ihnen von ihrer Heimatkultur her wichtig bleibt, und dem, was an Akkulturation – hier verstanden als die Eingliederung in das rechtliche und politische System des Gastlandes – gefordert ist". (Freise 2005, 9) Im Rahmen der Zuwanderung 2015 verzeichnete man ein hohes Maß an unbegleiteten Kindern und Jugendlichen, die für die zuständigen Behörden und Dienste eine große neue Herausforderung darstellen.

In der wissenschaftlichen Begriffsbildung zeigt sich eine große Komplexität verschiedener Termini rundum Multikulturalität/Interkulturalität. Für die Beratung brauchbar ist die relevante Zuspitzung von Simon-Hohm. Interkulturelle Kompetenz aus ihrer Sicht „umfasst ein Repertoire an kognitivem Wissen und individuellen persönlichen Fähigkeiten. Interkulturelle Kompetenz bedeutet, dieses Bündel von Teilkompetenzen in unterschiedlichen kulturellen Kontexten situationsgerecht und professionell einsetzen und mit ethischen Reflexionen verknüpfen zu können." (Simon-Hohm 2002, 41)

Für gelingende Beratung ist eine sensible Diagnostik bedeutsam und Interventionen bezogen auf folgende Dimensionen:

1. Was sind die leitenden Annahmen der Familie zu Verbundenheit und Autonomie?
2. Wie freiwillig oder gezwungen empfinden die Systemmitglieder die Migration?
3. Welche Haltung hat die Familie zur Homöostase, d.h., wer will wie viel und wie langsam oder wie schnell Veränderung?
4. Welche Regeln hatte man vor der Migration, welche heute, was sind evtl. Differenzen?
5. Welche kulturbedingten Haltungen gibt es bezüglich der Intergenerationalität?

6. Werte-Normen-Differenzen zwischen den Kulturen und der Umgang damit
7. Kulturbedingt-verschiedene Problemlöse- und Konfliktmuster
8. Sensible Verständigung über Deutung und Bedeutung

Beratung bei Migration gelingt dort am besten, wo es ein Umfeld gibt, „in dem eine Kultur der Kundenorientierung und Kultursensibilität gepflegt wird." (Hegemann 2009, 95)

Auch in der Beratung ist ein hohes Maß an Kultursensibilität erforderlich. Wie sehr Beratung neue kultursensible Kommunikation und Kooperation erfordert, illustriert Cornelia Oesterreich so:

„Wie in Tabelle I gezeigt wird, können wir einer positiv-konnotierenden, kontextualisierenden, eher hypothetischen Sprache uns anteilnehmend, wohlwollend und neugierig zeigen und auf Ressourcen und Lösungen eher als auf Defizite fokussieren. Wenn es gelingt, die Patienten als Experten ihrer selbst und ihrer Familie zu sehen, können wir eine respektvoll neugierige Haltung zeigen, die Bereitschaft signalisiert, uns auch mit fremden Werthaltungen auseinander zu setzen. Niemand steht allein. Für das gemeinsame Entwickeln guter Lösungen ist die Einbeziehung von Familie, von Angehörigen und Unterstützungssystem, von der Behandlung beteiligten Helfern und Beratern in Familiengesprächen und Kooperationskonferenzen sehr wichtig.

Tabelle 7.: Tipps für nützliche Sichtweisen, Haltungen und Vorgehen

- Sprache gegenüber dem Patientensystem und dem Behandlungssystem
  - positiv konnotierend
  - verflüssigend
  - nicht-linear-beschreibend
  - kontextualisierend
  - hypothetisch
  - zirkulär (durch systemische zirkuläre Fragen)
  - ressourcen- und lösungsorientiert
  - respektvoll-respektlos
  - anteilnehmend, wohlwollend und neugierig
  - sprachliche und kulturelle Verständigung ermöglichend durch das Hinzuziehen geeigneter Dolmetscher
- Haltung
  - Klienten und Familien als Experten ihrer selbst
  - Engagierte Neutralität und anteilnehmende, wohlwollende Neugier in Bezug auf fremde Werthaltungen, Erklärungen und Bedeutungs-Gebungen
  - Engagierte Neutralität in Bezug auf den Sinn und Nutzen von Veränderung und Nicht-Veränderung

- Ressourcen erfragend und nutzend (der Klienten, der Familien, der Mitarbeiter und der beteiligten Institutionen sowie des kulturellen Hintergrundes und des institutionellen Rahmens)
■ Interventionen
    - Kooperationskonferenzen mit den anderen beteiligten Institutionen und Helfern
    - Familiengespräche
    - Fallbesprechungen unter Einbeziehung des interkulturellen Kontextes
    - Weitere Ideen, an ihren individuellen Beratungskontext angepasst..."

(Oesterreich 2009, 70 ff.)

Beratung braucht die Reflexion der eigenen Kulturbezogenheit, die eigenen Vorannahmen gehören kritisch geprüft, damit sie nicht unterschwellig in die Beratungsbeziehung hineinwirken und gutes Verstehen verhindern. Spätestens seit 2015 – der Zeit einer steigenden Zahl von Menschen auf der Flucht – ist gesellschaftliche Reflexion notwendig, um die sich in der Beratung abbildenden multiplen Schwierigkeiten zu verstehen. Die Familien sind selten vollständig, sie haben oft Familienmitglieder im Heimatland zurücklassen müssen oder auf dem langen Weg der Flucht schmerzlich verloren. Kinder und Jugendliche sind unbegleitet von Eltern in der neuen und sehr komplexen Welt unterwegs, sie sind traumatisiert ob ihrer Herkunfts- und Wanderungsgeschichte, sie haben ihre Angehörigen und geliebten Menschen zum Teil grausam sterben sehen müssen.

Für diese neuen Aufgaben, vor denen die Kommunen und Wohlfahrtsverbände stehen, werden ehrenamtliche und professionelle Helfende gesucht und eingesetzt. Die helfenden Aktuerinnen kommen schnell an ihre Grenzen und benötigen Beratungsangebote, die sowohl die familienberaterische als auch die interkulturelle Kompetenz beinhalten.

6.7 Beratung mehr oder weniger freiwillig (Isabel Stobba & Renate Zwicker-Pelzer)

Dieses Kapitel geht auf die besonderen Rahmenbedingungen, Anforderungen und Perspektiven für die Beratung im Spannungsfeld Schwangerschaftskonflikt ein. Besondere Faktoren bestimmen dieses Beratungsfeld in jedem Falle mit. Eine eventuelle Entschlossenheit der Frau, aber auch andere Gegebenheiten wie die gesetzlichen Grundlagen spielen eine Rolle. Die Aufgabe der Sozialen Arbeit sollte in dieser Beratung stets separat betrachtet werden.

Die Spanne des Mehr- und des Weniger-Freiwilligen in Beratung lässt sich besonders gut verdeutlichen am Schwangerschaftskonflikt und der dazugehörenden Beratung. Die Schwangerschaft ist ein Ereignis, welches sowohl die Körperlichkeit, die Emotionalität, den Hormonhaushalt einer Frau als auch Bewegungen im eigenen Umfeld sehr stark betrifft.

Wenn Schwangerschaft und Konflikt aufeinanderprallen, dann muss die Beratung selbst eine Bandbreite an Anforderungskriterien erfüllen und berücksichtigen. Nach dem ist sie eine Pflichtberatung für die Frau, die einen Abbruch der Schwangerschaft in Erwägung zieht. Die neue Lebenssituation mit viel zukünftig orientiertem Entscheidungspotenzial prägt die Situation. Der Zwang der Beratungssituation beeinflusst die Inhalte, die Durchführungsmöglichkeiten und die Beratungsbeziehung (Koschorke 2004). Weiter verfolgt die dazugehörige gesetzliche Regelung u.a. die Einstellung, dass ein ungeborenes Leben nicht gegen den Willen der Mutter geschützt werden kann, sondern nur mit ihr. Denn die Mutter ist für das Kind lebensnotwendig (Koschorke 2004).

Inhalte und Aufgabenbereiche sind im § 219 StGB sowie in den §§ 5 und 6 des „Gesetz[es] zur Vermeidung und Bewältigung von Schwangerschaftskonflikten", dem Schwangerschaftskonfliktgesetz (SchKG), rechtlich verankert (vgl. BFSFJ 2010, 11). Zielsetzung und inhaltlicher Bestandteil der Beratung nach § 219 StGB ist es, (1.) einen Schutz des ungeborenen Lebens zu leisten. Auch das Kind hat im Verhältnis zur Schwangeren ein Recht auf Leben. (2.) Die Beratung soll (nach § 5 Abs. 1 SchKG) einerseits zur Schwangerschaft ermutigen sowie Möglichkeiten für ein Leben mit Kind aufzeigen. Andererseits darf auch diese Form der Beratung in keinem Falle bevormunden oder Entscheidungen vorgeben. Neutralität ist ein stetiges Gebot. (3.) Sie soll die Betroffene in der Entscheidungsfindung unterstützen, diese sollte dabei möglichst eigenverantwortlich und gewissenhaft getroffen werden. (4.) Die Beratung ist ergebnisungebunden und zielorientiert, die Verantwortung für den Ausgang der Beratung trägt die Frau (vgl. BFSFJ 2010, 12; vgl. Koschorke 2004). Weitere Zielsetzung ist (5.) dabei diese genannte Dysbalance aufzufangen, Platz zu geben und zu kommunizieren.

Der Inhalt der (nach § 5 Absatz 2 SchKG) Beratung besteht (1.) zum einen aus einer Konfliktberatung. Es wird erwartet, dass die Schwangere ihre Beweggründe mitteilt, welche sie in die Beratungssituation geführt haben, die sie also zur Überlegung eines Abbruches der Schwangerschaft gebracht hat. Auch dann, wenn es sich im Hinblick auf die Gesetzesgrundlage um eine Pflichtberatung handelt, ist die Frau nicht verpflichtet, zu sprechen oder Kooperationsbereitschaft zu zeigen. Sie könnte beispielsweise nach wenigen Minuten die Beratungssituation verlassen. (2.) Im Weiteren sollen der Frau verschiedene Informationen gegeben werden; diese Informationsvermittlung orientiert sich an der individuellen Lage der Frau, die Inhalte sind dabei z.B. medizinischer, sozialer oder rechtlicher Natur. Sie sollen außerdem Perspektiven einer möglichen Schwangerschaft und Mutterschaft eröffnen, dabei stets unter dem Gebot der Neutralität (vgl. BFSFJ 2010, 12). Dies soll dazu beitragen, die entsprechende Konfliktsituation zu überwinden und aus einer Notsituation zu helfen (Koschorke 2004). (3.) Zudem beinhaltet die Beratung eine Unterstützungsleistung z.B. in der Durchsetzung von verschiedenen Ansprüchen, in der Absolvierung der Ausbildung und insbesondere das Angebot einer weiterlaufenden Nachbetreuung (vgl. BFSFJ 2010, 12). Dazu bekommt die Schwangere Informationen; es kann zudem nach Bedarf z.B. über Verhütungsmethoden gesprochen werden, um zukünftig ungewollte Schwangerschaften zu vermeiden (vgl. BFSFJ 2010, 13). Die Beratung muss zeitlich (nach § 6 Abs. 1 SchKG) (1.)

unverzüglich angeboten werden. Die Frau kann (2.) in der Durchführung (nach § 6 Abs. 2 SchKG) gegenüber dem/der Berater oder Beraterin ihre Anonymität wahren (3.) und bei Bedarf können (nach § 6 Abs. 3 SchKG) Personen ihres privaten Umfeldes hinzugezogen werden. Weitere Fachkräfte der Disziplinen Medizin, Recht, Psychologie und/oder Sozialpädagogik können bei Bedarf ebenso, mit der Zustimmung der schwangeren Frau, mobilisiert werden (vgl. BFSFJ 2010, 13).

Wenn nun sinnvollerweise z.B. auch der Partner in die Beratung einbezogen wird, kann die zur Paarberatung werden und partnerschaftliche Themen und Lösungsversuche berühren (Koschorke 2004). (4.) Nach Abschluss dieser Beratung muss, unabhängig von der Entscheidung der Frau, der Schwangeren eine Bescheinigung (nach § 7 Abs. 1 SchKG) ausgestellt werden. Diese Bescheinigung ist ein „Beweis" für die weiterbehandelnde ärztliche Fachkraft, dass eine Beratung in einer gesetzlich anerkannten Stelle stattgefunden hat (vgl. BFSFJ 2010, 13; Koschorke 2004, 1113). (5.) Zur Umsetzung der Beratung ist weiterhin bedeutsam, dass die Beratung selbst sowie alle anderen Mitarbeiter/-innen der Beratungsstelle der Schweigepflicht (nach § 203 StGB) unterliegen, dies ist der Frau mitzuteilen. Ziel dabei ist, die Beratungsatmosphäre schützen und zwangloser zu gestalten (vgl. BFSFJ 2010).

Abschließend kann zusammengetragen werden, dass es sich bei dem Schwangerschaftskonflikt um ein sehr sensibles Geschehen handelt. Tipps und Empfehlungen sind einzig die Sache der Frau selbst und der Berater bzw. die Beraterin beziehen keine Position bezüglich der Fortsetzung oder des Abbruchs der Schwangerschaft. Dies wäre ein Angriff oder würde als Abwertung ihrer Autonomie erlebt. Beratung ermöglicht eine verständnisvolle und wertschätzende Haltung, welche die Schwangere begleitet und auf dem Weg der eigenen verantwortungsvollen Entscheidung unterstützt. Es werden mögliche Folgen der Entscheidung reflektiert sowie ggf. Informationen darüber und über den weiteren Prozess gegeben. Koschorke (2004) betont, dass die Grundlage zur Durchführung eine angenehme Atmosphäre sowie eine Vertrauensbeziehung zwischen Berater/in und der Frau ausmacht. Das Gespräch erfolgt individuell und ist an die Bedürfnisse der Betroffenen angepasst. Diese methodische Richtlinie besteht natürlich neben den gesetzlichen Auflagen und den damit verbundenen Pflichtbestandteilen. Der Ablauf kann sich in einer bestimmten thematischen Abhandlung untergliedern, aber einen festen Ablauf gibt es nicht. Daher kann die nachfolgende Tabelle 7 nicht vollständig sein (vgl. Koschorke 2004). Aber Beratung folgt auch hier einem strukturierten Prozess.

Tabelle 8: Ablaufstruktur der Schwangerschaftskonfliktberatung

Anmeldung und Terminvergabe (persönlich oder telefonisch)
1 Fragen abklären: Möchte die Frau ihre Anonymität wahren? Besteht besonders großer Zeitdruck hinsichtlich der Fristen? In welcher Verfassung scheint die Frau zu sein?
Begrüßung, Ankommen, Einfinden, Gesprächsbeginn
2 (A) Über den Hintergrund, die Abfolge und Ansprüche des Gesprächs informieren.
3 (B) Vertrauensbeziehung aufbauen und die eigene professionelle Haltung verdeutlichen.
4 (C) Entlastung und Beruhigung erzeugen, z.B. möglichen Zeitdruck thematisieren, Entscheidung der Frau anhören und Informationen geben z.B. über die Gesetzeslage (Beratungsschein) und über die Schweigepflicht.
Befinden und Bedürfnisse der schwangeren Frau erkunden
5 Offene Fragen: Hat sie ihre Entscheidung bereits gefunden? In welcher SSW (Schwangerschaftswoche) ist die Frau?
6 Vorstellungen und Erwartungen der schwangeren Frau vom Gespräch klären.
7 Die Beratungsinstanz sollte Verständnis zeigen sowie die Emotionen der Frau akzeptieren.
Erkundung von Ressourcen und der Situation
8 Lebenssituation, z.B. hinsichtlich Wohnung, Partnerschaft, Beruf etc. erfragen.
9 Mögliche Ressourcen der Frau aufdecken: Wo und von wem kann sie ggf. Unterstützung erhalten? Wie ist die derzeitige Einkommenssituation?
Haltung zum Schwangerschaftskonflikt ***erkunden***
■ Aktuelle Situation und Gründe darstellen lassen und den Emotionen der Frau Raum geben.
■ Einstellung erkunden und erfragen, was in die Entscheidung mit einwirkt?
■ Wie stehen Mitmenschen (Partner, Eltern, Freunde etc.) zur Schwangerschaft?
■ Wie sehen die lebensweltlichen Folgen der Entscheidung aus?
■ Bei Bedarf Schuldgefühle aufgreifen und bearbeiten – an wen sind sie gerichtet?
■ Konflikt klären und eingrenzen sowie andere ggf. entstandene Konflikte abgrenzen.
Gespräch über die Entscheidung
■ Wie sieht die Entscheidung aus? Ist die Frau entschlossen?
■ Informationen über Alternativen geben, Konfliktgrundlagen zusammenzufassen und klären.

■ Bei Bedarf klären, welche Bedeutung die Entscheidung der Frau in der aktuellen Lebenssituation hat, die Ambivalenzen der Frau aufgreifen und gemeinsam abwägen.
Auswirkungen der Entscheidung einbeziehen
■ Sachliche Fragen abklären: Welche Schritte sind demnächst umzusetzen? ■ Folgeerscheinungen darlegen: Welche Folgeerscheinungen ergeben sich ggf. im Privatleben, im Berufsleben, auf körperlicher und psychischer Ebene?
Abschlussphase
■ Bedarfsorientiert vorgehen. Ggf. weitere Beratungstermine vereinbaren, individuell auf andere Beratungsangebote und -einrichtungen verweisen. Bei Bedarf schriftliches Informationsmaterial über sonstige Hilfen vergeben. Beratungsbescheinigung ausstellen und entsprechende Fragen abklären. Rückblick – wurde alles geklärt? – Verabschieden

Quelle: Darstellung in Anlehnung an Koschorke 2004, 1118-1121

Die Beraterin hat die Aufgabe, die Individualität des Falls zu ermitteln und daran anzuknüpfen. Den jeweiligen Bedürfnissen der Frau, dem Erschrockensein über die unerwartete Schwangerschaft, dem Ausbildungskontext, der Lebenswelt und dem Ablösungsprozess von Eltern oder einer vorangegangenen Paarbeziehung u.v.a.m. ist in der Beratung Raum zu geben.

Rahmenbedingungen der schwangerschaftsbezogenen Beratungsangebote

Neben der meistbekannten Anlaufstelle im Schwangerschaftskonflikt, der pro familia, bieten Beratungsstellen in kirchlicher Trägerschaft oder andere Wohlfahrtsverbände ebenfalls Beratung im Schwangerschaftskonflikt an. Dazu gehören donum vitae und Beratungsstellen der Diakonie sowie die Arbeiterwohlfahrt. Kennzeichnend ist der Beratungsschein, der einen Abbruch für alle Beteiligten (Frau, Mediziner bzw. Medizinerin, Berater bzw. Beraterin) straffrei macht. Die Beratung findet in dieser speziellen Lebens- und Notlage meist in einer Art Zwangskontext statt; umso wichtiger ist es, diese Pflichtberatung so zu gestalten, dass dennoch eine vertrauensvolle Beratungsbeziehung entstehen kann. Für die Profession der Beratenden bringt dieser Zwang/Umstand eine starke Einschränkung der beraterischen Handlungsfähigkeit mit sich.

Die Beratung findet oft nur einmalig statt, was den Druck aufseiten der Beratenden noch erhöht. Berater oder Beraterinnen müssen davon ausgehen, dass viele Frauen bereits vor Beginn der Beratung ihre Entscheidung getroffen haben, mit dieser in die Beratung kommen und diese Entscheidung nicht verändern möchten. Der Konflikt ist so zu bearbeiten, dass die Klientin sich im besten Fall öffnen kann (Koschorke/Meyer/Hufendiek 2006). An den Beratungsstellen steht meist ein multiprofessionelles Team (Medizin, Sozialarbeit, Sozialpädagogik, Psychologie, Hebamme) zur Verfügung. Von den Beraterinnen wird eine entsprechende beraterische Zusatzweiterbildung gefordert (vgl. pro familia 2010). In diesen Stellen ist es die Regel, dass bei Bedarf (nach § 6 Abs. 3 SchKG) geeignete Fachkräfte von außen hinzugezogen werden können (Koschorke 2004). Für alle Berufsgruppen in diesem Format von Beratung sind hohe Kompensations- und Interaktionsfähigkeit, beziehungsgestalterische Fähigkeiten, inhaltliche Flexibilität sowie informelle Betonung und Optimismus notwendig.

Professionsanforderung Schwangerschaftskonflikt

Bei einer genaueren Diagnostik und Begutachtung des Konflikts zeigt sich, dass dieser häufig meist von komplexen Situationen des Schwangerschaftsbeginns gekennzeichnet ist (Keller-Mannschreck/Menches 2008). So entschließt sich z.B. eine Mutter nach einer längeren „Berufspause" zu ihrer Rückkehr in das Berufsleben, unerwartet erkennt sie dann, dass sie schwanger ist. Es wird deutlich, dass es sich bereits zum Zeitpunkt der Konzeption um Lebenssituationen handelt, die ohnehin einen Umbruch und entsprechende Entwicklungsanforderungen mit sich bringen (Keller-Mannschreck/Menches 2008). Auch hinsichtlich des Verhütungsverhaltens können Ambivalenzen bestehen (Hildebrand 2008). Insgesamt verdichtet die Schwangerschaft eine bereits bestehende schwierige Situation und die betroffenen Frauen befassen sich dann häufig mit daraus resultierenden Fragestellungen (Keller-Mannschreck/Menches 2008). Koschorke stellte in diesem Zusammenhang bereits eine innere und eine äußere Ebene des Konfliktes dar: In der inneren Konfliktverbindung zeigt sich, dass sich die Frau mit Gedankengängen befasst, die sich widersprechen (Koschorke 2004). Zur äußeren Konfliktverbindung, z.B. zum Partner, zu Eltern oder zu anderen Personen, ist festzuhalten, dass diese Personen häufig selbst einen Schockzustand erleben, wenn sie von der unerwarteten Schwangerschaft erfahren. Dabei befassen sich manche Betroffene zunächst mit sich selbst und einer Ordnung ihres eigenen Gefühlserlebens. Die Schwangere kann sich also trotz Einbezug anderer Mitmenschen in ihrer Entscheidungsfindung sehr allein fühlen (Koschorke 2004). Ein Konflikt besteht jedoch zwischen dem Abbruchwunsch der Frau und der rechtlich verankerten staatlichen Schutzregelung des ungeborenen Lebens (pro familia 2006).

Aktuelle Forschung und Konsequenzen für präventive Arbeit

Seit Jahren befassen sich Institutionen wie z.B. die Bundeszentrale für gesundheitliche Aufklärung (BZGA) und das Statistische Bundesamt (Destatis) mit dem Auftreten von Schwangerschaftsabbrüchen in Deutschland. Im Jahr 2010 wurden rund 110 400 Schwangerschaftsabbrüche in Deutschland vorgenommen. Fast zehn Jahre später (2019) wurden 101 000 Abtreibungen in Deutschland gemeldet. Somit lässt sich ein Rücklauf der Abbrüche erkennen, wie auch Destatis in einer Pressemitteilung vom 3. März 2020 mitteilt. Wenn eine Frau einen vornehmen lässt, dann ist sie (2010) meist im Alter von 18 bis 34 Jahren (74 %). Diese Gruppe reduziert sich auf 72 % aller Befragten im Jahr 2019. Kriminologisch und medizinisch begründete Schwangerschaftsabbrüche sind mit 4% im Jahr 2019 eher selten (vgl. Statistisches Bundesamt 2011b; Ärzte für das Leben 2020; Das statistische Bundesamt, Destatis 2020).

Bei Frauen bewegt sich der Schwangerschaftskonflikt in einer Verwicklung von Widersprüchlichkeiten. Die Frau sieht sich in einer neuen Konfliktkonfrontation und muss sich in einem anderen Kontext mit verschiedenen Lebensbestandteilen, wie z.B. mit ihrer Partnerschaft, der Familienplanung oder ihrer beruflichen Zukunft auseinandersetzen (Koschorke 2004). Viele Frauen sind traurig, andere sind hoch informiert und kennen die Rechtslage, wiederum andere haben das Gefühl, sich rechtfertigen zu müssen und formulieren stets Gründe für die entstandene Situation und die aktuelle Haltung zur Schwangerschaft (Keller-Mannschreck/Menches 2008).

Teenager-Schwangerschaften kommen in Deutschland im internationalen Vergleich geringfügiger vor (Schmidt 2009). Zudem bleiben die Zahlen seit Jahren konstant (vgl. Schmidt 2009). Nach der Statistik sind junge Frauen (unter 18 Jahren) im Jahr 2010 mit einem Wert von vier Prozent vermerkt (Statistisches Bundesamt 2011b). Im Jahr 2019 bildet diese Gruppe drei Prozent (vgl. statistisches Bundesamt, Destatis 2020).

Auch die Partner, ob jugendlich oder erwachsen, müssen sich ebenfalls verschiedenen Emotionen stellen. Die Betroffenen wirken meist hilflos, unsicher oder gar bestimmend. Auch wenn sich ein Partner bemüht und emotional betroffen zeigt, so steht er im Beratungsgeschehen oft als Außenseiter da wie Weidinger/Kostenwein/Dörfler (2004) festhielten. Prussky (2008) führte Interviews mit Männern nach einem Schwangerschaftsabbruch ihrer Partnerin durch. Dabei hielt sie fest, dass sich Männer häufig in einer Abseitsstellung sehen und dass sie hinsichtlich ihrer Trauer über den Abbruch keine Anteilnahme erfuhren. Im Vergleich von Männern und Frauen scheint es so, dass Frauen sich in der Vergangenheit bereits eher mit der Option einer Schwangerschaft befasst haben. Für den Mann ist dieses Thema oft völlig unangetastet, da es ihn körperlich in einer anderen Weise als die Frau betrifft (Heyer/Goosses 2007).

Helfferich et. al (2013) zeigten in einem Zwischenbericht der Reihe „Frauen leben" (mit retrospektiven und telefonischen Befragungen von Frauen zwischen 22 bis 44 Jahren) auf, dass mehr als jede zweite „ungewollte" Schwangerschaft im Alter zwischen 20 bis 44 Jahren ausgetragen wird. Dies ergibt eine Prozentzahl von 57.[3] Nach Aussagen der Frauen waren meist eigene ethische Ansprüche ausschlaggebend für die Entscheidung.

Der aktuelle Forschungsstand könnte für die Prävention vermehrt genutzt werden. Für Beraterinnen in der Konfliktberatung ist es eine Herausforderung, die Angebotsstruktur vielerorts transparenter zu gestalten. Auf diesen Umstand verweisen auch die niedrigen Zahlen der Beratungsinanspruchnahme aus der Forschungsreihe. In unsicheren Lebenssituationen besteht das Angebot von kostenlosen Beratungen unabhängig von Religion, Herkunft oder Alter (Helfferich et. al 2013). Es bedarf weiterer Aufklärungsarbeit in Kooperation mit Schulen und Einrichtungen der Jugend- und Familienhilfe. Wichtige Kernkompetenzen in der Beratung sind Flexibilität und Akzeptanz gegenüber der Frau und ihrer Entscheidung. Herausfordernd ist zudem eine konstante wertschätzende Haltung gegenüber den Frauen in der Beratung. Für diese Beratung zum Schwangerschaftskonflikt ist – auch

---

3 Der Begriff „ungewollt" wurde unterschieden von dem Begriff „ungeplant", denn aus Sicht der befragten Frauen kann eine Schwangerschaft nicht geplant, aber dann doch gewollt und willkommen sein.

im Vergleich zu anderen Beratungsprofessionen – klar, dass es immer zu einem Ergebnis kommt, auch wenn eine Frau z.B. nicht sprechen würde: Sie hat das Anrecht auf den Beratungsschein (nach § 7 Abs. 1 SchKG). Für die professionelle Beraterin bringt der Zwang, die Verpflichtung der Beratung aufseiten der Klientinnen eine starke Bestimmung im Sinne einer Einflussnahme der Handlungsfähigkeit mit sich. Unter solch strapaziösen Bedingungen, professionell und qualitativ hochwertig zu beraten, erfordert ein hohes Maß an persönlichem und fachlichem Geschick.

Beratung in hochstrittigen Kontexten

Das Thema Pflicht oder Zwang in der Beratung spitzt sich zu in diesen hochstrittigen Kontexten. Die Fachliteratur diskutiert beide Pole gemeinsam, es kommt zu Verwechslungen von Pflicht und Zwang, und die Unterschiedsbildung kann nur auf der Folie der jeweiligen Perspektive erfolgen. Was Eltern als Klienten und in ihrer Sicht als Zwang empfinden, kann im Beratungsprozess mit wertschätzender Kommunikation kaum aufgewogen werden.

Eliane Retz (2015) hat in der Studie ihrer Dissertation die Bedeutsamkeit von Elternkursen aufgearbeitet. Sie weist in der Suche nach der passenden Definition auf das „intraindividuelle Erleben" (a.a.O., 50). In Bezugnahme zu Kähler (2005, 9) ist Beratung dann Zwang, „wenn andere Menschen darauf drängen, dass jemand einen Sozialen Dienst aufsucht, oder wenn jemand durch gesetzliche Vorgaben zur Kontaktaufnahme mit einem Sozialen Dienst verpflichtet wird." So wird fachlich „beispielsweise von Zwangskontexten, Unfreiwilligkeit, gerichtlichen Auflagen, geschickt-beauflagten Klientinnen, Zwangsberatung, Beratung mit angeordneter Teilnahme oder auch gerichtsnaher Beratung gesprochen" (Retz 2015, 50).

Interessant an all diesen Widrigkeiten der Definitionen ist, dass es im Kern um einen grundgesetzlich verankerten Schutz der Familie geht und es die (gesellschaftliche) Pflicht der Eltern ist, für das Wohl der Kinder zu sorgen.

In vielen Pflichtberatungskontexten wird dies vonseiten der Klienten als Zwang ausgelegt, obwohl die Entscheidung der Elternschaft eine freiwillige war und ist. Die staatliche Gemeinschaft schreitet nur dann ein, wenn dieses Kindeswohl gefährdet oder ihm nicht Rechnung getragen wird.

Genau an dieser Stelle ist die „intraindividuelle Perspektive" (Retz 2015, 50) bedeutsam und Berater und Beraterinnen sind gut beraten, wenn sie sich nicht unreflektiert der Definition der Klienten und Klientinnen anschließen. Geht es doch den Beratenden wie allen Professionellen in den Sozialen Diensten um das Gelingen der Sorge in der Familie und schließlich darum, dass Menschen als Eltern die Autonomie und Verantwortung für ihre relevante Umwelt und sich selbst aktiv gestaltend wahrnehmen. Der Kinderschutz und die Prävention werden neu fokussiert und das neue Bundeskinderschutzgesetz von 2012 ist genau auf diesen Schutz hin ausgerichtet. Bezogen auf die familiengerichtlichen Angelegenheiten und zur Deeskalation in diesen Verfahren sind Beratungsangebote verpflichtend – auch wenn sie bei dem ein oder anderen Elternteil als Zwang erlebt wird. Retz beschreibt die Kinderperspektive des Aufwachsens in einer hochstrittigen Familie

„mit verschiedenen Risikofaktoren: internalisiertes Problemverhalten, psychosomatische Stressreaktionen, Selbstwertprobleme, eine niedrige Emotionsregulation, und Schwierigkeiten in der sozialen Beziehung" (Retz 2015, 48). Sie bezieht sich dabei auf Studien zwischen 1988 und 2011 und möchte anregen, dass diese dazu beitragen, dass es passgenaue Beratungsangebote mit hochstrittigen Eltern gibt und nicht die Verfahren hochstrittig werden, weil Eltern der Kinder wegen ihrer Kooperation verweigern.

Wie bereits erwähnt, sollte die Sozialarbeit in diesem Feld hinsichtlich des Beratungsauftrags separat betrachtet werden. Neutralität soll die Beratungssituation prägen, Möglichkeiten, Perspektiven und Lebensentwürfe sollten wertfrei aufgezeigt bzw. aufgegriffen werden. Ist eine konstante Neutralität überhaupt möglich? Welche „Controlling-Fragen" könnten für die Soziale Arbeit als Beratungsinstanz in diesem Felde gelten? Der Ausgang der Beratung soll außerdem offen gestaltet sein. Andere Instanzen betrachten jedoch die Abbrüche als Anzeichen einer schlechten Beratung. Letztendlich blickt jede Instanz – Arzt, Berater, Angehöriger – auf die Situation mit dem eigenen jeweiligen (fachlichen) Hintergrund. Frei von persönlichen Impulsen können sich dabei vermutlich nur die wenigsten machen.

Fragen zur Vertiefung und Diskussion

- Was sind Unterscheidungsmerkmale von institutioneller Beratung (Kommstruktur) und aufsuchender Beratung (Gehstruktur)?
- Welche Besonderheiten hat Beratung in prekären Lebenslagen (Multiproblemsysteme)? Wieso ist aufsuchend Beraten die passendere Form?
- Die Anfangsphase als Familie im Visier: Was lässt sie so schwierig werden?
- Wie sehen Sie die systemische Herausforderung von Stieffamilien und von alleinerziehenden Familien?
- Alle Beratung benötigt den interkulturellen Blick und die Reflexion eigener kultureller Vorannahmen: wie kann Beratung die Kulturdimension deutlicher berücksichtigen?
- Es bleibt konfliktiv: Konfliktberatung in der Schwangerschaft bewegt sich (wie Beratung mit Sterbewunsch) an den Grenzen von Leben und deren ethischen Grundentscheidungen. Wie stehen Sie als Leser/in zu diesen Grenzen der beraterischen Haltung zur Neutralität?

Literatur zu Kapitel 6.6

Einführende Literatur

Ärzte für das Leben e.V. (2000-2019): 04.03.20: 101.000 Abtreibungen: Zahl der Schwangerschaftsabbrüche 2019 nahezu unverändert. Marktoberdorf. Online verfügbar unter: https://aerzte-fuer-das-leben.de/neues/aktuell-2020/04-03-20-101000-abtreibungen-zahl-der-schwangerschaftsabbrueche-2019-nahezu-unveraendert/ (6.10.2021).
Bouwkamp, Roul (2005): Hilfen für Multiproblemfamilien. In: Kontext, 36, 2, S. 150–165.
Bundesministerium für Familie, Senioren, Frauen und Jugend (Hrsg.) (2010): Schwangerschaftsberatung § 218. Informationen über das Schwangerschaftskonfliktgesetz und gesetzliche Regelungen im Kontext des § 218 Strafgesetzbuch. Informationsbroschüre. Berlin. Online verfügbar unter: https://www.bmfsfj.de/resource/blob/95282/ed384270cbdec0132e2ccfb335561982/schwangerschaftsberatung---218-data.pdf (27.10.2021).

de Vries, Sjef (1996): Psychotherapie und untere sozio-ökonomische Schichten: Eine kulturelle Differenz. In: Zeitschrift für systemische Therapie, 14, 10, S. 236-248.

Das statistische Bundesamt (Destatis) (2020): Pressemitteilung Nr. 070 vom 3. März 2020. Online verfügbar unter: https://www.destatis.de/DE/Presse/Pressemitteilungen/2020/03/PD20_070_233.html (6.10.2021).

Das statistische Bundesamt (Destatis) (2020): Datenbank Genesis. Online verfügbar unter: https://www-genesis.destatis.de (6.10.2021).

Freise, Josef (2005): Interkulturelle Soziale Arbeit. Schwalbach.

Goldbrunner, Hans (1989): Arbeit mit Problemfamilien. Mainz.

Gonsior, Isabel (2011): Beratung als eigenständiges Handlungsmedium – Darstellung eines beraterischen Kompetenzprofils am Beispiel des Spannungsfeldes „Schwangerschaftskonflikt". Unveröffentlichte Master-Thesis im Studiengang Gesundheitsfördernde Soziale Arbeit. Katholische Hochschule Nordrhein-Westfalen, Fachbereich Sozialwesen. Paderborn.

Hamburger, Franz (2011): Migration. In: Otto, Hans Uwe; Thiersch, Hans (Hrsg.): Handbuch der Sozialen Arbeit. Grundlagen der Sozialarbeit und Sozialpädagogik. 4. völlig neu bearbeitete Auflage, Basel, S. 946–958.

Hegemann, Thomas (2009): Interkulturelle Beratung und Therapie braucht einen Rahmen. In: ZSTB, 2, S.?

Helfferich, Cornelia; Klindworth, Heike; Heine, Yvonne; Wlosnewski, Ines; Eckert, Judith (2013): frauen leben 3 – Familienplanung im Lebenslauf. Erste Forschungsergebnisse zu ungewollten Schwangerschaften und Schwangerschaftskonflikten. Hrsg.: Bundeszentrale für gesundheitliche Aufklärung. Gummersbach.

Heyer, Silvia; Goosses, Andreas (2007): „Es ist wie Achterbahnfahren ...". Männer in der Schwangerschaftskonfliktberatung. In: pro familia Magazin, 35, 1, S. 18–19.

Hildebrand, Sven (2008): Ambivalenzen im Umgang mit der Schwangerschaftsverhütung. Erfahrungsberichte aus der gynäkologischen Praxis. In: Linder, Rupert (Hrsg.): Liebe, Schwangerschaft, Konflikt und Lösung. Erkundung zur Psychodynamik des Schwangerschaftskonflikts. Heidelberg, S. 29–40.

Jurczyk, Karin; Klinkhardt, Josefine (2014): Vater, Mutter, Kind? Acht Trends in Familien, die Politik kennen sollte. Gütersloh.

Jürgens, Hildegard (2019): Männerthemen in der Schwangerschaftskonfliktberatung. In: Bundeszentrale für Gesundheitliche Aufklärung (Hrsg). Online verfügbar unter: https://www.familienplanung.de/schwangerschaftskonflikt/maenner-im-konflikt/interview-maennerthemen-in-der-schwangerschaftskonfliktberatung/ (27.10.2021).

Keller-Mannschreck, Oranna; Menches, Reinhilde (2008): Ungewollte Schwangerschaft als Ambivalenzkonflikt. In: Linder, Rupert (Hrsg.): Liebe, Schwangerschaft, Konflikt und Lösung. Erkundung zur Psychodynamik des Schwangerschaftskonflikts. Heidelberg, S. 83–96.

Koschorke, Martin (2004): Schwangerschaftskonflikt-Beratung. In: Nestmann, Frank; Engel, Frank; Sickendiek, Ursel (Hrsg.): Das Handbuch der Beratung. Band 2: Ansätze, Methoden und Felder. Tübingen, S. 1111–1125.

Minuchin, Patricia; Colapinto, Jorge; Minuchin, Salvador (2000): Verstrickt im sozialen Netz. Heidelberg.

NZFH (2014): Bundesinitiative Frühe Hilfen. Zwischenbericht. Berlin.

Oesterreich, Cornelia (2009): Grundlagen interkultureller systemischer Therapie. In: Zeitschrift für Systemische Therapie und Beratung, 3, S. 147–153.

Pro familia – Deutsche Gesellschaft für Familienplanung, Sexualpädagogik und Sexualität e.V. (Hrsg.) (2010): Fort- und Weiterbildung. Das Angebot des pro familia-Bundesverbandes. Broschüre über Fort- und Weiterbildungsmaßnahmen. 2. überarbeitete Auflage. Frankfurt. Online verfügbar unter: https://www.profamilia.de//fileadmin/publikationen/Fortbildung/profamilia_fortbildung.pdf (27.10.2021).

Pro familia – Deutsche Gesellschaft für Familienplanung, Sexualpädagogik und Sexualberatung e.V. (Hrsg.) (2006): Standpunkt Schwangerschaftsberatung. Standards und aktuelle Herausforderungen. Handreichung des pro familia Bundesverbands. Frankfurt am Main. Online verfügbar unter: http://www.profamilia.de/fileadmin/publikationen/Fachpublikationen/Standpunkt_Schwangerschaftsberatung.pdf (6.10.2021).

Prussky, Kirsten (2008): „Vergiss-mein-nicht".. In: Linder, Rupert (Hrsg.): Liebe, Schwangerschaft, Konflikt und Lösung. Erkundung zur Psychodynamik des Schwangerschaftskonflikts. Heidelberg, S. 97–108.

Retz, Eliane (2015): Hochstrittige Trennungseltern in Zwangskontexten. Berlin.

Schmidt, Gunter (2009): Jugendsexualität und Jugendschwangerschaften. Zeitliche Trends. In: Matthiesen, Silja; Block, Karin, Mix, Svenja; Schmidt, Gunther (2009): Schwangerschaft bei minderjährigen Frauen. Hrsg.: Bundeszentrale für gesundheitliche Aufklärung. Köln, S. 13–27.

Simon-Hohm, Hildegard (2002): Interkulturelle Kompetenz in der sozialen Arbeit. In: IZA, Zeitschrift für Migration und Soziale Arbeit, 2, S. 39–45.

Statistisches Bundesamt (Hrsg.) (2011a): Gesundheit. Schwangerschaftsabbrüche. Statistik 2010. Fachserie 12, Reihe 3, Bundesstatistik über Schwangerschaftsabbrüchen in Deutschland. Online verfügbar unter: https://www.statistischebibliothek.de/mir/servlets/MCRFileNodeServlet/DEHeft_derivate_00010396/2120300107004.pdf#search=%22fachserien%22

Statistisches Bundesamt (2011b): Pressemitteilung vom 16. März 2011 – 108/11. 0,2 % weniger Schwangerschaftsabbrüche im Jahr 2010.

Weidinger, Bettina; Kostenwein, Wolfgang; Dörfler, Daniela (2007): Sexualität im Beratungsgespräch mit Jugendlichen. 2. erweiterte und ergänzte Auflage. Wien.

Ärzte für das Leben e.V. (2000-2019): 04.03.20: 101.000 Abtreibungen: Zahl der Schwangerschaftsabbrüche 2019 nahezu unverändert. Marktoberdorf. Online verfügbar unter: https://aerzte-fuer-das-leben.de/neues/aktuell-2020/04-03-20-101000-abtreibungen-zahl-der-schwangerschaftsabbrueche-2019-nahezu-unveraendert/ (6.10.2021).

Weiterführende / zitierte Literatur

Deutsche Arbeitsgemeinschaft für Jugend- und Eheberatung e.V. (2016): Selbstdastellung. Online verfügbar unter: www.dajeb.de/fileadmin/dokumente-intern/02-archiv/selbstdarstellung/selbstdarstellung-dajeb.pdf (14.11.2020).

BMFSFJ – Bundesministerium für Familie, Senioren, Frauen und Jugend: Start. Online verfügbar unter: www.bmfsfj.de (6.10.2021).

Zwicker-Pelzer, Renate, Gertrud Hundenborn, Guido Heuel, G. (2018): Kultursensibilität im Gesundheitswesen. Modulhandbuch für eine kompetenzorientierte, wissenschaftsbasierte und multiprofessionelle Aus , Fort- und Weiterbildung in den therapeutischen und pflegerischen Gesundheitsfachberufen. Düsseldorf.

Hantel-Quitmann, Wolfgang (2013): Basiswissen Familienpsychologie. Stuttgart.

Hollstein-Brinkmann; Knab, Maria (2016): Beratung zwischen Tür und Angel. Berlin.

Jurczyk, Karin; Klinkhardt, Josefine (2014): Vater, Mutter, Kind? Acht Trends in Familien, die Politik kennen sollte. Gütersloh.

Minuchin, Patricia et. al (2000): Verstrickt im sozialen Netz. Heidelberg.

NZFH (2014): Bundesinitiative Frühe Hilfen. Zwischenbericht. Berlin.

de Vries, Sjef (1996): Psychotherapie und untere sozio-ökonomische Schichten: Eine kulturelle Differenz. In: Zeitschrift für systemische Therapie Jg. 14,, S. 240 ff.

Zwicker-Pelzer, Renate (2010): Beratung in der sozialen Arbeit. Bad Heilbrunn/Stuttgart.

Zwicker-Pelzer, Renate (2002): Hilfen in familialen Krisen: Ein Plädoyer für die Vernetzung von Hilfsangeboten. In: Katholische Fachhochschule NRW (Hrsg.): Jahrbuch 2002. Münster.

7 Arbeitsweltliche Beratung in den Formaten von Supervision und Coaching (Renate Zwicker-Pelzer)

> **Zusammenfassung**
>
> Dieses Kapitel beschäftigt sich mit der Genese und der Präsenz von Beratung in arbeitsweltlichen Zusammenhängen. Die eher psychosozial orientierte lebensweltlich-familienbezogene Beratung erweitert sich in den Formaten von Supervision und Coaching um mesostrukturelle Faktoren, die sich aus den jeweiligen personenbezogenen Rahmungen ergeben.
>
> So sehr auch Coaching mittlerweile in aller Munde ist, von Arbeitgebern meist finanziert wird und kurzfristig Krisen persönlicher Rolleneinnahme in Organisationen meistern soll, stellt dies oft die Kenntnis der historisch gewachsenen und sehr erfahrungsreichen Professionalität der Supervision in den Schatten. Dieses Kapitel thematisiert Gemeinsamkeiten und Unterschiede dieser arbeitsweltlichen Formate.

Die Arbeitswelt gestaltet sich zunehmend komplexer; gesellschaftliche und wirtschaftliche Entwicklungen und deren Veränderungen fordern permanente Veränderungen von ihren Beschäftigten. Berufstätigkeit ist als Erwerbstätigkeit in strukturellen Rahmenbedingungen eingebunden, die den einzelnen Personen in dieser Weise bei ihrer Ausbildung bzw. ihrem Studium nicht gelehrt wurden. Die Ideale, die zu einem ersehnten Beruf führten, liegen meist weit von der täglich zu gestaltenden Berufspraxis entfernt. Haubl und Voß (2011) beschreiben in ihrer Studie von 2011 die psychosozialen Auswirkungen spätmoderner Erwerbsarbeit. In schwierig gewordenen Situationen hat sich die Inanspruchnahme von Supervision und Coaching durchgesetzt. Beide Formate werden meist vom Arbeitgeber oder der Dienststelle finanziert, manchmal auch von Ratsuchenden selbst. Sie dienen beide der individuellen Bewältigung des Wandels von Organisationen und der Arbeit und tragen gleichermaßen zur Selbstfürsorge bei (Haubl/Voß/Alsdorf/Handrich 2013). Supervision und Coaching fokussieren im Unterschied zur Familienberatung (z.B. als Beratung im Mikro-Lebensbereich) klarer die Meso-Ebene: die Welt der Organisationen, der Institutionen und die Rolle der Mitarbeiter/innen in diesen Gefügen. Diese sind die Kernelemente der Reflexion persönlicher Anliegen.

7 Arbeitsweltliche Beratung in den Formaten von Supervision und Coaching

Abbildung 12: Haus des Counseling

Der rechte Eingang dieses Doppelhauses führt in sehr unterschiedliche Räume und möglicherweise sind gar die beiden Teile des Hauses auf den jeweiligen Etagen miteinander verbunden. Vom ganzheitlichen menschlichen Leben ausgehend bedeutet dies: Der berufstätige Mensch bringt von seinen 24 Stunden Tageszeit acht Stunden i.d.R. unter strukturellen Rahmungen besonderer Art ein. Mit der persönlichen Lebensenergie, der eigenen professionellen Fachlichkeit, der Lebens- und Berufserfahrung und der mehr oder weniger gesunden Lebensführung gestaltet der berufstätige Mensch die betrieblichen bzw. institutionellen Prozesse.

Die erhöhten Spannungen in der Bewältigung von berufsweltlichen Erfordernissen benötigen zunehmend ihre Bearbeitung und der Reflexion. So nimmt der Reflexionscharakter der beruflichen Arbeit zu und die Supervision ist der geeignete Ort, diese Reflexion zu vollziehen (Belardi 2009). Supervision und Coaching werden in ihrer gegenwärtigen Theoriebildung synonym gebraucht. Ergänzend sei die Organisationsberatung als weiteres Format an dieser Stelle erwähnt. Bezüglich dieser sehr speziellen Beratung möge sich der Leser/die Leserin der Literaturangaben zu Kap. 7 bemühen.

Was unterscheidet nun Supervision von Coaching?

Die Supervision kann auf eine längere Geschichte und damit auch Erfahrung zurückgreifen; sie ist aus den reflexiven Prozessen der Sozialen Arbeit entstanden (a.a.O.). Denn immer mehr wurde es in den 1980er und 1990er Jahren notwendig, gut reflektierend sozial zu handeln. So entwickelte sich ein prozesshaft, gruppendynamisches und analytisches Konzept, welches u.a. in die Gründung des

Berufsverbandes DGSv mündete. Erste systemische Weiterbildungsinstitute arbeiteten z.B. eng mit Heinz von Förster zusammen.

Supervision in den systemischen Fachverbänden z.B. erwuchs eher vor dem Hintergrund der Notwendigkeit einer gut begleiteten familientherapeutischen Fallarbeit. Die neuen familientherapeutischen Akteurinnen fühlten sich mit der (Breitband-)Supervision nicht gut genug verstanden; sie wollten ihre „eigene" Supervisions-Expertise für die Verbreitung des Systemischen in den für die Familientherapie relevanten Arbeitsfeldern. Die sog. Fallsupervision, d.h. systemisches Diagnostizieren und die Hypothesenbildung, verfeinerten das Gesamtspektrum.

Die sich aus der Sozialen Arbeit entwickelnde Supervision hat(te) ihre Stärke in der Team- und Gruppensupervision, der Leitungssupervision und der Einzelsupervision.

Erst die Zuspitzung gesellschaftlicher und damit arbeitsweltlicher Belastungsfaktoren brachte das Wundermittel „Coaching" auf den Markt. Im Einzelsetting sollten einzelne Akteure aus Firmen, Betrieben usw. fit gemacht werden, damit sie die wachsende Vielfalt an Anforderungen geschmeidig bewältigen können. Coaching war daher stärker mit einem institutionellen Auftrag ausgestattet, der vom Coach zu etwas Eigenem werden sollte und zu betrieblichen Veränderungsmodalitäten führen sollte. Teilweise setzte Coaching einzig auf die Verhaltensänderung und deren kognitive Einsicht für persönliche und betriebliche Veränderungsprozesse.

So verbreitete sich das Wundermittel „Coaching" schneller und wurde über die psychosozialen Berufsgruppen hinaus zu einer Dienstleistung, die man durch kurzzeitige Weiterbildung (fast nebenbei) lernen konnte. Für Coaching schienen lange Zeit die selbstreflexiven und selbsterfahrungsorientierten Lerngelegenheiten nicht so bedeutsam.

Wenn man nun aber von der Kurzzeitigkeit eines kontraktierten Coachingprozesses ausgeht, dann könnte man genau für dieses Beratungsformat hohe Weiterbildungserfordernisse generieren. Dieser Idee folgend lag es auf der Hand, dass sich die Verbände im Coaching zusammenschlossen, um minimalistischen Wildwuchs zu verhindern und für die fachliche Anerkennung gemeinsame Standards zu gewinnen.

Die nach Standards weitergebildeten Supervisor/innen sind ebenso kompetente Coaches; sie sind zudem Meisterinnen und Meister der unterschiedlichen Settings (Team, Gruppe, Leitung) und haben meist länger gelernt, in ihren beratenden Prozessen für die Veränderung notwendige weitere Akteure miteinzubeziehen. Astrid Schreyögg beschrieb bereits 1991 Supervision als ein integratives Modell und verband dabei verschiedene Settings und Methodenansätze. Supervision leistet ihrer Meinung nach einen Beitrag zur Strukturierung der interaktiven Phänomene.

Für den systemischen Ansatz in der Weiterbildung zum Coach spricht, dass Berater/innen, Supervisor/innen und Coaches deutlich auf die Erfahrungen der Coaches in ihren Primärsystemen und deren Wirksamkeit/Übertragungen im Sekundärsystem achten: Die im Herkunfts- oder Mikrosystem grundlegenden Erfahrungen machen Menschen im Primärsystem Familie. Aus diesem Primärsystem heraus werden meist Regeln, handlungsleitende Impulse im späteren Leben in andere erweiterte Systeme – mehr oder weniger überprüft – übertragen. Für Veränderungsprozesse ist genau dies häufig gleichsam die Falle bei oder der Schlüssel für erste tiefer greifende und über die bloße Verhaltensveränderung hinausgehende Schritte.

Supervision und Coaching tragen zur Verbesserung der Kommunikation und zur Reflexion bei; sie sind hilfreich für ein besseres Verstehen von Menschen untereinander und in ihren betrieblichen Einbindungen und deren Verstrickungen; sie führen zu neuen Ideen der Bewältigung der vielen Anforderungen. Supervision als Blick von außen mit einer dritten Person hilft zur eigenen Klarheit und erweitert die Vielfalt der Handlungsmöglichkeiten in Bezug auf:

- das eigene Tempo, zu arbeiten und zu leben,
- die persönliche Art des Umgangs mit Menschen,
- das Gewahrsein von Stressoren, von konfliktiven Situationen,
- die Art des Ausdrückens (in Worten und in Handlungen) von Wünschen, Bedürfnissen tragen zu Klarheit bei und laden zu Feedback und Resonanz ein
- die Lust und Lebensfreude, die auch in der Berufstätigkeit einen Platz braucht.

Supervision und Coaching aktivieren die Lebensfreude, ermöglichen Rollenwechsel, helfen bei der Aufgabenbewältigung und lösen Verstrickungen in alten Mustern. Beide sind Beratungsformate, die einzeln, in Teams oder Gruppen angefragt werden können. Dazu gehört ebenso Leitungscoaching, Weiterbildung, Projektentwicklung und Projektbegleitung. „Heute richtet sich Coaching zumeist an Fach- und Führungskräfte aus dem wirtschaftlichen Kontext, zum anderen zunehmend auch an Privatpersonen, die an beruflichen Anliegen arbeiten möchten" (Schubert/Rohr/Zwicker-Pelzer 2019, 236).

> „Vom Wortursprung ist Supervision aus dem Lateinischen ableitbar: Unter ‚super' versteht man ‚über', ‚darüber' oder ‚von oben'. ‚Visio' bedeutet ‚sehen', ‚Anblick' oder ‚Erscheinung'. Demzufolge bedeutet ‚Supervision' so viel wie: ‚von oben sehen', Überblick, Übersicht" (a.a.O., 244).

Als weitere Entwicklungsstränge machen Schubert, Rohr und Zwicker-Pelzer aus: „Im Zusammenhang mit der Industrialisierung und der Verelendung der Arbeiterfamilien wurden in den USA Ende des 19. Jahrhunderts von der Armenfürsorge ehrenamtliche ‚friendly visitors' eingesetzt, die von Supervisoren ausgebildet und angeleitet, aber auch kontrolliert wurden. Ein zweiter Entwicklungsstrang beruht auf den therapeutischen Kontrollsitzungen, die in den 1920er Jahren für psychoanalytische Ausbildungen verbindlich eingeführt wurden und sich bis heute als Ausbildungssupervision für angehende Berater und Psychotherapeuten erhalten haben. Bereits hier wird die Doppeldeutigkeit als Kontrolle/ Aufsicht und Anleitung/ Ausbildung deutlich, die Supervision prägt. In den Jahren nach dem Zweiten Weltkrieg ist die Entwicklung der Supervision im europäischen Raum stark durch die niederländische, US-amerikanische und schweizerische Sozialarbeit geprägt worden und führte rasch zu einer Professionalisierung in diesem Feld. 1989 gründete sich die Deutsche Gesellschaft für Supervision (DGSv), die seitdem die professionellen Standards für Ausbildung und praktische Anwendung regelt (Krönchen 2012)" (zitiert in a.a.O., 244).

Die DGSv definiert Supervision als:

> „[...] ein Beratungskonzept, das zur Sicherung und Verbesserung der Qualität beruflicher Arbeit eingesetzt wird. Sie bezieht sich dabei auf psychische, soziale und institutionelle Faktoren. Supervision basiert auf Kenntnissen und Theorien aus Soziologie, Sozialer Arbeit, Psychologie sowie aus Management- und Institutionstheorien und Kommunikationswissenschaften. In der Supervision werden Fragen, Problemfelder, Konflikte und Fallbeispiele aus dem beruflichen Alltag thematisiert und selbstreflexiv bearbeitet. Supervision fördert in gemeinsamer Suchbewegung das Lernen von Einzelpersonen, Gruppen, Teams und Organisationen."

In der Supervision verbinden sich mehrere Perspektiven: die der Person, der unterschiedlichen beruflichen Rollen, die der Organisation und Institution und die des Kunden/Klienten. Auf jeden Fall unterscheidet sich Supervision von Fort- und Weiterbildung, von Psychotherapie und von Organisationsberatung (vgl. DGSv 2008).

Spezifika des Coachings

Die persönlichen Anliegen im Coaching liegen häufig in der „Wiedererlangung einer Handlungsfähigkeit in blockierenden Situationen oder die Verbesserung der Effektivität des eigenen Handelns" (Backhausen/Thommen 2017, 115).

> „Neben allgemeinen Problemen mit Kollegen, Vorgesetzten, Mitarbeitern oder Kunden können auch spezifische Themen wie Kündigung, Mobbing oder eine berufliche Krise/ Neuorientierung ein Coaching-Anliegen sein. Auch die Arbeit an eigenen Verhaltensweisen, Ängsten oder Blockaden sowie eine Entscheidungsfindung kann im Mittelpunkt stehen. Ein Anliegen kann die Bearbeitung eines Problems, aber ebenso die Arbeit an einem bereits gesteckten Ziel sein. In ersterem Fall ist es die Aufgabe des Coachs, den Coachee darin zu unterstützen, aus dem Problem- in den Lösungszustand zu kommen und sich selbst ein Ziel zu stecken, das im Rahmen des Coachings erreicht werden soll. Das Coaching soll zur Selbstreflexion anregen, die häufig bewusst oder unbewusst vermieden wird. Dieser Prozess kann sowohl eine kognitive als auch emotionale Herausforderung für den Coachee bedeuten (Webers 2015, 74; 89)" (zitiert in Schubert/Rohr/Zwicker-Pelzer 2019, 236–237).

> „Neben den Grundprinzipien der Beratung gibt es weitere, die spezifisch für das Coaching sind. Der Coach fungiert als Experte für den Coaching-Prozess und übernimmt in diesem Bereich die Verantwortung. Der Coachee hingegen tritt als Experte für seine Anliegen in den Prozess ein und übernimmt die Verantwortung für die Lösung und das Erreichen des Ziels. Damit eine konstruktive und offene Beziehung zwischen Coach und Coachee entstehen kann, ist es wichtig, dass der Coachee das Coaching aus

eigenen Stücken aufgesucht hat" (a.a.O. 237). Dies bedeutet, dass ein eigenes Interesse an einer Veränderung bestehen muss, wenn Coaching gelingen soll. Ein guter Coach ist unabhängig von dritten Personen und arbeitet entlang der Anliegen der Coachees, er/sie bewahrt Verschwiegenheit über den Coaching-Prozess.

„Bezüglich der Rahmenbedingungen ist der abgegrenzte zeitliche Rahmen zu nennen, in welchem das Coaching stattfindet. Dieser wird von Coach und Coachee zu Beginn in Abhängigkeit von Anliegen und Ziel (grob) festgelegt und dient der beidseitigen Orientierung im Prozess. Das Coaching sollte in einer neutralen, störungsfreien Umgebung stattfinden, damit sich der Coachee auch räumlich von seinen Anliegen distanzieren und diese aus einer anderen Perspektive betrachten kann. Das Coaching selbst folgt einem strukturierten Ablauf, die eingesetzten Methoden und Techniken werden jedoch vom Coach je nach Bedürfnis des Coachee und Art des Anliegens individuell kombiniert, sodass eine große Flexibilität den Prozess bestimmt und dieser immer wieder neu justiert werden muss" (Ethikrichtlinie des Deutschen Coaching Verbandes. e.V. (DVC)" (zitiert in a.a.O.). Um die notwendigen Kompetenzen für die Begleitung von Coaching-Prozessen zu erlangen, kommt es auf die Haltung des Coaches und auf seine fachlichen wie methodischen Kompetenzen an.

„Zur fachlichen Kompetenz gehört an erster Stelle eine fundierte Coaching-Ausbildung und eine sich daran anschließende fortlaufende Weiterbildung, die in Deutschland von verschiedenen Instituten angeboten wird und bislang nicht staatlich geregelt ist" (a.a.O., 238).

„Der Coach sollte sich seiner eigenen Begrenztheit (sowohl der seines Fachwissens als auch der seiner Interventionsmöglichkeiten) bewusst sein. Coaching als professionelle, individuelle und personenbezogene Dienstleistung ist nach Röckelein und Welge (2010) als *Weiterbildung* zu verstehen, in dem der Coachee (ebenso wie der Coach) als Koproduzent fungiert und seine eigenen Kompetenzen sowie sein Engagement mit in den Prozess einbringt (Webers 2015, 37 f.). Ein Coaching kann nur so erfolgreich sein, wie es der Coachee zulässt. Die Verantwortung für das Ergebnis liegt somit beim Coachee selbst und nicht beim Coach" (a.a.O.).

„Eine weitere Aufgabe des Coachs liegt in der Wahrnehmung seines Gegenübers. Er hat die Aufgabe, Äußerungen und Verhalten des Coachees mit allen Sinnen aufzunehmen und zu verarbeiten. Anschließend werden diese Eindrücke geordnet und analysiert. Dem Coachee soll in seiner eigenen Landkarte gefolgt werden, um gemeinsam Verhaltensmuster oder Verstrickungen zu entdecken und aufzulösen (Schmidt-Tanger & Stahl 2007, 17 f.). Hierbei gilt für viele Coach-Verbände der an Immanuel Kants kategorischen Imperativ angelehnte ‚ethische Imperativ' nach Heinz von Foerster (2003): ‚Handle stets so, dass die Anzahl der Wahlmöglichkeiten größer wird!' (zit. nach Webers 2015, 37). Es geht im Coaching somit um das

(Er-)finden alternativer Wirklichkeitskonstruktionen, dessen Chancen, Risiken und Anschlussfähigkeit es gemeinsam abzuschätzen gilt (Backhausen & Thommen 2017, 103)" (zitiert in Schubert/Rohr/Zwicker-Pelzer 2019, 238).

Für die Stärkung der persönlichen Kompetenz „sollte sich der Coach mit seiner eigenen Persönlichkeit und Biografie auseinandersetzen. Diese Selbstreflexion geschieht bestenfalls bereits im Rahmen einer Coaching-Ausbildung, sollte aber auch im Laufe der weiteren Berufstätigkeit fortgesetzt werden (z.B. im Rahmen von Supervision), um die eigenen „blinden Flecken" (Johari-Fenster, Luft & Ingham 1955) zu verkleinern. Dazu gehört auch eine bestehende Neugier und Motivation an der Arbeit an der eigenen Person, sowie die Auseinandersetzung mit eigenen Zielen, Werten, Emotionen sowie Sinn und Ethik (Webers 2015, 75)" (zitiert in Schubert/Rohr/Zwicker-Pelzer 2019, 238–239).

„Eine der Hauptaufgaben des Coachs liegt „zunächst im Aufbau einer tragfähigen Beziehung (Rapport) zum Coachee, da nur so Veränderungsarbeit möglich werden kann. Ein solides Arbeitsbündnis, das auf einer gegenseitigen Verlässlichkeit, Verbindlichkeit sowie einer gemeinsamen Zielausrichtung basiert, bildet die Grundlage für das gesamte Coaching" (Backhausen/Thommen 2017, 107).

„Empathie, d.h. einfühlendes Verstehen und Wertschätzung gegenüber dem Coachee führen zu einer vertrauensvollen und offenen Atmosphäre (Schmidt-Tanger & Stahl 2007, 17 f.). Weiterhin sollten eine respektvolle und positive Einstellung gegenüber dem Coachee und dessen Meinungen sowie eine Kongruenz der eigenen Person Teil der verinnerlichten Haltung des Coaches sein (Webers 2015, 38 f.)" (zitiert in Schubert/Rohr/Zwicker-Pelzer 2019, 239).

Auch das Coaching findet in drei verschiedenen Settings (Einzel-, Team- und Gruppencoaching) statt. „Das Einzelcoaching ist als klassisches Setting zu bezeichnen, Team- und Gruppencoaching existieren vor allem in der Theorie und sind in der Praxis weitaus seltener zu finden, da sie sich mit anderen Beratungsarten (z.B. Supervision) überschneiden und nur schwer abzugrenzen sind" (Schubert/Rohr/Zwicker-Pelzer 2019, 240).

Schubert, Rohr und Zwicker-Pelzer (2019, 246–248) beschreiben folgende Kompetenzen und Grundhaltungen:

„Supervision verlangt von dem Supervisor spezifische Grundkompetenzen, wie eine Ordnungs- und Abstraktionskompetenz, Interaktions- und Beratungskompetenz, Personkompetenz, Sozialkompetenz und Feldkompetenz.

- *Ordnungs- und Abstraktionskompetenz*: die Fähigkeit, komplexe Sachverhalte und Zusammenhänge erfassen und abstrahieren sowie in ihrer Komplexität über angemessene Deutungsschemata reduzieren und ordnen zu können. Solche Deutungsschemata werden aus wissenschaftlich fundierten Deutungs- und Erklärungsmodellen abgeleitet, z.B. aus den oben angeführten psychologischen und beraterischen Referenztheorien.

- *Interaktions- und Beratungskompetenzen*: Kommunikations-, Beziehungs- und Reflexionsfähigkeit, die Fähigkeit, Beziehungsmuster zu verstehen und mit ihnen zu arbeiten und die Fähigkeit, kommunikative Beratungsverfahren und Methoden angemessen zu handhaben.
- *Personenkompetenz*: Hier fließt zum einen Lebenserfahrung ein, die sich in intuitivem und angemessenem Handeln zeigt. Weiterhin sind das Wissen und die Fähigkeit gemeint, die Entwicklung von Supervisanden unter verschiedenen Sozialisations- und Lebensbedingungen zu erfassen und zu verstehen, wie sich ihre Auffassungen über Wirklichkeit herausbilden und wie diese ihr Denken und Handeln bestimmen.
- *Sozialkompetenz*: Die Fähigkeit und Fertigkeit soziale Systeme zu verstehen, sich darin zurechtzufinden, ihre Regeln, Strukturen und darin ablaufende Dynamiken und Beziehungsmuster angemessen zu erfassen, zu analysieren und mit ihnen zu arbeiten.
- *Feldkompetenz* umfasst bestimmte Kenntnisse in dem zur Supervision anstehenden Kontext, z.B. über Arbeitsfelder und institutionelle Arbeitsbedingungen, typische Konfliktdynamiken im Team, über Strukturen, Abläufe und Kulturen von Institutionen und Organisationen. Allerdings muss im Einzelfall bedacht werden, dass Feldkompetenz für bestimmte supervisorische Zielsetzungen auch hinderlich sein kann, wie etwa für strukturelle Innovationen oder Perspektivenwechsel bei den Beteiligten.

Supervision baut auf bestimmten Grundhaltungen auf, die unabdingbar mit einer spezifischen ethischen Haltung und einem positiven Menschenbild verbunden sind:

- Kontextorientierung und Reflexivität: Erfassung und Reflexion der Einbindung des Menschen in seinen arbeitsweltlichen Kontext, deren Auswirkungen auf den Menschen und Rückwirkungen auf das berufliche System sowie Einbeziehung dieser Wechselwirkungen in die supervisorische Arbeitsweise
- Förderung der Autonomie der Supervisanden: Achtung von deren Ziele, Vorstellungen, Selbstorganisation und Selbstentfaltung, Verständnis für deren Affektlage (,Supervisandenorientierung')
- Respektvoller, nicht wertender Umgang mit Supervisanden (Beziehungsgestaltung)
- Allparteilichkeit, Neutralität und Verschwiegenheit, Schaffung einer vertrauensvollen, geschützten Atmosphäre. Dies ist durch externe Supervision meist besser gewährleistet als durch betriebsinterne Supervision (Mitarbeiter der Organisation)
- Vorrang von Ressourcenorientierung gegenüber Defizitperspektive
- Erweiterung von Perspektiven und Handlungsmöglichkeiten, z.B. über Ressourcenaktivierung, Perspektivenwechsel und Anbieten von Wahlmöglichkeiten

- Interdisziplinarität und Multiperspektivität in der Arbeitsweise
- Erhalt von Arbeitszufriedenheit und Wohlbefinden und damit auch von psychischer und somatischer Gesundheit im arbeitsweltlichen Kontext" (Schubert/Rohr/Zwicker-Pelzer 2019, 246-248)

„Supervision ist interdisziplinär ausgerichtet und nicht als ein einheitliches Konzept oder Verfahren zu verstehen. Vielmehr erfolgt Supervision nach spezifischen Ansätzen, die auf unterschiedliche Referenztheorien zurückgreifen. Im Wesentlichen sind systemische, klientenzentrierte, psychoanalytische, psychodramatische, verhaltenstherapeutische, gruppendynamische und integrative Supervisionskonzepte anzutreffen. Entsprechend vielfältig sind auch die methodischen Konzepte und Verfahrensweisen" (Schubert/Rohr/Zwicker-Pelzer 2019, 248).

Fragen zur Vertiefung und Diskussion

- Wie erklärt sich die Geschichte von Supervision?
- Was sind Besonderheiten von Supervision?
- Welche Settings kennt Supervision?
- Wie erklärt sich die Geschichte von Coaching?
- Was sind Besonderheiten von Coaching?
- Welche Settings kennt Coaching?
- Welche Kompetenzen braucht es für beide Formate arbeitsweltlicher Beratung?

Literatur zu Kapitel 7

Einführende Literatur

Belardi, Nando (1996): Supervision. Eine Einführung für soziale Berufe. Freiburg: Lambertus. DGSv 2008: Grundlagenpapiere. Köln.
Belardi, Nando (2009):Supervision. Grundlagen, Techniken,Perspektiven.3.Auflage.München.
Feltham, Colin; Dryden, Windy (2002): Grundregeln der Supervision. Weinheim.
Haubl, Rolf; Voß, G. Günter; Alsdorf, Nora; Handrich, Christoph (Hrsg.) (2013): Belastungsstörung im System. Göttingen.
Haubl, Rolf; Voß, G. Günter (Hrsg.) (2011): Riskante Arbeitswelt im Spiegel der Supervision. Göttingen.
Pühl, Harald (2000): Handbuch der Supervision 2. Berlin.
Schreyögg, Astrid (2010): Supervision. Ein integratives Modell. 5. Auflage. Wiesbaden.
Schubert, Franz-Christian; Rohr, Dirk; Zwicker-Pelzer, Renate (2019): Beratung. Grundlagen – Konzepte – Anwendungsfelder. Berlin.

Weiterführende / zitierte Literatur

Backhausen, Wilhelm; Thommen, Jean-Paul (2017): Coaching. Durch systemisches Denken zu innovativer Personalentwicklung. 4., aktual. Auflage Wiesbaden.
Belardi, Nando (2009): Supervision. Grundlagen, Techniken, Perspektiven. München.
Belardi, Nando (2015): Supervision für helfende Berufe. Freiburg.
Boeckh, Albrecht (2008): Methodenintegrative Supervision. Ein Leitfaden für Ausbildung und Praxis. Stuttgart.

Böning, Uwe (2002): Coaching: Der Siegeszug eines Personalentwicklungs-Instruments. In: Rauen, Christopher (Hrsg.): Handbuch Coaching. Göttingen.
Hennig, Carsten (2018): Humane Arbeit – Herausforderungen für die Beratung. Göttingen.
Keupp, Heiner (1999): Identitätskonstruktionen. Das Patchwork der Identitäten in der Spätmoderne. Reinbek.
König, Oliver; Schattenhofer, Karl (2017): Einführung in die Fallbesprechung und Fallsupervision. Heidelberg.
Looss, Wolfgang (1997): Unter vier Augen, Landsberg/Lech.
Loos, Wolfgang (2006): Unter vier Augen: Coaching für Manager. EHP Edition Humanistische Psychologie. Akt. Neuausgabe.
Luft, Joseph; Ingham, Harry (1955): The Johari window, a graphic model for interpersonal relations. Los Angeles.
Müller, Gabriele (2012): Systemisches Coaching im Management. 3., überarb. Auflage. Weinheim.
„Psychotherapie im Dialog" 2015, Heft 1
Pühl, Harald (Hrsg.) (2000): Handbuch der Supervision 2. Berlin.
Rappe-Gieseke, Kornelia (2009): Supervision für Gruppen und Teams. 4., aktual. Auflage. Heidelberg.
Rauen, Christopher (2008): Coaching. Göttingen.
Röckelein, Christoph; Welge, Katrin (2010): Haltung im Coaching. In: Coaching-Magazin 3, H. 2, S. 18–21.
Schreyögg, Astrid (2010): Supervision. Ein integratives Modell. 5., erw. Auflage. Wiesbaden.
Seel, Hans-Jürgen (2014): Beratung: Reflexivität als Profession. Göttingen.
Webers, Thomas (2015): Systemisches Coaching. Wiesbaden.

8 Serviceteil

(Stand der Adressangaben: September 2021; die Auflistung erhebt keinen Anspruch auf Vollständigkeit)

Links und Adressliste von Fach- und Berufsverbänden

Deutsche Gesellschaft für Beratung / German Association for Counseling e.V. (DGfB)
Melatengürtel 125a, D-50825 Köln
Tel.: +49 (0)221 2589202, Fax: +49 (0)221 925908-15
E-Mail: info@dgfb.info
http://www.dachverband-beratung.de

hier auch wichtig:
Mitgliedsverbände der Deutschen Gesellschaft für Beratung:
http://www.dachverband-beratung.de/mitgliedsorganisationen.php

Berufsverband Deutscher Psychologinnen und Psychologen e.V. (BDP)
Bundesgeschäftsstelle
Am Köllnischen Park 2, D-10179 Berlin
Tel.: +49 (0)30 - 209 166 600 / Fax +49 (0)30 - 209 166 680
http://www.bdp-verband.de

Bundeskonferenz für Erziehungsberatung e.V.
Herrnstraße 53, D-90763 Fürth
Tel.: +49 (0)911 / 9 77 14 0, Fax: +49 (0)911 / 74 54 97
E-Mail: bke@bke.de
http://www.bke.de

Bundesverband katholische Ehe-, Familien- u. Lebensberater/innen e.V., Schweinfurt
Geschäftsstelle des Bundesverbandes katholischer Ehe-, Familien- und Lebensberaterinnen und -berater e.V.
Friedrich-Stein-Str. 28, D-97421 Schweinfurt
Tel.: +49 (0)97 21 - 7 30 12 55, Fax: +49 (0)97 21 - 7 30 12 87
E-Mail: geschaeftsstelle@bv-efl.de
www.bv-efl.de

Deutsche Arbeitsgemeinschaft für Jugend- und Eheberatung e.V. (DAJEB)
Bundesgeschäftsstelle
Neumarkter Straße 84c, D-81673 München
Tel.: +49 (0)89 4 36 10 91, Fax: +49 (0)89/4 31 12 66
http://www.dajeb.de

Deutscher Berufsverband für Soziale Arbeit e.V. (DBSH)
Michaelkirchstraße 17/18, D-10179 Berlin
Tel.: +49 (0)30 2887563-10, Fax: +49 (0)30 2887563-29
E-Mail: info@dbsh.de
https://www.dbsh.de

Deutsche Gesellschaft für Systemische Therapie, Beratung und Familientherapie e.V. (DGSF)
DGSF-Geschäftsstelle
Jakordenstraße 23, D-50668 Köln
Tel.: +49 (0)221 613133, Fax: +49 (0)221 9772194
E-Mail: info@dgsf.org
https://www.dgsf.org

Deutsche Gesellschaft für Supervision e.V. (DGSv)
Geschäftsstelle
Hohenstaufenring 78
50674 Köln
Tel.: +49 (0)221 92004 0, Fax: +49 (0)221 92004 29
E-Mail: info@dgsv.de
http://www.dgsv.de/

Deutsche Gesellschaft für Systemische Soziale Arbeit (dgssa) e.V.
c/o Ostkreuz
Sonntagstraße 1, D-10245 Berlin

Prof. Dr. Wilfried Hosemann
E-Mail: wilfried.hosemann@uni-bamberg.de
Universität Bamberg
96045 Bamberg
http://www.dgssa.de

Deutsche Gesellschaft für Verhaltenstherapie e.V (DGVT)
DGVT-Fort- und Weiterbildung
DGVT-AusbildungsAkademie gemeinnützige GmbH
Bundesgeschäftsstelle
Postadresse: Postfach 13 43, D-72003 Tübingen
Besucheradresse: Corrensstraße 44-46, D-72076 Tübingen
Tel.: +49 (0)7071 9434 0, Fax: +49 (0)7071 9434 35
http://www.dgvt.de

Evangelische Konferenz für Familien u. Lebensberatung e. V., Berlin-Mitte (EKFuL)
Bundesgeschäftsstelle
Lehrter Str. 68, D-10557 Berlin
Tel.: +49 (0)30- 52 13 559 39, Fax: +49 (0)30 52 13 559 11
http://www.ekful.de

Katholische Bundesarbeitsgemeinschaft für Ehe-, Familien-und Lebensberatung, Telefonseelsorge und Offene Tür e.V.
Geschäftsstelle
Kaiserstraße 161, D-53113 Bonn
Tel.: +49 (0)228 103 234, Fax: +49 (0)228 103 334
http://www.katholische-eheberatung.de

Systemische Gesellschaft e.V. - Deutscher Verband systemische Forschung, Therapie, Supervision und Beratung (SG)
Brandenburgische Str. 22, D-10707 Berlin
Tel.: +49 (30) 53 69 85 04, Fax: +49 (30) 53 69 85 05
E-Mail: info@systemische-gesellschaft.de
http://www.systemische-gesellschaft.de

Vereinigung von Hochschullehrerinnen und Hochschullehrern zur Förderung von Beratung/Counseling in Forschung und Lehre (VHBC e.V.)
c/o Prof.'in Dr. Marion Mayer, Salzstr. 26, 21335 Lüneburg ...
http://www.vhbc.de/

Links und Adressliste von Weiterbildungsinstituten, öffentliche wie private

Anerkannte Weiterbildungsinstitute der Deutschen Gesellschaft für Systemische Therapie, Beratung und Familientherapie e.V. (DGSF):
https://www.dgsf.org/mitglieder/mitgliedersuche/institute

Anerkannte Weiterbildungsinstitute der Deutschen Gesellschaft für Verhaltenstherapie e.V.: http://www.dgvt-fortbildung.de/

Überblick zu Fachzeitschriften, Monografien und Handbüchern zum Thema

Frank Nestmann; Frank Engel; Ursel Sickendiek (Hrsg.) (2004): Das Handbuch der Beratung. Band 1: Disziplinen und Zugänge. Tübingen.
Frank Nestmann; Frank Engel; Ursel Sickendiek (Hrsg.) (2004): Das Handbuch der Beratung. Band 2: Ansätze, Methoden und Felder. Tübingen.
Frank Nestmann; Frank Engel; Ursel Sickendiek (Hrsg.) (2013): Das Handbuch der Beratung. Band 3: Neue Beratungswelten: Fortschritte und Kontroversen. Tübingen.
Zeitschrift „Beratung aktuell": http://www.beratung-aktuell.de/Weiterbildungsstudiengänge mit Schwerpunkt lebensweltorientierte Beratung

8 Serviceteil

Studienmöglichkeiten zum Thema

Ort	Beratungsstudiengang	Anschrift	Studiengangs-leitung[1]	ECTS	Zusätzliche Anerkennung[2]	Sonstiges	Regelstudienzeit
Bad Liebenzell	MA Integrative Beratung www.IHL.eu https://www.ihl.eu/studium/studiengaenge/m-a-integrative-beratung/ Flyer https://www.ihl.eu/epaper/IHL_Studiengang_M-A-Integrative-Beratung/	Internationale Hochschule Liebenzell Heinrich-Coerper-Weg 11 75378 Bad Liebenzell	Prof. Dr. Ulrich Giesekus ulrich.giesekus@ihl.eu	90			5 Sem. berufsbegleitend 3 Sem. resident
Berlin	MA Beratung in der Sozialen Arbeit https://www.eh-berlin.de/studium/master/beratung-in-der-sozialen-arbeit	Evangelische Hochschule Berlin Teltower Damm 118-122 14167 Berlin	Prof. Dr. Dietrun Lübeck sgb-mab@eh-berlin.de	90			6 Sem. berufsbegleitend
Bielefeld	M.A. Supervision und Beratung https://www.uni-bielefeld.de/erziehungswissenschaft/ag7/master/index.html Flyer: https://www.uni-bielefeld.de/erziehungswissenschaft/ag7/master/downloads/Flyer-aktuell-Masterstudiengang_Supervision-und-Beratung.pdf	Universität Bielefeld Zentrum für wiss. Weiterbildung an der Universität Bielefeld e. V. (ZWW) Weiterbildender Masterstudiengang "Supervision und Beratung" Postfach 100131 33501 Bielefeld	Prof. Dr. Katharina Gröning katharina.groening@t-online.de master.supervsion@uni-bielefeld.de Hans-Peter.Griewatz@uni-bielefeld.de	120	DGSv (Abschluss = Mitgliedschaft)		6 Sem.

8 Serviceteil

Ort	Beratungsstudiengang	Anschrift	Studiengangs-leitung[1]	ECTS	Zusätzliche Anerkennung[2]	Sonstiges	Regelstudienzeit
Darmstadt	M.A. Psychosoziale Beratung https://www.eh-darmstadt.de/studiengaenge/psychosoziale-beratung-ma/	Evangelische Hochschule Darmstadt Zweifalltorweg 12 64293 Darmstadt	Prof. Dr. Cornelia Maier-Gutheil c.maier-gutheil@eh-darmstadt.de	120	Anerkennung durch die DGSF kann beantragt werden entspricht den Standards der DGfB		6 Sem. berufsbegleitend 3 S. Vollzeit (VZ)
Dresden	M.A. Counseling https://www.ehs-dresden.de/index.php?id=921 Flyer: https://www.ehs-dresden.de/fileadmin/STUDIUM_noch_sortieren/Studiengaenge/Master_Beratung/Informationsflyer-MA-Beratung-2019.pdf Schwerpunkt systemische Beratung über Weiterbildungsinstitut sofi https://www.ehs-dresden.de/weiterbildung/ Schwerpunkt psychodynamische Beratung über Weiterbildungsinstitut EZI http://www.ezi-berlin.de/master-of-counseling.html	Evangelische Hochschule Dresden Dürerstraße 25 01307 Dresden	Prof. Dr. Ruthard Stachowske +49 4131 2197270	120	In Kooperation mit Weiterbildungsinstituten sofi und EZI Nach den Richtlinien der SG "Systemische Beratung" "Psychodynamische Beratung" entspricht den Weiterbildungsrichtlinien und der Rahmenordnung der DAKJEF übertrifft die gemeinsamen Qualitätsstandards von bke, EKFuL und EZI für Fachkräfte im Arbeitsfeld „Erziehungsberatung" gemäß § 28 SGB VIII (Kinder- und Jugendhilfegesetz) entspricht den Empfehlungen der BAG der Landesjugendämter für Fachkräfte der Erziehungsberatung (BAGLJÄ, 1995). Berechtigung zur Beratung nach § 2 Schwangerschaftskonfliktgesetz (SchKG) und § 219 StGB i. V. m. §§ 5 ff. SchKG in einer dazu anerkannten Einrichtung entspricht den Standards der DGfB erfüllt die Anforderungen der „Training Standards for the European Counsellor" und ermöglicht die Beantragung einer persönlichen Mitgliedschaft in der European Association for Counselling (E.A.C.)		8 Sem. berufsbegleitend

223

8 Serviceteil

Ort	Beratungsstudiengang	Anschrift	Studiengangs-leitung[1]	ECTS	Zusätzliche Anerkennung[2]	Sonstiges	Regelstudienzeit
Düsseldorf	M.A. Soziale Arbeit und Pädagogik mit Schwerpunkt Psychosoziale Beratung (MAPB) https://soz-kult.hs-duesseldorf.de/studium/studiengaenge/ma-pb	Hochschule Düsseldorf University of Applied Sciences Münsterstraße 156 40476 Düsseldorf	Studiengangs-koordination master-pb@hs-duesseldorf.de	90			3 Sem.
Erfurt	M.A. Beratung und Intervention https://www.fh-erfurt.de/soz/so/master-beratung-und-intervention/	Fachhochschule Erfurt Altonaer Str. 25 99085 Erfurt	Prof. Dr. Saskia Erbring +49 361 6700-516 Saskia.Erbring@fh-erfurt.de	120			4 Sem.
Frankfurt	M.A. Psychosoziale Beratung und Recht https://www.frankfurt-university.de/de/studium/master-studiengaenge/psychosoziale-beratung-und-recht-ma/fuer-studieninteressierte/ Info-Flyer: https://www.frankfurt-university.de/fileadmin/standard/Studium/Studiengaenge/Fb_4/Master-Studiengaenge/Psychosoziale_Beratung_und_Recht/Dokumente/FHF140002_FLY_Psychosoziale_Beratung_und_Recht.pdf	Frankfurt University of Applied Sciences Nibelungenplatz 1 60318 Frankfurt am Main	Prof. Dr. Susanne Schönborn +49 69 1533-2884 schoenborn@fb4.fra-uas.de	120	entspricht den Standards der DGfB		6 Sem. konsekutiv
	M.A. Beratung in der Arbeitswelt - Coaching, Supervision und Organisationsberatung https://www.frankfurt-university.de/de/studium/master-studiengaenge/beratung-in-der-arbeitswelt-ma/fuer-studieninteressierte/		Prof. Dr. Ingmar Maurer +49 69 1533 2850 ingmar.maurer@maxo.fra-uas.de	120	zertifiziert von der Deutschen Gesellschaft für Supervision (DGSv),		6 Sem. berufsbegleitend

8 Serviceteil

Ort	Beratungsstudiengang	Anschrift	Studiengangs-leitung[1]	ECTS	Zusätzliche Anerkennung[2]	Sonstiges	Regelstudienzeit
Friedensau	M.A. Counseling https://www.thh-friedensau.de/christliches-sozialwesen/master-of-arts-in-counseling/?cn-reloaded=1	Theologische Hochschule Friedensau An der Ihle 19 39291 Möckern-Friedensau	Prof. Dr. Andreas Bochmann +49 39 21916190 andreas.bochmann@thh-friedensau.de	120	Über die VHBC ist die ThHF in der DGfB vertreten		6 Sem. berufsbegleitend 4 S. VZ
Fulda	M.A. Psychosoziale Beratung und Therapie in der Sozialen Arbeit https://www.hs-fulda.de/sozialwesen/studieninteressierte/studiengaenge/psychosoziale-beratung-und-therapie-mabeth	Hochschule Fulda University of applied sciences Leipziger Straße 123 36037 Fulda	Prof. Dr. Uli Sann uli.sann@sw.hs-fulda.de	90			5 Sem. berufsbegleitend
Heidelberg	M.A. Soziale Arbeit – psychosoziale Beratung und Gesundheitsförderung https://www.hochschule-heidelberg.de/de/studium/masterstudium/soziale-arbeit/	SRH Heidelberg Ludwig-Guttmann-Str. 6 69123 Heidelberg	k.A.	120	auf Antrag Bescheinigung über die staatliche Anerkennung als SozialarbeiterIn/Sozialpädagogin bei Vorliegen bestimmter Voraussetzungen möglich		4 Sem. VZ
Kaiserslautern	M.A. Systemische Beratung https://www.zfuw.uni-kl.de/fernstudiengaenge/human-resources/systemische-beratung/	Hochschule Kaiserslautern DISC Erwin-Schrödinger-Straße 57 67663 Kaiserslautern	Fachl. Leitung: Prof. Dr. Rolf Arnold	90		Fernstudium	5 Sem.
Köln	M.A. Beratung und Vertretung im Sozialen Recht https://www.th-koeln.de/studium/beratung-und-vertretung-im-sozialen-recht-master_821.php	Technische Hochschule Köln Campus Südstadt Ubierring 48 50678 Köln	Prof. Dr. Renate Kosuch renate.kosuch@th-koeln.de Prof. Dr. Dagmar	120			4 Sem. VZ

8 Serviceteil

Ort	Beratungsstudiengang	Anschrift	Studiengangs-leitung[1]	ECTS	Zusätzliche Anerkennung[2]	Sonstiges	Regelstudienzeit
Köln	Master of Counseling (M.C.) in Ehe-, Familien- und Lebensberatung **Katho NRW** https://www.katho-nrw.de/koeln/studium-lehre/fachbereich-sozialwesen/ehe-familien-und-lebensberatung-master-of-counseling/	Köln: **Erzbistum Köln**, Hauptabteilung Seelsorge, Abteilung Erwachsenenseelsorge, Referat Ehe- und Familienpastoral Marzellenstraße 32, 50668 Köln	Brosey dagmar.brosey@th-koeln.de Köln: Prof. Dr. Tanja Hoff t.hoff@katho-nrw.de	120	Entspricht den Richtlinien der Kath. BAG (mit BAG-„Diplom" in Ehe, Familien- und Lebensberatung) und des DAKJEF	Der Studiengang wird in Zusammenarbeit mit den vorgenannten Franchise-partnern aus den (Erz-) Bistümern aus Deutschland angeboten. Studieninteressierte wenden sich bitte an die dortigen Studiensekretariate.	8 Sem.
Münster	Köln https://koeln.efl-beratung.de/ueber-uns/masterstudiengang/ Münster https://www.ehefamilieneleben.de/sonderseiten/ueber-uns/qualifizierung/weiterbildung-masterstudiengang-ehe-familien-und-lebensberatung/	Münster: **Ehe-, Familien- und Lebensberatung im Bistum Münster,** Andrea Stachon-Groth Antoniuskirchplatz 21 48151 Münster	Münster: Prof. Dr. Yvonne Brandl y.brandl@katho-nrw.de				
Paderborn	Paderborn https://paderborn.efl-beratung.de/ueber-uns/masterstudiengang/	Paderborn: **Katholische Ehe-, Familien- und Lebensberatung** Giersmauer 21 33098 Paderborn	Paderborn: Prof. Dr. Elisabeth Jünemann e.juenemann@katho-nrw.de				
Freiburg	Freiburg https://www.ebfr-efl.de/html/content/masterstudiengang.html	Freiburg: Erzdiözese Freiburg	Diözesanstelle Ehe-, Familien- und Lebensberatung Karlsruher Str.3 79108 Freiburg	Freiburg: Prof. Dr. Rainer Krockauer r.krockauer@katho-nrw.de				

8 Serviceteil

Ort	Beratungsstudiengang	Anschrift	Studiengangs-leitung[1]	ECTS	Zusätzliche Anerkennung[2]	Sonstiges	Regelstudienzeit
Mönchengladbach	M.A. Psychosoziale Beratung und Mediation https://www.hs-niederrhein.de/studienangebot/studiengang/m-a-soziale-arbeit-psychosoziale-beratung-und-mediation/	Hochschule Niederrhein Fachbereich Sozialwesen Eichard-Wagner-Str. 101 41065 Mönchengladbach	Prof. Dr. Michael Borg-Laufs michael.borg-laufs@hs-niederrhein.de	120			4 Sem. VZ
München	M.A. Diagnostik, Beratung und Intervention https://www.sw.hm.edu/studienangebot/master/angewandte_forschung_in_der_sozialen_arbeit_1/mdbi.de.html	Hochschule München Campus Pasing Am Stadtpark 20 81243 München	Prof. Dr. Angela Gosch +49 89 1265-2336 weiterbildungszentrum@hm.edu	90			5 Sem. konsekutiv berufsbegleitend
Münster	M.A. Beratung, Mediation, Coaching https://www.fh-muenster.de/studium/studiengaenge/index.php?studId=146	FH Münster Robert-Koch-Straße 30 48149 Münster	Prof. Dr. jur. Dirk Waschull +49 251 83-65747 dirk.waschull@fh-muenster.de	120	Erfüllt die Ausbildungsvoraussetzungen des Bundesverbands Mediation (BM) für die Zertifizierung als Mediator/in, des Deutschen Coaching Verbands (DCV) für die Zertifizierung als Coach sowie des Berufsverbands für Beratung, Pädagogik und Psychotherapie (BVPPT) für die Graduierung als Counselor/ Pädagogisch-Therapeutischer Berater.		5 Sem. berufsbegleitend
Münster	M.A. Supervision/ Coaching http://supervision-coaching-muenster.de/ oder https://www.katho-nrw.de/muenster/studium-lehre/studienangebote/supervision-coaching-ma/	Katholische Hochschule Nordrhein-Westfalen	Prof. Dr. Margret Nemann +49 251 495-1322 margret.nemann@mail.katho-nrw.de und Prof. Dr. Jörg Bauer j.baur@katho-nrw.de	90	SupervisorIn (DGSv) Coach (DGSv) Anerkennung durch die DGSF, nach Masterabschluss kann dort ein Zertifikat „Systemische SupervisorIn" beantragt werden, bei Erfüllung weiterer Voraussetzungen	Der Studiengang wird in Zus.arbeit mit dem vorgenannten Franchise-partner des Bistums Münster angeboten. Studieninteressierte wenden sich bitte an die	4 Sem.

8 Serviceteil

Ort	Beratungsstudiengang	Anschrift	Studiengangs-leitung[1]	ECTS	Zusätzliche Anerkennung[2]	Sonstiges	Regelstudienzeit
		in Koop. mit Bistum Münster Bischöfliches Generalvikariat Münster, Abt. Personalentwicklung/-begleitung Prof. Dr. Margret Nemann Postfach 1366 48135 Münster				dortigen Studien-sekretariate.	
Neubrandenburg	M.A. Beratung – Psychosoziale Beratung in den Handlungsfeldern Soziale Arbeit/Sozialpädagogik, Bildung und Erziehung M.A. https://www.hs-nb.de/studiengaenge/master/beratung-psychosoziale-beratung-in-den-handlungsfeldern-soziale-arbeitsozialpaedagogik-bildung-und-erziehung-ehemals-beratung-ma/aktuelles/	Hochschule Neubrandenburg Brodaer Straße 2 17033 Neubrandenburg	Prof. Dr. phil. habil. Barbara Bräutigam braeutigam@hs-nb.de	120			4 Sem. VZ
Nordhausen	Weiterbildender Masterstudiengang Systemische Beratung https://www.hs-nordhausen.de/studium/wiso/systemische-beratung/	Hochschule Nordhausen Weinberghof 4 99734 Nordhausen	Prof. Dr. Andreas Bergknapp andreas.bergknapp@hs-nordhausen.de	120	Nach den Richtlinien der Systemischen Gesellschaft (SG)		6 Sem. Teilzeit
Nürnberg	M.A. Beratung und Coaching https://www.th-nuernberg.de/fakultaeten/sw/studium/weiterbildungsstudiengaenge/beratung-und-coaching-ma/	TH Nürnberg Keßlerplatz 12 90489 Nürnberg	Prof. Dr. Christoph Walther christoph.walther@th-nuernberg.de	90			5 Sem.

8 Serviceteil

Ort	Beratungsstudiengang	Anschrift	Studiengangs-leitung[1]	ECTS	Zusätzliche Anerkennung[2]	Sonstiges	Regelstudienzeit
Würzburg	M.A. Verhaltensorientierte Beratung https://mvb.fhws.de/startseite.html	Hochschule f. angew. Wiss. Würzburg – Schweinfurt Campus Weiterbildung Sandersackerer Straße 15 97072 Würzburg	Prof. Dr. Franz J. Schermer Franz-Josef.Schermer @fhws.de	90			5 Sem. berufsbegleitend
Verschiedene Orte	M.Sc. Wirtschaftspsychologie & Beratung https://www.fom.de/studiengaenge/wirtschaft-und-psychologie/master-studiengaenge/wirtschaftspsychologie-und-consulting.html#!acc=studiengangsbeschreibung/accid=2018	FOM Hochschule Berlin, Bremen, Dortmund, Duisburg, Düsseldorf, Essen, Frankfurt a.M., Hamburg, Köln, Leipzig, Mannheim, München, Münster, Nürnberg, Stuttgart	k.A.	120			4 Sem. berufsbegleitend
Verschiedenen Orte	M.A. Beratung und Sozialmanagement https://www.fh-mittelstand.de/sozialmanagement/	FH des Mittelstandes Bielefeld, Köln, Hannover, Rostock	Gabriele Taube, M.A. taube@fh-mittelstand.de	90			8 Trimester berufsbegleitend
	Fernstudium Master Psychosoziale Beratung in Sozialer Arbeit https://www.diploma.de/fernstudium/master/psychosoziale-beratung	Diploma Hochschule	Prof. Dr. Jan V. Wirth psychosoziale.beratung@diploma.de	120		Fernstudium	5 Sem.

8 Serviceteil

Ort	Beratungsstudiengang	Anschrift	Studiengangs-leitung[1]	ECTS	Zusätzliche Anerkennung[2]	Sonstiges	Regelstudienzeit
	Fernstudium Master Systemische Beratung und Coaching https://www.mobile-university.de/master-fernstudium/systemische-beratung-coaching/	**SRH Fernhochschule – The Mobile University** Kirchstraße 26 88499 Riedlingen	Prof. Dr. Angela Teichert angela.teichert@mobile-university.de Prof. Dr. Christian Helmrich christian.helmrich@mobile-university.de				4 Sem. berufsbegleitend

[1] Beratungsstudiengänge von VHBC-Mitgliedern sind farblich gekennzeichnet.
[2] Zusätzliche Anerkennung durch einen Fachverband, wie z.B. DGSF, DGSv.

Quelle: Vereinigung von Hochschullehrerinnen und Hochschullehrern zur Förderung von Beratung/Counseling in Forschung und Lehre (VHBC e.V.)/ Erstellt in einer Kooperation der Fachhochschule Nordwestschweiz, der Internationalen Hochschule Liebenzell und der Evangelischen Hochschule Dresden, Stand November 2020. Die Daten basieren auf frei zugänglichen Informationen auf den Websites der Hochschulen zu den einzelnen Studiengängen. URL: www.vhbc.de.

9 Herausgeberinnen, Autorinnen und Autoren

Prof. Dr. Jörg Baur: seit 2001 Professur für Klinische Psychologie und Supervision/Coaching an der Katholischen Hochschule NRW, Abt. Aachen, Fachbereich Sozialwesen. Dipl. Psych., Dipl. Soz.Päd. (FH), Psychologischer Psychotherapeut, Systemischer (Familien-) Therapeut (DGSF), Traumatherapeut (PITT), (Lehr-)Supervisor (DGSv, DGSF), Coach (DGSv), Lehrtherapeut, -berater (DGSF). Studiengangsleitung des Masterstudiengangs Supervision/Coaching der katho NRW, Abt. Münster.
Anschrift: katho NRW, Abt. Aachen, Robert-Schuman-Str. 25, 52066 Aachen, Email: j.baur@katho-nrw.de

Prof. Dr. phil. Tanja Hoff: seit 2010 Professorin für Psychologie an der Katholischen Hochschule NRW, Abt. Köln, Fachbereich Sozialwesen (Denominationen 2010-2020 „Psychosoziale Prävention, Intervention und Beratung", seit 2020 „Klinische und Beratungspsychologie"); zuvor 2005-2010 Professorin für Psychologie, Schwerpunkte Sozial- und Klinische Psychologie an der Evangelischen Hochschule Freiburg. Dipl.-Psych., Psychologische Psychotherapeutin (Verhaltenstherapie), nebenberuflich in eigener Praxis. Weiterbildungen in Verhaltenstherapeutischer Gruppentherapie (FAVT), Psychologischer Gesundheitsförderung und Prävention (BDP) sowie Familientherapie und systemischer Supervision (ifs Essen). Akademische Studiengangsleitung des „Masters of Counseling – Ehe-, Familien- und Lebensberatung" der KatHO NRW, Studienort Köln. Seit 2000 Forschung zu gesundheits- und sozialpsychologischen Themen
Anschrift: KatHO NRW, Abt. Köln, Wörthstr. 10, 50668 Köln, Email: t.hoff@katho-nrw.de

Prof. Dr. Rolf Jox: seit 1997 Professor für Recht an der Katholischen Hochschule NRW, Abt. Köln, Fachbereich Sozialwesen. Ehemaliger Richter am Amtsgericht. Schwerpunkte: Zivilrecht, insbesondere Familienrecht, Betreuungsrecht, sowie Kinder- und Jugendhilferecht und Sozialrecht. Mitglied des Deutschen Instituts für Sucht- und Präventionsforschung (DISuP). Lehrende Tätigkeit in Fort- und Weiterbildung in den Masterstudiengängen „Suchthilfe" sowie „Master of Counseling – Ehe, Familie und Lebensberatung" der KatHO NRW, in der Weiterbildung zur Familienhebamme, pädagogischer Studienleiter des Fernkurses für zertifizierte Vereins-/Berufsbetreuung, veranstaltet vom Verlag C.H. Beck, München, sowie Referent in Zertifikatskursen zur „Kinderschutzfachkraft" und Mitglied des Editorial Board der „Europäischen Zeitschrift für Privatrecht" (ERPL).
Anschrift: KatHO NRW, Abt. Köln, Wörthstr. 10, 50668 Köln, Email: r.jox@katho-nrw.de

Prof. Dr. theol. Rainer Krockauer: seit 1995 Professor für Theologie und Ethik an der Katholischen Hochschule NRW, Abt. Aachen, Fachbereich Sozialwesen. Dipl.-Theologe, Tätigkeiten als Pastoralreferent in der Gemeinde- und Jugendseelsorge. Akademischer Studiengangsleiter des postgradualen Masterstudiengangs „Master of Counseling – Ehe-, Familien- und Lebensberatung" der KatHO NRW am Studienort Freiburg i.Br.
Anschrift: KatHO NRW, Abt. Aachen, Robert-Schuman-Str. 25, 52066 Aachen, Email: r.krockauer@katho-nrw.de

Prof. Dr. phil. Andreas Reiners: seit 2004 Professor für Soziologie und Sozialpolitik an der Katholischen Hochschule NRW, Abt. Aachen, Fachbereich Sozialwesen. Magisterstudium der Soziologie, Volkswirtschaftslehre und Politischen Wissenschaft, Diplomstudium Soziale Arbeit. Dozent im Masterstudiengang „Master of Counseling – Ehe-, Familien- und Lebensberatung" der KatHO NRW, Studienorte Hildesheim/Hannover und Freiburg.
Anschrift: KatHO NRW, Abt. Aachen, Robert-Schuman-Str. 25, 52066 Aachen, Email: a.reiners@katho-nrw.de

Prof. Dr. Franz-Christian Schubert: Emerit. Professor der Hochschule Niederrhein, Krefeld/Mönchengladbach; am Fachbereich Sozialwesen weiterhin Lehrender im Masterstudiengang „Psychosoziale Beratung und Mediation" und in den systemischen Zertifikatsweiterbildungen der KatHO NRW, Abt. Köln und der Universität zu Köln. Dipl.-Psych., approbierter Psychologischer Psychotherapeut, Supervisor (DGSv, DGSF, PtK NRW) in eigener Praxis. Lehre, Forschung und Praxis auf den Gebieten Gesundheitsförderung, Verfahren der Psychotherapie, der psychosozialen Beratung und Konfliktbewältigung/Mediation. Langjährige Vorstandstätigkeit und ehem. Vorsitzender der Vereinigung von Hochschullehrerinnen und Hochschullehrer zur Förderung von Beratung/Counseling in Forschung und Lehre (VHBC) e.V., Gründungsmitglied und ehem. Sprecher des Wissenschaftlichen Beirates der Deutschen Gesellschaft für Beratung (DGfB) e.V.
Anschrift: Heinz-Ditgens-Str. 10, 41063 Mönchengladbach, E-Mail: fc.schubert@t-online.de

Isabel Stobba (geb. Gonsior): Sozialarbeiterin/ Sozialpädagogin (Master of Arts) Vertiefungsschwerpunkte: Schwangerschaftskonflikt und Schwangerschaftskonfliktberatung aus verschiedenen disziplinären Perspektiven, Theoriefundierung und wissenschaftliche Tätigkeiten. Beratungspraxis in verschiedenen Beratungsfeldern der Sozialen Arbeit in Frankfurt am Main und Hannover.
Email: Isabelgonsior@freenet.de

Prof. Dr. phil. Armin G. Wildfeuer: seit 1997 Professor für Philosophie (insb. Anthropologie, Ethik und Sozialphilosophie) an der Katholischen Hochschule NRW, zunächst Abt. Paderborn, ab 2004 Abt. Köln, Fachbereich Sozialwesen.
Anschrift: KatHO NRW, Abt. Köln, Wörthstr. 10, 50668 Köln, Email: a.wildfeuer@katho-nrw.de

Prof. Dr. Renate Zwicker-Pelzer: Emerit. Seit 1994 Professorin für Theorien und Konzepte Sozialer Arbeit an der Abt. Aachen, seit 2004 Professorin für Erziehungswissenschaft und Beratung an der Katholischen Hochschule NRW, Abt.

Köln, Fachbereich Gesundheitswesen. Dipl.-Pädagogin, Dipl.-Sozialpädagogin (FH), Familienberaterin/Familientherapeutin (DGSF); Supervisorin (DGSv/DGSF), diplomierte Ehe-Familien-Lebensberaterin (Kath. BAG EFL), Heilpraktikerin Psychotherapie. Gründungsstudiengangsleitung des Masterstudiengangs „Master of Counseling – Ehe-, Familien- und Lebensberatung" der KatHO NRW, Lehrtätigkeit in der Weiterbildung der KatHO NRW und der Universität Köln. Zertifizierte Lehrende DGSF für Beratung, Familientherapie, Supervision/Coaching DGSF. Mitglied in der VHBC (Vereinigung der Hochschullehrer zur Förderung von Beratung/Counseling und Wissenschaftliche Beirätin der Deutschen Gesellschaft für Beratung/Counseling (DGfB)
Anschrift: Heidebroichstr. 31, 50374 Erftstadt, E-Mail: zwicker.pelzer@t-online.de

Stichwortverzeichnis

Die Angaben verweisen auf die Seitenzahlen des Buches.

Abwägung 59, 65, 66
Akademisierung 15, 24, 27–29
Alleinerziehende 193
Allparteilichkeit 179, 216
Alter Ego 59, 66
Aufsuchend 126, 127, 186, 190, 191, 205
Autopoiese 175, 179, 181

Balanciertes Gleichgewicht 174, 176
Bauman, Zygmunt 53, 56
Beck, Ulrich 40, 52
Behandlung 34, 85, 108, 109, 134, 135, 146, 196
Behörde 113
Beratung
- Asymmetrie des Beratungsgeschehens 69, 72
- Beratungspsychologie 81, 82, 84, 90
- Entwicklungslinien von Beratung 32, 40, 41, 82
- Klientenzentrierte Beratung 145, 157, 158
- psychologische Beratung 81, 83–86, 98, 134
- psychosoziale Beratung 14, 39, 47, 108, 110–112, 115
Beziehungserfahrungen 103, 104, 107, 156
Bindungserfahrungen 149
Child Guidance-Bewegung 34, 35
Coaching 14, 27, 28, 131, 186, 209–215, 217
Coping 86–90, 162
Counseling 7, 13, 15, 17, 19, 24, 25, 28, 29, 40, 45, 83, 102, 108, 118, 210
Diagnostik 34, 37, 81–83, 94, 121, 150, 163, 194, 195, 202
Diakonie 79, 201
Dialog 59–61, 66, 67, 79, 141, 177
Dialogischer Kommunikationsprozess 66, 68
Disziplinierung 54, 55
Durkheim, Émile 50

Entscheidungsfindung 59–61, 66, 69–71, 198, 202, 213
Erziehungswissenschaft 92, 94, 96
Ethik 59, 61–65, 125, 215
Evangelium 77, 79
Familienberatung 14, 37, 117, 125, 185, 209
Familientherapie 37, 39, 125, 174, 175, 177, 211
Freiheit 20, 54, 60, 63, 68, 71, 98, 123, 146
Funktion des Problems 178, 179
Gefälligkeitsverhältnis 112
Gesprächspsychotherapie 133, 156, 157
Gewissen 60, 69
Habermas, Jürgen 51, 52, 65, 67
Haftung 108, 113, 114
Hauptleistungspflicht 113
Hilfe zur Selbsthilfe 20, 120, 138
Hypothetisieren 179, 181
Individualisierung 38, 50, 55, 56, 93, 118
Interaktionsmuster 87, 174, 177
Interdependenz 173
Interkulturalität 195
Keupp, Heiner 31, 37, 47–49, 53, 56
Kinder- und Jugendhilfegesetz 36
Kirche 74–77, 79
Kompetenzen 23, 26–28, 69, 83, 85, 87, 89, 106, 124, 127, 129, 137, 146, 160, 161, 181, 191, 214, 215, 217
Konstrukte 145, 173–175, 177, 180
Konstruktivismus 95, 175
- Konstruktivistische Wende 174, 175, 181
Kontext 5, 14, 25–27, 39, 46, 56, 57, 67, 75, 77, 78, 83, 86, 87, 89, 96, 97, 101, 105, 109, 123–125, 134, 137, 140, 154, 156, 158, 161, 173, 174, 177–179, 181, 203, 212, 216, 217
- Kontextorientierung 216

Stichwortverzeichnis

Lebensbewältigung 5, 17, 19, 21, 22, 81, 86, 117, 118, 127–129, 187

Lebenskontinuum 96

Lösungsorientierung 135, 140, 141, 157, 179

Mann 203

Menschenbild 74–76, 94, 96, 138, 216

Moderne 50–54, 56, 118

Neuronen 102, 103

Ökonomisierung 55, 56

Orientierung 27, 28, 31, 53, 60, 62, 64, 74, 75, 77, 82, 83, 96, 98, 106, 120, 136, 137, 158, 166, 172, 192, 214

Pädagogik 13, 15, 19, 27, 32, 34, 45, 65, 92, 93, 95–98

Pastoral 74, 76, 77

Pflegekontexte 128

Pflicht 64, 65, 123, 124, 204

Pflichtberatung 198, 201

Philosophie 27, 33, 59, 61, 63, 174

praktisch-sittliche Konkomitanz 59, 65, 66, 68, 69

praktische Vernunft 60

präventive Beratung 122, 128, 131

Praxis 7, 25, 39, 46, 63, 70, 71, 75, 79, 81, 85, 92, 100, 113, 117, 128, 133, 134, 136, 147, 151, 159, 167, 168, 175, 179, 180, 215

Problemanalyse 159, 160, 163–166

Professionalisierung 15, 24, 28, 31, 36, 40, 56, 212

Psychologisch-pädagogische Grundlegungen 34

Psychotherapeutengesetz 33, 39

Psychotherapeutische Grundlegungen 33

Psychotherapie 6, 7, 15, 20, 32, 33, 35, 36, 38, 39, 45, 48, 81, 82, 85, 86, 95, 101, 133–139, 147, 152, 156, 213

Rechtsdienstleistung 111, 112

Rechtsdienstleistungsgesetz 108

Reflexivität 56, 144, 216
– Reflexive Beratung 23, 24, 29

Religion 77, 195, 203

Ressourcenerhaltung 88, 89

Ressourcenorientierung 85, 88, 144, 179, 216

Salutogenese 81

SchKG (Schwangerschaftskonfliktgesetz) 198, 199, 201, 204

Schwangerschaftsabbruch 203

Schwangerschaftskonflikt 197, 199–203

Schwangerschaftskonfliktberatung 36, 200

Schweigepflicht 75, 113, 118, 125, 199, 200

Selbstermächtigung 14, 17, 19, 21, 81, 86, 119, 138, 140, 144, 157, 161

Selbstmanagement 138–141, 143–145, 161

Sennett, Richard 52, 53

Setting 15, 117, 119, 124, 126, 129, 134, 179, 180, 185, 215

Sozialleistungsträger 113

Soziologie 27, 31, 32, 45, 49, 50, 213

Spiritualität 76

Stieffamilien 186, 193, 194, 205

Stressbewältigung 81, 87, 89, 160, 167

Suchtbehandlung 110

Supervision 14, 27, 131, 185, 186, 191, 209–213, 215–217

System 92, 105, 124, 127, 129, 140, 148, 173–176, 178–181, 190, 194, 195, 216

systemisch-konstruktivistische Ansätze 175, 177

Systemisch-kontextuelle Grundlegungen 37

systemisch-kybernetische Ansätze 175, 177

systemisches Kontextmodell 172

Tätigkeitsvollzug 66

Theologie 27, 45, 74–80

Therapie 7, 13, 17, 19, 22, 28, 36, 68, 86, 108, 109, 115, 130, 133, 135, 136, 138–142, 154, 156, 157, 161, 168, 173, 174, 181

Tiefenpsychologie 133, 147, 154

Tiefenpsychologische Beratung 147, 152, 153

Treu und Glauben 113

Verhaltensanalyse 164, 165

Verhaltensorientierte Beratung 158, 159
Verhaltenstherapie 37, 133, 144, 158–160, 164, 166–168
Verkehrssitte 113

wachstumsfördernde Beratung 128

Wirkfaktoren 82, 135–138, 189
Wohlfahrtsverbände 197, 201
Zirkularität 101, 173, 181
Zukunftsorientierung 95, 141
Zwang 55, 106, 123, 124, 198, 201, 204

Bereits erschienen in der Reihe
KOMPENDIEN DER SOZIALEN ARBEIT

Jungen als Opfer sexueller Gewalt
Von Clemens Fobian, Prof. Dr. Michael Lindenberg und Rainer Ulfers
2. Auflage 2022, 181 Seiten, broschiert, ISBN 978-3-8487-7259-9

Pflegekinderhilfe für die Soziale Arbeit
Von Prof. Dr. Klaus Wolf
2022, 227 Seiten, broschiert, ISBN 978-3-8487-6707-6

Soziale Arbeit nach traumatischen Erfahrungen
Von Prof. Dr. Julia Gebrande
2021, 245 Seiten, broschiert, ISBN 978-3-8487-6412-9

Recht für die Kindheitspädagogik
Von Prof. Dr. Christopher Schmidt und Prof. Dr. Annette Rabe
2021, ca. 227 Seiten, broschiert, ISBN 978-3-8487-8076-1

Sozialleistungsansprüche für Flüchtlinge und Unionsbürger
Von Prof. Dr. Gabriele Kuhn-Zuber
2018, 304 Seiten, broschiert, ISBN 978-3-8487-3206-7